heeme
an Elbe, Saale und Unstrut

heeme

an Elbe, Saale und Unstrut

Geschichten in den mitteldeutschen
Mundarten Sachsen-Anhalts

Herausgegeben vom Landesheimatbund Sachsen-Anhalt e. V.

mitteldeutscher verlag

Vorwort

„Mundart ist in aller Munde." So könnte man – sehr kurz gefasst – die Resonanz der drei Literaturwettbewerbe in den mitteldeutschen Mundarten unseres Bundeslandes, die der Landesheimatbund Sachsen-Anhalt e. V. in der Zeitspanne von 2008 bis 2014 veranstaltet hat, umschreiben. Viele der insgesamt 174 eingereichten Geschichten sind, liebe Leserinnen und Leser, in diesem Buch enthalten. Neben Autorinnen und Autoren, die die Mundart ihres Heimatortes bereits in der Kindheit erlernten – von den Eltern, Großeltern, beim Spielen auf der Straße –, haben auch einige Mundartfreunde Geschichten geschrieben, welche die Mundart nicht mehr unbedingt als erste Muttersprache erworben haben, sondern sich bewusst der Sprache ihrer Region als Kulturgut zuwandten. Allen gemeinsam sind die Inhalte, die literarisch umgesetzt wurden. Natürlich sind es Alltagsgeschichten aus der Gegenwart und der unmittelbaren Vergangenheit, die dominieren, denn Mundart war und ist nun einmal die Sprache des Alltags. Erlebnisse mit Kindern und Enkeln, immer wieder tradierte Dorfgeschichten, Zwischenmenschliches und aktuelle Ereignisse finden sich genauso wie der Themenkomplex der Erinnerungen, die mit der jeweiligen Mundart eng verknüpft sind. Oftmals wird die Leserschaft an eigenes Erleben erinnert. Vieles regt zum Schmunzeln an, aber es finden sich auch nachdenkliche Texte. Die mitteldeutschen Mundarten geben beidem gleichermaßen eine besondere Note. Manches lässt sich in der vertrauten Sprache der Familie und des Alltags besser und vielleicht leichter, mitunter auch emotionaler ausdrücken.

Eine Herausforderung für jeden Mundartautor und für das Redaktionsteam stellt die Schreibung dieser eigentlich mündlichen Sprachform dar. So ist es fast unmöglich, einheitliche „Regeln" aufzustellen, zumal die unterschiedlichen Lautungen der Ortsmundarten nicht verlorengehen sollen. Daher richtet sich die Schreibung im Wesentlichen nach den Vorgaben der Autorinnen und Autoren. Lediglich einige Eingriffe wurden der besseren Lesbarkeit halber vorgenommen. Im Zweifelsfall lesen Sie, liebe Leserinnen und Leser, die Geschichten doch einfach laut Ihrer Familie oder Ihren Freunden vor – und Sie werden vieles wiedererkennen.

Freuen Sie sich auf Begebenheiten aus der „Heemte" in Anhaltischer, Mansfelder oder Akener Mundart, um nur einige regionale Sprachen zu nennen! Viel Freude beim Lesen oder Zuhören!

Halle (Saale), November 2015

Dr. Saskia Luther
(Landesheimatbund Sachsen-Anhalt e. V.)

nhalt

Literaturwettbewerb 2010:
„Kaum ze jloobn – Jeschichtn von hier"

Literaturwettbewerb 2014: „Kinder, Kinder"

Literaturwettbewerb 2008:
„Daheeme an Elbe, Saale, Unstrut"

Günther Böckelmann
Worum heeßt denn dor Jrog eijentlich Jrog?

Ja, ma arnsthaft, worum heeßte denn nu dor Jrog „Jrog"? Worum heeßt das Heeßjetränk, das uns in'n Winter, wenn mer von draußen aus de Kille, aus de ausverschämte Kille, rinjekommn sinn inne Woarmte, wenn mer uns denn in'n Hausflur, tramstrams, 'n Schnee vonne Beene abjeträten hann, wenn mer uns denn inne Kiche, aon'n scheen'n woarmn Kichenomn, in dän 's Feier so scheene bullern tut, hinjesetzt hann, wenn uns de Mutter denn an jroßes Jlas scheen'n heeßen Jrog hinjeschtellt hat, un mer riechen zuerscht ma droan, un schon dor Jeruch von'n Rum alleene, von'n harrlichen Kuba-Rum, woarmt uns uff, schteicht uns bis ins Jeharne, un dor erschte Schluck denn erscht, aahh, der woarmt uns durch bis in'ne Knochen, also, worum heeßt das Heeßjetränk denn nu Jrog? Nee? Weeß das wurklich keener von eich? Joarkeener? Na, das is awwer traurich! Alle tun mor'n kenn'n, alle tun mor'n trinkn, alle tun mer uns freien, wenn's uns denn hinnerher so scheene woarm wurd, alle wiss mer oo, dass mor, wemmor zuville dovon jetrunken hann, hinnerher orntlich dummes Zeich quatschn tun – Moment, 's iss uns alles schon passiert! – un doch weeß keener von eich, worum der eijentlich so heeßn tut: dor Jrog. Na, ich sähe schon, da wer' ich's woll wedder ma, nu woll schon zum hunnertsten Ma, vorzelln missn, wie's zujejangen is, dass dor Jrog zu sein'n Namn jekomm'm is.

Awwer, so ville jlei vorneweg, 's is oo hier, wie meestns bei sonne Sachen, ma wedder so, dass's ne lanke Jeschichte ward. Ne lanke Jeschichte, die nich mit drei Worte zu vorzelln jeht. Hatter so ville Zeit? Tu ich eich oo nich langweiln? Na, denn will ich ma jetrost oanfangen.

Also, zu anne orntlije Jeschichte, da jehörn je immer vier Sachen dorzu. Vier Sachen missn's sin, sonst wards keene orntlije Jeschichte nich. Zu unse Jeschichte nu, da jehörn dor Kriech, dor unfreindliche Monat Novem'mer, an Jeneral un denn oo noch an Akener Äppelkahn dorzu.

Dor Kriech, das is in unse Jeschichte dor dreißigjährije Kriech, na, ihr wisst doch, der junk von 1618 bis 1648, das sinn naa Adam Riese jenau dreißich Jahre jewest. Un der kost'te ville Menschenlähm. Un der machte oo sonst siehre vill Schan'n in Deitschland.

Dor Novem'mer nu, das is dor Novem'mer 1632, da waor, ihr hats sicher vorjessen, de Schlacht bei Lützen. Da tat's kaiserlich-deitsche Heer unner Wallenstein uff's schwedische Heer unner diern Keenich Justav Adolf losjehn. An'n sechsten Novem'mer war das jewest, aon an triem'm, schaurich-näwlijen Tach. So richtich helle isses da erscht jeworn'n, wu de Kaiserlijen de Stadt oanjebrennt harrn. Un um de Mittachszeit denn, wu de Schlacht so richtich in'n Jange woar, da is dor Schween'nkeenich unvorsichtijerweise zu dichte oane Kaiserlijen roanjerittn. Kurtschsichtich solle jewest sin. Schlechte O'en solle jehat hann. Awwer velleicht woar oo dor Näwel droan Schuld. Er wolle jehenfalls noakucken, worum seine Schween'n immer noch nich jesiecht harrn, worum se immer noch nich mit de Kaiserlijen fartich jeworn woarn.

Un bautz, da harrn dich dän doch de Kaiserlijen totjeschossn! Mausetot woar da dor Schweenkeenich uff emaa jewest!

Un da woar je nu 's Jeschrei jroß. 's schwedische Heer stant ohne Fiehrer, de Kaiserlijen ohne Jejner, de Schween'n ohne Keenich da. Un de Familije Wasa nu, Wasa, so hußen die, de Schwedisch-Keenichlichen, je mit Zunam'n, die harre ihrn Sohn Justav Adolf vorlorn. Dän wollt'n se awwer unbedingt heemeholn, dän wollten se in Stockholm bejroam'm. In Lützen, da wolltn se bloß anne Jedächtniskapelle for ihrn toten Sohn bauen loaßen. Un so hann se 's je denn oo alles jemacht.

's harre je nu awwer in Lützen außer'n Schween'nkeenich noch ville annere Tote jejämn. Ville, ville sinn's jewest. Uff beede Seiten. Bei de Schween'n woar daderbei oo an jewisser Jeneral Justavson aus n Keenich seiner Eskorte. Oo dän harrn de Kaiserlijen totjeschossn, wu se zu dichte oan die roanreitn toaten. Un oo dän seine Familie wulle ihrn toten Sohn heeme naa Schween'n holl. Dadorzu hann se dän Leichnoam, wie das frihor so ieblich woar, in Alkohol, in Rum, in anne jroße Tonne inlähn loaßn. Un denn hann se an EU-weite, ach nee, de Eu, die jab's je da noch jar nich, na jen'nfalls hann se da anne effentlije Ausschreiwung for'n Transport von de oale Tonne jemacht. Scheenes Jeld jab's dadofor. Dadruff hat sich denn natierlich oo an riehrijer Akener Schiffer jemeld't. Eener von uns, eener aus Aken, aus Aken wu de Frösche quaken, war das. Un gucke da, dor Akener hat'n Zuschlach oo jekricht.

Na, un denn hann dor Akener Schiffer un seine Leite de jroße Tonne ähm uff ihrn Koahn „Gerda Marie" druffjekullert, hann se da an bisschen festejebungen, hann'n Anker jelicht't, un heißa, los junk's. Immer jemietlich elbeabwarts. 's koahnte sich je damale uff de Elbe noch jemietlich. 's junk je damale noch nich so jellijen, so trab wie heite, vorwarts. 's joab je da noch keene Damper un keene Mitorschiffe niche. Un de Elbe war oo noch nich bejroadicht wie heite, da woarn noch ville Inseln un Sandbenke drinne jewest. 's junk jen'nfalls immer jemietlich elbeabwarts mit de „Gerda Marie". Un oamnds denn, wenn's Tareziel erreicht war, dor Anker jefalln war, denn schluupten unse Schiffersleite immer neijierich um de jroße Tonne rum. Neijierich sinn je de Akener schon immer jewest. Un das sinn se, mer wissens alle, ooch bis heite jeblem'm. Wie soat doch Schulzen Knulli, unser Freind aus de Akener Himmelreichschtraße immer wedder: Neijierich bin ich keen bisschen, awwer wissen will ich doch alles.

Jen'nfalls buchschtawierten dor Schiffer un seine Leite immer wedder, was da mit weiße Farwe uff de Tonne druffjepinselt stand. Immer wedder simmelierten se, was das denn nu heeßen kenne. Awwer immer wedder ohne Erfolch. Un's woar oo wurklich nich so eenfach. Weil nämlich'n Jeneral sein Name so farchterlich lank war, so lank, dass se nich uff de Tonne passen tat, harren'n dor Moaler bei's Uffpinseln uff seine Oanfangsbuchschtam'm vorkirzt. Un so war em'm dor „General Ronald Olaf Gustavson" kurtschorhand zu „G.R.O.G." jeworn'n.

„J.R.O.G.", was soll das denn sin? Die von de „Gerda Marie", alle-hoofe schittelten se mit de Keppe: „Nee, das ken'n mer worklich niche. Das hammer noch nie jeheert niche. Sowas ham'mer noch nich jeloan jehat."

Un de Schween'n nu, die harrn unsen Schiffer je oo bloß nich je-soat, was se da eijentlich transpotiern tat. Die wern sich woll jedacht hann, was der nich weeß, das macht dän oo nich heeß. Wer zu ville weeß, der ward trab oalt.

Na, da war je nu juter Rat teier. Se wollt'n 's doch awwer mit der Jewalt wissen, was inne Tonne drinne is, die von de „Gerda Marie". Oh, was hann se de oale Tonne jeschittelt. Was hann se die hin un her jekullert. Awwer was anneres, wie dass es „da drinne gluckert un poltert", das kunnten se so doch nich rausfingen. Nu, un da war se ähm eenes schee'n Tares zur Hand, de Buhrwin'ne. Un, hol's dor Dei-wel, sowie sich dor oale Buhr durchs Holz durchjefressen harre, da pletscherte doch munter anne Flissichkeet aus de Tonne raus. Diern Jeruch nu, dän kennten unse Akener je nur zu jut: Rum! Rum vonne allerbeste Sorte! Nu, da harrn se doch jleich allehoofe ihre Neeßel, ihre Becher, bei de Hand. Un wie die Neeßel alle vull warn, denn schluen se ähm'm an Zappen ins Buhrloch rin.

Un das war je nu janz famos! Da harrn se nu jen'n Feieroamt ihrn kestlijen Schlaftrunk jratis. Un weil's doch in'n Novem'mer 1632 schon zeide farchterlich koalt jeworn is, da hann se ähm'm ihr Jetränk immer uff de Kochmaschine heeß jemacht, bevor se's pietschen taten. Das warmte se durch bis in de Knochen. Jenau das Richtije jejen'n koalen Novem'merwind anno 1632 woar das jewest.

Un scheene jesungen hann se da oo allehoofe zusamm'. Wie tat das schallern, schallern ewwer de janze Elbe weg: „So lähm'm mor, so lähm'm mor, so lähm'm mer alle Taa..." Allorliewest hierte sich's oan.

Un scheene schnumm'm kunnten de Schiffersleite da hinn'nerher oo jedes Ma, ween's denn nachher finster wurre. Scheene woarm wurre ses da inne koale Kajite unn'ner ihr Fedderbette. Un wenn dor koale Novem'merwind oo noch so siehre huulte vors Bulloe. Harrlich jetreemt hann se de janze Nacht. Jetreemt von ihr jutes oales Aken. Ihr Aken, von das 's je sonst eijentlich heeßen tut: In Aken, da ist nichts zu maken als Bundholz und Staken. Awwer das is je sowieso bloß Quackeleie.

Un de Elbe tat immer so scheene pletschern dorzu. Das woar wurklich anne scheene Zeit. Das kuunne ewich so weiterjehn.

Awwer, mer wissen's je nu schon aus's Oale Testament: Immer wenn's jemietlich ward for 'n Menschen, immer wenn's ins Paradies am scheensten is, denn ward dor Mensche vortremm'm aus's Paradies. Un jenau so kams oo uff de „Gerda Marie". Das Gluckern inne Tonne, das wurre nemmlich immer wennijer. Un eenes schee'n Oamts, da hiertes denn ähm janz un jar uff. Da hulf oo alles Kullern un alles Schitteln nischt. Nischt, reeneweg joar nischt loff mehr raus aus de oale Tonne. Oh, wie hann se da vor lauter Wut droanjeträten, oane Tonne, de Schiffersleite! Awwer oo das nitzte nischt. 's wolle eenfach nischt, reeneweg joar nischt, mehr rauskomm'm, aus's Buhrloch. 's half oo nich, das se ninkuuken toaten, durchs Buhrloch. 's Buhrloch woar siehre schnau, also enge, un drinne inne oale Tonne, da woars finster, finster wie in'n Bärnarsch.

„'s muss awwer doch noch was da drinne sin, 's tut doch noch was poltern da drinne, wemmor jrackeln tut, oane Tonne", da woarn se sich jen'nfalls eenich allehoofe.

Awwe das nitzte je nu alles nischt, nu mussten unse Akener Schiffersleite wohl odder ewwel jen'n Feieroamt mit's Beiboot oan Land koahn'n. Un mussten sich da ihrn Schlaftrunk alleene koofen. Los jink das in Scheppstedt, bei's Ankern in Scheppstedt. Scheppstedt, na ihr als oale Elbreewer, ihr wisst doch, dass mer so zu's Elbedorf Breitenhagen sa'an tun. In Scheppschtedt, da harre se nemmlich das malheert, was ich eich da ähm'm vorzellt harre.

Zu juterletzt denn harrn jen'nfalls unse Schiffersleite ihre heikle Fracht doch noch orntlich abjeliefert, aon'n Bestimmungsort abjeliefert. Un denn sinn se kallewitt heemejeschippert, Richtung Aken. 's tat se oo siehre pressiern. Se wollt'n naa die lange Reese schließlich heeme, heeme in ihr jutes Aken, heeme bei de Mutter.

Un wie hann se sich jefreiet, wu se denn endlich oan'n Elbehaken kamen taten. Was das zu bedeiten hat, das wisst ihr je alle. Das muss ich eich doch nich erscht soan. Das weeß doch jeder uff de janze Erdkurel. Das feifen doch de Kotzeluten vonne Dächer. Kotzeluten? Nee? Das wisst ihr nich, dass mer Akener zu'n Sparling Kotzelute sa'an tun? Na denn feifen's meinetwähn de Spalinge von'ne Dächer. Schließlich heeßt's schon so lange, wie unse jute oale Erde sich drähn'n tut: Wo de Elbe schläät ihrn Haken, da läät Aken.

Na, un denn erscht, wu unse Schiffsleite de Marienkirche, un denn de Nikolaikirche, un denn's Akener Rathaus von weiten sähn taten! Trab hann se da ihre „Gerda Marie" ninjeschtakt in'n Hornhafen, hann se hingene, janz hingene aon's Enge, 's Enge, das wisst ihr als aole Akener je sellwer, oo das muss ich eich nich erscht sa'an, das „Kuckuck" heeßen tut.

Un wu se denn 'n Oamt 's erschte Ma wedder inn „Klappe", in ihre jute oale Stammkneipe, na ihr wisst doch, oan'n Akener Marcht is die, jesessen hann, unse Schiffer un seine Leite, denn harrn se de Akener, die heeme jeblemm'm woarn, oo ville zu vorzelln jehat. Mer wissen's je allehoofe: Wenn eener anne Reese tat, denn hat'e was zu vorzelln. So woar das schon friehor jewest. Un so ward's oo bleim.

Nu, un ihre letzt Reese nu, de Reese mit de oale Tonne meen ich, das woar je oo wurklich anne son'nerbare Reese jewest. Mucksmeischenschtille war's in'ne „Klappe", wu dor Schiffer vorzelln tat:

„Also, heert mich ma alle zu. Mir hann da uff unse letzte Reese an neies Jetränk erfungen. An Jetränk, das noch keener von eich kenn'n kann. Nich eener. 's is je oo was janz Neies. Also, 's is an Heeßjetränk. An Jetränk, das scheene riechen tut. An Jetränk, das een'n scheene durchwoarmt. Un wenn mer oo noch so siehre verfruhrn is, in'n koal'n Winter. Dormit's awwer so richtich woarm'm tut, muss mor's vorrer uff de Kochmaschine heeß machen. Koalt jetrunken schmeckt's niche. Awwer das ward ihr schon sellwer marken.

Also, 's is an Jetränk aus Rum. Nich irjendan Rum. Nee, nee. Mer muss schon'n besten Rum dorzu nähm'm, 'n allerbesten. Am besten jeht's mit Kuba-Rum. Un denn is da noch was drinne.

Was das is, wollt ihr wissen? Nee, das wiss' mer oo nich, 's tut mich leed. Awwer worum soll' mer uns dadrewwer oo'n Kopp zerbrechen? 's is jen'nfalls noch „was" drinne, in das Jetränk.

Ach so, wie unses Jetränk heeßen tut, wollt ihr wissen? Ja das hatt' ich janz vorjessen. Also, heeßen tut das Jetränk eijentlich „G.R.O.G.". Awwer, „J-R-O-G", wie heert sich das denn oan? Wie soll mer das denn sprechen? J-R-O-G! Na, ich bitte eich! Ville besser heert sich doch „Jrog" oan. „Jrog", das jeht doch ville besser ewwer de Zunge weg wie „J-R-O-G". Das jeht jenauso jut ewwer de Zunge weg, wie der „Jrog" sellwer da drewwerwegloffen tut. Jradeso wie Eel.

Na denn Prost, Prost allerseits! Wohl bekomm's! Un uff eier Wohl!"

Ja, so war's zur Zeit von'n Dreißichjährijen Kriech, so war's uff de Elbe, un so war's denn in'ne Akener „Klappe" jewest.

Un bei eich hier nu, wie is's denn mit eich hier nu? Is bei eich nu oo alles klar? Is's bei eich nu klar, worume dor Jrog eijentlich Jrog heeßen tut? Na, Jott sei Dank, ich sähe, ihr nickt allehoofe mit de Keppe. Ihr hat's also bejriffen, dass Jrog heeß jemachter Rum mit noch „was" drinne is. Un nu markt's eich jut. Schreiwet's eich hin'ner de Ohrn. Un tut's mich bloß nich so trab wedder vorjessen!

Rolf Brink
Mein Drewel

Hochdeutsch heißt der Ort Dröbel, und war bis zu seiner Eingemeindung eine eigenständige Gemeinde und hieß nun Bernburg-Dröbel. Für mich bleibt es mein Drewel, weil ich dort geboren bin und dort meine Kindheit verlebte, die mit vielen Erinnerungen verbunden ist. Vor allem: die Schulzeit. Von der 6. bis 8. Klasse mussten wir einmal im Jahr einen Aufsatz in Drewelscher Mundart schreiben, was mich veranlasst hat, diese Erinnerungen in dieser Mundart niederzuschreiben. Ich erinnere mich besonders an meinen Aufsatz „De Hasenjacht", weil ich für diesen Aufsatz eine gute Note bekommen habe. Als ich im nächsten Jahr den gleichen Aufsatz noch mal ablieferte, erhielt ich eine Fünf. Warum wohl? Der Lehrer hatte es natürlich gemerkt.

Der Drewelsche Teich
Wenn mer den Drewelschen Teich heite sucht, denn sucht mer verjebens, denn er existiert nich mehr. Ich wees nich wann, denn wir sinn 1939 von Drewel wegjezogen, awer den Teich hamse enfach zujeschittet.

Der Drewelsche Teich war eijentlich bloß a großes Loch, denn a Teich war es nur im Winter. Da wurde de Fuhne, die direkt neben Teich fließt, gestaut, un aus den großen Loch wurde denn a Teich, aus den in Winter an Schlittschuhteich wurde.

Der Teich geheerte de Stadt Bärnborj un die hat den Teich in Winter verpachtet, der Pächter hieß Jacobi. Wemmer da Schlittschuh loofen wollte, denn musste mer a Groschen bezahlen. Wir hamm natierlich immer versucht, ohne zu bezahlen Schlittschuh zu loofen.

Uffen Fuhnedamm standen lauter Obstbeeme, die hadde Jacobi ooch immer jepachtet.

Wenn denn de Schlittschuhsaison war, denn war öfters ooch Konzert. Mitten in Teich waren zwee große Büsche mit Riestern un en kleenes Gebisch. Da hadden se denn an Koksofen uffgestellt, den se mit Jaskoks beheizten. Drumherum saßen de Musiker, meestenes waren es finf Mann, un die machten anne scheene Musike.

Aus Bärnborj kam immer a Pärchen, die machten an Eistanz. Der olle Weinschenker aus Drewel, der wohnte gleich neben de Kneipe von Reimanns, der kam ooch immer zum Schlittschuhloofen, der hadde an Paar Holländer Schlittschuh. Die waren vorne abjerundet un unse warn vorne spitz.

Wenn nu dor Winter zu Ende jing, de Tare wärmer wurren un das Eis anfing zu tauen, denn hammer Biejeeis jemacht. Das jing so: mir loofen immer hinnernander uffen Eis lang, bis es ahnfing, langsam weech zu wern un sich zu biejen. Das hammer den solange jemacht, bis eener injebrochen iss, un denn simmer abjehauen. Un das hat jestunken, denn das Wasser war ja aus de Fuhne, un die hat schon immer so jestunken, weil da alle meechlichen Abwässer nin jeflossen sinn.

Wenn nu de Schlittschuhsaison vorbei war, denn wurde s Wasser ausn Teich abjelaasen. Am Ende von Teich war der Bahndamm un dahinter de Jasanstalt, dort inne Ecke von Teich war an Ablass, der 's Wasser inne Saale loofen ließ. Nu war der Teich widder bloß a großes Loch. Un wenn der nächste Winter kam, denn wurde widder a Schlittschuhteich draus. Un so jing dass jedes Jahr, so lange wir in Drewel jewohnt hamm. Ich jlobe, zu DDR-Zeiten jab's den Schlittschuhteich schon jar nich mehr.

Der Teich war awer nich bloß in Winter, sondern ooch im Sommer unser Revier. Nämlich denn, wenn der Teich ausjetrocknet war. In de Ecke von Teich nach de Jasanstalt hin, wo der Abhang hoch jing nach de Jasanstalt, da wars immer noch a bisschen feicht un da war alles mit Schilf bewachsen. Wir hamm uns aus Weide oder aus a Gestellt von Regenschorm an Flitzebogen gemacht. Aus trockenes Schilf hammer de Feile jemacht.

Vorne druff hammer aus Schetschke (Hollunder) a Stickchen druff jemacht, damit se besser flogen. Un da hammer denn immer Trapper un Indijaner jespielt. Von Asyl, aus de Zepzigerstraße kam denn immer anne Truppe, die uns unser Revier streitig machen wollten. Das hammer natierlich mit Feil un Bogen verrteidigt. Awer die kamn immer widder um zu stänkern. Manchemal jing's janz scheen haarig zu, mir hamm uns awer nischt jefallen laasen.

Eenmal haddense nen Teich noch nich abjelaasen, da hammer uns a tolles Ding jeleistet. Bein Fleescher Regel ahn Ausladeplatz, der liet direkt nebn Kohljarten ahne Saale, da war da an aaler Schuppen wo anne aale Badewanne lag, un mit der wollten mer uffn Teich Kahn fahrn. Mir hamm erscht jeguckt, ob de Luft ooch reene is, und dann hammer anne lange Schnur ahne Badewanne anjebunden un hamm uns bei Siljen hinnern Jartenzaun versteckt. Wie mer jesähen hamm, dass keener in de Jegend war, denn hammer mit een Ruck de Wanne von Dach jezogen. Das jab vielleicht a Jepolter. Da hammer uns erst ahne Saale unne versteckt un abjewartet ob ooch keener kimmt. Wie mer jesähen hamm, dass keener da war, der was jemarkt hadde, hammer der Badewanne janz behutsam iwern Platz bis hinner Siljes Jarten jedreckt. Wie mer jemarkt hamm, dass keener jegukt hat, hammer de Wanne uff de Saale jesetzt un hammse ahn Ufer lang hoch jedreckt, bis ahne Fuhnemindung. Denn hammer se uffen Fuhnedamm bis nan Teich jehuckt. Dass die Wanne vorne an Schlitz hadde, wus Wasser rin kam, das hammer erst später jemarkt. Da hammer aus Lehm un Jras an Brei jemacht un hamm das Loch zujeschmiert. A paar Tage hammer unsen Spass jehat, bis die von Asyl kamen. Krämers Ernst saß jerade inne Wanne, als die ankamen. Er wollte schnell ahn Land paddeln, un dabei isse ummjekippt. Bevor die von Asyl ran warn, hammer de Wanne versenkt un denn simmer abjehauen.

Wenns Jras so richtig trocken war, dann hammer öfter jekokelt, uffen Hang von Kirschbarch oder ahn Hang, der na de Jasanstalt hoch jung. Eenmal wie mer so scheen beim Kokeln warn, da kam Koks vonne Jasanstalt, dass war son kleenes Kerlchen der nich jreeser, wie eensfufzij war. Den Spitznamen „Graf Koks" den hadden wir uns ausjedacht, weil der immer so jetan hat, als hädde er ine Jasanstalt was zu sahen, derweile ware bloß a janz jewehnlicher Hilfsarweter.

Zum drewelschen Teich jeherte natierlich der Fuhnedamm, den mer immer a Besuch abjestattet hamm, wenn's Obst reif war. Da warn so scheene Äppel un Birn. Mir mussten awer tichtig uffpassen,

dass der Pächter Herr Jacobi ma nich da war. Der hadde uffn Fuhne-
damm anne Eebsterbude, die e in Winter ahn Teich stehen hadde.

In de Fuhne flossen ooch de Abwässer von Schlachthof, wobei öf-
ter ooch geronneres Blut war, un ahne Fuhnemindung saßen immer
de Angler, weil de Fische da jut jebissen hamm. Das warn meestens
Angler, die aus Bärnborj kamn un die hadden an Angelschein. Mir
hadden natierlich ooch öfter schwarz jeangelt, un wenn denn der
Blaue (der Schutzmann aus Bärnborj) kam, denn simmer stiften je-
jangen.

Bei den Anglern aus Bärnborj war ooch der ahle Wiedensee, dass
war ooch son kleenenes Kerlchen wie der Koks vonne Jasanstalt.
Den hammer öfter jearjert, indem mer von oben Steene inne Saa-
le jeschmissen hamm. Mir hamm uns denn immer amisiert, wenne
hinner uns her wollte un uns mit seine kurzen Beene nich erwischen
konnte. A paar ma isse dabei hinjefalln.

Das warn also unse Jeschichten von Drewelschen Teich.

De Zuckerriemkampanje
Mit de Zuckerfabrike iss das jenau so wie mit'n Drewelschen Teich,
die sucht mer heite verjebens, denn die existiert ooch nich mehr.

Jedes Jahr in Harbst, so Ende Oktober Aanfang November, jing de
Kampanje los.

Denn kamen de Fuhrwarke aus Drewel un die janzen umlijen-
den Ortschaften wie Laatdorf, Baalbarje, Wirschlem, Poley un sojar
Braune aus Waldau kam mit de Pferdewagen un brachte de Zucker-
riem nach Drewel. Wir hamm denn immer ahne Zuckerfabrike rum-
jelungert un jeguckt, ob se keene Riem verloren hamm. Wenn se kee-
ne verlorn hamm, denn simmer ooch schon ma hinne druffjekletert
u hamm a Paar runnerjeschmissen, die annern hamm se uffjelesen.
Meestens warn wir mit Munks Alfred un Walter zusamm, denn die
brauchten de Zuckeriem for ihr Viehzeich.

Zur Zuckerfabrike jeheerte ooch anne Kleenbahn. Das Kleen-
bahndepot lag ahne Baalbarjer Chossee. Da hammer efter jeguckt
wenn die Zieje rausfuhrn in Richtung Sachsendorf.

Manchma simmer ehn Ortsausjang, wo de letzten Haiser standen,
uff de Lauer jelegen bis anne Kleenbahn beladen von Sachsendorf
zurickkam. Ahn Ortsausjang hadde de Kleenbahn schon das Tempo
jedrosselt, so dass mer hinnerher loofen konnte. Denn simmer druff

jesprungen un ham a Paar Riem runnerjeschmissen. Manchmal hadden mer awer ooch Pech, denn bei manche Zieje saß a Bremser druff. Der hadde sich immer versteckt un wenn mer denn uffjesprungen waren hadde uns verscheicht.

Zu den Kleenbahndepot jeheerten 4 Lokomotiven, 3 davon fuhren immer raus, un die Vierte war drinne un hat die vollen Riemloren zu de Riemwäsche jefahrn.

Die Loks hadden alle an Namen; an die Namen kann ich mich im Eenzeln nich mehr erinnern. Die Loks die rausfuhren hadden an Tender un hadden an Schornsteen, der war oben rund wie anne Diese vonne Jieskanne. Die drinne bein Ranjieren war, hadde an schlanken Schornsteen wie de Loks vonne Reichsbahn. An den Namen kann ich mich noch erinnern, die Lok hieß Elisabeth un mir hamm immer jesaat der Esel. Warum weeß ich heite ooch nich mehr.

Mir hamm aber nich bloß Zuckerriem jeklaut, mir wollten ooch ma mit de Kleenbahn fahren. Ringsrum ums Teretorium war an Holzzaun, awer nich aus Latten, sondern aus jeschlossenen Brettern un da dorhinter hammer jelauert wenn de Zieje rausfahren wollten. Mir mussten awer erst gucken, ob nich a Bremser mitfuhr. Wenn de Luft reene war simmer hinnerher jeloofen un sin denn uffjesprungen. Bevor der Zuch ahn Friedhoff kam, sin mer abjeschprungen. Eenmal hadde ich mich kopkekelt (überschlagen) weil der Zuch schon a ziemliches Tempo druff hadde. Eenmal mussten mer stiften jehen, weil hinnern Zaun der Meester Struwe jelauert hadde. Das war der zuständige Meester for de Kleenbahn. Den muss woll eener was jesteckt ham, dass wir da immer rumlungerten.

Die Zuckerriem kamn awer ooch noch mit de Reichsbahn, de Zuckerfabrike hadde nämlich extra an Jleisanschluss. For de Kampanje brauchten se ooch Braunkohle un Kalk, un das kam mit de Reichsbahn. Es jab a großes Kesselhaus wo Damp erzeucht wurde for de Turbine, wo se ihren eejenen Strom machten. Außerdem hadden se fors Ahnschlussjleis extra anne Lok. Das war an komisches Ding, sah jar nich so wie anne Lok aus. Das war a jroßer Kessel uff vier Rädern un hinnern Kessel war a Fiehrerstand. Mei Onkel Fritze war dauernd inne Zuckerfabrike beschäftigt un arwetete inne Schmiede, das war eijentlich sein Beruf. Inne Kampanje awer, da fuhre de Lok. Die hadde sojar an Namen, die hieß Bello. Da de Zuckerfabrike ja nich s janze Jahr iwer in Betrieb war, hadden se bloß a paar Stammarbeter. Inne Kampanje jab's ja in Drewel nich jenug Arbetskräfte, un da wurden denn for de Saison wo annerscht welche herjeholt. Die jedes Jahr widder kamen, das warn die aus'n Eichsfeld. Die hamm denn meestens inne Kampanje jeden Tag zehn Stunden jearbetet. Jejeniwer von Friedhoff, uff de Ecke vonne Ballbarjer Straße stand a jroßes zweesteckijes Wohnhaus, un da warn oben Zimmer for de Eichsfelder. Unne wohnten a paar Beamte vonne Zuckerfabrike. In den Haus wurde übrigens meine Mutter jeboren. Wenn de Kampanje vorbei war, denn standen die Zimmer oben leer.

Wenn de Kampanje in vollen Jange war, da war manchesma inne Dessauer Straße vor lauter Qualm un Damp nischt zu säen. Weil das forn Verkehr jefährlich war, hadden se an a paar Stellen Lampen ewer de Straße anjebracht. An de Laternenmasten war a Hinweisschild anjebracht (wejen de Sichbehinderung) un das Schild war ooch beleuchtet.

Eene Lampe stand direkt an Friedhoff un die Beleuchtung von Hinweisschild beleuchtete den Fußweg der ane Friedhoffsmauer lang jing. Da hammer a paar Mal de Leite jefoppt, bis se unseren Schawwernack jemacht ham. Mir ham nämlich a Portemonee mit Steene jefillt un uffn Fußwej jelät, mir hadden anne lange Bindfadenschnur dranjemacht un hamm uns hinner de Friedhoffsmauer versteckt. Wenn nu eener kam un sich nachs Portemonee bickte, denn hammers wegjezogen.

Was mer heite so Hallowehn nennt, das ham wir damals schon jemacht. Mit ham Kürbisse oder Turnipse ausjeholt, anne Kerze rinjestellt un ham se uff de Friedhoffsmauer postiert.

Wenn ich an de Zuckerriemkampanje denke, denn kann ich ooch den Kohljarten nich verjessen. Der Kohljarten war eijentlich a greeßeres Teretorium, wo de Zuckerfabrike a paar Klärteiche ahnjeläht hadde. Es warn zwee Teiche, die durch an Damm jetrennt warn un mit anne große Roehre verbunden warn. In die Teiche kam das Abwasser aus de Riemwäsche, wo sich der Schlamm absetzte. Von zweeten Teich aus floss das Wasser denn inne Saale. Awer sauber war das Wasser, was inne Saale floss, ooch nich, da war immer lauter Schaum uff de Saale. Hinne ahn Ende von de Teiche hadden a paar Beamte vonne Zuckerfabrike a Schtickchen Jarten, wo die ihr Jemiese un Kohl anjebaut hadden, un daher woll der Name Kohljarten.

Hinner de Jarten war noch a Obstjarten der zun Stadtgut jeheerte. Da hammer denn efter ooch ma a paar Äppel jeklaut. Bei de Beamten in Jarten war nischt zu holen, awer uffn Hang nan Friedhoff ruff, da standen scheene Flaumenbehme, die hammer efter ma jestraft. Neben Friedhoff war de Schule un der Herr Gönnert konnte iwer sein Zaun von seinen Hoff aus jenau nachn Kohljarten gucken. Da hat er uns denn mal beim Flaumenklauen jesähn un dafor jab's denn nächsten Tag a paar Hiebe mitn Rohrstock. Uff de Schule oder de Schulzeit komme ich vielleicht später nochmal zurick.

In Sommer, wenn das Wasser aus de Klärteiche abjeloofen war un der Rest versickert war, denn hamm se Jleise in den erschten Teich gelät. Da hadde sich nämlich der Klärschlamm abjesetzt un der wurde jetzt mit Kipplorn uffn Ausladeplatz jefahrn. Da blieb e denn anne Weile lieen, bisse a bisschen abjetrocknet war un denn hamm se später mit Trecker un Hänger das Zeich uff de Äcker jefahrn. Später hamm se ahne Ballbarjer Chossee anne mechanische Kläranlage jebaut. Von da wurde denn der Schlamm uffn Acker jepumpt.

Zum Schluss wäre noch zu erwähnen, dass mei Jroßvater mitterlicherseits Siedemeester inne Zuckerfabrike jewesen iss. In die schlechte Zeit inne dreißiger Jahre iss meine Mutter ooch mal kurzfristig inne Zuckerfabrike arweten jejangen un hat inne Nähstubbe Preßtiecher jenäht. So, das war's Kapitel Zuckerfabrike.

Ringreiten in Drewel
Solange ich mich erinnern kann, un solange wir in Drewel jewohnt hamm, war jedes Jahr Ringreiten. Heite jib's zwar ooch noch Ringreiten uff verschiedene Dörfer (so ooch in Gröna, wo ich seit 1995 wohne), awwer mit Ringreiten von frieher hat das nischt zu tun. Heite jib's Ringreitervereine, die ooch jedes Jahr ihr Ringreiten durchfiehren un die ooch das Drum und Dran orjanisieren. Zum Unnerschied zu damals hamm die heite alle Reitferde un frieher warn bein Ringreiten nur Ackerferde. Was heite vereinsmäßig orjanisiert un durchjefiehrt wird, war damals eene Veranstaltung, die die Knechte (oder Jespannfiehrer, wie mer vornehm ausjedrickt saat) orjanisiert un ooch durchjefiehrt hamm.

In Drewel war das Stadtjut, das hadde an Pächter aus Mecklenburj-Vorpommern un denn die beeden Jroßjrundbesitzer Haberland un Wahrhausen, es jab ooch noch paar Kleenbauern, awwer die machten bein Ringreiten nich mit. Die mitjemacht hamm, warn also de Knechte von die jroßen Jieter, die mit een Ferd von ihren Jespann das se hadden, bein Ringreiten mitmachen konnten. De Herrschaften hamm nich bloß de Ferde zur Verfiegung jestellt, sie hamm ooch noch a kleenen Beitrag jeleistet, damit fors Ringreiten ooch a paar kleene Preise jeholt werden konnten.

Solange wie ich denken kann, war der olle Kraft der Hauptmann un Rullerts Otto der Adjudant, die den Zuch vonne Reiter bein Ringreiten bejleiteten.

Von Kostiem-Verleih Pokorny von Saalplatz in Bärnborj hadden se sich immer a paar Paradeuniform aus de Velkerschlacht bei Leipzig ausjeliehen. Un der Dritte dern Zuch mit anfiehrte war der Clown, der mit an Ochsen zum Ringreiten kam. Frieher hat Oehm Rudi den Clown jemacht, awer der konnte nich mehr, weile erblindet war. Der hadde in anne Bierpulle Karbid rinjemacht un denn Wasser druffjekippt. Dann jab's an Knall un Rudi hat nischt mehr jesähn. Alle Miehe, das Ogenlicht zu erhalten, war verjeblich, Rudi blieb blind. Von da an hat Beyers Karl den Clown jemacht, awer der konnte Rudi nich's Wasser reichen.

Das Ringreiten jing los mit an Marsch durchs Dorf. Die Blaskapelle saß uffn Rollwagen der mit Jrienzeich geschmickt war un an een jroßen Ast hingen de Preise fors Ringreiten. Meestens warn es so kleene Sachen wie Taschentiecher, Strimpe, Hosenträger, Aermelhalter, Sockenhalter un lauter son Krimskram. Hinnern Rollwagen kamen dann, anjefiehrt von Hauptmann un Adjudant, de Reiterschar. Dann jing's inne Lehmkiete, wos Ringreiten stattfand. Später hamm ses inne Bauernjasse ahne Saale jemacht.

Zuerscht machten se alle anne Ehrenrunde durchs Tor, wo de Ringe hingen, mit Musike natierlich, un dann jing's richtig los. Eener nachn Annern versuchte nu an Ring runner zu holen, bei Jeden wos jeklappt hadde jab's an Tusch. Wenn der Durchjang beendet war, denn ritten se allesamt wieder mit Musike zurick un der nächste Durchjang bejann. Insjesamt jab's drei Durchjänge, un denn jab's noch an Stechen, wenn mehrere de jleiche Anzahl Ringe runnerjeholt hadden.

Denn hat de Hauptmann seine Reiter verabschiedet un mit uffen Weg jejeben, dass se ihre Ferde ordentlich versorgen sollten un dass se sich um sechse bei Sperlings widder treffen zum Ständchen bringen.

Nachmittags hadden de Musiker uffn Saal zum Kindertanz uffjeschpielt.

Um sechse trafen se sich denn alle widder bei Sperlings zum Ständchen bringen, un denn jing's los. Der Erschte den se a Ständchen brachten, war der Fleescher Katzer, der wohnte nämlich jleich ahn Ortinjang von Drewel. Dann jing's weiter zu Reimanns Kneipe, bein Konsum, Fleescher Regel, Käsemüller, Schmiedemeester Weber. Dann waren da noch die beeden Lehrer un der Pastor, die zwee Bäckermeester un der Schuster. Zuletzt brachten se ihre Herrschften a Ständchen. Nach jeden Ständchen saate den der Hauptmann: „Sie leben hoch, abermals un nochmals" un bei jeden lebe hoch machte de Kapelle an Tusch. Wenn der Hauptmann seinen Obolus kassiert hadde, denn jing's zum Nächsten. Ausser de Reihe hadden se ooch noch Leite a Ständchen jebracht, wo se wussten, da jab's noch a paar Mark zu holen. Ich weeß nu nich, ob se das Jeld versoffen hamm, oder ob se davon ihre Unkosten decken mussten, oder ob de Musike vonne Herrschaften bezahlt wurde.

Noch eener, der jedes Jahr bein Ringreiten war, das war Pechmanns Karl aus Altenburj, der hadde dort an Jemiesejeschäft un war in Drewel keen Unbekannter, er kam nämlich eenma inne Woche nach Drewel mit seinen Rollwaren un verkoofte Obst un Jemiese. Wenn Ringreiten war denn hadde vor Sperlings Kneipe an Würschtchenstand uffjebaut, un seine Tochter verkoofte ahn an annern Stand Süßwaren un noch allerhand Krimskrams.

Den Abschluss vons Ringreiten bildete denn abends der jroße Reiterball, wozu Jung un Alt herzlich injeladen warn.

De Hasenjacht

So wies frieher in Drewel de Zuckerriemkampanje uns Ringreiten jab, so jab's ooch jedes Jahr anne Hasenjacht. Mit de Hasen isses baale so wie mit de Zuckerriemkampanje un's Ringreiten. Ich sahe baale, weil's noch a paar Hasen jibt, awer vill is nich mehr los. Un sonne Hasenjacht wie frieher findet ooch nich mehr statt. Bei uns inne Jejend jib's je ooch die Jroßjrundbesitzer nich mehr, die damals immer zur Jacht injeladen hamm. Ich jlobe awer, im Westen, da jib's heite noch de Hasenjacht, wenn vielleicht ooch verbunden mit de

Jacht uff Rot- un Schwarzwild. Bei uns jib's aber ooch noch Jäger, die hier Rehe un Wildschweine schiessen, awer das iss eben keene Hasenjacht mehr.

Wenn nu de Herrschaften zur Hasenjacht injeladen hamm, denn brauchtes se Treiber die de Hasen uffscheichten, damit de Jäger de Hasen vors Jewehr krichten. Die nahmen awer nich Jeden als Treiber, das kam uffs Alter ahn un uff de Konstitution. Ich hadde jedenfalls das Jlick, zweemal de Hasenjacht in Drewel mitzumachen.

Uffen Stadtjut trafen sich denn de Jäger un de Treiber un es wurde festjelegt, wievil Treiben veranstaltet wurden un wo's erschte Treiben durchjefiehrt wurde. An Treiben war an bestimmtes Teretorium un meesten fing das erschte Treiben ahn erschten Weg statt, das war de erschte Feldweg hinner Drewel un das Treiben erstreckte sich bis Laatdorf un Weddejast. Das zweete Treiben war denn in de Jejend von Poley un Baalbarje. Es jab damals ooch a paar Rehe, awer das iss keen Verjleich zu heite, denn heite jib's a paar Rehe mehr wie damals. Dafor jab's damals awer noch a paar Rebhiehner, die s heite kaum noch jibt, un Fasanen jab's damals och a paar mehr wie heite.

Als Treiber hammer uns a ordentlichen Knippel besorjt, denn mir mussten die Hasen nich bloß uffscheichen, sondern wenn de Jäger een jetroffen hadde mit'n Knippel a paar hinner de Ohrn jeben, damit se tot warn. Weil die Jäger mit Schrotflinten schossen, warn de Hasen ja nich jleich tot wenn se jetroffen wurden, se hamm sich meestens iwerschlagen un mir mussten se schnell erwischen, um ähm eens hinner de Ohrn zu jeben. Mir hamm efter de Hasen de Blume rausjedreht, die war so scheen kuschelich un darum hammer se uns inne Handschuhe in Winter rinjesteckt.

Nach'n letzten Treiben kamen denn de Kutsch- un Jachtwaren vonne Herrschaften, die se abholten zum jroßen Fressen und Saufen, das war denn der Abschluss von de Hasenjacht. Un mir armen Troddel mussten zu Fuß nach Hause loofen. For uns Treiber war's anne Ehre bei de Hasenjacht derbei jewest zu sinn, awer jekriegt hammer nischt, da warsch nich mehr als recht un billig, dass mer uns wennigstens a paar Blumen als Beute mitjenommn hamm.

Rainer Brösigke
Kwartier Kleene Wallstraße

Nich bloß Staatn odder Rejohnn hamm so was wie anne Jeschichte, nee o Heiser, Straßn odder Blätze hamm se, un offte spiejelt sich de Jeschichte vonne jroßen Staatn inne Jeschichte von de zeittiepischen Kleenichkeetn. Mitte Leite isses bahle jenauso: De meesten wern irjendwann verjessen, awwer a paar bleim ins Bewusstsinn vonne Nahwelt erhahln, nur in anne Art un Weise, wo de Juten denn jar keene nejativen un de Beesen keene bosediven Eijenschaftn zujesprochn wern. Un denn zeijets siche, dass de Helln vonne Weltjeschichte sich jar nich so ville unnerschein vonne Jreeßen aus de ertliche Verjangnheet. Dr Unnerschied lijet denn bloß inne Schaanshehe, dr Jewinn for'sch Volk bleiwet soweso in Jrenzn.

So a Fokus vonne Keetner Verjangnheet is de Jejend umn Hallschn Turm, villeicht mehr noche wie das dr Marcht is. Inne Neinzjer hammer zesamm gesessn in anne Beratunk, bei die's um de Neibebauunk von's Kwartier jink. Kann jar niche mär sahn, war'sch inne Frakzion oller in a Ausschuss. Näm miche, da saß dr Musemsdirekter Jünter Hoppe, un da hammer Biller ahnjekukt, wie nu des neie Vürtel aussähn solle.

Da binnich jlei in's Simmeliern un in's Drehm jekomm, dass ich je jenau von da de friehesten Kindheetserinnerungen harre, wo ich mit meine Mutter inne Hallsche Straße jewohnt harre, bein Bäcker Bunge unnern Dach inne Mansarrn ohm, des zweete Haus von Turm Richtunk Sien.

Das stand da, wo heite de Eisdiele vonn Italjähner is. Durch de kleen Fenster kunne mr jenau inne Kleene Wallstraße rinkuken, ooch iwwer de meesten Dächer lankhin. Ich musste je erscht uffe Bank krauchn, wennehrch was sähn wolle, un das bloß unner Uffsicht. De Dächer warn schwarz, awwer merschtens janz. Jes Haus sak a bisschen anners aus, alle eenfach un mit kleene Tiern un Fenster, die mannichma statt Scheim Pappe haddn, un bei manche kukte o s Ofnrohr vonne Kochhexe raus.

Das war nu in Kriech un kurtsch drnaach, jehnfalls war de Hallsche Straße orntlich befahrn, o vonn Durchjangsverkehr, se war nich bloß sonne Flanniermeile wie heite. Ann Turm war'sch mächtich enge, weil je o alle Heiser vonne Straße noch da stann un de Kleene Wallstraße mit ihre kleen Kleenbirjerheiser noch vollstännich woar. Uff de Ecke harre dr Drojiste Kurstedt sein Lahn un na de Bromenae zu, jlowich, jab's 'n Jemieselahn, a Schuster war da un a Friseer. Un erscht inne Hallsche Straße: A Bäcker, a Fleescher, a Lämsmittellahn, denn ne Kneipe, e Buchbinder, noch e Schuster, 's war e richtjes Jewärwejebiet un mit's Theater, wo ich von „Peterchins Mohnfahrt" Prämjernpuplekum jewäsn bin, o noch a Kulturzentrum.

Vonne Bromenae aus sahn de Heiser vonne Kleene Wallstraße besonners hibsch aus. De kleen Jiewel kukten mit ihre mär odder wennijer plankn Fenstr iwwer de olle Maur un de jeputzn Wänne jahm a scheen Gontrast jejen de jrohm Natursteene vonne olle Stadtbefestjunk. Ab un an wuksen da o anne Bürke un a paar Jeranjen. Mannije Hausleite harren sich o anne kleene Tiere inne Mauer jebrochen, damit se jlei hingene raskunn. Da sak mr, dasse Mauer janz scheen dicke woar.

Ich woar noch janz kleen, nichema viere, un obwohl ich nich jetooft woar, jink ich ne janze Weile inn Evanjelischen Kinnerjaartn umme Ecke. Ema warn mr inn Farrhause, da harre uns dr Farrer Windschild ne Art Kino mit unbewächte scheene Märchenbiller jezeicht. 's war dunkel un scheene. Awwer trozdähm war ich da nich lange in Kinnerjaartn, wei irjend a anners Kind mich jejen Ofn jeschubbt hat, un der woar heeß, eijentlich verwunnerlich, wennich drahn denke, dass da de Kolle o scho janz scheen knapp woar. Da bin ich denn nich willer hinjejangn.

Heeme harre ich o mei scheenes Billerbuch, das hannelte vonne Jänseliesel un dr Tekst war in deitsche Schrift. Weil nu meine Mutter mich den selwen ofte schon hat vorlesn missn un's mei eenzjes Buch woar, harre ich's auswennich jelernt un de Jroßn ham jedacht, dass ich Kacks schon läsn kunne. Un meine erschte Liewe, de Kristl von Bunges war je o immer heeme.

Vonne letztn Kriechstare weeß ich nischt mär aus eijene Erinnerunk. Da musstn mr abwekselnd bein Farrer Windschild in Kellr odder bein Fleescher Porscht in Bunkr. Ohm uff'n Turm soll dr Volkssturm mit a Emje jesessn ham. Anne „Jriene Danne" an anne Panzrsperre warn de Amis un ham iwwer unse Köppe weg na'n Turm jeschossn. Awwer in Bunkr ungene soll noch anne Frau jesaht ham:

„Mir siejen doch!" Jenau sähe ich noch vor mein jeistijes Oore, wie denn de Russn in Juni fümmenfirzich jekomm sinn. Mit Fährewaen, jedr a kleenes zottlijes Fährd drvor un uff'n Waen laen abjerissene jlatzkeppije Soldatn in jrienbraune Uniformn rum. So zoren se stunnlank ann Hallschen Turm vorbei in Richtunk „Jriene Danne". Mir kunn von ohm runnerkukn, uffe Straße wollte mr je besser nich jehn.

Awwer inne Nacht jab's a mächtijes Jewummere, de Wänne han jewackelt, un de Scheim, da sinn de russschn Panzr jekomm, o stunnlank. Meine Mutter wolle willer ausn Mansarnfenster kuken, da zuckte se awwer jlei zuricke, wei se dachte, dass es Kanonrohr unnersch Fenster lank jink. 's woar awwer nur dr Schattn drvon, denn die hattn woll anne Lampe uff'n Panzr unnersch Rohr. Von een Tach uff'n annern rochs inne Stadt nich mehr na Amischokelae un Schesterfiehlt, sonnern na Machorka.

Un wei mr je jenau inne Kleene Wallstraße rinkuken kunn, hawwich o ma jesähn, wie da an Fährd inne Josse laak, das jestirzt war, un dasse jlei uff de Straße abjestochn hamm, 's Blut kam bis vor inne Hallsche jeloofn. Lange hat das Fährd awwer nich jelähn un jelittn. Da sinn ville Leite hin un hamm sich Fleesch jeholt. Mir hättn's nich essn könn, jlowich, o wemmer mächjen Kolldamp haddn.

Hibsch war's o „Hinger de Mauer", da war je de Straße so schmal, dasse mit'n Waen jar nich rinfahrn kunnen, da ham se de Fähre missn ausspann. Un janz niedliche kleene Heiser warn da, un iwwerall han Leite jewohnt un in Sommer vor de Tiere jesessen. Da haddn se mechlicherweise o mär Platz jehat wie inne Stowwe.

Es sinn je denn danaach o for die Jejend belämmerte Zeitn jekommn. Erscht war dr Öwerschte vonne Staatsmacht a Tischler, da fingn de Holzbalkn aan zu fauln. Dr nähste war eijentlich a Dachdecker vonn Berufe, da fieln denn de Dächer von ville kleene Heiser in. Un inne Achtzjer ham se denn baale alles wekjerissn. Se hamm denn jesaht, dass es um die ollen Buhn soweso nich schade wär' un se würrn scheene Plattnblecke wie anne Riesternbreete hinsetzn. Mich schauert's jetz noch, wenn ich driwwer nahsimmeliere, wie se die beheetzt häddn, entwedder häddn se a kleenes Heetzwark mit Rohbraunkolle hinjebaut oder anne orntliche Dampleitung vons Kranknhaus dorchn Frienspark erstellt. Ann Brauhausplatz haddn se je och vor, so kleenes DDR-Männhättn uffzebaun, da warn, jlowich, scho de Pläne fartich. Das harre je nich ville Arweet jemacht bei de Tiepenbautn.

Mr hat je scho verjessn, wie schaurich s inne Innstadt ausjesähn harre. Mir haddn dama Besuch aus Hamborch. Da hat doch dr zähnjährige Neffe jefraet: „Sacht ema, haddet ihr hier ähmt erscht a Kriech?" (Der harre natierlich in seine Heimatsprache jereedt, awwer das is je so a Dialekt, dän kammer nich schreim.)

Awwer nu binnich bei's Thema, jejen die monschtreesen Neibaupläne ham sich denn Enne der Achtzjer a paar Leite uffjelähnt. Dr brommenenteste war dr Museumsmacker Hoppe Jünter. Erscht hatte bloß ne Birjerinizjative jemacht, un baale ham die sich denn de Reveluzion von neinachzich aanjeschlossn.

Nah de Wenne wurre Jünter Hoppe och Stadtverorneter un da ware je denn mit sein jewaltijes historisches Wissen eener von die, die davor jesorcht hamm, dass ville Jäste heite de Keetner Innenstadt so scheen historisch un jemietlich finn, obwohl so ville Aales jar nich mehr da is. Er war eijentlich dr jeistije Kopp vonne Widderjeburt unse Innstadt. Da hadde och a offenes Ohr bein Birjermeester Elze jehat, un der hat je nich uff jehn jeheert.

Nu awwer zuricke na de „Kleene Wallstraße"! De Leite wulltn je nun Uffschwung sähn, bloß so schnell jinks niche. Se wullten je nu o endlich ma in a ALDI-Lahn inkoofn un anne Kleene Wallstraße wäre je Platz jenuch for sonne tiepische ALDI-Baracke. Das Wort. „Korperäht Eidäntetie" kannte je dunnemals noch keener, heechstens 'n Birjermeester sei damaljer Stellverträr Northoff, wei der vonn Westen kam.

So solle das Jott sei Dank nich komm. Was kam, war's Brojekt „Kwartier Kleene Wallstraße". Ne Inkoofsmeile mit Tiefjarasche un alln Pipapoh. Un an Inwester war o jlei da. Wie's inn Nam „Inwester" schonn drinne steckt, eener aus'n Westn. Wär solle sonst o's Jeld ham. Nee, nich Dr. Krippen hadde jeheeßn, den kanntn mr aus Kino, 's war Dr. Kroppen.

De Stadträte kratzten sich tichtich anne Köppe, wei anne jewaltije Birchschaft uff de Stadt zukaam, besonners for de Tiefjarasche un hohe Jeldkostn for de Miete vonne Biros, die de Stadtverwaltunk beziehn solle, wo doch frier immer 's Rathaus jereecht hadde. Natierlich o nur, wei je de Bolletik inne Leninstraße bestimmt wurre. Awwer 's jab je nu o so ville neie Ämpter, wejen de richtje Demokratie. Nah lanke Diskussjohnn wurres denn beschlossn, dass jebaut wern sulle.

Dariwwer wird je heite noche, meestns vor Wahln jekaakelt, un manche die dunnemals zujestimmt hamm, wolln's heite nich mär wissn. Odder se hädden's janz annersch jemacht, ville besser un ville billjer. Ich denke ma, se häddn jar nischt jemacht. 's Kwartier steht, un das is jut so.

's erschte, was denn na'n Beschluss de Stadt bewächte, war ne jroße Baujruwe, die aussak als wie wenn se damals schon de neie Badewelt, awwer inne Innenstadt häddn anlähn ham wolln. Denn hieß es, 's Theater könne inne Baujruwe rutschen. Nich auszedenkn, denn häddn se's je scho dunnemals zumachn missn. De Archeloren ham o noch ne Ewichkeet buddeln jemusst, obse an aalen Ziethedahler jefunn hamm, is nich iwwerliefrt. Awwer wenn, denne würre je uffs Schloss inne Archeloochsche Sammlunk lähn.

Jenau weeß ich's niche, awwer bestimmt hadde Jünter Hoppe erreecht, dass de historische Mauer mit in's Neibauwark injebunn wurre, un de scheen Beeme uff de Bromenade kam o nich zu Schan, was bestimmt Kienel Herwert sei Verdienst war. Der hat inn Raate immer for de ertlichn Jehelze jestritten, awwer meestens hackn se je de Beeme denn doch weck, weil se krank sin solln. Denn flanzn se ürjendsonne Exotn in, un die sin denn na zwee Jahre würklich breet. So jab's ne Menge Uffräjunk bis ürjendwann, ehe mr sichs jewahr wurre, alles fartich war.

Mr hadde sich je alles a Häbbchen jewaltijer vorjestellt, so mit a jläsernes Dach iwwer de Kleene Wallstraße, a Häbbchen so wies Dessauer Rathaus-Zenter. Doch simmer ma ehrlich, jrößer häddn mer's jar nich vergraftn könn un s passt so janz jut ins Bild.

Aprepo: Bild. Wemmer de Hallesche Straße lank, vons Kranknhaus kommt, Richtunk Hallschn Turm kukt, denn fällt een a kiehn jeschwungener Jiewelbohren bei de neien Bauten vonn's Kwartier uff.

Un an den Punkt binn ich in de ainjanks jeschillerte Sessjohn aus meine Erinnerunk uffjeschreckt, weil Jünter Hoppe zu mich jesaht hat, nahdeme mein Blick uff des Bild von das Bauwark druff jelenkt harre, jlobt's odder jlobt's niche, frahn kenntern je leider nich mehr: „Saake ma, weeste o, was der Jiewelbohren da bedeitet?" Dabei kukte verschmitzt ewwer seine Brillnkläser weg.

„Nee!"

„Das is dr Arsch von Dr. Kroppen!"

Kukt man hin, denn sät'er'sch o!

Klaus Büchel

Namens off dr Spur

Fernsehguckern von'n MDR braucht mer den Sendetitel nech zu erklärn, die wissen Bescheid, se erwarten von'n Namens-Professer enne glaubwürdje Erklärung fr jeden Namen, der jenannt werd. Bei den veeln Namens isses e Glicke, wenn ehr eichner Name e Schluss off ehrbare Vorfahrn zulässt, das is nich immer dr Fall. Wenn nun de Erklärungen ewwern Sender sin, is awer noch lange nich alles jesaht, so ah bei dr Sendung wo's um den Namen „Sangerhausen" jink.

's Stadtoberhaupt Kupfernagel und dr neie Rosariumsdirektor erfuhrn ehre Namenserklärung, mett der se jut wegjekommen sin. De Moderatorin Nitschke war, sicher durch de Rescherche oder von Inseitern informiert, bei dr Offzeichnung in dr Stadt off den Namen „Siebenhüner" gestoßen, den dr Professer nun a erklärn solle.

Zuvor hatte se awer, um de Spannung zu steijern, enne Groß-familie Siebenhüner in Pölsfeld bei enner Jeburtstagsfeier offgesucht, un ohne den Ortsnamen Pölsfeld zu erwähn, wo die veeln Siebenhü-ners in ehrer Sendung herkamen, solle das 70-jährche Jeburtstags-kind seine Namenserklärung abjewen. Se hatt'n datermett e bischen in Verlechenheit jebracht, awer er bemühte sich, mett ner Jeschich-te aus'n 30-jährchen Krieje mett siewen Hinnern un e Hinnerstalle enne Erklärung abzujewen.

For'n Schreiber als Fernsehgucker war de Erklärung allerdings nei, weil'e ne Namenserklärung von Milejussens Waltern kannte. Walter hieß a Siebenhüner un der war ewwer veele Jahre e Pölsfel-ler Bäckermeister un Jastwirt in sein Kaffee „Siebenhüner". Das war enner aus dr alten Schule, der konne mett jeden Jaste in's Jespräch kommen, den konne mer vertraue, un der wusste, dass dr fragliche Name von enner Familie mett siewen kräftchen Männern, also Hü-

nen, abjeleitet wär' un dass alle Namenslinien irjentwie durch Pöls-
feld jehn, weil dr Name hier entstanden is. Er selwer hatte de Statur,
die dr Name versprach, allerdings nich erreicht, awer mett seiner
Persönlichkeit da ware a e Hüne.

In dr Chronik dr Pölsfeller Kerche des hl. Moritz, die früher von
den Pastersch zum Zwecke dr Kerchensteurerhebung jeführt wor-
de, is 1576 erschtmalig dr Name Siebenhüner offjetaucht, un 1894
sin schon 34 Familien Siebenhüner erwähnt, darunter achtmal dr
Vorname Karrel. 1937 is e Namensjubiläum „300 Jahre Siebenhüners
in Pölsfeld" jefeiert worrn. Ob's das 400-jährige Jubiläum noch jeben
wird, wissmer nech, awer mir hoffen's feste.

Die Siebenhüners nun alle ausenanderzuhalten, war e Problem,
das nur mett Spitznamens oder abjeschwächt mett Beinamen zu
lösen war. De Zusatznamens warn meist von Vornamens oder von
Missjeschicken, die dr Familie passiert warn, abjeleitet, un so wuss-
te jeder Bescheid, wenn von Harlands, Lindaus, Luis, Jottholds,
Sachareesens, Kuppernachels, Hennrichs, Balwiersch, Aujustens,
Adelberts, Schäfersch, Milejussens, Husarns, Enkens, Schniedsersch,
Schlupchen, Mareijens, Georjs, Lorns, Postheinzen oder von Tescher
oder Schulzens Waltern de Rede war. Alle hatten den Familiennamen
Siebenhüner oder Siwwenhinner, wie's früher in ohln Pölsfeller Dia-
lekte hieß. Etliche Spitznamen wern heite nich mehr jebraucht, weil
de Alten verstorwen sin, de Kinger wegjezochen sin oder dr Namen
ist durch's Heiraten ungerjejangen. In dr Verjangenheit verlangete dr
Jebrauch von Spitznamen Fingerspitzenjefühl, denn maneche Ad-
ressaten wollten ehrn Spitznamen, obwohl se'n kannten, nich hehrn
un wurden knercheliich, wenn e mal unjewollt ewwer de Lippen kam.

Mett dr Namenserklärung von den veeln Siebenhüners (manche
wern auch Siebenhühner jeschrewwen) isses am Enge Glaubensa-
che. Dr Professer hatte sich for de Hinnervariante entschieden, awer
mett Milejussens Waltern seiner Erklärung komm alle Siwenhüners
wesentlich besser weg.

Newen den Siebenhüners jab's a noch enne Sippe mett den Na-
men Lässing, das warn nich janz so veele, awer ohne Spitznamen
jink's da a nich, un so war de Rede von Antons, Lepolds, Buschens,
Karllässinges, Adens, Mutchen, der lange Willi oder von Flock. Dr
letztere hatte sich sei Beinamen offen Schachte erworwen, weil e als
Mimiker de Lecher in den Druckluftleitungen, sojenannte Bläser,

durch Einschlagn von e Holzflock schnelle un ohne Betriebsungerbrechung abdichten konne.

De Anzahl der rund 100 Familiennamen in unsen klein Dorfe mett 450 Einwohnern, wo noch jeder Jeden kennt, tut sich ständig ändern, neie Namen kommen drzu, ohle verschwingen fr immer. De einzjen die sich von den 78 Namen aus'n 16. Jahrhunnert jehalten han, sin de Siebenhüners un de Lessings (heite Lässing). Da kammer nur saahn: Alle Achtung das kann kei Zufall sin, de Sippen sin hier in Pölsfeld ewent deshalb so feste verwurzelt, weil's hier so einmalich schene is.

Mir Pölsfeller mett den veeln Siebenhüners, Lässings und den Restlichen hatten schon immer enne Sonderstellung. Ob das damals bei'n Herzog Christian zu Sachsen-Weißenfels war, der Fürst hatte hier nämlich sei Lieblingsjachtrevier un seine Spenden fr unse Moritzkerche warn dr Anfang, so dass es mett dr wertvolln Hildebrandorchel un dr einmalichen Ausmalung nun de scheenste in janzen Jonnatal jeworrn is, oder ob's in dr heitjen Zeit is, wo unse Ratsherrn vor Jericht in Machteburg de Dorfpolitik bisher jejen de große Landespolitik erfolgreich behauptet han.

So simmer optimistisch fr de Zukunft un neijierig off neie unbekannte Namens, wenn's bei'n MDR wedder mal heißt: Namens off dr Spur.

Klaus Büchel
Die Geschichte von e Hummelgewitter oder
Wie die Pölsfeller zu ehrn Spitznamen kamen

In dn Derfern hier an Sangerhaiser Harzranne sinn Spitznamen nischt außerjewöhnliches. De Spitznamen sin deshalb nötch, damet mer bein Erzehln gleich weiß, um wen's jeht oder wo dr Adressat herkemmet. Warsch e Landsmann aus e Nachbardorfe, da hatte mer den sofort e Spitznamen bei der Hand, ejal wie e a immer met Namen hieß. Kame zum Beispiel aus Jonne, warsch e Bär, kame aus Ohwersdorf, warsch e Klapperstorch un kame aus Jorenzen, warsch e Rehbock. De Pölsfeller, das sin in den Zusammenhange de Hummeln. Veele wissens aber nich, warum mir Hummeln genannt wern, das wissen de wenichsten. Ich will eich de Jeschichte jetzt emal näherbrengen, warum se unsen Vorfahrn damals den Spitznamen Hummeln anjehangen hann.

's war anno dazumal so in Jahre einleipz'ch oder zweinleipz'ch, so jenau weißes keiner mehr, un mitten im Sommer war enne Hitze wie noch nie, es wolle un wolle nich reechen, 's Jetreide wuchs nich von Flecke un de Kartoffeln un de Riewen warn wie Meijoransflanzen. De Leite warn alle in großer Sorge, wasses wohl wern solle met dr Ernte in den Jahre. De drei Jemeindeväter, die sich desterwejen bein Dorfschulzen jetroffen hatten, beratschlaten lange ewwer de Misere, es taten awer kein was Jescheides einfalln. Dr eine Jemeindevater, Moritz hieß der, sahte, alsen letzten Schluck Schnaps aus seiner Langhalsflasche jedrunken hatte, dasse morgen frieh in de Stadt nach Sangerhausen wolle. Er brauchte Ledderfett un Steinehl. Den Dorfschulzen kam in den Moment enne Idee, ob Ernst oder Schabernack is bis heite offen geblewwen. Er sahte for Moritzen: „Wenn du morjen in de Stadt jehst, da jehste mal ewwern Kornmarcht in de Ratsapotheke bein ohlen Bader un den frahste emal, ob er vieleicht ne Idee hätte, wie mir uns eventuell selwer Rejen beschaffen kennten un wenns a nur enne klähne Husche werde. Dr ohle Bader is doch e Studierter, vielleicht kann der uns helfen."

Moritz machte sich frieh offen Weg, e Flitzeped (Veloziped), wies Fahrrad damals hieß, hatte noch nich un so musste de acht Kilometer zu Fuße jehn. Bein ohln Bader jinke als erschtes, erzählten sei Offtrag un weil'n Regen, nach dehne eijentlich frahn solle, e bischen weng vorkam setzte noch eins droff un frahten Apotheker: „Kennsen uns nich emal e' richtches Gewitter beschaffen?"

Der Apotheker war janz perplex, de Leite hatten je schon veel von'n verlanget, aber das war de Spitze. Er wusste nich so richtch, war das metten Gewitter ernst jemeint, wollten dr Pölsfeller verarschen oder hatte der nich alle Tassen in Schranke? Wie'e bein Überlehn war, wasse nun Moritzen sahn solle, fieln ein, dasse ohnehen bohle Regen jehm kenne, weil de Quecksilberseile an sei lanken Wandbarometer seit jestern mächtch jefalln war. Un da kam bei'en dr Schalk dorch. Er sahte for Moritzen: „So e Jewitter muß erst anjefertigt wern, das jiwwets nich fertch, in der Stunne kanne wedder kommen, un's Jewitter abholn".

Das war Moritzen janz recht, er konne in der Zeit seine Wege erledjen un wejen dr juten Hoffnung, dien dr Apotheker jemacht hatte, wolle sich in der Jaarküche a noch e Schnäpsjen jenehmichen.

De Idee, dasses wejen dr Barometeranzeige bohle mal regen werde, war je nich schlecht, awer was solle nun als Jewitter einpacken? Dr Apotheker griewelte un als'e schon ins Schwitzen kam, weiln nischt Orjinelles einfalln wolle, da schwerrte ähne große Hummel, die sich jestern Awend in der Fensterjardiene von Apothekenfenster verfangen hatte, um sei Kopp rumm. Das kenne was wern als Jewittwer, dachte sich, tat se met e großen Tuche fangen un steckte 's arme Tier in enne leere Streichholzschachtel. De Schachtel tate noch einwickeln un e Zettel met den lateinschen Namen „Donnerwettrium" hatte a noch droffjeklewet, damet mern Schwindel nich gleich erkenn konne. Wie Moritz nun wedder kam un frahte, obs Jewitter fertch wär' un wasses kosten täte, hielten der olle Bader de Schachtel ans Ohr un met ernster Miene sprachen in dr dritten Person an: „Er jehe in Pölsfeld gleich off sei Acker un schiewe de Schachtel vorsichtch off, dann kemmet's raus, das Jewitter. Bezahlt musses wenn's de richtje Stärke war, wenne's nächste Mal wedder in de Stadt kemmet."

Moritz machte sich trapp offen Heimweg. Wie e in Pölsfeld anjekommen war, jinke awer erscht bein Schulzen un erzehlten, dassen dr Ratsapotheker e Jewitter anjefertcht un in enne Schachtel, die e nun aus dr Jackentasche kramete, einjepackt hat, erscht off sei Acker derfte se offmachen. Un Moritz hielt nun, wie's dr Apotheker jemacht hatte, 'n Schulzen de Schachtel ans Ohr, dass dersch Brummen hern solle.

'n Dorfschulzen kam de Sache zwar verdammt spanisch vor. Doch Moritz war so in Fahrt; er ließ als Rejenbeschaffer ewwerhaupt keine Zweifel an sei Erfolje offkommen.

In der Stimmung machte sich nun den Windmühlenberg hoch, wo e in Heidensoole im Herwest Roggen jesäht hatte. Offen Acker anjekommen, wickelte de Schachtel wie's dr Apotheker jesaat hatte, vorsichtch aus. Als de Streichholzschachtel zum Vorschein kam, wunnerte sich noch nich, awer wie'e de Schachtel offschob un enne Hummel rauskam un am Himmel verschwand, da warschen klar, was in dr Schachtel jebrummet hatte un dass sich der Apotheker e Schabernack jemacht hatte un er ärcherte sich, dassen Schwindel nich eher jemerkt hatte. Bei den Jedanken, wassen de Leite alles anhengen wärden, wenn de Jeschichte metten vermeindlichen Hummeljewitter rauskemmet, versahten seine Beine. Er musste sich erschtemal hensetzen. Da sahse nun wie'e Heifchen Unglücke. Wie e awer nach ner Weile in seiner Verzweiflung emal nach owen guckte, wo's Tier wohl henjeflochen sin kenne un obbe de Hummel vielleicht nochemal entdecken kenne, da fiel'n e paar Wolken off, un je länger dasse guckte s' wurden immer mehr, dunkel warnse ah. An dr Windmehle fieln off, dass dr Müller de Mehle abjestellt hatte. Un obwohle sich wejen seiner Leichtgläubigkeit immer noch ärjerte, schöppte doch e Funken Hoffnung. Wenn's vielleicht dorch glückliche Umstänne nun doch rejen werde, werde de Blamasche met dr Hummel nech publik wern un wenn doch, dann kenne sich als Rejenbeschaffer rechtfertchen.

Inn Heidensoole wurden de Wolken immer dunkler, plötzlich Blitz un Donner un wie de ersten Troppen fieln, grölte Moritz gleich nach owen: „Erschtemal alles off mie Acker! Alles off mie Acker un wenn noch e paar Troppen ewwrich sin, off mei Bruder sein."

Dann machte sich trapp zurikke ins Dorf wo e bein Schulzen wie ne gebadde Katze ankam. Dr Schulze Siwwenhinner guckten ungläubig an aber's rejnete je wie aus Strömen. Wie'e Moritzen nun frahte, wass in dr Schachtel von Apotheker denn so jebrummet hatte, wolle der nich raus met der Sprache, erscht nachdemen versichert hatte, dass er'sch kei Menschen weitererzähln werde, rickte raus und sahte, dasses enne mächtch große Hummel jewäsen weer und dassese gleich steil nach owen in de Wolken abjeschwerrt weer. Ob's Tier vielleicht magische Kräfte hatte? Enne richtche Erklärung, wie's zusammenhing, konnten se alle beide nich fingen, awer feste stand, 's Jewitter jing erscht los, nachdem de Hummel aus dr Schachtel raus un inn Wolken verschwunden war.

Der Sangerhaiser Apotheker hatte de Jeschichte metten Hummeljewitter natürlich nich für sich behaln un alle, die se aus zweiter oder dritter Hand erfuhrn, mussten drewwer kräftch lachen un wenn sich de Jelechenheit erjab, taten se de Pölsfeller necken oder ärchern, indem se se *Hummeln* nannten. Früher jab's desderwejen sojar handfeste Rangeleien, wenn einer e alten Pölsfeller *Hummel* jenannt hatte.

Doch de Zeiten han sich jeändert. Als de Kupperschächte noch in Jange warn, da warn de Knappen met Spitznamen nech zimperlich, se hatten e großes Vokabular. For e Pölsfeller warsch awer in den Zusammenhange schon mehr Anerkennung als wie Spott, wenne offen Schachte *de Hummel* jenannt wurde. Un de Zeiten han sich nochemal jeändert. Diesmal jewendet. So sin mir Pölsfeller von heite off unse ohln Vorfahren wegen den scheen Spitznamen mächtch stolz. E Spitznamen, der so einmalig is, wie's Dorf met 450 Seeln selwer in den's aus dr juten alter Zeit de Kerche met enner Hildebrandorjel, de einzche Bockwindmehle weit un breit (wenn a ohne Flüjel), e Kaffeehaus met Backofen und Kolonialwaren (so stands frieher an dr Ladentehr) jiwett. Awer a de neie Zeit in Dorfe met zwei Blaskapelln, ei Schützenverein, de Kickers Jonnatal un e Karnevalistenklub KCP met e Präsidenten, den se salopp *Igel* nenn, a is einfach einmalig.

Wenn das dr ohle Moritz noch erlewet hette, dass bein Pölsfeller Karneval 's närrische Volk offen Schlachtruf *HUMMEL HUMMEL* met *SUM SUM* antwort, da were bestimmet sehre glicklich jewesen, dass die Jeschichte met dr Hummel, die'n dr ohle Bader damals als Jewitter ungerjeschom hatte, for de heitjen Pölsfeller so e jutes Aushängeschild jeworrn is. So nun wisstersch. Ich ha de Jeschichte nachen Hörnsagen noch e bisschen ausjeschmückt, met e juten Ausjang abjeschlossen un weil ich nich mehr off Arweit jehn brauch, haj se in dr knappen Freizeit vonne Bergbaurentner endlich emal offjeschrewen. Ich hoffe, dass a dr letzte von eich nun Bescheid weiß, wenn von *Pölsfeller Hummeln* de Rede is.

Klaus Foth
Ewwer Beriehmthähten

E poar Jährchen isses je nune schunne här, un abjeschpeelt hoat sich die Sache in Grunne draußen.

Jiedenfalls woars su, dass där oahle Reder nämich in änner Schtunne dänn Kinnern maol die Frache jeschtellt hoatte, ub se Pärsehnlichkähten kenn'n teten. Alsu Leite, die ärchendwas besonneres in ehrn Lähm jemoacht hatten, uder ärchendwas ärfungen hoatten uder su. De Kinner schtrengeten sich ahn, awwer's dauerte duch ä Eckchen bis sich dr ärschte mälln tat und soahte: „Männe Neimann aus dr Fluhtjasse, Härr Reder."

„So, und was hat er denn Besonderes getan?", frahte nun dr Kanter.

De Ärklärung war follechende: „Där hat vur ä paar Joahrn an zwähten Fingestfeiertache finnewensiebtzch Jlas Bier jesoffen."

Das war je nune nich su noachen oahlen Redern sei Jeschmacke. Awwer wäll nune Männe Neimann immer seine Kolln neinbrachte, tate sich änne Bemärkung varkneifen un jink sozesoahn nahtlus zor Tachesordnung ewwer un fruhk dänn Nächsten. Das war dr klähne Kalle Heidenreich un där mähnte: „Dr Hahpmann vun Kepenick, Härr Reder, un wissen se warum? Wäll där die Oksen vun dr Stadtvarwaltung su scheene vararscht hoat un hingerdrein ä nuch die janze Bande einjeschpärrt hoat." Un denn fichte nuch drzu, dass sei Vater jesoaht hette, sulleche Hahpmänner kenne mr heitzetache nich jenunk hann.

Nune wusste dr oahle Reder awwer ä wedder nich weiter, wälls Mähchen vun Bärchermäster met in dr Klasse saß. Awwer die hoatte sich Jott sei Dank jrade moal wedder met was annern beschefticht un jar nich hennjehiert, un in dänn schpettzchenälln Falle kunne dr Kanter das nur ausdricklich bejrießen.

Jetzt warn de Wenster awwer in Fahrt jekumm'n, un är kunne die Ahnjelächenhäht nich meh schtoppen. Etliche Foten woarn uhm, un är fischte sich dänn klähn Wärner Bärchnern raus. Där denn druff: „Erich Honnecker, Härr Reder, wäll där duch su siehre farrn Frieden un farr de Freindschaft war."

Do musste denn dr oahle Lehrer wärklich ämoal laut lachen, un är varjaß sujar farrn Mumänt sei Beamtenhuchdeitsch wie'e druff ahntwurten tat: „Mei Schennster, dodärvur hettch dich varr drei uder vier Joahrn nuch jämmerlich lohm missen, awwer heitzetache Jott sei Dank nich meh."

Awwer do schprank dr klähne Bärchner schunne wedder uff un krehlte: „Hälmut Kohl." Dr Kanter nickte korz un dachte su bei siche: „Das hoatte vun'n Oahln, där war je frieher ä Bebeohsekretär un heite isse zwähter Jescheftsfiehrer bei änner Sanierungsjesellschaft, wu de Leite farr ä Appel un ä Ei klähchen därfen."

Jetz musste awwer ämoal ä Mächen droahn nähm, un är fruhk ä jleich Schneiders Erikan. Die schprank uff un soahte: „Sigmund Lindauer, Härr Reder."

Jetz kuckte awwer dr oahle Kanter ä Häppchen dusslich aus dr Wesche un de klähne Schneidern muss das je ä jemärkt hann, den se froahten: „Dänn kenn se wull niche? Se sinn je ä kähne Fraue niche, das is nämlich där, där dozemoals dänn Bistenhalter ärfungen hat, unserähns wähß suwas natierlich."

Un su jink das weiter. Nune warn se fast an Enge, un är dachte, jleich hahch's ewwerläwet, denn's woarn nur nuch ähne Fote uhm. Das war die vun Jinter Jächern vun dr Nein Wält un där tat follechende Arklärung abjähn: „Mei Onkel Pauel is ä beriehmt, Härr Reder, die warn varrn Jahre in Urlaab, un do sinn se ä ämoal in ä Museum jedreckt un do schtand die janze Karona schunne Schpalier u wahrtete uffen un denn hann se'n ä jruhßen Blumstrauß in de Hand jedrickt."

Un dr oahle Reder janz ärschtaunt druff: „Und wofür bitte hat er den bekommen?"

„No, Härr Reder, wälle dr finneftausenste Besucher war, das is wull etwa nischt?"

„Doch, doch", beeilte sich dr Kanter ze beschtätchen „das gelingt nicht jeden so ohne weiteres."

Denn kuckte nuch ämoal in de Runde, da sahke duch, wie sich janz hingene in dr Ecke ähne Fote huchschrauwete. Är kuckte, un wär tat sich do nuch mälln, natierlich dr klähne Klaus Froh, der bis dohenn nich ä ähnzches Moal de Fote jehomm hoatte.

Trutzdäm taten uffordern met dänn Worten: „Nun bitte Klaus."

„Alo Härr Reder", fink där nune ahn, „mahk je sinn, dass die, die hie su uffjezehlt worrn sinn, oalle ä klähnes Häppchen beriehmt sinn, awwer ähns sah'ch Sie, met mei Opa kimmet kähner met, ä oalle Hohpe zesamm niche, das kenn se mich jlähm, was mei Opa jeschafft hoat, das kann vun die kähner uffweisen."

In dr Klasse woarsch mucksmeischen schtille un a dr Kanter hoatte jeschpannt zujehiert, denn tate awwer farr Klausen soahn: „Dann verrate uns doch bitte, was dein Großvater so Großartiges vollbracht hat."

Un Klaus janz schtolz druff: „Mei Opa, Härr Reder, hoat das jemacht, was vun dänn annern kähner färtch jebroacht hoat, mei Opa is nämich ewwer värtzch Joahre in Schacht jefoahrn un hoat Schewwern jemoacht!"

Zuerst abgedruckt in: Klaus Foth: Links un rächts vun dr Beesen Siebm. Jeschichten aussen Grunne un engester Umjäwungk, Lutherstadt Eisleben 2001, S. 22–24.

Brigitte Hanke
's Hookwasser in'n Aujust 2002

Dor diesjährije Sommer war nur teels an Sommer. Meerschtnteels hat's jeräjent, un zwar an mannijen Stellen sehre heftich.

Zum Beispiel in's Arzjebirje un in Behmen. Weil nu das ville Wasser je immer na ungene will, nah's Meer, hat sich's mit vill Jeteese uff'n Wäch jemacht. In die kleenen Bäche in's Jeborje hat sich's rinjedrängelt. Was nich mehr rinnpasste, is mit Karacho dorch de Straßen un in de Heiser rin jemacht. Alles, was in'n Wäch stand, hat's mitjerissen. De Leite konntn sich gar nich so trabb in Sicherheet brengen.

In an kleen'n Ort in Sachsen hat das Wasser 's janze Haus weckjespielt un finnew Leite mussten de janze Nacht uff anne schmale Mauer ausharrn, bis se 'n nächstn Morjen von an Hubschrauwer aus de jorjelnde Flut jerettet wurrn.

Das ville Wasser, was in de Freibarjer un in de Zwickauer Mulde zusammenjeloofen war, musste je ooch bei uns vorbei. Bei Bad Düben war schon an Pejelstand von acht Meter zwanzich jemessen worrn. Dor Dessauer Katastrophenschutz harre sich uff's Schlimmste vorbereitet. Die beedn Vororte Millnsee un Wallersee solltn evakuiert wern, weil de Hookwasserwälle bestenfalls sechs Meter fuffzich hook sin un jar keene Schangse bestand, dass die das ville Wasser abhaaln kenn'n. Also: De Menschen un das Vieh raus ... un denn laaßt das Wasser loofen, wuhin es will ...

Awwer de Millnseer Borjer han sich jedacht: „Die laaßen uns een-fach absaufen? Das wolln mor doch ma sähn! So schnell jäbn mir nich uff!"

Die paar Sandsäcke von de freiwillije Feierwehr warn baale alle, als eener von'n Ortschaftsrat aus de Stadt kam un frahte: „Was mach-ter denn da? Heert man uff, for Millnsee sin sowieso keene Sand-säcke vorjesähn."

Das hat denn de Millnseer janz uff de Palme jebracht. De Orts-borjemeestern hat sich an's Telefon jeklemmt un hat ewwerall wu se een'n kannte, jefraht, ob se keene Sandsäcke schicken kenntn. Alle warn sehre hilfsbereit, un baale hadden de Millnseer Sand un ooch anne Menge sonne kleen'n Säcke. Alles, was Beene hatte un noch in Millnsee war odder zu Hilfe kam, hat Sand in de Säcke jeschippt. Die wurrn uff de Deiche jepackt, bis zu'n Abend, bis es dunkel wurre un mor de Wiehlmauslecher nich mehr sähn kunne.

Es Wasser stand inzwischen schon bis an de Deichkrone.

Als denn noch an Sticke Jrassnarbe von de Beeschung rutschte, da kriechten's de Männer aus de Tierjartenstraße un aus 'n Tiefen Jrund doch mit de Angest. Die nahm'n de Beene in de Hand un vor-ließen de Jefahrenstelle. An de Ecke bei Nahrndorfs Eisdiele da waar-teten se erscht ma, was passiert.

Ob das Wasser hinner se herleeft? Se konntn nischt mehr sähn an'n Poetenwall. Es war inzwischen stockfinstere Nacht.

Uff een ma wurre's helle un feierwehrrot in de Tierjartenstraße.

An janzer Konwoi Feierwehrautos kam von de Breitscheidstraße runner, jenau uff den Sandplatz zu. Die Feierwehrleite hadden Licht un Technik un frischen Mut. Die wussten ooch, wie mor's Wasser stoppen kann, was dorch'n Damm sickert. Die warn aus Halle un hadden nämlich 1994 in'n Harz schon ihre Erfahrungen jemacht mit's Hookwasser. So wurre denn de janze Nacht an den Deichen rumjewarkelt un de Sickerstelln vorbaut.

Als es denn frieh wedder helle wurre, da war Millnsee immer noch trocken. Keen Damm war jebrochen, wie se's schon ins Färnsähn nausposaunt hadden. Es Wasser war nich mehr jestiejen, weil anne janze Menge bei Bitterfeld in de Gotsche jeloofen war un sich in Ra-juhn un Jessnitz un teels in Bitterfeld breet jemacht hadde.

Das war de Rettung for Millnsee!

Nach un nach hat sich denn's Wasser dorch'n Rehsumpf un'n Scholitzer See in Richtung Elwe wedder dorvon jemacht. Millnsee is dorch 's beharzte Injreifen seiner Borjer un der villn Helfer von de Feierwehr, von's THW un de Bundeswehr um anne Iwwerflutung mit forchterlichen Foljen drumrumjekomm'n!

Da han mor awwer Jlicke jehatt. Richtijen Dusel! Danke! Danke! Danke!

Zuerst abgedruckt in: Brigitte Hanke: Mundart. Kalendergeschichten aus 13 Jahren, Berlin 2015, S. 71–73.

Brigitte Hanke
Dor Loobfrosch

Männer sin je mannijesma wie de Kinner.

De zwee Freinde Hans-Jorjen un Alfred warn an paar bejeisterte Anhänger von'n Wallerseer Karnevalsvorein. Hans-Jorjen war an Zeitungsredakteer un machte de Voranstaltungen in de Zeitung bekannt, un Alfred lieforte de Biller dorzu.

Meerschtnteels wurre das Prinzenpaar schon an paar Taare vor de Prinzenproklamatsjon fotojrafiert. Wer Prinz war, das musste awwer bis zu de Prinzenkürung noch jeheim bleim'n, damit's anne Ewwerraschung war. En nächstn Taach kam denn das Bild mit de Tollitätn in de Zeitung.

Eenes Aabens fuhrn de beedn Freinde denn von anne Voreinssitzung aus'n Wallersee heeme un uff eenma hopste da in'n Lichtkejel vor ihrn Trabant was uff de Straße rum. Se han anjehaaln un han sich wie an paar Lausejungens anjeschlichen. Se han den kleen'n Loobfrosch jefangen, damit e nich noch ewwerfarrn word.

Hans-Jorjen hat den kleen'n Unnernehmungslustijen mit heeme jenomm'n. Er hat'n anne kleene Letter jebastelt un in an Akwarienjlas jesparrt. Er wollte nämlich sähn, ob der Frosch ooch bei Scheenwettor oobn uff de Letter sitzt un bei Räjen ungene.

Das Jlas wurre mit an Stickchen Jardiene un an Jummiband zuje-bungen, damit der kleene jriene Jeselle nich abbichsen kunne. Um seine Vorsorjung zu sichern, musstn Fliejen jefangen wern un die musstn lewennich in den Jlaskäfich bugsiert wern. Das war jar nich so eenfach!

Nu wollte awwer Hans-Jorjen mit seine Fraue na Mönkebude in Urloob fahrn un da hat e Alfredn jefrat, ob e nich den Frosch so lange in Pangsjon nehm'n kenne.

So kam denn das kleene Jlasheischen zu uns in de Amalienstraße. Alfred jink jedn Morjen nunner na de Abfalltonn'n un hat Fliejen je-fangen. Mit an bisschen Jeduld konne mor das larn'n.

Eenes Morjens awwer war dor Pangsjonär nich mehr in sien'n Jlaspalast. Er hadde sich an de Jardiene un's Jummiband dorchjedrä-gelt un hadde's Weite jesucht.

„Was mach mor denn da, wenn der Frosch fort is?"

„Weit kann e je nich sin!" Also mir suchen de janze Wohnung na den kleen'n Ausreißer ab. Hinner de Heezung, hinner de Jardien'n unner de Kautsch un immer uffpassen, dass mor nich vorsehentlich uff'n druffttritt.

Da fällt mein Blick pletzlich uff de Blumnbank un wer kukt da mit'n Kopp aus anne Blumnvase: dor kleene Loobfrosch! Er harre erscht ma sein Morjenbad jenomm'n.

Warn mir awwer froh, dass mor unsen Ferienjast wohlbehaltn an Hans-Jorjen zurickjebn konntn.

Bei'n nächstn Urloob hat'n Hans-Jorjen mit na Mönkebude je-nommn un hat'n an de Ostsee in de jriene Natur naujesetzt. Da muss e nu wedder selwer seine Fliejen fangen odder was'n sonst noch for Fressbares vor's Maul kimmet.

Zuerst abgedruckt in: Brigitte Hanke: Mundart. Kalendergeschichten aus 13 Jah-ren, Berlin 2015, S. 32 f.

Gerda Klose
Ville Uffrejunk in'n Urloob

Ham Se schon ma jebettlt? Fangn Se's liewer jar nich an, 's is sehre schwer. Mich hat's so jejangn in'n letztn Urloob. Mor haddn eene scheene Ferjnwohnunk in de Sächsiche Schweiz, in Königsteen, awwer uff de annere Seite von de Elwe, in de Halwestadt. Mor musstn immer mit de Fähre iwwern Strom. Wenn mor frieh de Ooren uffmachtn, jrießte uns de Festunk schon von dremmne newwer, wenn se nich jrade von de Wolkn vorhillt war. Mit in's Projramm war ooch ne Busteijunk von'n Pfaffensteen un Busichtijunk von de Barberine. For die, dies nich wissen solltn. Das is e unjetreies Määchen, was in de jraue Vorzeit in'n Steen vorwandlt worn sin soll. Jetzt word se von de alpinen Kletterer bustiejen. Dr Wäk war janz scheene steil, zun Schluss noch uff ne eiserne Leiter, dorch ne ziemlich enge Stelle, 's Nadelähr jenannt. Mei Erwin war schon oomn, awwer immer kukte mich von oomn een annerer Mann bei's Klettern zu. Mich war das schon janz peinlich. Wiech's nu endlich jeschafft hadde, frate der mich janz vorsichtich „Dorchs Nadelähr sin Se doch jekommn, wa?" „Jo, saach, warum denn nich?" Da sate zu seine Frau: „Komm mant Lieschen, mir kenn'n hier nunger, die Frau is ooch nich jrade derre, un die is ooch dorchjekomm'n." Nu haddn mor uns bis an de schmale Klippe bei de Barberine dorchjearweetet, ums Schauspiel von de Määchenbusteijunk mit zu jenießen. Mei Erwin war janz fasziniert von de Leistunk dr jungn Leite, die da an de Steilwand hingn. Mich wurre baale schlecht, bloß vons Zukuken. „Weeste", saach ich, „ich waarte vorne uff dich, ich kuke mich liewer 's Panorama an."

Als nu nach ne lange Zeit mei Erwin nich willer ufftaucht, jeh'ch 'n suchn – un da ware fort. Ne janze Stunde hach noch uff een Fleck jestandn, awwer er blieb wech. Wie sich nachert rausstellte, ha'ch nich uff'n Familienfiff reajiert. Da hadde jedacht, na se is schon fornewech jejangn. Nu musst 'ch allene los. Ohne Papiere, ohne Jeld, ohne Tasche. Zwischen die hohen Felsen is mich himmelanges jeworrn. Endlich war de Festunk janz nahe vor mich. Awwer dor Wäk zeijete na de annere Seite. Also immor de Markierunk lenk, Bärch uff un Bärch ab. De Sonne stand schon janz tief, als ich nu endlich an de Fähre stand. 's Iwwersetzen kostn Jroschen, un den haddich ooch nich. Da hach nu 'n Mann jefraat: „Ham se ma for mich een'n Jroschen?" Weiter kam 'ch nich. Janz beese saate: „So junk un denn schon so faul, dasse betteln tut."

Noch e paar Mal hawwich's vorsucht, un dadormit baale een'n Menschenufflauf verursacht. Alle schimpten dorcheinander.

Da winkte awwer der Fährmann. „Komm'n Se ma her. Vor zwee Stundn hat e junker Mann for zwee buzahlt un jesaat: „Wenn ne uffjeräjete Frau newwer will, un keen Jeld hat, denn is das meine!"

Zuerst abgedruckt in: Gerda Klose: Aus meinem Leben. Heiteres und Besinnliches in Mundart und Hochdeutsch, Dessau 2001, o. S.

Gerda Klose
Wer annern eene Jruwe jräbt

Eenes Morjens bei's Kaffeetrinkn saat doch mei Erwin: „Weeste Lina, was mor baale ham?" Ich wusste ja, dass mor baale Hochzeitstak haddn, awwer ich stellte mich janz dumm. „Was meenste denn?", fraat 'ch janz neijierlich. „Na Hochzeitstak", saate, „un da schenk 'ch dich ma janz was Scheenes mor wärn vorreesn." Dadruff warch nu doch nich jefasst. Ich muss schon saan, mei Erwin word mit's Altor immer uffmarksamer. Frieher hadde manichma jesaat: „Ich weeß mant jar nich, musste denn mitten in de Woche ooch noch ne Torte backn? 's reecht doch, wenn de zun Sonntak een Käsekuchn machst." Meestenteels isses 'n denn noch injefalln, wenn's Wasser zun Kaffee anfink mit kochn.

Nu an den Morjen als mor fahrn wolltn, sahk's triewe aus mit's Wetter. De janze Nacht hat's jepladdert, un nu sahk's balle wie Jewitter aus, de Troppen wurren immer jreßer. Erwin kroch willer in's Bette. „Bei das Wetter kreiste mich keene fimf Schritte naus." saate janz kläglich. Nu warsch mich awwer zu bunt. „Was meenste, was mir noch fier scheene Sonne krein", saach. „Nu mache hin un ziehk dich an. Du weeßt janz jenau, dass 'ch ma bei de Wetterfresche jearweet hawwe, un da weeß 'ch ooch, dass heite noch de Sonne schein'n tut." Das Thema wollte awwer liewer nich uffjreifn, denn da kam meestenteels nischt Jutes bei raus. So sin mor denn doch noch bis in de Joldene Aue jezuckelt.

De Attraktion bein Kiffheisor is je heite nich mehr dr ahle Barbarossa mit sein'n roten Bart, der dorch 'n Tisch jewachsn sin soll. Villemehr dor Farnsehturm uff 'n Kulpenbarch diechte danehm'n. Mor sin denn ooch jlei mit'n Fahrstuhl bis uff de Plattform nuffjesaust. Na die Aussicht, kann ich sie saan, da hat sich die Reese schon dadorvor jelohnt. Mor konntn mächtich weit sähn. Unner uns laaren de Wälder, un ma e jelwes Ährnfeld dorzwischen. Dor Kiffheisor hop sich wie 'ne Insel aus's Jelände raus.

Un denn kam uff eema de Sonne aus de Wolken, un dr Wind fäjete n janzen Himmel blank. Da soll ma eenor saan, 's lohnt sich nich, e kleene Umjäwunk anzukukn. De Heimat is so scheen, mor muss bloß kukn kenn'n. Bloß in Ruhe konnt'n mor s Panorama nich jenießen. Do oom'n fiff dor Wind janz scheene. De Kopptiecher knattorten de Frauen bloß so um'n Kopp. Un ich hadde mein'n neien Plisseerock an. Modern ware ja damals, awwer sehre unpraktisch. Meine zwee Hänne reechtn lange nich aus, um n immer willer aus de Hehe runner zu holen. 's war mant jut, dass 'ch mich zu die Reese noch 'n Spitzen-Unnerroch jeleist't hadde. Mei Erwin war das so'n bisschen schenierlich. Er wusste nich recht, oppe nu mit an'n Rock anfassen solle, oller oppe liewer so tun solle, als jeheerte nich dorzu.

Denn hadde sich awwer liewer forsch letzte entschiedn.

Wie 'ch ma een Oorenblick 'n freien Ausblick na vorne hadde, da seh 'ch doch alle Leite uff een'n Fleck stehn.

Un 'n junker Mann, son janz jeschniejeltor, der tat sich offensichtlich als Maneger for 'ne Freilicht-Uffiehrunk vortun. Mit'n janz schniekn Hut zeijete jrinsend uff mich. Un denn setzt'n awwer jlei willer uffn Kopp, weile dadormit noch ville scheenor aussahk. De Freede war awwer kortsch. Ich sähn jeschniejeltn Mann ohne Hut jrade noch iwwer de Bristunk jrapschen. Un denn jab's n großes Hallo! Mei Rock war plötzlich janz uninteressant. Awwer dor scheene Hut. Der säjelte schon iwwer de Wälder wech. Iwwers Ährnfeld jabs n nochema 'n mächtijen Ufftrieb. Da wackelte jrießend mit de Krempn. Dorch de Farnjläser ham morn noch lange jesähn. Als mei Erwin den Vorlierer awwer nu sei Mitleid aussprechn wolle, da ware jar nich mehr da. Da hadde sich janz stille un leise vorkriemelt. Nu

jäwich Se awwe noch 'n juten Rat. Wenn Se dies Jahr ooch 'n Kulpen-
barch busuchn wolln, ziehn Se liewer Hosen an, denn de modern'n
Jlockenröcke sin ooch weit. Un forn Vater steckn se am besten ne
Zippelmitze in.

Zuerst abgedruckt in: Gerda Klose: Aus meinem Leben. Heiteres und Besinnliches
in Mundart und Hochdeutsch, Dessau 2001, o.S.

Gerda Klose
Justavs letzte Reise

Kaum war Justav willer in unse Mitte von'n Schkatklub, da had-
de schon zwee Humpen Bier hingerjesterzt, so als oppe baale bei's
Vordurscht'n is. Un denn riefe ooch jlei noch na de Wirtin: „Määä-
chen, for alle ma ne Runde." Da ham'n morn uns erschtema richtij
anjekukt, weil mor das alles von'n jar nich jewohne warn. Derre ware
jeworrn un so sehre jlicklich sahe ooch jrade nich aus, na seine so
jroßartije Ajyptenreise. Awwer er wollte je unbedingt nochema
da hin, weile in e paar Pyramiden nich drin jewesen war. „Mensch
Justav, wie siehste denn bloß aus? Haste nischt zu essen jekritt, oller
Hungerkur in die Hitze jemacht?" Neijierich warn mor doch alle. Nu,
da holte janz tief Luft, un denn sprudelte los:
    „Feiern misster mit mich, dass 'ch noch lewendich vor eich ste-
he. Mich isses janz drecklich in'n Urloob jejangn, janz dreckig. Wie
das so is bei son Fluch. Mor hat an'n Anfank een'n janzen Block mit
Scheine. Fluch-Tiket, Hotelzimmer, Essenmarken usw. Da word von
de Leiterin eens naa's annere abjerissen. So war das ooch willer. Wie
'ch nu in's Hotel bin, kuke ich mich mein'n Block an, un was soll ich
eich saan, da fehlt's Blatt forn Rickfluch. Jlei hawwich mich busch-
wert, awwer se ham alle jesaat: ‚Nu is das schon abjeliefert, das word
schon orjentwie willer wern.‘ Da hawwich nu jestandn ohne Rick-
fluchschein, was nu? Nu jingn de Busichtijungen los. In de Pyrami-
den rinjekrochen, uffen Nil jefahrn, Museum anjekukt – mit de villen
toten Menschen, de Mumien. Un denn jinks noch von eene Stadt

na de annere. Iwwerall hawwich na mei Tiket jefraat, awwer immor ham se jesaat: ‚Das kimmt schon noch!' Fix un fartich war 'ch. Un denn die anneren. An jeden Andenkenstand ham se jesaat: ‚Kuke ma Justav, koof dich ma schon so'n langes weißes Hemde. Das brauchste, wenn de hier arweetn musst. De hast je nu keen Rickfluch.' Mitleid hadde da keener.

Da bin 'ch denn alleene losjezoren un hawwe jedach: Mor misste sich an de Botschaft von sein'n Heimatland wenden, da jiwwet's doch sicher Hilfe. Jlicklich haww ich denn ooch de Nummer von een Büro erwischt. Awwer willer 's Essen vorpasst un Durscht jehabt. Doch da komm 'ch an so'n scheenes Haus vorbei, janz bunt, doll interessant. An de Tiere en jroßes Schild mit den Uffschrift – Mocca. Na, Jott sei Dank, das trifft sich jut. Jetzt so ne scheene Tasse Kaffee, wenn's schon nischt zu essen jejehm'n hat. Also rin. Drin warsch janz scheene schummerich. Ich kuke mich noch um, da warn jlei Kerle um mich rum, un ham mich na ne Kellertreppe jezerrt. Mocca unter, ham se jeplapport. Na, da haddich mich was injebrockt. Aus den Keller wär 'ch vielleicht nie willer uffjetaucht. Da ha'ch de Tiere anjepeilt un raus, wie'n jeeltor Blitz. Alleene bin 'ch nie willer jejangn. So kam nu dor letzte Tach un's jink zuricke na Kairo. Mei Tiket hadde 'ch nich. Awwer mit de Truppe bin 'ch erschtema zuricke jefahrn. Vielleicht konnt 'ch mich als blinder Passajier inschleichen. Unse Fluchzeich war schon da. Ma sähn was kimmt, hawwich mich bei's Anstelln jedacht. Heeß un kaalt wurres mich uffn Ricken. Awwer vor unse Fluchzeich steht uff eema so'n braunjebanntor Ramses mit'n jroßes Pappschild, un denn ruft der ooch: ‚Mister Schulze Ticket.' – ‚Hier, hier!', haww ich jebrüllt. Des Brüllen war jar nich nötich, ich war sowieso dor Letzte. Also, der fasst bloß in de Brusttasche von sein langes weißes Hemde, un da war mei Ticket willer da. So ville Millionen hat die Stadt. Alle Achtunk, dass mor da son kleen'n Zettel willer ufftreim'n kann. Awwer das sa'e ich eich. Urloob mache ich bloß noch mit eich in de Kneipe.“

Christa Lorenz
Unnormietor

Is war a wundorscheenor Urlob. Awwor nu freite ich mich scho willor uff heeme. Als ich de Haustiere uffschloss, kam mich mei Sohn entjejin. Da wusste ich jlei, das orjind was passiert sin musste. Erscht truckste noch so rum, awwor denne kame mit de Schbrache naus.

„Du hattist doch", so saete, „dei Badfenstor uff Licke jestellt – na un ich bin jar nich willor in dei Bad jejangin ... erscht vor zwee Tare – un da saak ich denne de Bescherunk: A Schwalmpaar hat sich direkt uff de Schere vo dei Badfenstor a Nest jebaut. De Schwälwin war oh scho beim Brietin. Also, nu haste Unnormietor!"

Schwalm jaltin bei uns immor als Jlicksbotin. Scho als Kind freite ich mich iwwor de Schwalm, wenn se bei uns heeme in Färestall nistitin. Awwor nu drinne bei miche im Bad ...? Da konnte ich miche nich so richtich frein. Das Nest awwor zorsteern, kam vor mich oh nich in Frare. Da mei Bad im Schbätsommor sowieso nei renoviert wärn sollte, ließ ich de „Unnormietor" bei mich wohn.

Am Aanfank wurre ich mit a forchtorliches lautis WITT-WITT vo Harrn un Frau Schwalwe emfangin. So kam ich mich aanfanks selewor wie a Indringling vor.

Awwor mit dor Zeit ham sich de Schwalm oh aan miche jewehnt. Ich war awwor oh sehre ricksichtsvull. Wenn ich de Nacht ma austretin musste, knipste ich keen Licht aan, sondorn tastete mich im Dunkel naa's Klo. Mei Bad war nu ausjelät mit Zeitunkin. Jedin Tak diente de ausjelesene Zeitunk als Wegwarfwindil.

Ich beowachtete nu jedin Tak de Schwalm. Als denne awwor 4 kleene Schwalmkinnor iwworn Nestrand gucktin, war ich so jicklich, als wäre ich selewor Muttor jeworn.

Ich hawwe sojar de Schwalm fotografiert. Ich saak, wie fleißich de Schwalmeltorn de Kleen fittortin. De Schwalmkinnor wurrin schnell jroß. De Schweinoreie in mei Bad wurre oh immer jrössor. Als de Schwälbchin awwor so weit warn, un is Nest vorlassin konntin, machte ich is Nest wek un mei Fenstor zu.

De Schwalm bautin sich nu uffin Hoff iwwor mei Badfenstor a neies Nest. Oh uff a Balkin unnorsch Stalldach wurre noch a Nest jebaut.

Das war denne a Jezwitschore uff unsin Hoff. Wir freitin uns alle iwwor unse Schwalm. Bloß unsor Hund fand de Schwalm woll nich so jut. Busonnersch, wenn se denne im Tieffluk iwwor'n florin. Wenn se zu frech wurrin, schnappte oh ma zu, un es musste oh ma anne Schwalwe draan kloom. Da konnte ich denne oh nischt machin.

In de letzte Aujustwoche saßin denne 12 Schwalwin uff a Leitungstraat in unsin Hoff un brachtin uns ihr Abschiedsständchin. Ich roff se noch zu: „Jutin Fluk, bis nächstis Friehjahr!" So war es denn oh. Pinktlich am 7. April warn de Schwalm willor da. So issis bis heite.

Zuerst abgedruckt in: Christa Lorenz: Mundart – Geschichte und Geschichten II, Bernburg o. J., S. 12.

Christa Lorenz
Aprikosinmarmelade

Wenn ich mich aan meine Kindheet arinnore, de fellt mich in, das mor in Aalburj eijentlich alles, was mor unbedingt zum Lewin brauchtin im Dorfe krietin. De Inwohnorzahl stiech oh jewaltich, wall mor oh Flichtlinge uffnehm tatin.

Außer unsin Bäckor „Dorand" hattin mor oh unnor annorn a Koofmannslaan. Da bekam mor allis, was mor dunnemals zu koffin krietin. Weil awwor allis knapp war, jab's ja allis uff sojenannte Lewinsmittilkaartin, die mor jehn Monat vom Jemeendeamt abholn taatin. Uff de Kartin warn oh noch jesondorte Apschnitte druff. Da jab's denne – wenns jab – Schmierseefe vor de Hänne un in Rest vorn Korpor. De Toonseefe war e Jedicht – da brauchte mor keen Pielink – jeschweije de Kosmetik. De Schmierseefe jab's loose, wie oh Marmelade, Mostrich, Essich, eijentlich allis was mor heite abjepackt krieen tut.

Wie jesaat, is war allis knapp un schnell alle. De Lieforungin kam'n oh nich uff eema, nee, villis kaam jesondort aan. Da musstin de Leite ofte oh maneches ma vorjeblich inkoofin jehn. Unse Muttor war da

oh ma jrade in Laan, als de Lieforung vo Schmierseefe kaam. Ausje-
rechind heite haddese keen Napp dorbei. Awwor de Frau Reichmuth,
die dor Laan jeheerte, borjete ihr a scheen Jlaasnapp. Darin saak is
Fund Schmierseefe wie de scheenste Aprikosinmarmelade aus.

Zu Hause stellte se in Napp uffin Kichintisch un musste jlei in
Stall um de Zickin zu meleken. Als ich in de Kiche kam un in Napp
mittin scheen Inhalt saak, naam ich in Fingor un naschte ma. Na, ich
hawwe vielleit jeschbuckt. Balde druff kam unsor Vator in de Kiche.
Ich war janz stille.

Oh er saak in Napp uffin Kichintische. Er holte sich in jreestin
Löffil aussin Kichinschrank un schonn war de Schmierseefe in sei
Mund. Ich schittelte mich vor Lachin. Wie a Lama, das schbuckt,
stand unsor Vator aans Waschbeckin un schbühlte sei Mund. Doch
is kam dorbei immor mehr Schaum aus sei Schlund.

Als unse Muttor willor in de Kiche kam, konnte se is Lachin oh
nich vorhaaln.

„Laass dich das anne Lehre sinn", saate se noch, „awwor reene bis-
te nu oh von inn!"

Zuerst abgedruckt in: Christa Lorenz: Mundart – Geschichte und Geschichten II,
Bernburg o. J., S. 19.

Fritz Matthei
Wie mer nah'n Kriech Holz jemacht han

Nah'n Kriech, ich meene nah'n zweeten Weltkriech, so neinzenhun-
ertfinnemvorzich bis so siehmvorzich, waorn mer zu finnem heeme:
dor Jroßvaoter mit de Jroßmutter, dor Vaoter mit de Mutter un ich
mit meine dreizen bis zechzen Jaohre.

Mer harrn an Morjen Acker, natierlich bloß jepacht, an hallem
ins Burchfeld, wu jetzt de Schräworjaorten sinn un den annern
hallem uffen Kemmichenbarch, wu's na Keethn jeht, kortsch vor
de Nunn'nbricke. Natierlich in'n Unnerbusch Rilln un an Streefen
Damm in'n Wäder, wu mer Jroas holtn un oh Hei machtn.

Das brauchtn mor awwer oh, denn vier Schweine, zwee Zicken, an Schaof, an Schticker zwanzich Hinner, jenau so ville Enten, an paor Jänse un mindestens fuffzich Karnickel die mer alle Jaohre harrn, wollten jedn Tach ihr Futter han.

Nu kammor je nich bloß von Fleesch, Millich un Eier lähm, mor braucht je oh noch annere Schmiere uff de Bemme. Dao wurre denn's Jaohr zwee mao Mus jekocht, eemao von Flaum un eemao von Riem un minnestens nochemao oh Riemsaft. De Flaum un de Riem brauchtn mer je nich koofen, jeschweije denn stoppeln odder janzenjaor mausen. Die krieeten mer von Hedel Franzen inne Ritterstraoße, der war Bauer. Daodorfor jinken mer bei dän mit uffen Acker. Dor Jroßvaoter fur jedn Tach de Millich un fäjetn Hoff, Mutter un Jroßmutter jingen mit uff'n Acker, ich waor bei's Riemvorziehn, bei's Maschi'n un oh bei's Kartoffellangen dorbei, awwer erscht nahmittachs nah de Schule, un dor Vaoter machte alles wedder janz, wenn bei Hedels was kaputt waor. Nu musste mer je zus Kochen vons Mus un vons Saft nich bloß Riem un Flaum han. Mor brauchte je oh Feierwark unnern Kessel. Un das nich zu wennich. Oh bei's Schlacht'n brauchte mor ville heeß Wasser. Des Schwein musste jebrieht wern, des Fleesch un de Worscht jekocht. Dao musste schon ville Holz vor an scheenes Kneckerchen dao sinn. Awwer was jaobs denn daomals reichlich. Also machte sich dor Jroßvaoter los, bei'n Forschter un holte an Holzzettel. Das waor merschtenteels in Oktober, November.

Awwer ehr mer nah'n Busch machtn, musste erscht mao Platz uff'n Hoff jemacht wern. Dao standn nämlich vons vorije Jaohr noch drei Diem Kleenholz, die dao so lange jedreehet harrn. Die wurrn nu erscht in Korwe durch de Lauke nah'n Stallbonn ewwer de Schweineställe nuffgeschafft, awwer nich bloß eenfach hinjekippt, sondern die hammer orndlich jestaopelt. Denn brauchtn se ville wennijer Platz.

Wu dor Hoff nu wedder leer waor, denn jink's los. Erscht wurres Handwarkzeich vorjekraomt un nahjekuukt, ob's alles in Ordnung waor. De Eisenkeile mussten vorne scharf, hingene durfte keen Jraot draon sin. Aone Staohlkeile wurren die jleichen Aonforderungen jestellt. De Eschentreiwer, das waorn jroße Keile aus Eschenholz durften nich gespellt sin. Äxte un Beile un oh de Vorschlachhämmer mussten feste uff de Stiele stechen, daomit se bei's Keil un Hackn nich abflohen un womeechlich sich noch eener was auswischen taot. An paor Spaotn und Schippn wurn oh noch dorzu jebraucht. Natierlich durfte oh de jroße Schrotsäje, anne Biejelsäje un oh an Fuchsschwanz nich vorjessen wern. Freitachs Aomd wurre dor Handwa'n jepackt, un Sunnaomds frieh, noch vor Tach, jink's los. Wenns helle wurre, wolltn mer je schon draußen in'n Busch sinn. Mer harrn nämlich zwee recht lanke Tare vorr uns, wu mer janz scheene knuffen mussten. Mutter un Jroßmutter schmierten de Bemm. Den weiten Wech lohnte nich, mittaas wedder zu Hause zu machen. An paor Bierpulln warm' Muckefuck wurren oh noch injesackt.

Denn jink's los. 's Karrnband wurre oan Handwa'n festejemacht. Ich läh'tes mich ewwer de Schul'ler, Mutter un Jroßmutter woarn hingene und scho'mm, ich naom de Stange un treckte vorne.

Mein Vaoter un dor Jroßvaoter harrn noch an Häppchen Zeit. Die koam mit's Raod hinner drin. Vorfähl kunn se uns nich, denn mer machtn immer den jleichen Wäch na'n Unnerbusch, aon Ploaken seine Schiffbauereie vorbei, ewwer de Schleise, 'n Neien Wäch lang, vorbei aon Eisfels Wiese, de kleen 'un ewwer de jroßen Nummern, bis mer aon unsen Fleck waorn, wu de Holzhacker de jroßen Eechen umjelä't harrn.

Da suchn mer nu sonn Stamm aus, wu mer dachtn, dass es anne Fuhre wurre. Där musste denn so sein'n jätlichen Meter Durchmesser han'n. Mannije Aokenär machtn na Susicke newwer, inne Fichtn. Die stann inn Sandbonn un machtn sich leichter raus. Awwer Eechenholz jaob ville mehr Hitze unnern Kessel, un's Feier hielt oh länger vor.

Nu wurre der Handwa'n abjelaodn un's Warkzeich zurechte jelä't. Erscht mao wurre an Kreis abgestochen, unjefähr drei bis vier Meter inn' Durchmesser, denn fingen viere aon anne Seitenwurzel außen aon zu jraom' un machtn die Wurzel frei. Wenn jenunk Platz waor traot mein Vaoter mit mich in Aksjon un mer säjetn se meechlichst weit weg vonn' Stamm durch. Das, was von de Seitnwurzel na ungene jink, wurre denn mit's Beil abjehackt. Die zwee Frauen un dor Jroßvoaoer jraowetn nu weiter, bisse ringsrum waorn. Daomit harrn se meerschtenteels bis zu'n Aomd zu tun. Es jrub sich nämlich nich scheene. Erschtens waorn je viele kleene Wurzeln dormank, die mitt'n Schpaotn durchjestochen odder mit's Beil durchjehackt wern musstn un zweetens reechte ofte een Schpaotnstich tief nich aus, weil die Seitenwurzel' wemmer von o'm druff kukte, bloß zähn bis fuffzen Zentimeter dicke awwer ofte dreißich Zentimeter hook waorn. Un drunner musste je noch an Häppchen Luft sin. Mor wollte mit de Säje doch nich in Dreck arweetn. Dao isse doch jlei stump. Zu'n Mittach wurre nu erscht mao anne Fuffzen jemacht un de Bemm jejessen un daor Malzkaffee jetrunken. Hinnerher stoppte sich dor Jroßvaoter anne Feife, dor Vaoter drähte sich anne Zijarette, zuerscht noch mit Haofentowak un die ann'ern Jaohr mit Eijenbau, un na ne jute hallewe Stunde jink's weiter. De erschte Zeit waor's jaor nich scheene. Des Kreize taot weh. Sonne Arweet machte mor je nich alle Taare. Awwer na ne Weile jink's denn schon wedder.

Noch ehr's schummerich wurre, waorn mer denn so weit, dass alles freijejraom waor un de Seitenwurzel von'n Stamm ab un in Metersticke jesächt waorn. Nu stand bloß noch dor Stamm mit seine dicke Fahlwurzel.

Denn wurre wedder der Handwa'n jepackt. De Keile wurrn verstochen, die naohm' mer erscht 'n annern Tach wedder mit. Mutter un Jroßmutter harrn noch Futter jemacht. Die zwee Säcke kaom ohm druff. Un denn jink's wedder heeme. Unse zwee Frauen schauwetn un ich naohm de Stange, des Karr'nband um un treckte. Vaoter un Jroßvaoter machten wedder mit de Räder vorne weg.

Awwer heite waor noch nich Feieraomd. Ich harre schon uffjezellt, was bei uns for Vieh uffen Stall stand. Das waortete je uff's Futter. Als nu fartich jefittert, un de Zicken jemolleken waorn, wurre noch an großer Topp Kartoffeln inne Jrude jestellt. Die waorn denn 'n andern Morjen jar. Da kaom denn an paor Hände vull Aonmenge draon un heeß Wasser. Das krichten denn de Schweine, de Hinner, Enten un Jänse. De Zicken, 's Schoaf un de Karnickel krichten bloß Jrienes. Das musste mao reechen, bei so vill Arweet wie mer bei's Holzmachen harrn. Denn wurre Aomdbrot jejessen. Mer harren keen'n Apptit awwer mächtijen Koll'damp. Un denn jink's inne Feddern, denn bei Morjenjrauen waor de Nacht alle. Vieh fittern, Kaffee trinken un denn wedder mit'n Handwa'n na'n Busch.

Denn jink's wedder los. Nu kaom de jreeste Kläje. De Vorschlachhämmer mussten jeschwungen wern. Das waorn 'n Vaoter seine un meine Arweet. Mein Vaoter naohm dän Zwelleffinder, der kunne nämlich nich mehr so richtich, weiles uff de Plautze harre un ich kunne mich mit son'n Sechzenfinder vorjnijen. Dor Jroßvaoter setzte de Keile. Der wusste jenau Bescheet, wie 'es machen musste, dass die Schwaortn oh richtich abschplantort. Mor musste kuken, dass dor Keil richtich inne Maoserunk ninjink. Weil mor awwer bloß ohm druff kuken kunne un nich ins Holz nin, kaom's manjes mao vor, dass alle Keile, bis uff een'n drinne saoßen. Denn waor juter Raot teier un mer beraotschlaten, wie der letzte Keil nu jesetzt wern musste, um wenijestens an andern wedder lucker zu kriehn. Mer harrn denn meestens oh Jlicke un de Arweet kunne weiter jehn. Wenn erscht mao mit de Eisen- un Schtaolkeile an eejenermaoßn breeter Riss jekomm' war, denn wurre dao an Eschentreiwer ninjedroschen, denn musste der Klo'm komm' obbe wolle odder nich.

So jejen neine machtn mor erscht mao an Häppchen Pause un friehstricktn. Mer waorn schon kreizkrummelaohm un waorn froh, dasse mer unse Klappbemme essen kun'n. Awwer lange dorften mer nich sitzenblei'm, denn jejen halleb dreie woll'e Hedel Franz mit seine Fähre komm'n. Dao musstn mer mit unse Arweet fartich sinn.

Mit's laohme Kreize jink's denn weiter. De Mutter un de Jroßmutter schipptn, wie mer Männer kräftich keilt', dorweile von außen wedder das Loch zu.

So jejen zwellewe saohn mor nu schon Land un mer machten de zweete Fuffzen un vordrickten des Mittachsbrot, natierlich wedder die mitjebrachten Bemm un'n Malzkaffee. Wu mer nu'n Feieraohm'd vor uns saohn, fuhl's Uffschteh'n nich mehr so schwer un mer keilt'n weiter. Mannijesmao wemmer Jlicke harrn, schlpantorte anne janz scheen dicke Schwaorte ab. Die musste denn erscht noch jekleewet wern, weil mer die zu Hause jaor nich uff'n Saabock krichtn.

Wie mer oh nu zu juter Letzt noch de Faohlwurzel raus harrn, wurre des Warkzeich beseite jeläht, un mer Finnewe polltn's Loch wedder zu un waortetn uffen Wa'n.

Merschtns blebb awwer nich vill Zeit zus Ausruhn, denn Hedel Franz kaom baole mit seine zwee Fähre un'n Vierreller hingene draon. Wemmer Schwein harrn brachte noch een'n mit zus Uffladodn. Das waor for de Mutter, Jroßmutter un mich immer anne Freede, denn brauchtn mer nich zu hellefen un kunn jlei mit'n Handwa'n losfahrn. In'n Busch setztn mer de Jroßmutter in'n Wa'n, de Mutter schobb, un ich treckte. Mer machtn kallewitt, dass mer eh'r wie de Fähre heeme waorn, stelltn Wa'n weg un waorteten, dass dor Vaoter un Jroßvaoter mit's Road kaomn, die uns awwer merschtenteele ewwerholtn. Denn dauertes jeweenlich nich mehr lange uns Holz kaom aonjerumpelt.

De Haus- un oh de Hofftire wurrn sprangelweit uffjemacht un injehaokt, dasse der Wind nich zuschluk, un nu hucktn de Männer allehoofe das Holz durchs Haus nah'n Hoff, wu's denn uffjestaopelt wurre.

Dor Jroßvaoter jink nu erscht mao in' Keller un zock an Topp Wein ab. Där wurre nu mit jroßen Dorscht jetrunken. Denn machte sich Franz mit Fähre un Wa'n zu Hause. Mer fittert'n 's Vieh, aoßen sellewer Aomdbrot, heert'n noch Nahrichten ins Radio un jingen denn inne Feddern. Dor Vaoter musste je 'n annern Tach uff Arweet, ich inne Schule un die annern dreie hatten je oh ihr Tun.

Nu darf awwer keener denken, dass daomit de Arweet jetaon war. Des Holz lag woll uffen Hoff, awwer so wies waor, krieete's mor je nich in'n Ohm. Mor musstes je noch kleen machen.

Also nästen Sunnaomd un Sunntach jink's weiter. Inne Woche wurre de Schrotsäje nochemao scharf jemacht, Äxte un Beile ao'n Schleefsteen, wenn's neetich waor, aohnjeschliffen, der Saabock vorjekraomt un sunnaomds frieh, nahs Kaffeetrinken jink's denn los. 's harre sich so injeborjert, Jroßvaoter un Jroßmutter fingen aohn.

Der Saabock wurre uffjestellt, awwer so dasse nich kippelte, der erschte Klo'm druffjeläht un denn nao'm sich die beed'n de Schrotsäje un denn jink's den janzen Tach, natierlich mit an paor Pausen, immer bloß raotsch, raotsch. De Mutter machte dorweile 'n Topp mit's Mittachbrot fartich. Des Peeckelfleesch harre se schon 'n Aomd vorher injewässert un stellte'n inne Jrude. Vaoter un ich fungen nu aon zu hacken. Jeder harre sein'n Hackeklotsch, zwee Äxte un oh jroße un kleene Beile. Das brauchte mor awwer oh, denn's waor nich eenfach, sonn Stammholz kleen zu machen. Ofte waor das so vorknorzelt, dass es ewwerhaupt nich außeneen schpell'n wollte. Da musste mor mit son'n Knust aohne Axt janz scheene knuffen. Laak nu schon an Hoofen Kleenholz dao, denn heerte der Vaoter uff zu hacken, ich hackte alleene weiter, un er bauete mit de Mutter 'n erschtn Diem'. Das wurre nu so jemacht. Se schichtet'n des jehackte Holz in an Kreis uff de Schteene von'n Hoff, zwee Reihen in'neen, unjefähr zwee Handbreet hook. Denn wurrn inne Mitte an paor jriene Korwe Holz bloß so rinjekippt un denn wurre außen wedder geschicht'. Daobei musste mor uffpassen, dass die dicken Enden von die eenzelnen Schticke na außen kaom un der Diem dadorch 'n Hang na inn'n kriechte, sonst wäre womeechlich bei's Dreehen injefall. Awwer daorum brauchten mer uns keene Sorjen machen. Ich kann mich nich orinnern, dass bei uns eemao an Holzdiem injefall is.

Wee's kaolt waor un mor frohr inne Beene, bei's Säjen un Hacken loff mor je nich hin un her, denn standn uff'n Jrundeckel immer an Paor warme Schan'nauer, die mor denn mao wechselte, dass mor sich bei der Arweet nich vorkällte. Mit Unnerbrechnung von Mittach un Kaffeetrinken jink denn das bis'n Aomd, wenn's schummerich wurre. Denn wurre uffjereimt un Feieraomd jemacht. 'n Sunntach frieh jink's weiter un zu's Aomdbrot waorn mer merscht'ns mit die drei Meter Holz fartich. Ohm wurre der Diem immer mehr injezohen un bis inne Mitte jeschicht', dasse Wasser bei Ränewetter abtropp'n kunne un nich ins Holz nin loff.

Den Ritt machtn mer 's Jaohr jewehnlich dreimao' un vorfeiertn jedesmao so unse nein bis zehn Meter Holz. Mer saoten immer: „Stammholz heezt dreimao. 's erschte mao bei's machen in'n Busch, 's zweete Mao bei's Kleenmach'n uns dritte mao in'n Ohm."

Heite kammer sich jar nich mehr vorschtell', was mor frieher for Klimmzieje machen musste, um anne warme Bude zu hann. Das is nu janz andersch. Mor braucht keene Koll' in'n Keller odder Stall zu hucken, keen Feier mehr zu machen un oh keene Asche nausbrengen. Mor dreht aohne Heezung 'n Haohn uff un schon is warm. 's ähmd anne andere Zeit.

Awwer eens will ich noch saon, missen mechte ich die Zeit von dunnemaols oh wedder nich. Mor waor junk un machte sich aus de Welt an Läsekorb.

Siegfried Schenner
De Eisenbahnorsch

Jlei na die Zeit, wo se uns „bliehende Landschaften" vorsprochn hoddn, warn mir jejenseitich neijirich. Die in Westen wolltn sähn, wies nu wurklich bei uns zujeht, un uns jing's umjekiert jenauso. Patenschaftn mit anne Schportjruppe in Westfaln wurn orjanisiert. Die kam zu uns, un mir fuhrn newwer.

Mir warn nu dort zu Busuch, schlawwortn üwwor alle meechlichn Sachen, o von Bahnhoff war de Rede. Busunnorsch anne Eisenbahnorn wolltn ma sähn.

De Inwohner hoddn uns jewarnt, bleiwet hier buhalt eiern in jute Arinnerung. Nee, mir warn nu arschtrecht neijirich jeworn.

Mir hoddn je oh bale jefunn – den Bahnhoff – ach du meine Jiete. Dor Bahnschteich noch bujehbar, awwor mank de Jleese, was war da vor an Unkraut, jerade dass an Zock noch durchkam. Un das Bahnhoffsjebeide – in de owere Etasche warn schon keene Scheim mehr drinne, un ungene warn alle Fenstr un Tiern zujenaelt.

Die hoddn uns jewarnt – un heite na zwanzich Jahre bliehende Landschaften siehts bei uns fast oh nich annorsch aus.

Awwor nu bei das ville Nejative, anne kleene Jeschichte von de Eisenbahn in Wullewe. Mit de Eisenbahn is das sonne Sache – ma kimmetse, un ma kimmetse niche. Un wemmer ma wurklich schpäter kimmet, is dor Zock fort, un is annere ma, mir sinn pinktlich, wartet mor lange, un denn kammor o noch na Keetn loofen.

Un uf de Eisenbahnorsch kammor sich o nich ummor vorlaaßen. Dor Wewor is je nu schonn lange nich mee in Wullewe, un Alslemm o niche. Un sis je nu o schonn anne janse Weile her, wo Triewen Wallemar bei uns uff de Bahne war. Der hodde das Rejement mit de rote Mitze un anne Flienklatsche. Nu hodde sich das so injeborchort, dass zun Friehzock Wallemar immor uff Schmidts Noltn wartn musste, is war je sei bestor Schulfreind – un Nolte kam je o nie zu schpäte. Is klappte immor – Nolte kam jeloofn – schteeg ninn, Wallemar hob de Flienklatsche, un dor Zock fuhr los.

Een scheen Taes, da wollte jar nischt klappn. Wallemar war schon'n frieh richtich uffjerechet. Nuja, nu kam dor Zock von Keetn, de Leite klettortn ninn, der solle o bale losfahrn. Wallemar kukte schon'n janz unruhich uffn Seher. Sonst war je Nolte zu de richtiche Zeit da, bloß heite, ausjerechend heite, kampe niche. Ebbn was passiert is – vorpassn solle der je den Zock o niche, der muss je uff Arweet na Machdeborch.

De Leite, die in Zock saßn, wurn nu unjedullich. Enor sade „Dor Machdeborchor is no nich rinn", dunnemals musste ummor uffn Je-

jenzock jewart't wern, nan Kriech haddn se uns je een Jleis un o de elektrische Leitung jenomn.

Dor Zock, uff den se wartn musstn, war nu durch.

Dor Zockfiehror von Friehzock sade nu zu Wallemarn „Was is de heite los?" Wallemar war jans vorläen, wo bleiwet denn bloß Nolte.

De Uhr war widdor an Schtickchn jeruckt, da sade eenor in Waan: „Der wurd doch nich uff Noltn wartn?" – „Mensch", saht da an annortor, „das hawwe iche jans vorjessen", der jink ans Fenstor un roff naus: „Uff Noltn brauchste heite nich wortn, der kimmet nich, der hat Urloob."

Da wurres laut, von de Schteen, der Wallemar vons Harze jefalln war. Der nahm de Flienklatsche, un dor Zock fuhr los.

Reinhold Schmidt
De jutn Fressor

Wie jut das es manjesma is, wemmor jemandn kenn tut, das konnte Hänne ooch ma erfahrn.

Swar wie so oftema, dasse von de Arweet heemkam un Paul, was sei Vador war, an Zettl hinjeläht hadde, woe druffjeschrimm hadde, was Hänne machn sollde. Das hieß unjefähr so: In de Ofnrehre stehn de kleen Jänse, weil ses a bisschen warm brauchn. Jibbse nochma was ze Fressn. De jrien Bohn kannste dich warmmachn. Vorjeß nich, de Schweine zu fiddorn.

Is je allorhand, wasse da alles will, dachde Hänne un jink jelei an de Arweet. Sei Machn war awwor schdärgor wie sei Kopp. Deswähn machde ehrma Feior for de jrien Bohn. Denn jinke naus zu's Futtor holn for de Jänse.

Wieje denn widdor ins Haus ninkam, trafe uff de Treppe de Nabborn. Wie ieblich hadde die nadierlich an janzn Hoofn ze schlabborn. So heerde Hänne da vill Neies un wies so is, vorjaße dadorbei alles annere. Na ne Weile sahde de Nabborn mit eemah: „Sak ma, was jiwwet's denne bei eich heite Jutes? Das schnoport je wie a Festbratn." Da zook Hänne de Nase hook. 's roch worklich janz jut, awwor sengerich ooch. Mensch, dachte Hänne, de Jänse un sahde zu de Nabborn: „Ich hawwe mei Essn uff's Feior. Da will ich ma schnell ninkukn. Damit mich nicht anbrenn tut."

In de Kiche kommn un de Rehre uffreißn, war denn alles eens. Wieje nu sahk, dass de Jänse de Keppe häng ließn, nahme in Wassoremmor von de Bank, packte den Karton un schidd'de de Jänse in das Wassor nin. Se wurren denn ooch jelei lawendich. Das heeßt, sechse von die achte. Die annorn zweeje ließn de Keppe un Fleddiche weidor hängn. Da half nu keen Riddln un Schiddln. Se haddn's nich iwworschdann. Hänne stand nu da in de Kiche un iwworlähte. Wenn dor Vator das markt, denn jiwwet's Draasch dachde. Awwor was sollde machn? Ehrma essn, dachde. De Bohn warn schon heeß un warn ooch bahle anjebrennt.

Wieje denn bei's Schweinefiddorn war, fieln in, dass Pannicke, der Bauer, bei dän se immor ihre kleen Schweine jehold haddn, ma von Jänse jeschbrochn hadde. – Halt, dachde, da fährste jelei ma mit's Radd hin. Villeichd kanne helfn. Denn nahme anne jroße Leddortasche, sedsde sich uff's Radd un tremplte los. Nah das Dorf bei Pannickn hin.

Wieje denn uff dän sein Hoff kam, war jlicklichorweise denn seine Frau nich da.

„Was is denn das for a seltnor Besuch?", frahte Pannicke, ehr Hänne was sahn konnde. Nu frahte Hänne ehrma, ob de Pannickn da is un denn frahte Pannicke, wasse vonse will.

„Ich wollde bloß wissen, ob se da is", sahde nu Hänne, „die soll je jahnich wissen, dass ich hier war un warum."

Nu war Pannicke awwor neijierich jeworrn, wie Millorsch Zickn un a sahde: „Das muss je was janz besonnres sinn, dasde so daher jehetzt kimmest un so sehre heemlich duusd. Meine Ahle is nich heeme. Die had widdorma ihrn fein Schblien un machd Kaffeekränzjen. Da wurre die an liewestn ehrma nah Keetn fahrn, dormit se zu's Kränzjen middn Ornebus fahrn gann."

Denn dahte awwor lanke Ohrn un jroße Oochn machn, wien Hänne uff eemah frahte, obbe Jänse hadd.

„Jänse?", frahde, „wie kimmeste man dadruff? Nadierlich hawwe ich welje. Awwor ich forkoffe keene mehr. Die brauche ich selwor."

„Mann, Otto!", sahde Hänne nu, „Du musst mich helfn." Un denn erzähldn, wiesn jejang hadde.

Da sahde denn Pannicke: „Da were ich dich wo helfn missn. Awwor meine Diere sinn vörzehn Dare äldor wie eire Jänse. Meensde, dass de die jebrauchn kannst?"

„Mann", sahde Hänne, „die sinn immor noch bessor wie jarkeene un arjendwie were ich das mein Vador schone beibring, warum die jreeßor sinn wie unse. Un denn sieht der die Diere de nähstn Dare sowieso niche. Da hadde so villes anneres zu duhne, dasse sich um sowas jah nich kimmorn kann."

„Na ja", sahde Pannicke, „mich soll's ejal sinn."

Se wurren sich eenich iwworn Preis, fäjetn noch zwee Schnäpse zesamm un denn machde Hänne schnell, dasse heeme kam.

Wie denn so vörzehn Dare vorjangn warn un 's Weddor scheene war, sahde Paul: „Hänne, heide lahsn mir ma de kleen Jänse uff de Wiese naus, dasse sich dran jewehn kenn."

„Ja, ja", sahde Hänne, jink in Schdall, wo se de Jänse haddn un tribb se hingor nahn Jahrdn.

Wie je mit die Tiere uff'n Rasn war, kam Paul un kukte. „Mensch, Hänne", sahde, „hasde denn das schon jemarkt?"

„Was denne?", frahde Hänne.

„Nu die zweeje da. Weesde, warum die schon so jroß sinn?"

„Nee", sahde Hänne. „Ich weeß niche."

„Das sinn jute Fressor", sahde Paul. „Die han sich awwor ranjehaln ans Fressn. Da missn mir awwor uffpassn, dass die nich die annorn s janze Fuddor wegfressn. Eendlich iss es je schade, dasse nich alle sonne jutn Fressor sinn, wie die zweeje. Sonst warn die womeeglich ooch schone so jroß wie die da."

Hänne nickte bloß un freite sich. Un er konne sich immor widdor frein, wenn Paul die Jänse saak un sich jedesma bejeistorte ewwor die jutn Fressor.

Sojar noch zwee Jahre dornach, sahde nochma: „Weesde noch, wiemor die zwee Jänse haddn, die so jut jefressn hamm?"

Reinhold Schmidt
Schweinedreim

„Lahs dich unnorwäjens nich uffhahln", hadde Paul noch nahjerufn, wie Hänne friehmorjens nah de Arweed jefahrn war. Se wolldn nahn Feiorahmd uff's Dorf nausfahrn un kleene Schweine holn.

An Ahmd vorrehr hadde Paul noch jesahd: „Mor missn naus nah's Dorf bei Pannickn, denn seine kleen Schweine missn jetzt zum Abholn sinn." Von Pannickn haddn se schon jedes Jahr ihre Schweine zu's Fettmachn jeholt. Se warn sozesahn Schdammkundn bein.

Wie Hänne nu heemekam, schdand Paul scho in de Tiere un sahde: „Komm, mor fahrn jelei los. Essn un trinkn kenn mor naher immor noch an Habbn." Hänne lähde seine Tasche in Flur, nahm de Huckekiepe uffn Riggn un schonn jinks los.

Vador Paul fuhr nu vornewek un Sohn Hänne hinnorher. Swar an unjleiches Paar, der lanke Labanderich Paul un der a bisschen kortsch jeratene Hänne. Awwor se passten sonst sehre jut zesamm un vorschdann sich offde, ohne was zu sahn.

Trotzdäm hadde Paul unnorwäjens zu Hänne jesaht: „Du brauchst ja nischt ze sahn. Du kimmst bloß mit zu's Abholn. Vorhannln mit dän ahln Pannicke muss ich schone alleene. Pannicke is dich nämlich a janz jewiefdor."

Wiese nu bei Pannickn ankamn, schdand der jerade uffn Hoff un kukte ehrma vorwunnord, weil die beede eendlich unanjemeldt jekomm warn.

„Tach, Pannicke", jrehlte Paul jelei vons Hofftor aus. Un dor Bauer sahde laut: „Ach ihr seid's" un frahde dann: „Um was jeht's denne? Woldor Schweine odor Jänse holn?"

„Schweine nadierlich", sahde Paul nu, „du hast mich das doch vor 3 Wochn vorsprochn. Das willsde doch woll nich vorjessn hann?" Un zu Hänne jewendt meente: „Markste dich, wie jewieft der is?" Hänne nickte bloß dorzu un sahde awwor nischt. Er kukte bloß bei Pannickn hin, der jetzt nahn Schweinschdall newwor jink.

„Wenn ihr mit zwee Kiepn kommt, wollt ihr beschdimmt ooch zwee Schweine holn", meente Pannicke. „Odor wolt ihr drei han?"

„Nee, nee", sahde Paul, „zweeje reechn uns, un von mehr haddn mir ooch nich jesprochn letztns."

„Na, denn kukt sich ma denn Wurf an", sahde Pannicke nu, wiese in Schdall an die Bucht mit die Farkl schdann'n. „Jut, jut", ließ sich Paul nu heern. „Meensde nich ooch Hänne?", un frahde dann: „Von die Sau da sinn die?" Pannicke nickte bloß, awwor wie Paul denn sahde: „Wenn die Kleen ooch so wern wie die Ahle", da tate jelei inhakn un sahde: „Nähmd ihr denn zwee kleene Saun mit?"

Nu schiddlte Paul mit'n Kopp un sahde: „Nee, Otto, mir han jesahd zwee Borgschweine, odor hasde se noch nich schneidn laasn?"

„Schon, schon", andword de Pannicke, „awwor keen Aas will dich kleene Saun nähm. Na ja, ihr seid je de erschdn un kennt eich noch aussuchn. Un jeimpft sin se ooch. Also machn mir den Handl fartich."

Wiese nu de Farkl in den Huckekiepn jetan haddn un mit's Bezahln alles arledicht war, jinkn se denn widdor uff'n Hoff. Pannicke jrehlte: „Arna, brink'n Schnaps! Mor missn denn Handl bejießn!" Bei das Waardn denn sahde Pannicke: „Das ward woll a Weilchen dauorn, der schdehd nämlich in'n Keller. Da isse jut jekiehlt. Also ihr wollt die zwee Schweine mitnähm, die or eich ausjesuch habbd. Wolldor abselut keene kleene Sau han? Die kostn is selwe Jeld!"

„Nee, nee", sahde Paul. „Mir wolln doch keene Zucht uffmachn! Un mich is das eenmah passiert, dass ich nich schlachtn konne, weil de Sau jerauscht had, un ich will mich nich noch eenma ansch..."

„Na, na", schnidd'n da Pannicke is Wort ab: „Meine Frau kimmt, un du weeßt doche, dass die eene janz Feine is."

„Ich hawwe je ooch jemeent anschmiern", sahde nu Paul un jriff nah das Jlass, das'n Pannicke seine Frau hinhahln tat. Dor Schnaps war scheene kalt, denn die Flasche war beloofn. So sahde denn dor Bauer: „Nu, denn woll mor ehrma uff das eene Schwein trinkn." „Uff weljes denne?", sahde da Hänne, der bis dahin nischt weidor jesahd hadde. „Nadierlich uff das in diener Kiepe, awwor sak mah, darf denn so a kleenor Karl wie du hier ooch schon so mittrinkn?", sahde Pannicke. „Warum denn niche, wenn ich ooch mit arweete wie annere, Herr Pannicke", tat Hänne denn antwortn. „Was heeßt denn hier Herr Pannicke? For meine Freinde bin ich Pannicke oder Otto. Das kannste dich markn! Awwor nu ward der ehrma ninnjekippt."

De Pannickn, die mit de Flasche in de Hand da schdand, vorzoks Jesichde. Die kannte ihrn Otto un wusste so unjéfähr, wies nu weidor jehn wurre. Wenn der eemah in Schwunk kam, war meedsns keen Ende abzusähn.

Erna Pannicke lähte vill Wert dadruff, a bisschn feine Lähmsard arkenn ze lahsn. Schließlich hadde se ihr Vador damals, wo se junk jewest war, uff anne Techtorschule jeschickt, wie Pannicke immor sahde.

Am liewestn war se je nu mit die Flasche widdor ins Haus jejang. Awwor die dreie waartetn schon uff denn nächstn Schluck.

Paul, der nähm de Pannickn schdand, sahde: „Nu, Meesdorn, han Sie denn keen Jlass forr sich mitjebracht?" Die dahdn ankukn un frahde denne: „Wie meen Sie denn dasse?" „Nu ja", sahde Paul, „mor had doch nich alle Dache sonne Jelänheed, mit sonne jebildde Frau wie mit Sie ma a Jlass zu trinkn."

De Pannickn driggdn mit een „Da, een Oorenblick" de Flasche in de Hand, drehte sich uff de Hacke um un jink ins Haus.

Wie se denn alle viere ihre Jläsor voll haddn, sahde Pannicke: „Also trinkn mor jetzt uff das annere Schwein" un Paul drehte sich zu de Pannickn hin un sahde: „Uff Ihr Wohl, Frau Pannicke!" Die fiehlte sich, wies ausahk, tichtich jeehrt un schdarzde den Schnaps mit een Zuch nunger.

Paul sahk nu, dasse uffn richtichn Wäg war. Er kukte bei Pannickn hin un kniepte mit's Oore. Otto wusste jelei, worums jink, un sahde: „Na, Muddor, alle jutn Dinge sinn dreie." Forr Pauln war das an Anlass, zu de Pannickn zu sahn: „Nu hawwe ich je nochmah die Ehre, mit Sie anzeschdoßn. Mit sonne jebildete Frau kommt mor je nich alle Dare zusamm."

„Sie sind wirklich ein Kavalier, das muss ich Sie schon sahn", tat se nu antwortn.

Wie se nu ausjetrunkn haddn, sahde Paul: „Hänne, komm! Mir machn uns heem! Otto – jnädije Frau. Mor jehn. Bis nächstes Jahr."

Ungorwäjens a Schdigge hin sahde Paul: „Von den Schnaps hawwe ich ehrmah an orndlichn Durscht jekriet. Du ooch? Mir jehn jetzt in de nähste Kneipe un fäjen an orndliches Bier un essen was."

Wie se widdor raus kamn, war's schone dunkl. Se haddn de Huckekiepn mit de Schweine widdor uff'n Riggn un fuhrn mit's Rad heemwards. „Hier rechts nein iwwor die Wiese", rief Paul, „da karzn mor ab." Un schone fuhrn se an Tramplwäg läng. Hänne kukte bloß na ungne, dass se den Wäg nich vorlor.

Mit eemah tat's mächdich poltorn. Hänne fiehlde, wie sei Radd umkippte und machde an mächdichn Satz nah vorne. Dadorbei tate ooch noch markn, dass sei Vador schon längelank dalag.

Er dachte an jahnischt. Denn sahde: „Vador, läweste denn noche?"

„Ja", sahde Paul da, „awwor sak ma, wo sinn denn de Schweine?"

„Mensch", rief Hänne, „an die hawwe ich je jetzt jah nich jedacht." Dann tate in seine Kiepe fiehln un sahde: „Leer. Die sinn fort." Paul sprank hook un sahde: „Los suchn, awwor leise." Nu jink die Jachd los. Von die Schweine war nischt zu sähn.

Alle beede krauchtn se uff'n Erdbodn länkweg, wie wenn se ins Finstre Champinjongs suchn wolldn. Awwor 's war nischt zufindn.

Paul sahde: „Heerste nischt?" „Nee" rief Hänne der nu schon widdor a Schdigge wegjeloofn war. Da sahde Paul: „So ward das nischt. Mor missn die Viechdor inkreesn." „Wie denne?", sahte da Hänne.

„Mir breetn de Arme aus un loofn uffnannor zu."

„Meenste, dass die das sähn?"

„Nu denn missn mor ähm noch a bisschen durch de Zähne zischn, dormit se Angest krien."

Un so sinn se denn uffnannor los jeloofn, bis se uffeemah zusamm-jerennt sinn. „Nee, so ward das nischt", sahde Paul: „Wo sinn de man jetzt unse Kerbe?" Nu fingn se ehrmah an, de Kiepn zu suchn. Bei Hänne dauorte das ja nich lange, weile jelei drewwor jeschdarzt war. „Mensch", sahde da, „das is je finsdor wie in een Bärnarsch." „Weeste", sahde Paul denne „jetzt kreesn mir se richdich in. Mir loofn jetzt hingornanger, jedor uff eene Seite immor im Kreese rum un machn denn den Krees immor engor. Da missn mor doch die Diere fingn." Un so sinnse denn widdor losjemacht, immor im Kreese rum, bis uff eemah Hänne, so kortsch wije war, lenk hinfiel. Er kriete dorbei ooch noch was zu fassn un jreehlte jelei: „Ich habb eens, ich habb eens." Da sahde Paul: „Lahs man schnell widdor los, das is mei Been."

Nah'ne Weile hadde Hänne widdor eene Kiepe jefung un bei's fiehln an den Schdrigg jemarkt, dass es seine war. Er schdellde se hook un wunnorde sich, dass se so schwer war. Da jriffe nin un fiehlde de Schweineborschdn. „Mensch", sahde da, „mir renn dich hier uff de Wiese rum un suchn de Schweine, un da sitzn dich die schone in dän Korb drinne." „Schnell, kniep es mah", sahde Paul nu, „villeicht meld sich denn das anneres." Un so war's denn ooch bahle jeschafft, dass se in Heemwäg antretn konntn.

Se haddn de Kiepn widdor uffn Riggn jenomm un schomm nu de Rädor in Richtung Heimat. Dadorbei tat ahle Paul in eene Tour schimpn, weil das Jrass schone so hook war wie sonst um die Zeit niche un weile daswejen denn Wäg so schlecht jesähn hadde.

's kann vörzehn Dare schbätor jewest sinn, da musstn die beede widdor ma in das Dorf, wo Pannicke jewohnt hat.

Uffn Riggwäg kam se an die Kneipe. Nadierlich musstn se denn ooch danin un wolldn ihr Arlebnis arzähln, was se mit de kleen Schweine jehatt hattn. Paul rutschte schon uff'n Schduhl hin un her, weil immor een annoror von die Schdammdischrunde was zu arzähln hadde un er mit die Jeschichde jah nich an Mann kam.

Mit eemah sahde dor ahle Winklor, was Pannickn sei Nabbor jewest is: „Ich will eich mah was erzähln. Vor villeicht zwee Wochn da missn welje in mein Roggn Maneeforr jemachd han. Denn Aggor häddor sähn missss. Ich hawwe dich schone jedachd, da wächst ja nischt mehr das Jahr. Awwor 's Weddor war je jinsdich un dor Roggn schdeht nu widdor un ward schon bis zur Arnte widdor normal hook sinn. Awwor dän Aggor häddor sähn missn."

Paul kuhkte bloß noch Hänne an un sahde janz leise, damit's keenor von die annorn heern konnde: „Un ich hawwe mich jewunnort, dass dich das Jrass schone so hook jewest is."

Reinhold Schmidt
Un's jiwwet doch welje!

's jiwwet Leite, die sahn: „'s jiwwet Leite, das sinn jar keene!"

Da jiwwet's zum Beispiel so welje, die missn sich in alles ninmischn, was se eejentlich jar nischt anjeht. Wenn die bloß heern, dass sich zwee annere odor mehr iwwer irjendwas unnerhaaln, denn sahn die uffeema ooch anne Meenunk dorzu, ob se jefraht sinn odor nich.

So eenor war damals eenor, den mor ma aus parseenliche Jrinde hier Jäne nenn wolln. 's war nahn Kriek, in die Zeit, wo mor for Dessau noch „Trimmorhausn" sahde.

Damals jab's ville Leite, die ma in Dessau jewohnt haddn un die irjndwo uff's Dorf wohndn un nu jedn Tach middn Zuch na de Arweed nah Dessau jefahrn kamn.

Jäne war ooch eenor von die. Nu wurre je bei die Fahrt frieh un ahmds immor was arzählt un 's wurre dazu ooch immor a Schdoff jefunn'n. Ofte jinks dorbie ehrma um's Essen, was je am knappstn war. Odor de Wohnunksfrare war widdorma in's Jespräch. Nadierlich war ooch dadorbei Jäne immor beteilichd un hadde manjesma de janze Bande von die Bahnfahror jejn sich, wenne seine Meenunk unbedingt dorchsetzn wollte, wasse bei jede Jelejenheet vorsuchte.

Nu war's denn ooch so an den een Mondach. Wie ieblich warsch ehrma schdille ins Kupee. De Sonndachsmiedichkeet war noch zu spiern. Awwor so lanksam kamn denn Jespräche in jank. Zuerscht wurre von Fußball jesprochn, denn Motor Dessau war zu die Zeit noch dicke da.

Jäne saß ans zujenarlte Fenstor un schnuwwede odor wenichsdns tate so. Uff die annere Bank saßn Kurte un Wolfjank, die alle beede dieselwe Schdregge zu fahrn haddn wie Jäne. Die zweeje unnorhieln sich, wie wenn Jäne jar nich mit in's Abteil sinn dahd. Da jinks von Jaardn un von de Nabborn. Jäne fink worklich baale an zu schnummn bei das leise Jebrawwele von die Beede.

Denn wurres widdor laudor un uffeema sahde Wolfjank: „Mensch Kurte, jedsd fällt mich das in, was ich dich arzähln muss. Ich hadde dich nämlich an mechdjen Schdreit mit mein Schwiejorvador an Sonnahmd."

Jäne, der bis dahin in seine Egge jedahn hadde wie wennsn nischt anjink, machde de Ohrn lank. Awwor er riehrde sich nich un machde so, wenne schlief.

„Ich hawwe immor jedacht, dass de mit dein Schwiejorvador jut schdimmst", sahde nu Kurte, „um was jinks denne da?" „Mensch", sahde Wolfjank nu widdor, „schdelle dich ma vor, da sahd dich der zu mich: ‚Ich koofe mich jetzt weiße Meise un fange anne Zuchd an.' Ich hawwe dich jedacht, mich haut's von Schliddn. Ich sare dich: ‚Vador, wie kimmste denn uff sowas? Was hasde dich de man da uffschwatzn lahsn?' Nischt zu machn!"

„Awwor, so wie ich'n kenne, is doch dei Schwiejorvador sonst a jnaz vornimfdichor Mensch", sahde Kurte nu widdor. „Wie kann de man der sowas jloom, dass es weiße Meise jähm soll. Rede das ma den ahln Mann widdor aus, ehre sei Jeld zu's Fensdor nausschmeißt."

„Das hawwe ich doch schone vorsucht. Ich hawwe dich jeredt wie mit Englszungn. ,Vador', hawwe ich dich jesahd, ,weiße Meise kannsde villeicht bei'n Bäggor oder in de Miele findn, wo se sich mang de Mählsägge anjeschmierd han, odor wo se dorch's Mähl jekraucht sin, dass se dann weiß aussähn."

„Natierlich", sahde nu widdor Kurte, „das is doch ä aldor Hut, dass es weiße Meise jiwwet."

Nu wars soweit, dass es Jäne in seine Egge nich mehr uff de Bank hielt.

Mit eema schbrange hook, flanzde sich direkt vor Wolfjankn uff, kloptn vädorlich uff de Schuldor un sahde mit anne Schdimme, die voll war mit parseenliche Iwworzeijunk: „Kolleje, der ahle Mann hat Recht, es jiwwet welje!"

Kurte un Wolfjank kuktn sich an. Nu haddn se Jäne, da wo se'n hinhan wolldn. In seine Raasche markte der jarnich, wie die beedn heemlich jrinsdn.

Wieje sich denn widdor jesetzt hadde, fing Kurte nu an un frahde: „Sak ma, Jäne, du jloowst wo arnsthaft an sonn Humbuch, dass es weiße Meise jäm soll?"

„Das jloowe ich nich bloß, das weeß ich sojar!", tat Jäne nu schonn zeimlich laut antwordn. Nu fingn die beedn ehrma an tichdich zu lachn un leißn ihre Freede naus, weil bis jetzt alles so jut jeklappt hadde. Die beedn haddn sich lange iwworlähd, wie se Jäne ma jreifn konndn mit seine Rechthawerei.

Wolfjank fing nu widdor an, indeme zu Kurtn sahde: „Jelobste man sowas, dass sonne Leite, die mor for vornimfdich häld, sich sonn Zeuch uffschwatzn laaßn. Das is je bahle, wie wenn eenor jlowet, dass es Jeschbensdorsch jiwwet."

Nu meld'te sich Jäne awwor jleich: „Ich lahse mich jar nischt uffschwatzn!", un Wolfjank sahde: „Mit dich hadde ich je jetzt jar nich jeschbrochn." „Awwor jemeend hasde mich!"

Dann war Ruhe, awwor nich lange, weil Kurte in Faddn widdor uffnahm un sahde: „Sak ma Jäne, is dich das worklich Arnst mit die

Tiere? Die kanns doch weeß Jodd bloß in de Miehle jäm, wo se sich mit's Mähl weiß machn."

„Schbinnor", sahde Jäne nu, lähnde sich in seine Egge zurick un machde seine Ooren zu. Damit war die Sache na seine Meenunk arledicht.

Awwor da ware schief jewiggld!

Nu jink die Jachd ehrma richdich los. Alle von die Truppe wussdn was zu sahn, dass es jar keene weißn Meise jäm kann un de mehrschdn fandn ooch anne Bejrindung dadorzu.

Weil's nu jejn Jäne jink, wurren da sojar sonne Sachn erfunn, wo mor sich bloß wunnorn konnte driwwor. Un wie denn eenor behobdn wollde, er hädde ma jesähn, wie weiße Meise in Rähn uffeema widdor jrau jewordn sinn, da sahde Jäne bloß noch: „Liejensack!" un denn jar nischt mehr. Wenichsdens bis se an de Faweriek warn.

Natierlich jink das denn nahn Feiorahmd widdor los, weil eenor jesaht hadde: „Nu sak bloß, es jiwwet weiße Meise."

De nächsdn zwee Dare war denn Ruhe.

Wenichsds sahde Jäne nischt, was nich needich war. An driddn Dach kuktn Kurte un Wolfjank schon uffn Bahnhoff, wie se Jäne kommn sahkn. Er hadde an jroßes Paket unnorn Arm. Awwor se sahdn nischt un schdiejen zusammn in Zuch.

Kaum warn se drinne, da packte Jäne das Paket aus un sahde: „Nu will ich eich ma beweisn, wer Recht hat!" Mit Bewäjungen, die so richdich de Wichdichkeet von die Handlunk arkenn ließn, nahme das Zeitunkspapier weg un sahde: „Hier!"

Wolfjank, Kurte un die annorn rissn de Ooren uff. Was da lag, war a dickes Buch, wo druff schdand: Brähms Tierlähm.

Kaum haddn se sich jefasst, da finge schon an zu bläddorn un schlug anne Seite uff un sahde dann: „Nu wer hat nu recht?"

Da warse abjebild, de weiße Maus.

Nu holdn se alle ehrma tief Luft, damit se nich lachn mussdn bis Wolfjank, der zuerschd das janze Bild jesähn hadde, sahde: „Das sin je Kaninchen." Denn nähm die weiße Maus war a Zwergkaninchen abjebild.

Un wie denn noch ennor sahde: „Jäne häld schon kleene Karnikl for weiße Meise." Da warsch vorbei. Jäne klappte das Buch zu, packtes schnell in, setzte sich in anne Egge un sahe keen Wort mehr.

Forr förzehn Tare warnse nu alle sichor vor seine Meenunkseißerungn. Solange schbrache mit keen, bisses nich mehr aushield.

A paar Dache dornach sahde Wolfjank zu Jäne: „Mir lahsn nu lanksam Jrass iwwor die Sache mit die weißn Meise wachsn un redn nich mehr dadorvon. So wie du kann sich je ajedor ma irrn."

Da kuhktn Jäne janz scharf an, fuchtlte middn Arm, wie wenne uff an Tisch kloppn wollde, un sahde: „Un's jiwwet doch welje!"

Jürgen Schönfeld
Schwertfäjers Arjer mit de Katzn

Es war nu endlich ma willer Friejahr jeworrn unn de Sonne war schonn efter unn länger ans Himmelzelt zu sähn. Da machte sich Schwertfäjers Herrmann hinner na sein Jarten um ma zu kuken, ob villeicht schon was zu tun wäre, unn mor muss ja och ma bei de Nappern sich sähn lassen, sonst denken die doch, mor hotn langn Winter nich iwwerschtann.

In Harbst hotte Herrmann schon alles umjejram, in Winter de Beeme alle vorschnittn, unn nu wartete schonn janz unjeduldich, dasses willer losjink mit's Arweetn off de eejene Scholle. In Aprill endlich, es war schon scheen warm jeworrn, fink Hermann an mit seine Friejahrsbeschtellunk: Alles noch ma durchjruwwern unn harken, de Wäje zwischen de Beete trampeln unn denn scheene jerade Rein zien, damit später de Morriem unn dor Spinnat nich so kreeplich unn zikzak offjehn. Sowas konnte Hermann vorn Tot nich ausschteen, sonne lodderije Arweet. Denn na seine Ansicht saks bei sonne Leite, wo alles so krumm unn kreeplich da stand off de Beete, in Kopp unn och heeme in die Stuwwe nich annersch aus als in ihrm Jarten.

Bei sein Napper nem an in Schräwerjarten, Schwertfäjer hotte so janz nämbei och noch enn Schräwerjarten, da saks na de Bestellung janz firchterlich aus, weil der iwwerhaupt keen Sinn vors Jrade hotte. Mor kunntes immer predijen, awwer es jink nich rin in Kopp von sein Napper. Bei den kunnte ehm alles so jedein wies wollte unn konnte, ochs Unkraut in Sommer. Franzosenkraut, Mausedarm, de Brennesseln unn anneres Jrienzeigs hotten janz schnell de Iwwerhand in sein Jarten. Er meente immer, Natur iss nu ma Natur, die kammer nich iwwerlistn.

Herrmann hotte nu sein Jarten hinners Haus wie jedes Friejahr mit ville Miehe herjerichtet unn jink janz stolz den Jartenweek off unn ab, bevore nu endlich de Schtiwweln auszok unn sich in de Kiche an Aambrotstisch setzen tat. Es wurre ja schon lanksam dämmerich draußen in sein Jarten. Hilda, was Herrmann seine Frau iss, hotte schon seit anne Stunde jerufen, dasse nu endlich uffheern sollte mit seine Plackerei, er iss doch nu o nich mehr dor Jingste. „Irjentwann jammorschte rum, dass dich willer dor Ischijas plaren tut", meente Hilda. Nas Aambrot markte Herrmann ja nu doch, dasse sich woll enn bischen iwwernomm hotte unn machte sich bahle inns Bette. Er meente so vor sich, doch allerhand jeschafft zu hamm an den Tach. Wenn doch man bloß de Katzenviecher nich sonne ferchterliche Musike machen täten da draußen offn Hoff, denn kennte mor och jelei inschlafen. Er wielte sich in's Bette hin unn her. Irjentwann heerten se denn off, de Biester unn dor Schlaf iwwerkam Herrmann unn och de Treeme von een janz akkuraten Jarten stellten sich in.

An nächsten Morjen, jelei nas Friehschtik unns Zeitunkläsen, jink Herrmann in sein Jarten hinner um sich zu vorjewissern, dasse an Tach vorher och alles richtich jemacht hotte unn och nischt liejenjeblimm war, Warkzeik odder irjend was anneres.

Offn Hauptweek anjekomm, traute seine Oen nich, de akkurat anjeleechte Jartenanlare von jestern war in ann ferchterlichen Zustand jekomm, als wenn de Wildschweine jewielt hätten. Das kann doch bloß mit's Jeheile in de janze Nacht zusammhängn, dachte sich so. Er kunntes eenfach nich bejreifen, wasse da so sak.

Bestimmt hotten sich de zwee Katzen von seinen Nappern in sein scheen Jemiesejarten ma willer mit den jroßen schwarzen Kater von jejeniwwer jebaljet. Herrmann warn Herzschlak nahe. Als se sich nu schonn enn bisschen jefasst hotte, kam Marjott seine Nappern, an Zaun, jrißte janz freindlich unn frahte och noch, wisn so jeet heite frie.

Herrmann schimmte los: „Deine Katzen, deine olln Katzenviecher, was die hier in mein Jarten so in de Nacht anjerichtet hamm, wie das hier so aussähn tut, wie enne Schweinsuhle. De janze Arweet die mor hotte is alles umsonst jewäsen. Warn willer deine Viecher unn dor schwarze Deiwel von jejeniwwer den se sich in mein Jarten injelan hamm um sich zu vorjniejen."

„Nu ma janz lanksam, mein liwwer Freind Herrmann, nich jelei meine liem Kätzchen vordächtijen. Kenn och noch janz annere Katzn in dein Jarten jewielt hamm. Meine liem Tiere sinns janz bestimmt nich jewäsen, denn die lijen immer in de Nacht in de Schlafschtuwwe in mein Bette", meente Marjott janz freindlich. „Un außerdem musste mich das erschte ma buweisen, dass meine beeden Kätzchen iwwerhaupt in dein Jarten jehn, die bleim immer nur bei mich in mein Jeheft, das kannste mich jelom. Wenntes nich beweisen kannst, dasses meine liem Tiere warn, musste mich och nich so beleffeln an frien Morjen."

Herrmann krichte enn janz dicken Hals vor Wut. „Das mit deine Viecher in miene Jemiesebeete, das währe ich dich noch schwarz off weiß beweisen", meente Herrmann zu Marjott iwwern Jartenzaun. „Kannste dich droff vorlassen, schwarz off weiß, wir wern uns willer sprechen."

Herrmann hotte sich och schonn enn juten Plan ausjedacht, wiee Marjott ihre Viecher iwwerfiern kennte. Er setzt sich offs Rad, fuhr na de Apeteke unn koofte enne jroße Flasche Baldrijan. Wejens schlechte Inschlafen bei das ville Katzenjeheile in's Friejahr brauche das, meente zu Apeteker.

Willer heeme, jinke nan Keller runner unn machte sich an de Schornschteneffnunk enn Emmer mit Ruß voll. In Jarten zwischens Jewäkshaus unn de Kompostboxe meente enn juten Platz jefunn zu hamm for seine Kiste mitts scheene schwarze Pulwer. An Aamt nas Dunkelwern feichtete das janze mit de jroße Pulle Baldrijan an. Marjotts Katzen unn dor Kater von jejeniwwer wern in de Nacht sich mit jroße Freide in's schwarze Pulwer wiehln. Wennse denn heeme komm unn beis Frauchen in's Bette krauchen; Herrmann stelle sich das so janz bildlich vor. Marjott inns Bette, die zwee kleen Tierchen unn das janze schwarze Zeigs, wasse so mitjebracht hotten von draußen, nee nee nee. Seine Hilda hotte vons Attentat nischt erzählt, weilse das sowiso nich vorschten täte unn villeicht och noch mit's meckern anjefangn hätte, wäjen de arm Tiere unn so.

An nächsten Tach war Herrmann eejentlich willer janz jut jelaunt, obwohle sich noch iwwer sein zorwielten Jarten ärjerte. Awwer es war scheenes Wetter unn in Nachbarsjarten bei Marjott flatterte an Nachmittach de weiße Bettwesche in Frilinkswind.

„Hotte die nich erscht vorjestern jroße Wesche?", meente Herrmann seine Frau.

„Kann sinn, hawwe nich so droff jeachtet", sahte Herrmann. „Hilda, wennte neijirich bist, jeh doch ma riwwer zu Marjott unn frach se ma, warum se schon willer jroße Wesche macht, ich wird es ausnamweise och ma wissen wolln."

Jürgen Schönfeld
Das Karnickel

Zu allererscht sei ma jesacht, dass de janze Jeschichte Wahrheet iss.

So inn de siebzijer Jahre hotten Sichlinde un Jerhard Kalkofen enne janz stattliche Kleentierzucht. Rassehiener, die janz kleen, Enten un och noch Karnickel, Rassekarnickel, vorschtet sich. Taum hotten se gloobe och noch. Jedenfalls warn se in ensprechende Voreine mit ihre ville Viecher.

Jerhard war Putzer in de Jießerei bein Jraujuss in drei Schichten unn seine Sichlinde in de Kiche, in de Jroßkiche von Betrieb. So vill erscht ma zu die beeden.

Jetzt zurick zu de Karnickel. Sie zichteten Widder. Janz kurz erklärt, das sinn die mit de jroßen Schlappohrn un sonne jroße Fellwulst in's Kreitze. Sichlinde sahte immer, das sinn Rassekaninchen, awwer vor Jerhard warns enfach nur jeweenliche Karnickel, weile sich nich mit's zichten befassen wollte. Dazu hotte iwwerhaupt keene Lust. Er musste ja de janze Drecksarweet machen, das heeßt ausmisten, Futter ranschaffen, manchesma ooch klaun oder besorjen. Jeden Tach mitte Sense Jras mähn unn mitten Hänger heeme schleppen unn in Sommer kam dann nochs Hei un Jrumt machen dorzu. Er kimmerte sich um de dreckije Seite von de Zucht un Sichlinde machte de saubere Seite, das heeßt de Tiere vormeern un och kreitzen, un von eene Ausschtellunk na de annere trecken.

Jerhard musste da och noch mit, wenns en och jejen Strich jink, wejen de Kisten schleppen mit de Biester. Se hotten ja och schon ville Auszeichnungn un Pokale bei sonne Voranschtaltungn abjereemt. Die schteen jetzt bei Kalkofens off de Anrichte heeme in de Wohnstuwwe.

Wenn denn awwer de Karnickel irjentwann ma zu ville jeworrn sinn un de Buchten knapp warn, oller nich so jut vor de Zucht jeejnet, jab Sichlinde schon ma welje vorn Bratentopp her. Da war Jerhard jut jenuch, das war willer de Drecksarweet, das Schlachten vons Viehzeik. Denn jab's ma sonntachs ab un zu enn scheen Karnickelbraten mit Kleeße un Kraut dorzu.

De Famielje war ja och jroß, mit de vier Kinner.

An een Sonnaamt war Sichlinde ma willer unnerwechs off enne Ausstellung, diesma na Leipzich na de Messehalln. Da war de jrößte Kleentierschau weit un breet.

Was mor sich da alles ankuken konnte, mein Jott, so ville Viecher, Hiener jroße unn kleene, Veejel unn Taum, Karnickel, so ville vorschiene, Zikken, Hammel un was weß ich nich noch alles. Jedenfalls alles was zu de Kleentiere jeheerte. Koofen konnte mor de Biester och noch, so vor de Zucht un so. Das war was vor Sichlinde, da fiehlte se sich richtich wohl an den Tach.

Jerhard kam an dän Sonnaamt frie aus de Nachtschicht heeme un stellte sein Rad inn Schuppen. Jetzt hotte noch enn volles Projramm vor sich. Offrem, ausmisten, fittern un an eene Buchte nein Draht annareln. De Woche iwwer hottes schlampern lassen, weejen de Arweet in de Nacht un so.

Also musste heite alles an een Tach iwwer de Biene jeen. Sichlinde hotte schon seit Mittwoch jenerjelt un jemeckert von wäjen de Vornachlässijunk von de Tiere. Das kunnte nu nich off sich sitzen laasen. Bei de Enten saks och nich so jut aus, da musste noch so ville jemacht wern.

Aams, als schonn dämmerich wurre, hotte dann doch alles off de Reihe jebracht unn war richtich kaputt. In Sessel in de Wohnschtuwwe hotte sich Jerhard hinjeknallt un war jelei injeschlafen.

De Kinner mussten ma allene zurechte komm, warn ja ooch schon selbschtändich, de Jroßen zumindest. De Kleen, na ja.

Dann kam so jejen neine Sichlinde von Bahnhoff heeme. De Tiere klappte, Jerhard schreckte off un schprank ausn Sessel.

„Jerhard, haste alles willer in Ordnunk jebracht, wasste so in de janze Woche vorseimt hast? Sinn de Enten willer in richjen Stall un de Hiener ausjemistet?" „Ja, ja", sahte Jerhard noch janz benomm.

„Haste och en jroßen Rammler jeschlachtet vor morjen, wie ichs dich jesaht hawwe?"

„Nee, bei die janze Arweet heite hawwe ich da jar nich mer dran jedacht, hawwes doch eenfach vorjessen."

„Muss mor dich denn man alles offschreim?"

„Mache dich noch los un holn Braten rin un läken in de Kiche offn Tisch, dass ich das Fleesch noch insalzn un wirzen kann heite Aamt. Morjen frieh jette denn jelei in de Reere." Jerhard zok de Schuhe un de Jacke an un machte sich de Treppe runner nahn Jarten, wo de Schtälle warn un och de Karnickelbuchten. Es war mächtich finster, keen Mond da un och bloß sonn bisschen Notbeleichtunk das morn Week na de Karnickelbuchten nicht vorfählt. „De Olle kann een awwer och rumtraktiern", dachte sich Jerhard. Er sahte immer zu seine Frau: de Olle.

Er tastete sich an de Buchten lank, fasste rin un suchte den Todeskanditaten, wäjens Schlachten. In de dritte Buchte hotte endlich das richtije Viech jefunn, un jriff'n ins Fell. Schnell war's Tier rausjeholt, un mit'n Knippel schluken eens hinner de Leffer, schleppten in de Futterkiche un staken ab mit's Messer. Denn hengten an de Leefe off un zoken sein Fell iwwer de Ohrn. Das war jeschafft. Jetzt noch schnell ausjenomm, de Därme unns Fell in Emmer, vorjram kammers morjen. Awwer de Läwer brate ich mich morjen in de Futterkiche, da kricht de Olle nischt ab, schließlich hawwe ich de janze Arweet. Iss eemt de Jalle driwwer jeloofen, wennse na de Läwer fraen tut.

Jerhard schnapptes Karnickel un brachtes na om in de Kiche. De Olle sahte: „Na also." De Kinner warn schon ins Bette. Jetzt war's ja nu schon mittlerweile halb elwe jeworn un beede Kalkofens vorschwann och in de Schlafschtuwwe.

An nächsten Morjen bei's Friehschtik, alle hotten sich an Kichentisch jesetzt, sahte Jerhard nu zu seine Frau: „Erzähle uns doch ma, wasste jestern so alles jesähn un erläwet hast off de jroße Ausschtellunk. Du warst ja nu den janzen Tach nich heeme."

Sichlinde erzählte un erzählte un wie scheens doch war. Janz nembei sahte se noch, dasse enn nein Rammler vor 60 Mark jekooft hette, vor de Zucht meente se. „Un wo hasten denn?" Alle warne neijich jeworrn offs Tier.

„Ich haben jestern Aamt in leern Stall injeschparrt un wemmer fertich sinn mit's Frieschtiken jemer ma runner un kuken uns das Prachttier ma an." Jerhard hotte een mulmijes Jefiel, von weejen leern Stall un neien Rammler un so.

Nadem se alle fertich warn mit's Frieschtiken, jing's raus nahn Jarten zu de Karnickelbuchten. Sichlinde sahte: „Hier isse drinne."

„Ich sähe awwer nischt", meente Jerhard. Er war ja och enn Kopp kleener als seine Olle.

„Hier hawwe ich das Tier doch rinjeschparrt."

„Denn musse woll iwwer Nacht eenfach abjehaun sinn, de Tiere war je nich richtich zujeriejelt", sahte Jerhard.

„Wieso iss dor Rammler dornäm noch da, der jeschlachtet wern sollte? Sach ma Jerhard, welchen hasten eijentlich jestern jeschlachtet?"

„Nu den hier, der hier drinne war, wo de Tiere noch halb off iss, dass war doch der jreeßte von alle, un außerdem war's vordammt finster jestern Aamt."

Was da jetzt vor de Karnickelbuchten losjink, wollmer hier nich willerjäm. Jedenfalls jab's ann de Sonntach bei Kalkofens keen Karnickelbraten. Es jab Nudeln mit Tomatensoße. De Kinner freiten sich iwwer sonn scheenes Essen. Dor Braten von's Karnickel wurre injefrorn zu Weihnachten, so teier wie der war.

Awwer Jerhard hotte sich de Läwer von's teire Tier an nächsten Tach in seine Futterkiche mit ville Zwieweln jebraten. Hotte sich's och redlich vordient.

Jürgen Schönfeld
Wie der Frosch in Himmel kommt

Janz jewenliche Fresche ham immer das Beschträm, in Himmel zu komm.

Wie das wo kimmt, fracht mor sich da. Awwer man muss sich in die kleen Biester rinvorsetzen unn dann is die janze Sache janz eenfach erklärt.

De Fresche sitzen den janzen Sommer, Tach for Tach, in ihrn Teich unn außer's Fressen ham se nischt annerres zu tun, als zu quaken, janz erbermlich, Tach un Nacht. Dabei hammse immern Kopp aus Wasser un kuken in Himmel un jäm dann die erbermlichen Teene von sich, weil se nurn Himmel sähn un nie da hinnkomm. Es is ja keen Wunner, denn de scheene Landschaft ringsrum, de Wiesen, de Blum, die da droffschten, unn och die jroßen Beeme kennse nich sähn, wäjen de Froschperschpektiwe, die sonne kleen Tiere ham.

Wennse ihre Umjäwunk richtich wahrnäm kennten, wirren se en bischen ruhijer sinn unn nich so laut raumschrein.

Dor Frosch Ewald awwer war dor Enzije von alle, der nich nur mitbläkte mit de annern, nee der war scheen ruhich unn machte sich so seine Jedanken, Froschjedanken eem. Wenn mor immer nen Kopp auses Wasser steckt, kammer nurn Himmel sähn, awwer wie fiehrt denn da enn Week hok? Jiwwes denn da jar keene Mechlichkeet, da hokzukomm?

Außen Teich raus unn iwwers Land jink bestimmt nich jut aus, wie mor so jeheert hotte von die annern Fresche, die schon älter warn, weil da noch nie eener willer jekomm is. Also weiter mit de Froschschenkel in's Wasser bleim unn sich so seine Jedanken machen iwwern Himmel un so.

Da kukten se nu alle den janzen Tach iwwers Wasser, ob nu scheenes Wetter war, obs räjnete oder triewe war odder och kolt. Awwer manchma kam och was außen Himmel jeschterzt. Jesähn hottes noch keener von de villen Teichbewohner, weilse alle ruckartich abtochten, runner in Schlamm.

Man sak de roten Beene offen Jrund lankschtaken. Was das Unjetiem bloß in unsen Teich wollte? Den Freschen kam's unheimlich vor, was mor ooch vorschteen kennte.

Das unheimliche Wäsen fuchtelte mit sonne jroßen Schern, ooch so rot wie de Beene vons Tier, in's Wasser rum. Pletzlich war willer Ruhe inns Wasser un de Offräjunk in Teich läte sich.

Na die Attake solln ooch welje von de Froschkollejen vorschwunn sin. Jenau weeß mors awwer nich, weil's so ville sinn in Teich unn mor kennt ja ooch nich alle.

Also bei's näste Ma muss ich sähn, was hier so abjeht, dachte sich dor Frosch Ewald. Das will ich nich willer vorpassen. Da bleiwe ich oom mitn Kopp iwwers Wasser un kuke mich das an, was dor rotbeenije Deiwel macht.

Es dauerte nich allzu lange, unn de Sonne war janz kurz vordunkelt. Alle Fresche heerten wie off Komando mit's Jeschreie off un warn in's Wasser vorschwunn. Ewald hotte sichs ja vorjenomm, das Jeheimniss offzuklärn. Er hotte als eenzijer von alle sein Kopp noch iwwer Wasser jelassen. Jetzt sake das Unjetiem mit de roten Beene, sehr jroß war's unn janz weiß war's, nur an Kopp war da die jroße Schere, die mor so in's tiewe Wasser jar nich richtich sähn konnte. Awwer ehe dor Frosch Ewald sich das alles richtich anjekukt hotte, kam de rote Schere pletzlich runner un klemmte'n in.

Damit hotte nu nich jerechnet, dor schlaue Ewald. Er zappelte jewaltich, awwers Unjetiem kniepte immer mehr zu. Ewald jab off mitten Widerstand, awwer fiehlte sich unjemitlich in de Schnawelhelften von Adebar. Der hotte jetzt, wasse wollte, machte seine Fliejel ausenanner unn flok los.

Endlich sak nu Ewald seine jeliebte Heimat, sein jroßen Froschteich ma von janz om. De Wiese mitte Blum unn ooch'n Busch mit alle die Beeme unn Schtreicher. Es jink immer heher unn heher. Endlich kommste ma inn Himmel, freite sich Ewald. Lange hotte ja schon droff jewartet.

Off eema war Schluss mit's Fliejen, unn nan kurzen heftijen Ruck war dor Rundfluch zu Ende. Ewald schterzte ann Schticke runner unn sak nur noch rote Schern iwwer sich, die firchterlich klapperten. Dann wurres dunkel um Ewald, unn er war in Himmel.

Jürgen Seydewitz
De Versuchskarnickel

Ich bin als kleenr Stift in Reideborch in de Schule jejangn. In dr erschtn Klasse musstn mr nach Schönnewitz loofn, weil mr dort Unterricht hattn. Meine Muttr hatte immer Angst, dass ich dort in Teich neinflieje, weils een Jahr vorher, als mr noch in Kinnerjartn warn, mein Klassenkameradn Ecki passiert war.

Nach dr erschtn Klasse war de Angst ausjestandn, denn mr durftn jetzt in de jroße Schule jehn. Nach e paar Jahrn, in dr 4. Klasse war's jlow ich, hatte 's Ministerjum for Volksbildung dr Deitschn Demokratschn Republik ma widder e Einfall: Där Lehrer, där 'n Kinnern de Schularweetn offjibt, soll se an Nachmittache ooch anfertjen lassn un se anschließnd kontrolliern. Erfundn war de Janztachsschule. Um das nu auszeprowiern, nehmn mr de Klasse 4 A in Reideborch. Mr warn sozesachn de Versuchskarnickel. So bliem mr nachn Unnerrichte in unsn Klassnraum un kriechtn e Mittachsachelputz. Da gab's manchesma ooch Milchreis oder Jriesbrei. Das stand nu iwwerhaupt nich off unse Wunschliste. Was die damals Milchreis nanntn, verkooft mr heite als Reiskullern. Um das nich essn ze missn, sin mr abjehaun. Mr dricktn uns enne Weile hinnerkinftch an de Pionierbaracke rum. Denn trat aus n Schulausjange dr Lehrer Hentschel, dän s nu jetroffn hatte, de Janztachsschule ze testn. Als mr dän jesähn hattn, sin mr blitzschnell hinnern Bunker vorn Lehrerhause. Hentschel kam, un wenn där auf dr een Seite war, warn mr auf dr annern. Nach enner Weile hat där's denn offjejäm, hinner uns herzerenn. Das jink je ooch schlecht mit seine Beenprothese. Hernachns, als de Esserei vorbei war, sin mr widder rin, ham uns e paar Worte anjeheert un nach ennr Bause ham mr denn Schularweetn jemacht un konntn drnach bis um Viere off 'n Schulhowe rumjachtern un karjoltn denn mit n Drahtesl heeme. Da haww ich denn erscht ema de Wassrleitung leer jesoffn un was Essbares jesucht, denn nu war dr Knast jroß. Da wurre jlei ma e jroßr Knust von Brote abjeschnittn un mit Fett un enner sauern Jurke gemampft.

Nu war ich widder fit un jink bei uns off 'n Platz. Da trafn mir Scheekser uns un spieltn Fußball, Handball, Hockey oder Köppn. Köppn war e Sticke Fußball. Da wurre dr Ball hochjeschmissn un versucht, dän mitn Nischel ins annere Tor ze befärdern. Wenn dr Ball iwwer'n Jartnzaun flog, musstn mr schnellr sin als dr Hauseijentiemer, sonst war de Molle weg. 'n erschtn Ball holte sich dr Meister Schumann, der zweete landete bei Linke un der Dritte bei Klotzschs. Ich jlowe, an dän Tache standn die alle hinner de Fenster un ham off 'n Ball gewart. So, nu hattn mr keen Ball mähr. Da fiel uns ein: Een Ball jibt's noche. Da is zwar keene Luft mehr druff, awwer for dän

Zweck, den mr in Schilde fiertn, war e bestns jeeichnt. Mr machtn aus dän Loch in Balle e Schnarz, nahmn e kleen Stock, machen e Faddn dran, schwarzr Sternzwern, där de besonnersch feste war, un stecktn'n Stock in Ball nein. Mr rödeltn etlichn Faddn ab un spieltn nu zun Scheine mit n Balle un „aus Vrsähn" fiel där bei Klotzschs in Jartn. Nu zochn mr alle enne Lawwe, setztn uns off dr annern Straßnseite off de Bordkante un wartetn. Dr Herr Klotzsch ließ ooch nich lange off sich wartn. Er bickte siche mit dän Wortn: „Ne, kemmt'r mit noch een?" In däm Moment, wo där mit beedn Footn nach'n Balle jreifn wollte, zochn mei Freind Harald un ich, ausjerechnt zwee Lehrerkinner, an Faddn, dr Ball war weg un Herr Klotzsch klatschte unjewollt in de Hänne. Mir Scheekser feixten uns eens, un Herr Klotzsch zog annere Schuhe un enne Jacke an, jink nu von Elternhaus ze Elternhaus, um uns anzeschwärzn. Ahms kriechtn mr heeme unse Lampn verpasst un musstn bei Zeiten in de Flohmolle, weil je die Ahln iwwer'n Vorjank lachn wolltn.

An nächstn Tache jink's widder in de Janztachsschule, die de sich awwer denn doch nich durchjesetzt hat. Vor kurzn haww ich in de Nachrichtn jeheert, dass in Westn eener vorjeschlan hat, dass die Lehrer, die an Vormittache de Schularweetn offjäm, die ooch an Nachmittache mit'n Schielorn anfertchn solln. Jetz jiwwet's zwee Mechlichkeetn: Sach mr dän, dass es das in dr DDR schon jab, denn isses Mist un's werd nich jemacht. Sach mr awwer noch, dasses damals jescheitrt war, denn wird's vielleicht doch jemacht, awwer de Versuchskarnickel sin denn in Westn.

Gertrud und Georg Sopart
Warum de Thurauer sonne Hängeschullern krichten

Es fing dadermit an, dass de Innwohner von Thurau Ende des Jahres 2005 zu anner Dorfversammlung jerufen wurrn. Da durchjesickert war, dass es um anne Feier jing, kamen oh sehre ville.

Nu wurre es offen jesacht: 2006 könne Thurau de Ersterwähnung von vor 850 Jahren feiern. Na un ob, da jab's jar keene Diskussion, nur iwwer das Wie wurre jestritten. Natürlich wolltn se iwwer's janze Jahr feiern, un immer unner de 850. Es harelte nur so von Vorschläjen. In der janzen Bejeisterung wachte oh keener, Bedenken zu äußern, ob de Schullern der wenijen Thurauer de janze Last traren konnten.

De Enthüllung der Werwetafel Silwester war woll nich der lichteste Moment, de keener herte so recht off de wohljemeenten Worte. Awwer de Tafel wurre enthüllt un de Thurauer ständig an de Feierei erinnert.

De erste Bewährunsprowe folchte nu off'n Fuß, nämlich de Teilnahme am Rosenmontachsumzuch in Keethen. Da der Beschluss jefasst un der Umzuchswaren orjanisiert war, jing's an's Werkeln. Das Bemalen war anne Hinjabe. Mer konnte jlowen, jeder wäre an kleener Kinstlär. Da jab's jar keene Frare, der unsrije Waren war der scheenste. Der Fasching war das Salz inne Suppe.

Als alles vorbei war, na da jab's schon eenije, die de Arme iwwer de Brust lechten un sich heimlich off de Schullern kloppten.

De Frauentachsfeier war der nächste Klou. De Männermannschaft orjanisierte alles. De Bechrüßung der Frauen bejann mit an Kisschen un'ner Rose. Dann kamen se im weißen Hemde mit Schlips, den selbst jebackenen Kuchen nach Traumschiffart präsentierend. Den Frauen verschluch's de Sprache. Na ja, Schwamm driwwer, de Männer warn jar nich von „Wolke siebn" runnerzuholn.

De nächste Bewährungsprowe ließ nich lange off sich waarten: der 30. April! Maiboom offstelln, Maifeuer anbrennen, an Chor zum Innsingen unnerstützen, de Neithurauer mit ihren musischen Fähigkeeten innbeziiehn un den Ellteich, der bisher an bisschen stiefmütterlich behandelt wurre, zur Jeltung bringen. Anne 850 sollte an diesem Tach off'n Ellteich leichten. Un es zeichte sich widder, iss erstma anne Idee jeborn iss de Verwirklichung nich mehr weit, de basteln könn se je, de Thurauer.

Als es nu so weit war, sollte der Maiboom nach'n Offstelln durch an Bändertanz innjewickelt wärn. Awwer acht Kinner un noch dorzu Mächens warn beim besten Willen nich offzubringen. Jedoch der Bestand wurre aus den Nachbarorten offjestockt. Als Musikinstrument wurre anne elktrische Harmonika ausjeliehen un de Musikerin ibte fleißich den Rittmus mit de kleenen Mächens. Alles war vorher mit'n Besitzer abjesprochen, besonners nur off de rechte Seite de Knöppe zu dricken, da alles annere injeschtellt war.

Nu konnte es losjehn. Awwer das Instrument jab nach'n Iben keenen Ton mehr von sich. Hätte de Bedienung so droff rumjekrawwelt wie seiner Zeit der Howwejiste off seine Klarinette, vielleicht hätte se den Instellknopp jetroffen.

Awwer de Thurauer warn nich verlejen. Jemeinsam mit'm Chor sprangen se mit ihrer Jesangesfreudigkeet in. De Kinner tanzten lustich um den Boom un alles war jerettet.

Danach wanderten de Thurauer mit ihren Jästen am Ellenteich vorbei, off den de 850 schwamm, zu de Jänsewiese. Das Maifeuer wurre anjezündet. Bier wurre jetrunken un Würstchen jejrillt bis alles alle war. Das war in Thurau noch nie vorjekomm. Das war eenmalich. Mit'n Innsetzen der Dämmerung leichtete de 850 off'n Teich. De Vorriwwerkommenden sachten, wie scheen das doch sei.

Da merkten de Thurauer, dass ihre Schullern einijes vertruren. Un se kloppten sich schon ma jejenseitig droff, awwer janz heimlich, dass es die annern nich sahn.

So kam der Männertag. Der wurre als kleene Bejebenheet eenfach mitjenommen. De Frauen mussten für's Essen und Trinken sorjen. De Männer machten 'ne Radtur. Sie sollten's villeicht öfter tun, denn bei eenijen war de Ausdauer so schwach, dass se anschließend jeknetet wern mussten. Da droff warn de Frauen ja nu jarnich vorbereitet. Jedoch de Männer wurrn widder off de Beene jestellt un feiertauchlich jemacht.

Das jroße Dorffest rückte immer näher ran. Es kam noch anne Versammlung, wo alles noch ma abjesprochen wurre: das Mittachessen aus de Julaschkanone, das Kaffeetrinken mit'm selbstjebacknen Kuchen, de Ziwweln un Speck for'n Speckkuchen schneiden, de 850 for'n Umzuch mit Blumen schmücken, vor allem de Besatzung for'n Jetränkeverkoof inweisen un for's Würschtchengrillen. Das for alle drei Tare.

Och der kulturelle Teel wurre in de richtije Reihe jebracht. Was de große Kultur am Ahmd werrn solle, war soweit allen bekannt. Was de kleene Truppe am Nachmittach zur Festeröffnung zeijen wollte, war immer noch unklar. Mer wusste nur's Thema, dass es ums „h" im Thurauer Namen jing. Die probten nämlich immer noch hinner dicke Mauern. Nach außen war nur jedrungen, dass der Nachtwächter jefracht hatte: „Tun mir de das tun dürfen?"

An anneres wichtijes Thema stand noch: der Offmarsch. Klar war, wie de Spitze jestaltet wern solle. De Schalmeienkapelle von Crüchern sollte vorneweg jehen, obwohl eenije skeptisch warn, was de Musike betraf. Awwer das keen Umzuch och keen janz kleener sinn solle, das konnten de Frauen, die doch so jerne mitmarschiert wärn, nu iwwerhaupt nich verstehn. Da wurre der Komiteevorsitzende awwer bearwetet, bis er sachte: „Na ja, an janz kleener um de Insel." Da krichten de Frauen janz breete Schullern. Da wuchs, was je unjewehnlich war, de Brust. Sie hatten sich durchjesetzt un behauptet.

Eene Kleenichkeet muss noch jenannt wern. Ende Mai schickte der turowsche Clan, dessen Wurzeln noch nachweislich bis 1156 zurück jehn, anne Abordnung vor Ort. Deren Erkenntnisse missen woll so iwwerzeujend jewesen sinn, dass se zur jroßen Feier gleich im Vierfamilienpack anreisten.

's Ahmdprojramm wurre nu noch tüchtich jeprobt, 's Beste der letzten Jahre sollte es sinn. Eens stand jleich fest: Die ihre Sache am besten konnten, turften nich widder ran, de Sportler. Dafür hatten die ihren Soloofftritt vor a paar hunnert Teilnehmern des Radwandertares der Barmer, an dem och Uwe Ampler erschienen war. Da wurren oh bei ihnen de Schullern widder breeter, vor allem als bei de Bejrüßung de erste Strofe des Thurauliedes rezitiert un spontaner Beifall jeklatscht wurre.

Awwer bei de großen Tänze floren vorher de Fetzen. Zehn Monate ohne Iwung. Da war nich mehr vill im Jedächtnis. Das war bei de jungen Leite oh nich mehr das Beste. Jedoch irjend wie, wurren de Tänze widder zusammen jestottert. Un alles bekam Hand un Fuß. Am ruhichsten verhielten sich de Neien, die hatten zu tun, den Sinn des Janzen zu erkennen.

Am schlimmsten traf's de Ansaarerin. Nach jeder Prowe musste am Zwischetext jearweetet werrn. Nich eema wurre richtich durchjeprobt.

So kam de letzte Woche ran. Nachdem de Mittwochprobe jeklappt hatte, zoren alle zur Sonnenwendfeier oben an de Kreizung. Wenn oh keen Feuer war, wurre reichlich Feuerwasser jetrunken.

Jeneralprowe war am Donnerstach. Da warn se widder: de Thurauer in Kostimen. Das war anne Pracht. Könich Junter mit Jefolje. „Der Könich kommt!", wurre er anjekündicht. Dessen hätte es jar nich bedurft. Was for an Mannsbild. Da konnten unsere annern Männer nur abseits stehn. Un was for Helden kam mit ihm. Jung Siechfried am Bein verbunden nach der großen Mückenschlacht am Vorahmd un Hagen von Tronje. Es zeichte sich, die Ritter jehn den Thurauern nich aus.

Der schwarze Schwan war bei seinem Soloofftritt so in sich verliebt, dass er de Beteilichten zur Weißjlut brachte.

Da hamm alle jehofft, dass sich das Sprichwort unserer Oltvorderen bewaarhetet. Ihr wisst schon: „Wenn de Jeneralprowe nich klappt, denn klappt de Premjere!"

(Awwer das iss an 'ne janz annere Jeschichte). De Schullern der Thurauer sollten sich noch tichtich verännern.

Bisher hatten de Thurauer een Oe off'n Himmel, das annere off'n Bildschirm jerichtet. Es zeechnete sich an Wetter vom Feinsten ab. So konnten se sich nu voll off de Vorbereitungen der kommenden drei Festtare konzentriern.

Am Freitag hatte de Sonne an Strahlelächeln offjesetzt. Alles, was an Deko von den vorherijen Dorffesten da war, wurre widder vorjeholt um'n Dorfplatz zu dekoriern. Der jesamte Offbau, wie Zelte offstellen, Ausschank, Tische un Stiehle holn, lief wie am Schnürchen. Och der Traditionsverein „Alte Landwirtschaft" hielt Wort un stellte seine jewienerten, ollen Jeräte off'n Bauernhoff aus. Selbst der Maiboom musste off Wunsch neu jebunden und widder offjestellt werrn.

So kam der Fototermin. Es war anne Pracht, was da an Thurauern Offstellung jenommn hatte. Im appeljrünen Schirt mit dem ollen Wappen der Turows standen se da un lächelten in Knipskasten. Da de Fotojrafen off Tempo drickten, mussten sich de Letzten, die bis zum Schluss jearwetet hatten, beeilen, um noch mit off's Bild zu kommen.

Der Dorfälteste eröffnete mit an paar Worten den Bejinn der Festtare. Der anjerickte Posaunenchor konzertierte un der Kleenpaschlewwer Frauenchor sang an paar Lieder. Ja un denn kam der Jeschichtenerzähler un wurre mit vill Beifall bedacht. Er lechte mit der ersten Jeschichte – dem Howwejisten – aus Band 1 der „Pascchlewwer Jeschichten" los. Da erfuhrn de Thurauer, wie viel Mühe es dem ollen Wäschke bereitet hatte, unsere eitlen Vorfahrn zufrieden zu stelln. Es wurre vill jelacht. De Dunkelheet kam. Awwer keener wollte was vom Offhören wissen. Oh der Erzähler hatte sei Problem dermit. Awwer es musste je doch ma sinn.

Alles was noch unner der Eiche saß, trank in Ruhe sei Bierchen odder sonstiges, un alle warn der Meenung, dass der Offtakt jelungen war. So kloppten se sich widder un widder off de Schullern, die langsam immer mehr runnerjedrückt wurrn.

So kam der Sonnahmd, der Tach der Bewährung. De Sonne blinzelte am Himmel un hielt, was se versprochen hatte. Schon morjens war's an Kommen und Jehn. Anne junge Frau von'ne Presse ließ sich de Eenzelheeten erklärn. De 850 wurre noch ma von'ne Frauen mit Blumen rausjeputzt. Ne jroße Spende von Jartenblum wurre dankbar anjenomm. Davon konnten oh Sträuße for de Bejrüßung der Oberen jebunden wern. Es jab immer widder priefende Blicke. Doch alles hatte seine Ordnung.

Mit dem Anrollen der Julaschkanone war das Mittachessen for Kind un Kejel jesichert. Hin un widder wurre scho ma Prowetrinken jemacht. Langsam kehrte de Ruhe vor'm Sturm in.

Pünktlich um 14 Uhr wurre mit 'ner selbstjeschmiedeten Handjlocke vom mittelalterlichen Nachtwächter der Hauptteel des Tages injeleitet. Es klang, als ob der olle Jemeendediener Fettin offerstanden wäre. Aus allen Richtungen kamen de Thurauer mit ihren Jästen herbei jeströmt. Unner ihnen warn einige mit Hellebarde un Jlocke. Mit ihre Bekleedung schienen se dem Mittelalter entsprungen zu sinn. Mit markiger Stimme rief der Jemeendediener, der jleichzeitich oh Nachtwächter war, zur jroßen Dorfversammlung. Er verjaß nich, off de Wichtichkeet derselben zu verweisen. Als denn endlich der Dorfälteste als Letzter kam und mit priefendem Blick feststellte, dass alle Amtspersonen anwesend warn, konnte er beruhijt offen Bauernsteen klettern un den jetzigen Birjermeester bitten, das Spektakulum zu eröffnen. Der ließ sich nich lange neethijen. Er bejrüßte de Birjer, den Landrat un de anwesenden Nachfahrn des Friedrichs de Turowe, gab anne Reminizens der Verjangenheet un der Zukunft. Der Vorsitzende des Festkomitees, der oh der Dorfälteste war, überreichte an Erinnerungsjeschenk, das er selwer kreiert hatte un aus an Eichenschild mit echtem Hufeisen un Plakette mit Innschrift bestand. Och der Landrat ließ sich's nich nehmn, an paar Worte zur Bejrüßung zu sprechen. De Thurauer bedankten sich mit den echten Thurauer Kasteisernelken un der Landrat war hocherfreit.

Endlich konnte es nu richtig losjehn. Nochma guckte der Dorfälteste, ob noch alle seine wichtijen Amtspersonen, der Ritter Friedrich de Turowe, der Dorfschulmeester, der Nachtwächter un an Vertreter der jetzijen Jemeendeverwaltung, off ihrem Platz warn. Er bejrüßte de Anwesenden un eröffnete de Sitzung. Eenzijer Taresordnungspunkt war de Aussaje des Friedrich de Turowe bei anner Jerichtsverhandlung in Repke un die meejlichen Foljen fors janze Dorf. (Das is awwer widder eene Jeschichte for sich.) Jedoch kaum hatte der Verwaltungsmann als Vertreter von „Otto in Machteborch" verkündet, dass der Ältestenrat, um Arjes vom Ort abzuwenden, den Namen Turow in Thurau mit „h" umännern kennten, erklang vom Dorfinjang von Tri'n her an flotter Marsch, jespielt von der Crüchernschen Schallmeienkapelle. Hoch un weg warn se de Frauen, mit un ohne Kostim. Kinner, Jurendliche un Männer machten hinner her. Ruhe war off 'n Festplatz.

Der Ältestenrat kloppte sich tüchtig off de Schullern un freite sich, wie alles so scheen jeklappt hatte.

Da widder an flotter Marsch erklang, richteten sich de Oen der wenigen off'm Festplatz Verbliewenen der Dorfstraße zu. Da kam er „der Festumzuch". Vorne wech zwee kleene Mächens. Stolz hielten sie ihr Schild, off dem jeschrieben stand „de Turowe 850". Dahinner truren anjehende Dorfscheenheeten die mit Blumen umwickelte 850. Ihnen foljte der männliche Nachwuchs.

Awwer erscht de Fahnen, die mitjeführt wurren, de Sachsen-Anhalt-Fahne, un de neie, noch nich jeweihte, blau-weiße Jemeenefahne mit der Jabel im Wappen, die aus dem turowsche Wappen entliehn war, erweckten Offmerksamkeet. Hervor zu hewen war och de Fahne des Männersportvereins von 1921, die das eerste Ma nach 80 Jahrn von zwee Männern jetraren wurre. Dass es die noch jab, war for's Publikum sehre iwwerraschend. De Schalmeienkapelle marschierte im Jleichschritt hinnerher. Fröhlich un heschwingt kam das Janze vorm Festplatz zum Stehen. Kameras surrten, Knipsapperate klickten.

Nu jing der Umzuch erst richtich los, nämlich um zwee Heiser, jenannt de Insel. Jut, Insel klingt je och erhawener. Am liebsten werrn de Teelnehmer noch a paar Runden weiterjezoren. Awwer da lag scho a Duft in'ne Luft. Es roch nach Kaffee un Kuchen. De Kapelle nahm unner der scheen olln Eiche Platz un spielte nach Herzenslust. Das Kuchenbiffee wurre jestürmt. Frauen brachten de Lose unner de Leite. Es wurre jekejelt, off der vom Dorfältesten selbst jebauten Kejelbahn, jeschminkt, mit kleenen Bällen nach Bücksen jeschossen un jewürfelt, awwer nich wie die olln Jerman um ihre Weiber. Die würfelten tüchtich mit um kleene Preise. De langsam zerfallene Kirche konnte mer besichtijen. De Feuerwehr fuhr de Kinner anne Runde iwwer Zawitz un an jeschmickter Planwaaren mit Ferejespann fuhr de Intressierten spaziern. Iwwerall herrschte jute Laune.

Der Ahmd kam. Wejen dem jroßen Fußballfest der Deitschen (Fußballweltmeesterschaft) wurre das Dorfprojramm anne halwe Stunne nach hinten verlejt, nich awwer das Speckkuchenessen. Wer nich da war odder sich nich dazu hielt, musste mit'm Jeruch vorliebnehmen.

Endlich trat de Hoffberichterstatterin off'n Plan. Se bejrüßte de Anwesenden un kündichte den „Jrang Prie" der diesjährijen Ritterspiele an. Der Hoffstaat marschierte off. Wo man de Thurauer immer widder de Schauspieler hernahm?

Als letztes kam de zwee Heldn: Siechfried, ernst, selbstbewusst, an Kämpfer vorm Herrn, noch jezeechnet von der Mückenschlacht, während der Sonnwendfeier. Un Haren von Tronje mit anner Körperfülle von den Mahlzeiten viller Ritterturniere. Er lächelte schelmisch un verschmitzt, wie wir ihn aus unsrer Jurendzeit kanntn. Sie stritten sich um de scheene Kriemhild. Fracht ihr nach'm Ausjang dieses Kampfes, so missen woll de deitschen Heldensaren umjeschrimm werrn.

Nur noch so vill. Friedrich de Turowe, der Vorfahre der Turows, wurre an diesem Ahmd von Siechfried zum Ritter jeschlaren. Doch der Ritter hat woll nich orndlich hinjeheert und die Ratschläje verjessen, die ihm mit off'n Wech jejewen wurrn. Sein'n Nachfahrn hat er se nich weitererzählt. Die hamm später das Janze leichtfertich verspielt. Heiter un beschwingt, mit mittelhochdeitschen Versen versetzt, jing das Programm zu Ende.

Hierzu nur an kleener Nachtrach: Den turowschen Nachkommen war sehr schwer zu vermitteln, dass Inzenierung, Texte un Ausführung Eejenjewächse der Thurauer warn.

Mit dem Ende des Kulturprojramms war woll de Spannung raus. Als de Dämmerung insetzte, kam noch der Schmied Siechfried aus Zawitz. Wie es sich zu son'n Dorffest jeheert, zeichte er seine zinftije Schmiedekunst.

Ausjelassen wurre feicht freehlich jetanzt un jefeiert. Verwunnerlich war's, wie de Mannschaft hinnern Tresen den Iwwerblick behielt: ma Bier bezahlen, ma Freibier, de widder bezahlen un zum Schluss alle zufriedenstellen. Trotz der ausjelassnen Stimmung lach an bisschen Melankolie in'ne Luft. Jejen Mitternacht wurre es sichtlich stiller. Als zum Schluss jeblasen wurre, machte sich Nachdenklichkeet breet. Mit dem Verlöschen der 850 off'n Pötschteich sachten de Anwesenden: „Ach wie schade, dass es vorbei iss! Doch es hat sich jelohnt."

Am Sonntach konnte mer de Bescherung sehn. De Schullern der Thurauer warn tüchtig runnerjekloppt, awwer de Brust war breet.

Offzuräum jab's nich vill. De Mannschaft hinnern Tresen signalisierte erneit Kampfbereitschaft. De Schkatspieler nahm Platz un spielten ihre Besten aus.

Mittachs jab's de wie jedes Jahr an zinftijes jemeinsames Dorfmittachbrot, bestehend aus Pellkartoffeln, Kreiterkwark, Lewwerwurscht, Jurken un Jemüsesalate.

Wie immer traf mer sich am Nachmittach unner der wunderscheen ollen Eiche zum Restekaffeetrinken. Dabei ließ mer noch ma alles Rewi passiern.

Eens muss noch jesacht wern. De Männer orjanisiertn sich off'n Platz an Fernseher un machten's sich in allen Laren bekwem, um de Meesterschaftsspiele zu verfoljen. Wie immer bestellten sich de letzten Ibrijjebliwnen anne Pizza beim Keethner Pizzabecker, die och schnellstens jeliefert wurre. So klang der letzte Tach zu aller Zufriedenheet aus.

Am Montach bekam der Dorfplatz widder sein eejenen Karakter.

Na ja, es bliewn je noch an paar kleene Feiern. Im Oktower wurre an Herbstfest in entsprechender Kleedung innberufen. Der ehemalije Kulturraum wurre herbstlich jeschmickt. Off'n ollen Schulhoff wurre jejrillt un an Larerfeuer anjezündet. Mer tanzte un schlawwerte an bisschen dumm rum. Wie das ehm so iss.

Wie vor eem Jahr machte mer anne Silwesterfeier, bei der de Werwetafel widder abjebaut wurre. Herr Segner vom turowschen Klan schickte 'ne jelungene CD vom Dorffest, die jemeinsam anjesehn, ville Freide bereitete.

Un so sinn de Thurauer. Was se machen, das machen se orndlich un mit Verstand. Sie können nur off de Natur hoffen, dass se ihre Schullern widder off das normale Maß bringen wird. De die hingen am Jahresende immer noch tüchtich nach ungene.

Bernhard Spring
Mid Mariechn off der Schaukel

Pass off, gleich sachder's widder: „Kontraktion." Das heißd, dass de Kleene so de Wörder zusammnziehd. Un dasses von mir had. Dann gommder mid: „Und wenn sie bei dir ist, spricht sie immer dieses schludrige Singsang." Damide meender ooch mich un dass ich nich offpasse, wasich sache, weil's doch's Mariechn hörd un alles nachplapperd. 's ist ja's Alder. Is mir eichenlich janz ejal, wenn se nur da is. Un er meend's ja ooch nich so, is ja noch so jung da an seiner Uniwersidäd in Magdeburch.

Lasse doch, dies doch ersd zwee Jährchn ald. Wenn die so offjereechd durch de Stuwwe rennd un nachm Opa rufd: „Wo issern? Sollichn zum Essn holn?" – Mensch, was willsdn da sachn? Das is verkehrd? Auch. Lasse doch.

Un dann isser weg. Der Opa is widder runner inn Keller, un ich hab mei Mariechn janz für mich. Machmer'n Middachschläfchn? Willsde nich, wahr? Gloobich dir. Weesde was: Jehsde mider Oma off n Spielplatz? Willsde schaukeln? Dann müssmer rüwwer zur Schule jehn. Nee, da sin heud keene Schüler, isis doch Wochenende, da is de Schule zu. Jehmer zur Schaukel? Komm, wir guckn ma! Nein in die kleen Schühchn, ach herrje, halde ma die Fieße still, sons wird das nischd. Na, das findsde lusdich, wenn de Oma 's nich hinkriechd, hm? Guck mich ma an. Da lachsde! Wir setzn dir ma lieber n Mützchn off, wegen der Sonne.

Un dann midder Kleen durch de Straße. Sie so anner Hand un immer de Auchn vor de Fieße un widder hoch zu mir. „Was issn das?" Na, was isn das? Das hasde doch scho ma in deim Buch jesehn, was dir der Opa un de Oma zum Jeburtstach jeschenkd ham. „Gras." Nee, das is keen Gras, das is doch Jetreide. Weesde noch? Das wird groß un geld, un dann machder Bäcker n Brod draus.

Jetz singmer „Grün, ja grün sin alle meine Kleider" uns Mariechn lässd de dünn Ärmchn baumeln. „Isses noch weid?" Nee, weesd doch, wo's is. Wir warn doch schon ma in der Schule, als de's letzte Ma bei der Oma warsd. Da vorne isses, siehsde? Midder Schiffs-schaukel.

Jetz müssdich eichendlich sachn: „Dort drüben ist es, Marie. In der Schule." A'ar was soll's! Sin ja nur wir zwee, un 's bleibd unser Jeheimnis, was de Oma so sachd, wahr Mariechn?

„Ich will off de rosane Schaukel!"

Nich off de blaue?

„Nee, die is nur für Jungs."

Na, du erst widder! Warde, Oma hebd dich nein. So, un jetz schubsdich de Oma an, ja?

Haldich schön fest, hörde? Sons hörd de Oma off!

Nee, Oma kann sich doch nich mid reinsetzen, de Oma is doch viel zu schwer. Ach du! Na gud. Eene Runde. Siehsde? Wir ham kaum Platz zu zweed. Oma is hald doch schon n bissl mehr, hm?

Un dann wirds doch müde. Stolperd mir durch e Straße heeme. Nur n Stückl Weg, a'ar für die kleen Füße ... Un ein Jemeker! Bloß nich ins Bett hoch. Na dann komm mid off's Sofa zur Oma. Abwaschen kann ich ooch späder. Da gucke, du lechsd dich da schön hin, ich geb dir ma de Decke un jetz – ach; Kuscheln willsde? Na, n Nuckel brauchsde noch, sons wird das nischd.

Da schläfd se nun. Ich blättre leise in meim Buch. Immer wenn ich n Arm hebe oder leichd rucke, kommd der kleene Locknkopp hinnerher. Son sießer Fratz, mei Mariechn. Siehd aus wie meene Katharina, wie ausn Jesichd jeschniddn. Wie lang isse jetz schon weg? Im September wird's n Jahr, ein Jahr schon.

Ach, da kratzdse sich e Nase. Na, schlaf man schön weiter! Oma

wird ooch schon janz müde. Ma sehn, wer als Erster widder off-
wachd. Mei Mariechn; wärds doch nur ma öfter bei der Oma!

Rita Stahl
Dor Hosenknopp

Hawwe ich Sie (eich) eejentlich schonn arzählt, was mich neilich
passiert is? Vorher muss ich awwer sahn, dass ich mich kirzlich in
de Askanische Straße, jejeniwwer von de aale Schwimmhalle, de
Sonn'nköppe sahn bei de Fidschis, for acht Eiro un'n paar Jequetsch-
te anne dunkeljraue Hose jekooft hawwe. Die wollt ich eejentlich
bloß aanziehn, wenn ich na'n Jaarten jehe.

Awwer den een'n Morjen schien so scheen de Sonne, dass ich
buschloss, na'n Friedhoff zu fahrn. Das Jrabb von meine Eltern is uff
Friedhoff eens. Nich da, wu Hobusch bujrabn is, sonnern weiter hin-
ten, wu mor erscht dorch'n Booren un iwwer de Jräfin von Anhalt
laatschen muss.

Ich wohne uff'n Ziebigk, un de Zeet war knapp, dass dor Omebus
fuhr. Also de Jeräte in de Dasche jesteckt un schnell anjezoren. 's war
awwer noch kiele un de Hose, die in'n Korridor hängen tat, passte
nich zu de Jacke. „Ach, de neie Hose passt", schnell anjetreckt, se war
je noch neie. Bloß eema zu's Inkoofen anjehatt un darbei jemarkt,
dass der Reisvorschluss nich jut haln tut.

Ich fahre also mit 'n Omebus un de Straßenbahne na'n Friedhoff,
mache 's Jrabb scheen sauwer un bin bei's Harken drumrum. Da bu-
weejet sich was uff mein'n Bauch. Ich denke: „Ach der Reißverschluss
is uffjejangen", kuke mich um, dass ooch keener kimmt, un will den
Verschluss widder hochtreckn.

Das jeht ooch, awwer der Knopp zu's Zukneppen is wech un bei
der kleensten Buwäjung jeht der Reißverschluss widder nunn'ner.
Was'n nu?

Also, zuerscht den Knopp in's Jras jesucht un ooch jefundn. Denn
hawwe ich mit de linke Hand de Hose festjehaln un mit de rechte
Hand fartich jeharkt. Nu wollt ich aus de Dasche ne Sicherheetsnadel

holn, die ich meestens da drinne hawwe, awwer eben nur meestens, den Tach war keene drinne. Kenn'n se sich (kennter eich) vorstelln, wie mich zumute war?

Ich stehe vor's Jrabb von meine Eltern mit 'ne offene Hose un kann nich wech!

Keene Uffrejung! Villeicht findet sich een Schtickchen Band zu's Zubinden zwischen Reißverschluss un Knopploch. Awwer 's fand sich nischt, doch – dieses kleene Schtickchen Stoff, das ich in de Dasche vorjessen hawwe, wie ich ma Servietten for mein'n Tischleefer in Hardanger-Handarweet jesucht hawwe.

Also, da hawwe ich denn vier kleene Fädchen rausjekratzt, hawwe se aneenanderjeknippert, dorch de Hose jezoren un konnte nu nah Hause.

An 'n Aujust-Bewel-Platz bin ich vorsichtich in de Bahne jeklettert, bin stehn jebliemn, an'n Bahnhoff in'n Bus jeschtiejen, an de Ziebigker Kirche widder ausjeschtiejen, in'n zweeten Stock in meine Wohnung jejangn – un der Patentverschluss hielt immer noch!

Man muss sich also nur zu helfen wissen!

Rita Stahl
Das Orjelspiel

Treff ich doch neilich beis Inkoofen ne frihere Kollejin. Nu missen Se (misst ihr) wissen, dass se von kleen uff von de Musike schwärmt. Eejentlich sollte das je ihr Beruf wärn, awwer de Jesundheet hat da nich mitjespielt.

So blebb de Musike ihr Lewen lang ihr Hobby. Se spielt Klawier un Quetschkommode un jiwwet ihr Wissen an Jingere weiter. Das heeßt, se jiwwet Priwatunnerricht. Ihre jroße Sehnsucht war awwer ihr Lewen lang das Orjelspielen. Jetzt als Rentnerin hat se sich ihren jroßen Wunsch arfillt un Orjelunnerricht jenommn. Dadorzu muss mer natierlich ooch ieben.

Da arzählt se mich bei „Norma" – mer hatten Platz, am Awend

war de Koofhalle fast leer, mer schtörten keen'n – , was se vor an paar Taaren arläwet hat.

De Pfarrerin von de Kirche uff'n Ziebigk hat se arloowet, dasse in de Kirche Orjelschpielen ieben kann. Se hat den Schlissel von de Kirche un den von de Orjel jekritt un als se sich vor de Orjel jesetzt hat, die beeden Schlissel daneben jeläht.

Als se mit's Ieben fartich war, 's war schonn na neine abens un dunkel, hat se den Deckel von de Orjel zujeklappt ... un schwupps war'n beede Schlissel wech.

Der Deckel jing ooch nich widder uff. Was nu?

's Handy hatte se heite natierlich nich in de Dasche.

Zuerscht hat se alle Tieren na draußen prowiert, awwer die warn feste zu. Denn hat se alle Lampen in de Kirche anjeknipst, in de Hoffnung, 's kennte de Pfarrersfrau ins Nebenhaus odder Vorbeijehende ufffallen, un natierlich hat se ooch an de Tiere jepumpert. Awwer nischt tat sich. Se dachte schonn, se muss in de Kirche ewwernachten.

Da kam ihr een Jedanke: Wie isses, wenn de ausschteichst? Es jiwwet je in unse Kirche Fenster kurtsch ewwer de Erde, so 130 cm, se sin bloß mechtich schmal.

Also, se hat doch eens jefunden, wo se durchpasste un is rickwärts in de Freiheet jerutscht. Se konnte in ihr eejenes Bette schlafen un brauchte nich uff anne harte Kirchenbanke ewwernachten.

Das mit de Schlissel musste se 'n nächsten Taach mit de Pfarrerin klärn.

Rita Stahl, Dessau-Roßlau
Schloss- un Schlisseljeschichten aus unse Haus

Zuerscht will ich eich (Sie) ma buschreiwen, wo ich wohne. 's is ne kleene Wohnanlache jejenibber von de Ziebigker Kirche. Die Heiser wurren zu Weihnachten 1996 buzohren. Unse Haus hat 3 Etaschen. In's Erdjeschoss is en Sanitätshaus un en Fahrradladen. Uff jede

Etasche sinn 4 Wohnungen, also insgesammt 12 Schtick. Inn 1. und 2. Stock wohnen fast nur olle Leite, inn 3. Stock nur junke.

Meene Wohnunk is inn 2. Stock, de Fenster na hinten raus. Vonn Balkong (odder richtijer Loddschiah) aus is an de Hauswand an Eisenjeschtelle mit anne Leitor uff den Balkong inn 3. Stock. Die is for de Feierwehre, wenn's ma bei uns brennen tut. Mor kann se awwer oh andersch vorwenden.

Eenes Taches klingelt's bei mich an de Korridortiere. Vor mich steht ne junke Frau, die iwwer mich wohnt. Se arzählt, dasse na unten an de Haustiere jejangen is, weil an Bukannter was vor ihrn Mann abjeben wulle. Weil das awwer schwer war, isser mit nuff jekommen. Awwer se konnten nich in de Wohnunk, de Tiere war zujefallen. Un se hatte keenen Schlissel mit.

Ihr Mann, der den annern Schlissel hadde, war mit's Auto uffen Wech na Minchen unn kam erscht den andern Tach zuricke. Se bat mich nu, ob ihr Bukannter durch meine Wohnunk iwwern Balkong die Leitor na oben klettern kennte, ihre Bankongtiere war zum Jlick uff. So machten ses.

Er kletterte iwwer de Balkongbristung, sojar iwwern Blumenkasten, na oben un sie jing jemietlich durch meine Wohnunk un de Treppe hoch in ihre Wohnunk, er konnte je de Tiere von innen uffmachen.

Wenn ihre Bankongtiere zujewäsen wäre odder ich nich heeme, wäre es an teires Vorjniejen jeworden.

Napperschaftshilfe: Mittachs so jejen dreiviertelzwelwe klingelt's bei mich an de Haustiere. Ich nehme'n Herer von'n Sprechfunk ab un melde mich. Da here ich 'ne Männerstimme: „Paketpost. Würden Sie bitte ein Paket für ihren Nachbarn annehmen? Ich bringe es rauf."

Ich sahe natierlich „ja" un effne de Korridortiere. Dor Paketbote stellt's Paket in Korridor un jeht widder an seine Arweet un ich in de Schtuwwe.

Finf Minuten später klingelt's an de Korridortiere. Ich mache uff, 's iss mein Napper. Er nimmt das Paket, ich jehe hinnern her, um de Tiere widder zuzumachen. Da kimmt sein Hund Tobi un stellt sich vor mich hin. Ich bigge mich un streichel'n. Da macht es „klick" hinner mich – un de Korridortiere iss zu.

Da steh ich in's Treppenhaus in meine sommerliche Hausbukleidunk, die aus'en bunten Sommerrock, en weißes Tischirt, en Paar Schlappen un en Schlipper buschteht, un kann nich widder in meine Wohnunk. Was nu?

Mein Napper fraht mich, ob ich irjendwo en Schlissel hawwe. Ich sahe, dass meine Freindin een hat, die bloß in de Napperschtraße wohnt. Er holt sein Händie, un ich arzähle meine Freindin, wo ich bin, un bitte se, mich meinen Schlissel zu bringen. Sie meent, dass ich finf Minuten waarten muss, weil se jerade Mittach isst.

Mein Napper saht, er fährt mich selbstverschtändlich mit's Auto hin un fraht noch, ob ich mein Mittagessen uff'n Herd hawwe.

Das bejahe ich, meene awwer, das da vorleifich nisct passieren kann, weil's bloß Kartoffeln sin un die uff de Eens stehen.

Wir beede jehen also durch'n Keller in unse Tiefkarasche, un er fährt mich bis vor de Haustiere von meine Freindin. Ich schteije aus, klingele, un se kimmt mich schonn uff de Treppe mitten Schlissel entjejen. Danke sahn un widder nin uns Auto un nah Hause.

War ich froh, als ich widder in meine Wohnunk war. De Kartoffeln köchelten noch friedlich uffen Herd. Mor kann sich gar nich vorstellen, was jeworden wäre, wenn meine Freindin nich heeme jewesen wäre!

Hans Steinbach
Dor Jarten

Nu kommt's schon selten jenuch vor, dass een de Enkelkinner ma besuchen, unn dass ooch deshalb, weil se nah auswärts verzoren sin. Da kenn awer de Enkelkinner nischt dorvor, dass lieht meer an ihrn Vater, denn der hat sich in jungen Jahrn uff un davon jemacht un is, anners wie Odysseus, anne Sirene nahe de Ostsee ins Netz jejangen. Der heimatlose Jeselle hat's denn ooch noch fertich jebracht, da zu heiraten.

Naja, nu sinn mer widder bei de Enkelin. Die freit sich, jenau wie ich, jedesma uff's Wiedersehn bei Oma und Opa un darf ooch jroßziejijerweise so um de vierzehn Tare hierbleim. Das is natierlich ne scheene Sache un newen de Verantwortung vor das Kind hat mer natierlich noch a jroßes Herz un will se was bieten. Bloß das is jar nich so eenfach. De erschte Woche maach's je noch jehen, awwer denn jeht's schon los: Tierjarten, Bärnzwinger, Schwimmbad liejen hinner uns un was nu? Aha, um de Ecke is je dor Spielplatz, da is sicher for Abwechslung jesorcht un unner Umständn find se sojar noch anne Freundin. Weit jefehlt! Lauter scheene bunte Jeräte in tadellosen Zustand, awwer keen Kind. A Hund hammer noch in Sandkasten jetroffen. Was der da jemacht hat, wissemer nich jenau. Jespielt hatte jeenfalls nich. Nu wär's je so scheen jewesen, wenn noch annere Kinner dajewesen wärn. Die hätten ma hörn kenn, dass außer Anhältisch ooch noch annere Sprachen jibt. Unsere Enkeltochter spricht nämlich, dem Nordn jeschuldet, fast reenes „Hochdeutsch". Wir verstehn uns awwer trotzdem. Mitten Spielplatz war's also nich so das Richtje, obwohl se ooch nich janz unzufriedn war. Warum keene Kinner da warn, konnten mer ooch nich erjründn. Ich kam ins Jrüweln un dachte, was machen de Erwachsenen nach de Arweet heitzutare bloß noch so? Spielplatz also ooch abjehakt!

Awwer da hammer je immer noch Jott sei Dank a Jarten. Der liet awwer a bisschen außerhalb vonne Stadt un for de Kleene zu loofen isses werklich zu weit. A kleenes Fahrrad hammer nich un wo sich eens pumpen, fällt een ooch nich jleich in. Jeistesblitze sin manchma jroßer Mist, awwer disma hatte jeholfen. Ich erinnerte mich, dass mer noch son kleen Sattel for de Querstange von unsen Jroßen ham missten. Jedacht, jetan. Rin inn Keller un nu jing's so richtich zur Sache. Du liewer Jott, ich wusste jar nich, was wir alles ham. De Zeit lief bloß so dahin un de Kleene wurre mit de Zeit ooch quengelich. Ich erinnerte mich awwer janz jenau. Das Ding muss noch dasinn, Hundert Prozent. Un so war's denn ooch. Unner de Kartoffelkiste lag's a bisschen injestobt, awwer sonst noch voll funktionstüchtig. Mer soll's nich jloom, wie sonn Keller alles konserviert.

Nehmbei is nu aus de Unordnung in Keller es Chaos entstanden. Wir werden die Sache selbverständlich zur jejewenen Zeit widder in Ordnung bringen. Un wenn ich sare wir, denn meenich mich. Davor wird Oma schon sorgen.

stammt nämlich de Theorie, das dor Mensch von'n Affn hä abstammt." Bei dän Wortn kuckte sinn'nd inne Farne, wie immer, wenn'e was Bedeitndes ze saren hadde.

„Un was hat das nu mit de neie Mode ze tune?" Was de Affn, die ich von'n Bärnborjer Tierpark hä schonn jut kannte, mit de neie Mode ze tune hamm solltn, dadruff konnte ich mich eerschte ma kee'n Versch nich machn.

„Na du warscht doch schonn ma in'n Bärnborjer Tierpark jewest. (Mei Opa saachte ‚jewest' for ‚jewäsn', weil der aus Jroß Paschlemm stammte, un da saachte mor das frieher so.) Un von dahär weeste doch, das de Affn een'n alles, awwer ooch reeneweck alles nach machn. Nu ja un Mode is doch ooch nischt annores als dän annorn alles nach ze machn odder? Vorstieke mich ma recht, mei Seehnichn, wenn's eenes Tares ma Mode sinn sollte, das de leite sich mit'n Hammor de Fingornäjel blau haun, denn wärn se das ooch machn." (Wer's nich jloom'n sollte, dän frare ich: „Noch a Piersink jefällich?")

Da sieht mor, was for a klurer Mann mei Jroßvator jewäsn odder ooch jewest is. Eijentlich hadde jedn, där a Modefimmel hadde, nach Strich un Fadn ausjelacht. Der steckte de Mode un alles was da drum un draane is in a Sack un hädde dän woll in de Saale jeschmissn, awwer weil'e uns alle doch sehre lieb hadde un ooch keen'n von de annorn Leite beese war, da reedt'e eenfach nich dadrüwwer, sonnern deckte das alles zu un zwar mit'n Mantel seinor jroßn Liewe.

Nu sin mor mit de Zeit sellewor aalt jeworr'n, de eijenen Kinnor hamm sellewer welche un unse Jroßeltorn un Eltorn, Jott hab se seelich, liejen schonn anne janze Weile unnor de Ärde. Ich lääwe nu schonn anne jute Zeit lank mit mei kleenes Frauchen zesamm'n un bin datorbei ooch sehre jlicklich. Awwer so anne liewe Miehme das ooch is – se schwärmt for de neie Mode.

Vor alln de Frauensleite loofn heite rum, dürre wie de Fahradspeechn, awwer wenn's nur irjend jeht, mit nor jroßn Oowerweite. Von de Operazjon'n, de Nase is ze jroß, was annores is ze kleen, will ich jar nich eerscht redn.

Das jeht nu aan mei kleenes Frauchen ooch nich spurlos vorüwwor. Ze därn Ehrnrettunk muss ich vorhär noch saren, se treiwet's datorbei nich janz so dolle, wie manche annore. Awwer mannichesma da kommt's ääm'n dorch.

Eenes Tares zun'n Beispiel stehe ich in de Kiche un will meine Miehme mit a scheenes Essn anne Freede machn. Da uff eema kommt se nin. Neijerich wie se is, kuckt se natierlichorweise eerscht ma in de Töppe.

„Soll ich das etwa alles essn? Du wist wo wirklich, dass ich immer fettor wärde!"

Ich weeß nich, wie's eich datorbei erjeehn würre, awwer mich vorjeht bei so was de Freede aan's Kochn Da jibt mor sich de jreeßte Miehe, un de neie Mode, denn was annores isses doch niche, macht alles kaputt.

Nu hawwich anne janze Weile üwwerläächt, was mor da woll machn kann. Da hawwe ich denn eenes Tares mei Frauchen beiseite jenomm'n un dorzählte se denn de Jeschichte von mein'n Brudor un von'n Jroßvator. Das Scheene dadraane is, se hat wo ooch zuujeheehrt. Das kann mor nich annorscht saren, denn anne jute Weile kam aus die windije Ecke eerscht ma jar nischt meh.

Ennes Tares awwer, 's war a wunnorscheenor Sunntag, da wolltn mor spaziern jehn. Wie mor so bei'n aanläjn von'n Sunntagsstaat sin, da jreife ich doch irjend a reenes Hemme aus'n Wäscheschrank.

„Das nimmste niche, 's is nich meh modern, nimm das rote, rot is jrade in Mode." Natierlicherweise kam de Ansare von meine Miehme.

Also wistor, mannichesma will ich ooch de Mode un alles was da drumm un draane hänget in a jroßn Sack tun un das alles in de Saale schmeißn. Awwe denn denk ich an mein'n Jroßvator un dadraane, das ooch dor beste Mensch so seine Muckn hat. Denn decke ich das Janze eenfach zu un zwar mit'n Mantel meinor jroßn Liewe.

Ilse Thiemicke
Mein Urloob in Amerika

Schon lange hodde ich's je vorjehatt, ma na Amerika zu fahrn. Als ahles Meechen hawwe ich's nu endlich wahr jemacht un bin mit's Flukzeich na de USA jemacht. In'n Oktober von's vorrichte Jahr bin iche also ma na Schikajo jeflohren.

Nu will ich awwer ma arzeehln, was ich dorte so arlähm kunne. Erschtema jingk's los mit ne Stadtbesichtijungk in Schikajo. Enne Dame, die jut Bescheed wusste, hat uns denn dort rumjefiehrt. Ach nee, was die alles wusste!

Schikajo hodde sein'n Nam'n von de Indijaner jekriecht. Aus das Indijanische ewwersetzt heeßt Schikajo nischt weiter wie „schtinkende Ziwwel"! Se hat uns ooch jezeijet, wu dor Reewer Al Capone mit seine Mafia jehaust hat.

Awwer ann interessantesten war for miche de Tatsache, dass unse Bauhausdirekter von Dessau, dor ahle „Mies van der Rohe", ville Heiser dort jebaut hat. So hawwe ich mindestens an de 100 Ma 's Dessauer Bauhaus jesähn. Na ja, bloß an bischen höker als unses in Dessau war's je. De Nazis hodden in de 30er Jahre unses Bauhaus dichte jemacht, un dor Direkter flichtete na Amerika. So kann mer denne heite noch seine Baukinste dorte bewunnern.

Mit's Schiff bin ich denn in Amerika nu weiterjefahrn uff die jroßen Seen. So an de 4.000 Kilometer jingk's denne mit mein'n Vorjniejungksdamper uff'n Wasserwähk weiter.

An 3. Oktober war dor Tahk dor deitschen Einheit. Janz späte bin ich denn in meine Kabine un hawwe 's Farnsehn anjeschaltet. Da arläwete ich anne jroße Ewwerraschungk. Ich sahk pletzlich Biller von de Heemat uff de Deitsche Welle aus Dessau. 's kamp an Bericht ewwer unse Friednsjlocke ans Rathaus. Das misster eich ma vorschtelln. 7.000 Kilometer von Deitschland entfarnt, mitten in'n Huron-See von Amerika, kunne ich das alles vorfoljen. Ich sahk, wie de Panzer von de Armee de Karabiner von de Kampfjruppen zu Schrott machtn. Die sinn eenfach drewwer wegjefahrn. Aus den Schrott wurre nu in de ABUS anne Jlocke jejossen, die später denne vorsch Rathaus in Dessau uffjehänget wurre. Dä hänget se nu ooch heite noch un arinnert de Leite an de Wendezeit un mahnt, dass de Menschen 'n Friedn erhahlen solln.

Uff sonn Schiff jiwwet's heite so ville Technik, dass mor sich ewwern Satelliten mit de janze Welt vorschtändijen kann. Ratzfatz hawwe ich denn ooch mit meine Kinner von dorte jemailt. So saht mor je heite zu de elektroschen Briefe. Meine Kinner habn mich denn ooch öftersch dort in Amerika anjemailt.

In den Staat Ohio hawwe ich ooch an ahlen Schulfreind aus Mildensee. Helmut wohnt mit seine Frau Lynda schon ewwer 50 Jahre in

Amerika. Ich hawwe denn trab mit meine Freinde ewwern Satelliten von's Schiff de Vorbindungk uffjenomm'n un mir ham an Treffen klar jemacht. Nu war de Freede jroß als mir uns an de Jangkway von unses Schiff in Kanada jetroffen ham. An janzen Namittagk bis in späten Ahmd ham mir uns denn was arzeehlt ewwer unse Juhrendzeit in Mildensee.

De scheene Urloobszeit jingk bahle zu Enne un mit unsen Vorjniejungksdamper sejelten mir nu willer na Schikajo durch den „Lake Michigan".

Hier bekukte ich mich noch ma de jroßen Wolkenkratzer un war richtich stolz druff, dass Leite wie Walter Gropius un Mies van der Rohe aus unses unscheinbares Dessau dorte in Schikajo sonne großen Heiser jebaut ham, die sojar bis in'n Himmel reechen.

Harald Wieschke
Alle Joahre wedder

Endlich Weihnachten! Vor de Kinner jing anne oanstrengende Zeit zu Enne. Immor hieß es: „Wenn de nich heerst, krieste nischt von Weihnachtsmann." Den Rest kenn mor je. Is jab immor jenung un manchmoa noch mehr, als se jerechent hodden. Schließlich musste je eene Oma de annere ewwerbieten. Dor Heilichahmd woar vorbei, un dor Voater ewwerlähte scho, wanne oan erschten Feiertaak zum Friehschoppen jeht. Denn der jeheerte je eemo dorzu. Doa traf sich de is hallewe Dorf un is jink ziemlich turbulent zu. Wer rin kam machte erschtmoa sei Spruch: „Freehliche Weihnachten!" odder „Frohes Fest!", was de von alle zurickejerufen wurre.

Nu musste erscht moa jekuckt weern, wo mor sich dorzusetzte. Nich jedor kam heite hierher, weile Durscht hodde. Ofte jab's zu Weihnachten a Skoattiernier, un das woar o dismoa so. Drei Tische woar scho besetzt, un oan vierten fehlte bloß noch een Mann. „Paul, setze dich mit roan, wir brauchen noch a vierte Mann", riefen se aus de Ecke, un Paul setzte sich mit dorzu. Na de Bejrießung jing's o jleich los. „Wer jiwwet?", fraade eener, un scho kam de Antwort: „Immor der, der frät." Das woar also jeklärt, un de Koarten wurrn vorteelt. Wie un was doa jespielt wurre, weeß ich nich, denn doatorvon hawwe ich keene Oahnung. Ich heerte bloß noch, wie eennor soade: „Awwer na zwee Stunn is Schluss, ich will noch a Bier in Ruhe trinken." De annern stimmten zu, denn se spielten je bloß moa so zum Spoaß. Denn dor Name Skoatturnier woar bloß a Alibi for de Frauen heeme. Wie de Zeit rumm woar, heerten se o uff. Natierlich musste dor Siejer noch een ausjähm. Un weil's so Usus woar, kam o dor Vorlierer nich um anne Laare drumrum. Dor dritte Mann oan Tisch soade: „Ich will mich o nich lumpen loaßen" un bestellte noch moa is Jleiche. Was macht mor, wenn mor bei dreie mit jetrunken hat? „Ich jäbe o een", erklärte Willi, dor vierte Mann oan Tisch. Doamit woar de Runde rum. Doa se schon währnden Spiel nich schlecht jeschluckt hodden, wärs vor manchen besser jewest, wenne jetzt heeme jejangen wär'. Denn doa woartete de Frau schon mitt'n Jänsebroaten. So woarsch bei manchen a bischen vill, ehe sich uff'n Wääk machte. Paul machte sich los un schaffte's janz jut, obwohl ihm dor Wäk nich immor jroade vorkam. Seine Frau woartete mit'n Essen, denn se kannte je das scho von letzten Weihnachtsfest, un soade nischt dorzu. Wie de Janz alle woar, lähte sich Paul uff's Sofa un machte erscht moa seine Mittachsruhe. Nu muss mor wissen, dass de Stuwwe nich jroade jroß woar un dor Weihnachtsboom o noch mit drinne stand. Uff de Kredenz nehm Sofa laak dor Adventskranz. De Kerzen hodden se scho runnerjenomm, denn dor Advent woar je vorbei. Paul schnarchte, dass mor denken konnte, der sächt a janzen Wald ab. Mit eemo musste was Schlimmes jetreemt ham. Er fuchtelte mit de Arme rum un schimpte vor sich hin. Doadorbei rammelte in Adventskranz runner, un der viel jenau uff sei Jesichte. Nu wurre kurtsch munter un soade zu seine Frau: „Kucke, Mutter, preisjekrönt", drehte sich rum un schlief weiter.

Harald Wieschke
Rechen is anne Kunst

Nee, ich vorstehe de Welt nich mehr. Stand doch doa neilich inne Zeitung, de Betriebe finden keene „Azubis". Was for a Name un so a schweres Wort noch dorzu. Frieher soade mor dorzu Lehrling, un noch frieher woarn das de Stifte. Awwer mit die neien Abkürzungsfimmel muss mor eben leben. Jedenfalls stand doa, de Jurendlichen kennen nich mehr rechen. Un mit'n Schreiben wär's o nich so tolle! Nu frae ich mich, wie so was komm kann. Is Einmalseins hat sich doch nich vorännert. Drei mao drei is immer noch neine, un nich rund zehne. Das is doch das Erschte, was de Kinner larn missen. Nich bloß larn, bimsen, bisses sitzt! Wemmers erscht moa kann, vorgisst mor das sei Lähm nich wedder. Mor braucht's je doch immer. Nich bloß in Beruf, o bein Inkoofen. Doa isses je heite so, dass ewwerall annere Preise for das jleiche Breetchen vorlankt weern. Nich nur fors Breetchen, for alles. Stand ich doch neilich bein Bäckerauto, denn a Loaden jiwwet's je nich mehr, zum Breetchen holn. Vor mich woar a kleener Junge droan, der wollte o welche. Ich wusste, dasse inne Schule jut woar, un wollt'n moa testen, obbe rechen kann. „Sag mal, wenn du für deine Mutti, für den Vati, deine Schwester und dich jeden zwei Brötchen mitbringen sollst, wie viel musst du dann kaufen?" Er kuckte mich ganz vorlejen oan un soade: „Anne Tute voll." Doa kanne janzenjoahr recht ham. Awwer is jiwwet o kleene un jroße Tuten. Un das kann teier weern.

Christian Zschieschang
De Zeit vajeht

Zum Schluss junk's denn janz schnell, so wie eemd n Abschied sin sollde, ejal, ob ener starwet oder abhaun tut: Nich noch lange rumjammern und ans Ahle häng, weil des ja alles nur noch schlimmer macht. 's hilft ja nischt, un denn sacht ma eemd zu alle tschiss, fällt se um'm Hals und jeht denn, wo man nu eema hinmuss.

So isses ooch in den Falle jewest. Von eener Woche uff die annere war's uff eema nich mehr da. Unser Trafoheischen, wie's for uns eijentlich schon immer dajestunn hatte. Beschain mit sein jelbjraun Rauhputz un'm Hut aus schwarzjeworne Dachziejel. Vun drei Seiten jingn Leitungen rin. Die eene kam'n Barch runner, von da kam da Strom her, schnurstracks junk se quer iwwern Acker. Nach de annere Seite junk de zweete iwwer de Wiesen ins Nachbardorf, und de dritte kam quer naus und machte de Straße lang ins Dorf rin. Des Heischen – eijentlich wars ja'n Turm, awwer alle Leite saten bloß Heischen zu's –, des Heischen stund inne Mitte vun een jroßen Knallerbsenstrauch und kluckte so in sein Nest zwischen de Straße un'n Acker, der deswejen n kleen Boochen machen musste, und kuukte sich nu alles an, was so inne Jahrzehnte passierte.

Des is eijentlich nich ville jewest, mechte ma denken. Awwer wemma sich iwwalecht, dasses wohl beinahe hunnert Jahre da jestann hat, denn isses oo nich jrade wenich. Es stund ja an de einziche richtiche Straße, die ins Dorf jehet. Se kimmet vunne Hauptstraße, jeht schnurstracks jradeaus, vielleicht n haalm Kilometer, un so hunnert, zweehunnert Meter vor'n Ort steht's. 's jeheert nich mehr richtich darzu, awwer so janz weit wech isses oo nich. Un so hat's Trafoheischen fast jeen, der kam, ze'erst jesehn, und jeder, der herkam, hat des als erstes ze Jesichte jekricht. Besuch, Leite, die heemekam, oder Leite, die hierherzochen, na'n Krieje zum Beispiel, alle, die rumsuchen mussten, wo se denn nu bleim kinnden. Kaum ener kunnde sich damals wohl denken, wie lange'r hier bleim wird und was'n hier erwarten tut. Später denn oo alle Neijebornen, die vun's Krankenhaus kam, un nu als neie Menschen hier ansässig wurn, ofte for's janze Läm. Un wenn eener aald jeworn war un in's Kranghaus musste, kunntes sin, dass des letzte, wasser in sein Läm vun's Dorf jesehn hat, 's Trafoheischen war. Een stiller Fertner war's also un so selbstvarstendlich hat's dajestann, dasses wo kaum eener mer richtich jesehn hat.

Als Kinner simmer wo ma bei de Tiere hinjemacht, durchs Jebisch jekruchn, und n bißchen schei und ängstlich und n bißchen mutich hammer davorjestann vor den rotn jezackten Feil, wo druffstand: Vorsicht, Hochspannung. So janz jeheier wars uns denn niche.

Un später denn simmer immer nur vorbeijefahrn: Mit'n Bus, mit's Rad, mit's Moped, und denn oo mit's Auto, Woche fir Woche, Tach fir Tach. Meestens hammers sehre eilich jehabt, mar mussten archentwo hin, uff Arweet un so, oder mir wolldn endlich heeme, weil's schon späte war. Anjekuukt hammern nich un jejrießt oo nich, unsern treien Fertner. Wie's eemd so is, mit Sachen, die so selwstvarstendlich da sin, dasse keener mehr sehn tut. Keener macht sich mehr 'n Kopp um se.

Un archentwann brauch se oo keener mehr, wenn sich de Dinge ännern. Dar Strom kimmet nu durch de Erde, ziemlich flott ham se de Kabel valecht uff eene etwas annere Strecke. 'n jrauer Schaltschrank steht nu da, annem janz anneren Fleck. Un da war's Trafoheischen pletzlich iwwerflissich. 'n kleenes Weilchen stands no traurich da. Villeicht hot's jedacht, dass sich ma noch eener varabschien täte, awwer's is wo keener jekimmet. War ja nich wichtich. Un denn war's uff eema wech. Villeicht isses vun selwer jejang? Awwer wahrscheinlich wern se's abjerissn ham, janz schnell, un de Reste liejen nu in archenteener Keite rum, wenn se nich zarschreddert sinn. Un nu isses wech.

Freilich, 's war nur ne aale Bude un keen Mensch, un oo keen Boom, vun die es ne janze Menge scheener Exemplare schon alleene an des kurze Sticke Straße jiwwet. Villeicht ham die Leite recht, die san, dass alles ma vajehn muss und dass man de Dinge nich ewich unvarännert erhaln kann. Selwst wenn ma mein tut, dass man se arhält, archentwie ännern se sich ja doch, schon dadurch, dass sich de Umjewung ännern tut. Un in dreißich, vortsich Jahrn wird keener mehr was vun's Trafoheischen wissen. Awwer in Jrunde jenomm häng mir doch oo mit de Dinge zesamm, und wenn welche wech sinn, dann fehlt oo 'n kleenes Stickchen vun uns und war marken villeicht – ooch wemmers nich marken wulln – dass mar unser eejenes Ende oo widder 'n Stickchen näher jericket sin.

Literaturwettbewerb 2010:
„Kaum ze jloobn – Jeschichtn von hier"

Gerlinde Barthel
Wie mir schwatzen

Ne Episode mit Klingel-Baule

Nach 45 wurde dr „Zerwicher Bode" injestellt. Damit nu de Berjer wussten, was in dr Stadt los woar, jing eener, vom Rathaus angestellt, durch de Stroaßen und klingelte's aus. Von Mitte der fuffzischer, sechzischer Joahre woar's Baule aus Stummsdorf, jenannt „Klingel-Baule". Der konnte nu schlecht läsen, wejen de Oochen; also sachte es eener vom Rathaus Baule vor, der lernte's auswennich, un damit das Janze och klappte, drehte Baule noch eene Runde um den Marcht, un denn jing's ab durch die Stroaßen der Stadt. Meist jing's um Strom- oder Wassersperre. Von manjen Fenster blieb'e stehn und sachte's extra off, da griecht er meestens een Fuffzcher for's Bier ahmds uffen Bahnhoff. Da fuhrer dann mit der Soaftbahn heeme.

Der·Stammdisch von Bahnhoff hatte denn och mit Klingel-Baule emma was vor. Die Wertin vom Bahnhoff hatte zu dieser Zeit keen Mann. Nu lernten de Männer vom Stammdisch nach ettlichen Bieren Baule een Spruch. Nachdem es Baule konnte, jing'r los.

Alle konnten es hehren. „Eene wichtje Durjsache", rief Baule nach mächtijen Klingeln. „De Bahnhoffswertin sucht een Mann."

Das Jelächter in der Stadt war jroß; so is es immer, wenn's off Kosten annerer jeht.

Ne deire Hose

Ende der fuffzischer Joahre bis zum Mauerbau, fuhren ville nach West-Berlin zum Innkoofen. Wir ooch! Wer e fahrbaren Unnersatz hotte, fuhr bis Bawelsberch, da jab's enne Frau, die vermietete Garaschen für een bis zwee Tache und ooch länger.

Wir hotten e Motorroller, den stellten wir dort ab, machten uns stadtfein, unn mit de S-Bahn jing's ab zum Kudamm. Da bestaunten mer de Schaufenster, awwer hier war's uns zu teier. Also nu jing's zum Jesundbrunnen.

Eene Manschersterhose wor de jrose Mode fiern Herrn, fier 20 Mark worde eene jekooft. Beim Umtausch von 1:6 wor das ville Jeld, denn mer verdienten ja bloß 300 Mark in Monat. Zurick jing's widder üwwer Bahnhof Zoo nach Bawelsberch. An der Jrenze in Jribnitzsee war Kontrolle. Da mer dachten recht schlau ze sinn, hotte mein Mann de olle Hose mit een Paket heemejeschickt un de neie onjezochen. De Jrenzer wor awwer ooch nich doof, se fassten in de Hosendaschen, keen Krimel war drinne. Nu mussten mer raus aus de Bahn un kam in eene Zelle un wurden ausjefracht. En Protokoll wurde jemacht un nach eener Stunne durften mer endlich weiter.

Nach 14 Tagen kam von Bitterfelder Jerichtsvollzieher e Schreiben mit ner Zollstrafe von 150 Mark. Das war e Hammer. Aber es sollte noch besser komm. Sechs Wochen später spritzte Seire von ner Batterie droff.

Aus war's mit de Hose.

Jefeiert worde vill un lange

Ende der vierzicher Joahre trafen sich einiche Ehepoare, um sonnahms jemiedlich zusammen zu sitzen; denn heeme konne man iwer alles schwatzen un keen Fremder passte off die Werter uff, die jesprochen worden.

Natierlich worde ooch jetrunken. Man war zu dieser Zeit sehr erfinderisch mit alkoholischen Jetränken un die hottens in sich.

Jejen 3 Uhr morjens dachte de Hausfrau: Hoffentlich jehnse boale – es worde ja noch Sonnahms jearbeetet – un se worde miede.

Na endlich! Der Erschte zoch sich an un jing – es wor so jejen viere –, nun jehn die Annern sicher ooch, dachte se, awer die blieben un hatten eene Stimmung wie lange nich. Nach ner knappen Stunne kam der jejangen war widder. Er hotte nur de Zicke jemolken (in den Joahren wor es wichtich, kriechte mer doch dadervor Butter un Käse).

De Sonne gugte schon in de Fenster, als se denn jejen 7 alle heeme jingen.

Blumendeppe standen im Weje

Ehe de Wende kam, wurde vill heeme jefeiert. Da in den Bekannten-
un Verwandtenkreisen fast jeder eenen in Westberlin oder Westen
hotte, trafen, wenn eener von Drimme kam, alle zusamm, die zu-
samm jeherten.

Es dauerte ja och lange, bis die kamen. Erscht Innresepapiere
innreejen, denn fast 4 Wochen worten, bis de Jenehmichung kam,
denn noch hinschicken, och eene Woche. Also fast 6 Wochen. In der
Zeit worde denn och herannjeschleppt, was mer so brauchte.

Erscht fiern Besuch, der blieb meest nich lange (denn es kostete
ja Intritt, wollte e Westler in de DDR: 25 Mark pro Tach fier 25 Ost-
mark), denn fier de Verwandten und Bekannten, fier eene jemeinsa-
me Feier.

Es wor nich so einfach, da es ja fast nischt jab. De Fleescher wor-
den abjeklappert, bei Strichs oder in Stummsdorf, och mussten
Jeschenke besorcht werden, denn die sollten doch och fier ihr Jeld
was mit heeme nehm. Bei Schaaf's wejen ee scheenes Buch oder bei
Hermersdorf wejen ner Spitzendecke. Jedenfalls, als dr Besuchstach
kam, klappte meestens alles. Och die fiern Ahmd worn innjeladen.
Der jing denn och recht lange.

Nach so een Ahmd war es, dass welche heeme jingen, natierlich
sehr beschwingt. In eener kleenen Stroaße sahn se denn och noch
Licht von de Fenster. Na, dachten se, die hotten och Westbesuch. Es
woar schon jejen zween in dr Friehe. Als se näher kamen, hotten se
Kino gratis. Festbeleichtung! Die Rollos waorn verjessen worden.
Zwee Frauen warn beim Owerteel abmachen, alles annere hotten se
schon aus. De Männer in ner annern Ecke hotten schon ihre Schlaf-
anzieche an un suchten de Betten.

Unsre Freinde wollten nu jenau sehn was passiert, awwer da stan-
den Blumendeppe im Weje. Also worde eener in Arm jenomm, nu
war de Sicht prima.

Die drinne hotten nischt jemerkt. Als das Licht ausjing, jingen
se och heeme, denn ihre Frauen waren schon jejangen. Uff halwer
Strecke merkten se, dass se den Blumendopp immer noch im Arme
hotten. Zurick drauten se sich nich, also nahm se den Dopp enfach
mit heeme.

Paul Behrendt
Zwee Scheekser trafen sich weit wägg von heeme

Es is wärklich so, dass mr sich richtch erwärmt fiehlt, wenn mr in der Fremde pletzlich een heert, där mid seiner Sprache an heeme erinnern tut. Viele Menschen aus alln Eggn von unsern Lande hat mr in Loofe seines Lääms kennjelernt. Freilich hat dr Berliner eene jroße Klabbe, is der Rheinländer e janz scheener Luftikus, stolpert dr Hannoveraner iwwern sspitzen Sstein un tut dadrbei ziemlich vornähm, kemmt dr Bayer wie e Ochse uff der Alm uff een zu un will een jleich uff de Härner nehm, is dr ächte Sachse drjejen janz urjemiedlich un verträächlich, kam dr Schwawe een mannichma wärklich so vor, dasse sein Ziggenbogg tatsächlich an letzten Waachen von Zuuche anknibbern wärde, war der Schlesjer een Lärge-Fisch un kam een dr Fischkobb ausen Norden mit sein Pladd fast wie e Ausländer vor.

Awwer trotzdäm, un wenn ooch janz verschiedne Dialekte jesprochen worn sinn, hat mr sich ejendlich in Jroßen un Janzen doch jut verstan'n.

Un dr Hallenser hat sich, mit alln deswäächen recht jut vertraachen, weile in Jrunde jenomm' von jeden e bisschen abjekricht hat. Das is je ooch kee Wunner. Liechte doch mittendrinne un von alln Seidn kemmt was uffen zu. Wer von Sieden nach Norden, von Westen nach Osten odder umjekehrt will, där muss iwwer Halle. De Jejend hieß je oochema Midde-Middeland – also de Midde von dr Midde in Lande.

So was hingerlässt schon seine Spurn. Dadurch is dr Hallenser sozesaachen muldiguldurell. Er hat von jeden was, awwer seine Sprache hatte forr sich janz alleene.

Un wenn e Hallenser e Hallenser traf – un dadrzu zehlte nadierlich ooch jeder, där aus dr Umjäwunk von Halle kam –, war das schon was janz Besondres, un mr fiehlte sich jrade so, als ob mr sein ejen Bruder jetroffen hat. So isses wo vieln erjangen in där Zeit, wo se weit wägg von heeme warn.

Janz zufellich trafen sich zwee'e damals – 's war forr vieln Jahrn –, die sich nadierlich jleich an der Sprache erkannt ham. Där ene direggt aus Halle un där andre ausen Saalkreise. Lange schon warn se von heeme wägg, wie's dän meesten in dr damalijen Zeit so jink. Un wens jut jink, sin se ema in Jahr uff Urloob jefahrn.

De erschte Fraache war: "Sagge ma, Scheeks, wo kemmsten her?" "Ich wohne in Jlauche, nich weit wägg von dr Saale – weeßte dort an Weinjärd'n in dr Nähe von dr Freibärch-Brauerei. Un du?" "Na ja, ich bin nich direggt aus Halle. Ich komme ausen Saalkreise."

"Ausen Saalkreise? Wie heeßten de Kuhbläke, wo de wohnst? "Na, das mechtch nich jeheert ham. Von wäjen Kuhbläke. Dass de dich nich ärrscht. Ich komme aus Delau un das is je wo kee Mookchen nich – nee, das is quasi e Vorort von Halle, un was forr eener. Ich kennte je ooch saan, dass de von jlauchschen Adel abstammst un in eener Hornske wohnst, wo de Wanzken heeme sin."

"Jedeesche, jedeesche, mei Jutster, so hawwe ich das doche nich jemeent. Es is je ooch keene Schanne nich, uffen Dorfe ze wohn'. Na ja Delau is je an sich scheene jelejen, dichte an dr Hede. Ich weeß noche, als'ch als Kind mit mein' aln Herrschaften sonntaachs durch de Hede jeloofen bin bis in ,Knolls Hitte'. Där weite Wääch hat mich immer janz scheene jesteert, awwer dadrvor sin mir Wänster jedesma entschädcht worn. Uff dän Spielplatze dorte mit dän Schaukeln, dr Rutsche, dän Rundloof un was noch so war, konnte mr sich wärklich ma so richtch austoom. Un de aln Leite haddn ihre Ruhe un ihr Verjniejen. Saßen scheen unger dän hoghen Beem' bei e Jläschen Bier odder e Käffchen un lauschten dr Musike.

Awwer währnd forr uns de Hede doch e janzes Stiggchen wägg is, haddn mir dadervor de Saale direggtewägg forr dr Tire.

Un das is je wärklich eene scheene Sache, wenn de in Sommer bei eener Hunnehitze midde Köbbert dich ins Maium stärzen un scheene flossen kannst.

Un ooch sonst konnte mr dort jut rumjaunern. Driem an dän Bulwerweeden un uff dr Raaminsel ham mr als Kinner unsen Spaß jehat."

"Das jlowich dr. Wenn's ooch manniche nich wahrham wolln, isses trotzdäm so, dass Halle un seine Umjäwunk was herjääm. De Stadt selwer un de Landschaft von Bellbärch bis nach Trothe nunger is schon e scheenes Stiggchen Ärde. Mir ham de Hede jleich forr dr Tire, dadrvor is de Saale e Stiggchen wägg, awwer das is gar nich weiter schlimm. Mir sin immer niwwer nach Schiepzch jefahrn. Da jiwwets e scheenes Fläggchen, wo mr jut baden un sich in dr Sonne aaln kann. Na ja, midden Rade brauchte mr jradema eene Värtelstunne."

„Ja, ja, so is das ämd in Lääm – alles Jute is wo seldn beisamm. Där eene hat de Hede – där andre de Saale. Jeder hat was forr sich, un doch, meene ich, hammersch alle beede – isses forr jeden da. Das is ämd das scheene an Halle un an Delau. Awwer ma was andres, hasten ooch eene Ische?"

„Na, was denksten du, eene aus unsen Dorfe hawwich. Das is e anstendjes Määchen, weeßte, keene Zimtzigge, wie manniche so sin. Mir sin immer in ,Palmboom' schwoofen jejangen. Awwer ema hat'ch janz scheen Ärjer. Ich bin nämlich Fußballer. Mir haddn jejen Lieske jespielt un jewonn. Da hammer drnach een druffjemacht, un da hats mich doche umjehaun. Meine Kleene hat uff mich jewart un jewart, un ich bin nich jekomm – ich hatte e janz scheen in Kreize un hawwe heeme erschtema mein' Rausch ausjeschlafen."

„Na, da war wo Holland in Not – da hatse dich bestimmt janz scheene zr Minna jemacht." „Fraach niche, die hat mich vielleicht ausjepunkt. Ich sollte nich so streechen, hat se jemeent. Wer weeß, wo ich jewesen were. Vielleicht hett'ch in Lieske eene Rieke kennjelernt. Un dadrbei war das wärklich nich so. Ich hatte nich jestreecht. Nachen Spiele warn mr kochledderjar un haddn färchterlichen Durscht. Siej un Durscht, da war mr alles wurscht. Mir ham jedenfalls een jezischt, das war alles. Un vielleicht hawwich ooch e bisschen ze jällichen jetrunken, un da hamse mich heeme schaffen missen. Awwer, was willsten machen, so sinse nunema de Ischen."

„Na freilich, wassen sonst."

„Awwer drewisch warsche eene janze Woche lank. Na ja, mitjekricht, hatse wo schon, dass ich kee Stänz bin. Das siehste doch ooch, wenn de mich anlinst. Ich hatte ma uff dr Kläje e Spannemann, forr dän traf das zu. Där machte um dän Balwier immer e jroßen Boochen. Un fragg nich, där sahg ooch drnach aus. Mei liewer Mann, där hatte vielleicht Loden, jar nich zu beschreim. Där war e richtcher Latz, un da konnte mr mit Berechtjunk saan: ,Mr siehts an Jank un an dän Haarn, was Stänze sin un Stänze warn.' Na un wie e Stänz säh ich doch wärklich nich aus odder was meensten?"

„Da muss'ch dr schon recht jäm. Awwer sagge ma, was hasten jekläjt?"

„Na, ich hawwe Meier jelernt un war bei e kleen Krauter. Mir ham uns mit Putzarweidn un kleen Uffträchen so durchjeschlaan. In Halle un um Halle rum."

„Da jinks wo bei eich ooch so: E Kalk, e Steen, e Bier?"

„Nee, nee du, unser Alter war da janz scheene hingerher. Von wäjen blau- odder dauernd eene Fuffzen machen. Da war nischt drinne. Un was hasten du jelernt?"

„Na ja, ich hawwe dr doch erzehlt, dassch in Jlauche wohne. Un weil mei aler Herre schon sei janzes Lääm bei Freibärchs kläjt, hawwich ooch dort anjefangen. Ich war Beifahrer uffen Bierwaachen, sozesaachen zweeter Bierkutscher. Mir hams Fassbier naus uff de Därfer jefahrn – unse ene Tour jink immer iwwer Delau nach Lieske, Salzminde, Schiepzch. Lettine un zerigge. Dadrbei hawwich ooch eiern ‚Palmboom' kennjelernt. Da war ooch e janz dufter Kneiper.

Meine Kläje hat mr ejendlich Laune jemacht. Mr saß so scheene uffen Kutschbogge un fuhr lanksam un jemiedlich durch de bliehenden Landschaften in de Mookchen naus un von eener Kneipe zr andern. Dorte anjekomm, ham mr abjeladen, so wie bestellt war. De Bierfässer ham mr uffe Polster rungerjerollt un denn in Bierkeller jeschafft. For die Kläje musste nadierlich ooch, wie du als Meier, e bisschen was uffen Ribbn ham. Awwer mich hats jefalln. Wemmersch Bier in Keller haddn, jabs zur Stärkunk immer noche Jläschen. Na un so hatte mr zum Feieramd immer e paar intus."

„Du bist je direggtemank e Schwärmer, wemmer dich so heert un du bloß von bliehenden Landschaften sprichst. Verjessen haste, was in dr kalten Jahreszeit war, in Härwest un in Winter. Da warsch bestimmt nicht jrade jemiedlich uff dein Kutschbogge."

„Na ja, du weeßt doche, das Jute, das Scheene bleiwet in dr Erinnerunk. Das Schlechte verjißt mr flink, un ich meene das is jut so. Das machtes Lääm leichter."

„Da haste nun ooch widder recht. Das is ooch meine Meenunk. Lääm un lääm lassen. Awwer eens intressiert mich noch. Was habtern forr Färe jehat, schwere Beljer?"

„Na freilich, was denksten du. Unse zween warn wärklich jute Tiere – Lotte un Liese –, die zoochen was wägg. Das kanste mr jloom, die ham uns nie in Stiche jelassen, die hammr awwer ooch jefläächt wie unsern ejen Oochabbel."

„Un wie warschten mid däm zwischen Daum un Zeijefinger, dän Moose, zefrieden?"

„Ach Jott, 's hedde mehr sin kenn, es jink jradeso. Mir krichten je ooch noch Dibbedadbier, un das heeßt, dass mr sich sei Bierchen leisten konnte, ohne drvor blächen ze missen. Ich weeß zwar niche, was du immer forr e Bier jetrunken hast. Ich jedenfalls hawwe jerne unser ‚Freybärch' jetrunken. Nich etwa, weil ich dort jekläjt hawwe, nee, weil's mr wärklich immer jut jeschmeggt hat."

„Ich bin ooch forr ‚Freybärch-Bier'. Awwer du weeßt, dass in Halle ooch viel ‚Engelhardt' jetrunken wärd."

„Freilich, das is ämd Jeschmaggssache. Mensch, da kriej ich jleich Abbetit uffe freindliches Helles. Mr därf jar nich dran denken."

„Ich ooch niche, wer weeß wie lange mir noch druff verzichten missen. Da kemmt een jleich de Jalle hogh. Awwer wemmersch wärklich erlääm sollten, denn stoß mr alle beede mit Freybärch an, un denn noch e Kärnchen drzu. Awwer das is je so weit wägg."

„Leider, leider, awwer mr soll nie de Hoffnunk uffjäm. Bisten ejendlich ofte nach Halle rinjekomm'?"

„Na ja, nich so ofte. Nach dr Kläje war mr immer janz scheene jeschafft. Hechtens ma zum Einkoofen odder ma sonntaachs, wenn was Besondres los war. Denn hammer uns in de ‚Hettstedter' jesetzt un sin nach Halle neinjemacht. Weeßte, die Fahrt an sich hat mr schon immer Spaß jemacht. Das Janze war je so jemiedlich, wenn dr Zuuch lanksam durch de Hede jefahrn un iwwer Hedebahnhoff un Niedlem an Klaustore anjekomm is."

„Sieste, so is dasse. Du machst nach Halle nein, un ich aus Halle naus. Wenijer middder ‚Hettstedter', mehr midder Elektrischen. Mid dr Viere bis Endstazjon un denn jinks in eene Jaststette, wo mr schwoofen konnten. Un da is je um de Hede rum kee Mangel nich. Jleich vorne dr ‚Hedepark', ‚Hubertus', denn dr ‚Waldkater' un bei eich driem außer ‚Knolls Hidde' dr ‚Hedekruuch', ‚Waldhaus Hede' un denn noch ‚Café Hartman'. An Vatertaache warn mir immer in där Jejend. Ham erschtema e jemiedlichen Skat jedroschen un uns drnach jestärkt, meestens mid Eisbeen un Sauerkohl. Du weeßt je, das jiwwet eene jute Jrundlaache, uff där mr schon was vertraachen kann. Denn jinks rund bis in de Bubbn. Jesungen ham mr jrade wie de Hedelärchen. Awwer uffen Teppch simmr immer jebliem. Ham keene Randale jemacht, wemmr zum Schlusse ooch janz scheene in Fahrt warn.

Na ja, an so e Taache warn de Sipos je ooch immer besondersch uffen Posten. Es jab je ooch solche Duste, die Ärjer jemacht un de Leite anjeekelt ham. Das jabs bei uns nich. Ach weeßte, das war doch eene scheene Zeit."

„Un was hadd'n dei Määchen drzujesaat?"

„Na ja, da isses ämd doch janz scheene, wemmr noch keene Feste hat, die een Vorschriften machen tut. Ich bin noch nich in ‚fester Hand', wie mr so saat. Das hat noch e Weilichen Zeit."

„Da hast ejendlich schon recht – awwer trotzdäm, scheene isses ooch, wenn de uff Urloob kemmst un weeßt, dass deine Kleene uff dich warten tut."

„Na ja, hast schon recht – sagge ma, wenn warschten 's letztema heeme?"

„Ach, das is erscht e paar Wochen här. Mensch is dasse Jefiehl, wenn de midden Zuuche so fehrscht un du siehst das Stazjonsschild un denn de fimf Tärme von Halle. Da leefts mr immer kalt iwwern Riggn. Scheene warsch heeme. Mr konnte ma in Ruhe ausschlafen – in Ruhe weeßte. Brauchtest keene Angst ze ham, das dr was uff de Bärne fellt. Junge, war das scheene. Awwer sonst war nischt weiter los. Kee Verjniejen, nur dinnes Bier, wode nach jeden Jlase jleich loofen musst. Ich jloowe, das heeßt deswäächen Fliejerbier, weil mr drnach am liewesten forr Eile jleich in de Doledde fliejen mechte. Jradema in Kino war mr. Ham uns in dr ‚Schauburch' dän ‚Weißen Traum' anjesähn. Hat mr jut jefall'n – da hat mr ma abschald'n kenn. Sonst war in Halle nischt weiter los außer Fliejeralarm. So ooch nachen Kino. Mr warn jrade in dr Nähe von dr Moritzburch, da heildn de Siren' los, un mr sin flink dort in dän Keller nein. Un ham dort ungene so eene halwe Stunne lank jeklutscht. Na ja, zum Jligge is nischt bassiert un mir sin jleich widder uff heeme zu. Dort fiehlt mr sich doch e bißchen sicherer als in dr Stadt."

„Na, ich weeß nich, ob de in Delau unbedinkt sicherer bist. Wie mr meine Mudder jeschriem hat, is in Reideburch so e Dink rungerjekomm un hat alles breed jemacht. Dadrjejen wärd, wie de Leite erzehln, Halle wo deswäächen nich anjejriffen, weil in dr Klinik e Anjeheericher von Churchilln liejen soll."

„Wer weeß, ob's stimmt, bis jetzt ja. Awwer ob's so bleiwet, weeß keener. Ich muss dr ehrlich saan, schwerjefalln isses mr, widder in dän Schlamassel hier nauszefahrn. An liewesten were ich jleich heeme jebliem."

„Na ich hawwe de Hoffnunk, dass'ch bale dranne bin. Hawwe schließlich schon länger alse Jahr keen Urloob mehr jehat, un ich muss dr ehrlich saan, ich hawwe de Schnauze so richtch voll un sehne mich nach heeme. Hoffentlich is där janze Mist bale vrbei un mr kenn widder uff de Kläje jehn – ich bei Freibärchs un du bei deim Krauter – un unser Bierchen trinken, tanzen jehn, Fußball spieln un in Ruhe un Frieden lääm. Ach das were scheene – ich därf jar nich dran denken. Un das eene verspreche ich dr, wemmersch erlääm sollten, feiern mir beeden Widdersähn un machen e richtchen druff, ejal wo, ob in Halle in ‚Fasse' odder meinswäächen in Delau in ‚Palmboome'."

„Da kannste dich druff verlassen. Ach, wenn's doch bloß schon so weit were."

Paul Behrendt
De Hettstedter

Wennich heizetaache uffen Barkblatze bei Karstadts ausen Auto steije, mussch immer an de „Hettstedter" denken. An där Stelle stand nämlich frieher ema dr Hettstedter Bahnhoff – dr Bahnhoff Klaustor, wie'e offezjell in Halle hieß. Es tut een jetzt noch wehe, dasse nich mehr da is. Ich jlowe, jeder wärd mr Recht jäm, dadrmit e ales Stiggchen Halle for immer un ewich verlron is.

Dr Fachwerkbau ware e scheener Anblick un dr richtje Iwwerjangk von dr lärmnd'n Jroßstadt zur Fahrt naus uffs Land un ins Jriene. Scheene jemiedlich warsch außerdäm.

Das fingk schon uffen Bahnhowe selwer an. Hadde mr noch Zeit, jink mr in de Jaststätte wo mr freindlich un zevorkommnd bedient worn is. War mr middn Kinnerwaachen ungerwäjs unnes Kleene brauchte de Flasche, hat de Kellnern for de warme Flasche jesorjt. Das jeheerte janz eenfach drzu.

Jroß war nich nur bein Kinnern de Uffrejungk, wenn dr Zuuch abfuhr, nee, ooch bei mannichen Leidn, weil de Fahrt nämlich erschtema e janzes Stiggchen iwwer de Saale jingk. Un weil mr keene Brigge un nur Wasser unger sich jesähn hat, dachte mr dr Zuuch schwäbt iwwersch Wasser.

Vrbei jinks an Luisenbade un Passendorf un denn niwwer nach Niedlem. Dort war erschtema Halt, bis dr Jejenzuuch uff dr nur ejleisjen Stregge einjefahrn war.

Kam dr Bahnhoffsvorsteher midder rodn Mitze un hob de „Fliejenklatsche", jingk de Fahrt weiter. Vrbei an dr „Jrien Tanne" un dän Hedebärch hogh in Richtungk Delau. Da hadde Lokomotive immer janz schene jeschnauft – un weil's so langksam veranjingk, hießes nich ze Unrecht, dasses Blumfliggen währnd dr Fahrt vrbodden is.

Oom anjekomm, jingks denn mid Jetude un Jebimmle flott nunger in Richtungk Hedebahnhoff. Sonntaachs war uff där Stregge immer mächtjer Betrieb. De Hallenser streemdn in Massen naus in de Hede, machten e scheen Spazierjangk un zwischendurch kehrte mr in ener Jaststedde ein. In „Waldhaus Hede", „Hedekruuch", „Hedeschlesschen", „Café Hartmann" odder „Knolls Hidde", wo mr bei Kaffee un Kuchen odder e freindlichen Helln dr Musike lauschen un sich's jemiedlich machen konnte.

Uff heeme zu machte mr denn jewehnlich noche Spazierjangk durch de Hede un hatte mr widder Durscht jekricht, war dr „Waldkater" ooch noch da.

De Bimmelbahn machte in där Zeit iwwer Delau-Ort un Lieske ihrn Wääch weiter in Richtungk Mansfeller Land bis nuff nach Hettstedt.

Als Kind is mr hin un widder midder Mutter von Dorfe in de Stadt jefarn. Das war jedesma e jroßes Erläbnis. Awwer wemmer amds uff heemezu widder in dän Zuuch jeschtiejen sin un de Lichter von Halle hinger uns ließen, war mr ejendlich janz froh, aus där lärmndn Stadt widder in sei ruhijes, vertraudes Dorf ze komm.

Weil de Mutter un ooch de Tante meestens midden Huckekorwe einkofen fuhrn, mussten mr immer bei „Reisende mit Traachlasten" einsteijen. In dän Abteil warn de Sitzbänke links un rechts an dän Fenstern langk, un in dr Midde hat mr denn de Kerwe un so abjestellt.

Eens hat mich damals immer mächtch jesteert. Ein- un ausjes-
tiejen simmer jedesma erscht an Hedebahnhowe un nich vorne in
Delau. Un wennich noch so jejammert hawwe, jabs ke Erbarm. Där
Jroschen Fahrjeld musste ämd jespart wärn, so dicke hatte mersch
niche.

Un so kam zu dän drei Kilometern Wääch nochema eener drzu.

Awwer schuld solln wo Leite aus unsern Dorfe jewäsen sin. Die
warn, wie mr erzehlt hat, nich zu bewächen jewäsen, e Stiggchen
Acker herzejäm. Un so hamse denn de Strecke niwwer nach Ben-
kendorf jebaut. Das haddn mr nu drvon – nu durftn mr immer nach
Delau loofen.

Na ja, de Kinner von däm Jroßbauern, die hadden's da besser. Ich
sähe heite noch, wie se dr Kutscher Bornschein jeden Taach in de
Schule nach Halle jefahrn un von dort widder abjeholt hat.

Währndn Krieje un ooch noch drnach, war de „Hettstedter" de
enzje Verbindungk in de Stadt. Da warn immer janze Velkerscharn
ungerwäjs, de Zieje schtobbenvoll un jede Plattform war vollbesetzt.
Amds jejen siem fuhr dr letzte Zuuch, un wemmer dän vrbasste,
durfte mr zwee Stun'n ze Fuß loofen, bis mr heeme kam. Die wenijen
Leite, die noche Fahrrad haddn, warn da jut dran.

In dr Mansfeller Straße bewächte sich jeden Morjen e langker
Zuuch von Menschen in Richtung Marcht, weil de Elektrische die
Massen jar nich schaffen konnte. Die war in Nu besetzt, un de mees-
ten mussten ämd loofen. Das kammer sich heite jar nich mehr vor-
stelln, wie das damals war.

Ejendlich isses schade drum, dass de „Hettstedter" nich mehr
da is. Was were das jetzt for e scheener Ausfluuch ins Mansfeller
Land. Anne Fingestsonnamde bin ich ema von Hettstedt nach Hal-
le jefahrn. Die Fahrt kann ich nich verjessen – die wärd mr immer
in Jedächtnis bleim. Da konnte mr, wie mr so saat, de Seele richtch
baumeln lasen.

E scheener Friehlingstaach warsch, un de bliehende Landschaft
zoch an mein Oochen vrbei. Jemiedlich jingks von ener Stazjon zer
andern, un alle paar Minudn hielt dr Zuuch, un denn herte mr drau-
ßen rufen: „Welfesholz, Heilijental, Schwitterschdorf, Schochwitz,
Fienstedt", un denn jingks nunger nach Benkendorf. Dadrnach kam
nach Lieske niwwer e scheenes einsames Stiggchen Landschaft.
Nach etwa zwee Stunn'n war mr denn in Halle. Richtch erholt hatte

mr sich, un weil's so scheene war, were mr am liewesten noch sitzen
jebliem und weiterjefahrn. E kleenes bisschen drvon kammer hei-
te noch in sich uffnähm, wemmer mit dr S-Bahn durch de Neistadt
nach Niedlem un Delau fehrt. Awwer nur e kleenes bisschen, mehr
niche, weil dr Bahnhoff Klaustor nich mehr da is, de Fahrt nich mehr
iwwer de Saale jeht, de Lokemotive sich nich mehr dän Hedebärch
hoghquelt un ans Blumfliggen nichema mehr ze denken is. Un uff dr
Plattform kammer ooch nich mehr de Hedeluft schnubbern. Das is
alles vrbei un kemmt nich widder.

Das is numa so, was heite is, is morjen Verjangenheet – nischt
bleiwet so, wies war. Awwer scheene wersch doch, wemmer we-
nichstens e bisschen von däm, was jestern war, dr Nachwelt erhaldn,
sonst isses for alle Zeidn verlorn.

Paul Behrendt
Uffen Jahrmarchte

Frieher war dr hallesche Jahrmarcht uffen Rossplatze. Oom an Was-
serturme näm Nordfriedhowe, un reechte von dort aus bis nunger
an de Berliner Straße. Nachen Krieje warsch dr „Platz der Jungen
Pioniere" unne Kinnerspielplatz zujleich. Heite hatte sein al'n Nam
widder. Awwer nu fehrt de Straßenbahn driwwerwägg un außerdäm
isse von Straßen janz zerteelt.

Exerzierplatz ware ma, Zärkusse schluuchen ihre Zelte dort uff,
un zweema war jedes Jahr Jahrmarcht.

Ich kann mich noch dran erinnern, als dort Jefechtsexerziern
von dän Panzerjäjern aus dr Rossplatzkaserne vorjefiehrt worn is.
Die kam' mit eener Fahrzeichkolonne, Panzerabwehrkanon hingene
dranne, uffen Platz jerast, de janze Kolonne stoppte uff ema, die uff-
sitzenden Mannschaften sprangen runger un brachten in rasender
Eile de Jeschitze in Feierstellunk.

Also zu där Zeit un ooch schon vorher hat dr Platz nich immer
friedlichen Zwecken jedient.

Mehr Spaß hat uns dr Jahrmarcht jemacht. Karussells, Schau-,

Los- un Schießbuden, Vrkoofsstände, fliejende Händler mit allen meechlichen Zeich un was weeß ich warn da. Das war immer e eenzjes Jedudle von den vieln Leierkästen, weil vor jeden Karussell so e Dink stand, un manniche warn riesenjroß. Un denn das Jejohle, Jekreische un Jeschrei. Iwwerall war „Lääm in dr Bude": von dr Raupe, wenn de Plane driwwer jink – ausen Ärrjardn mit den vieln Spiejeln, wo sich jeder eema lank un därre un denn widder rund un digge sahg – von dän „Rollenden Tonnen", wenn Männlein un Weiblein durchenander kuuchelten – un nich zeletzt von den V'rkoofsständen, wo eener den andern iwwertrumb'n wollte.

Bei Seiferts, Oscarn standen immer de Leite dichte an dichte, un da war was los. Oscar war schon eene Nudel forr sich. Da konnte mr sich ohne Eintritt wärklich amisiern, wenne in sein Leibzjer Säggsch seine Witze jemacht hat. Ich weeß noch, wie ich mit Vater un Mutter ma dort zujeheert hawwe.

Nee, was hammr jelacht, alse kleene Wachstuchtischdeggen anjeboodn hat. Als eener meente, dass die ze kleene wern, rief Osca, dän keener was iewelnahm: „Na, warte doch erschtema – die wächst doch noch!" Un als keener koofen wollte: „Da behalt ichse ämd forr mich un leje se in mei Bette. Da rutschen de Flehe aus un brechen sichs Jenicke".

Denn kam' Hosenträjer dran. E paarma ware schon midden Preis rungerjejangen, awwer de Leite wollten nich koofen. Da warsch Oscarn ämd zeviel, un was hatte jerufen? „Nee, das is mr doch ze bunt. Jetzt hawwich awwer de Nase voll. Schlaacht eich e Naachel ins Kreize und henkt eire Hosen drann!" Alles brillte vor Lachen. Un nu hamm de Leite jekooft, un Oscar hatte widder ma jewonn.

Dr Jahrmarcht war schon eene uffrejende Jeschichte. Un damals warsch schon so wie heite. Wenn ooch s Karussellfahrn bloß e Jroschen jekost hat, konnte mr sich nur e bisschen von däm leisten, was mr jesähn hat. Nadierlich hat's jroßen Spaß jemacht, sich uff e Holzfärd ze setzen, was währnd dr Fahrt sich hogh un runger bewäjte. Odder ma uff dr Spinne odder dän Riesenrade ze fahrn, wo mr von oom uff de Stadt guggen konnte. Jestaunt ham mr immer iwwer de Steilwandfahrer, die mit ihrn Motorrade jradezu an dr Wand kläwedn. Die fuhrn nich bloß in Kreise rum, nee, ooch in Zigg-Zagg ruff un runger un machten dadrbei noch alle meechlichen Figuggchen.

's Neieste aus aller Welt un Sensazjon', wie dän Ungerjank der Titanigg, konnte mer in dän Guggbuden sähn. Oddern Zeppelin wie'e iwwer Deitschland jefloochen oder jefahrn is, wie mer jesaat hat. Mer dachte nämlich, wemmer dän richtj an Himmel jesähn hat, dasse janz ruhich durch de Luft fehrt. Da warn so an de zähn Gugglöcher, wie Bulloochen, durch die mr alles in jroßen Billern sähn konnte. Da standen de Leite drvor un ruggten von een Fenster ans andre weiter. Damals war je an Fernsehn jar nich ze denken. De Radjos warn jrade uffjekomm' un janz seldn. Janz einfache Dinger mit Kobbherern, wo mr Spuln einsetzen un hogh un runger drehen musste, bis mer e Sender jekricht hat.

's jab ooch Sachen, die's zum Jligge heite nich mehr jiwwet. Da hamse Liliputaner, die Frau ohne Ungerleib, die diggste Frau der Welt odder Nejer, wie mr damals forr de Schwarzen jesaat hat, jezeicht. Na ja, de Schwarzen warn im Verjleich ze heite wärklich eene Seltenheet. Wär hadd'n damals schon een jesähn? Heite falln se schon jar nich mehr uff – mannichma isses schon so, als ob mr in Afrika, Indjen odder Vietman is. So ham sich ähmd de Zeiten ooch hier janz scheene jeendert.

Forr de jroßen un kleenern Kinner jab's alles Meechliche. Da war der „Legger-legger-Honimann" midd'n Feze offen Kobbe. Eis, Zuggerwadde, Jumi- un Pusteschlangen, Luftballonks, Jo-Jos, Nabbos, Liewesperln un was weeß ich alles. De Jroßen, ich meene de Erwachsen, haddn ooch ihr Verjniejen, wenn se den Lukas uffs „Pubfass" jeklobbt hamm. Wenn sich eener besondersch stark fielte, jinke zum Boxen odder Ringen. Da konnte mr sich nämlich e Preis holn. Mr musste awwer dän Schämpjen von dr Bude bezwingen. Na, als Arweitsloser war das schon was, wemmer dadrbei sich e paar Mark verdien' konnte.

Wenn ich midden Enkelkinnern heitzeteeche uffen Jahrmarchte war, musst ich immer an frieher denken. Ich weeß nich, awwer ich hawwe immer das Jefiel, dasses damals ärjendwie jemiedlicher zujink. Heite is mr das alles ze rasant, ze laut, un de Musike jeht een janz scheene uffen Wegger, un nich zeletzt is alles in Verheltnis ooch ze teier.

Na ja, das is nu ma so – andre Zeidn, andre Siddn. Mer muss sich ähmd an manniches jewehn, wenn's ooch schwerfellt.

Günther Böckelmann
De himmlische Inflisterung

„Nun seht Euch doch nur mal das da an. Das ist doch glatt zum Weinen! Nein, erbaulich ist das wahrlich nicht!"

„Was meint Ihr denn? Wovon redet Ihr denn nur?" Frarend kuckt dor Arzengel Gabriel Petrussen, den Mann mits jroße Schlüsselbund, aon.

„Na, dann kommt doch mal zu mir rüber. Schaut doch nur runter von unserer Wolke auf die gute alte Erde. Was seht Ihr denn da? Seht Ihr das Elend dort unten nicht? Ja, da genau da. Da sitzt doch im Akener Rathaus, im Arbeitszimmer, der Bürgermeister Jochen Müller an seinem Schreibtisch. Tief hat der den Kopf in die Hand gestützt. Tief sind auch die Sorgenfalten auf Müllers Stirn." Bekimmert schittelt Petrus seinen Jlatzkopp „Und da, zwanzig Meter weiter, was seht Ihr da? Na, da, ja, da im ,Schwan', im ,Weißen Schwan', der sich rühmt, die älteste Akener Gaststätte zu sein. In der Gaststätte, deren Aufsteller alsTagesgericht heute ,Linsensuppe nach Hausmacherart' zu drei Euro zwanzig verspricht, wer sitzt denn da am Strammtisch?" „Das scheint", dor Arzengel kuckt jenauer hin, „ja, das scheint mir der Rolf Schulze aus Aken zu sein."

„Recht habt Ihr. Es ist der Rolf Schulze. Rolf Schulze, den in Aken jeder als ,Schulzen-Knulli' kennt. Und vor sich zu stehen hat der einen großen Schlag Linsensuppe, in der zwei, na klar, zwei Scheiben Blutwurst schwimmen. Daneben steht natürlich noch eine große Portion Vanillepudding. Und der schwarze Kaffee dazu dampft auch schon. Na, und dann darf dabei ja auch der halbe Liter ,Hubertusbräu' nicht fehlen. Typisch Rolf Schulze!" Traurich, janz taurich schittelt Petrus seinen Jlatzkopp: „Und sehr Ihr auch, was da aus Rolfs rechter Rocktasche herauslugt?"

„Na, einen Briefumschlag sehe ich da. Einen dicken Briefumschlag. Mit amtlichem Siegel darauf. Das scheint, ja, das scheint mir ein himmlisches Siegel zu sein."

„Ihr liegt goldrichtig. Es ist ein himmlisches Siegel. Unser Siegel. Und in dem Umschlag, da steckt unser Brief. Unser Brief an den Jochen Müller. Unser schöner Brief mit der ,himmlischen Einflüsterung' für den Bürgermeister Jochen Müller, der da so betrübt in seinem Amtszimmer sitzt. Aber wenn ich nun sehe, wie dauerhaft der Rolf Schulze, unser himmlischer Bote, sich im ‚Schwan' niedergelassen hat, da wird, so fürchte ich, dieser Brief seinen Adressaten wohl nie erreichen!" Bekimmert kratzt Petrus sich ewwer sein'n Jlatzkopp: „Bruder Gabriel, und nun lasst Euren Blick doch mal über die Stadt Aken schweifen, schweifen vom Köthener Turm bis zu Naumanns Schuppen, schweifen vom Burgturm bis zum Dessauer Turm. Was seht Ihr denn da?"

„Na, das ist ja nun wirklich nicht zu übersehen. Also, ich sehe da die Altstadtsanierung, die stagniert, ich sehe den innerstädtischen Straßenbau, der nicht vorankommt, ich sehe auch wieder ein paar Straßenlampen, die am hellichten Tag brennen, und ich sehe eine Stadtkasse, eine Stadtkasse, die leer ist, leer bis zum Grund."

„Ihr sagt es. Das eben das sind die Probleme, die die Stadt Aken hat. Und dabei liegt deren Lösung doch auf der Hand. Oder eben in der Geschichte. Ein modern denkender Potentat wie der Kaiser Vespasian hat doch seine Latrinensteuer auch damit begründet, Geld stinke nun mal nicht. Und dem Sonnenkönig Ludwig, auch dem ist immer noch eine neue Steuer eingefallen, wenn er Geld gebraucht hat. Wir alle hier kennen die Bauernregel ‚Mairegen auf die Saaten bringt dem Bauern viele Dukaten'. Wie fändet Ihr denn deren Variation ‚Steuern auf Sonne, Wind und Regen bringen der Stadt Aken großen Eurosegen'? Doch so etwas, das fällt dem Jochen Müller da hienieden eben nicht von alleine ein. Das müssen dem alles wir einflüstern. Aber wenn ich da nun den Schulze im ‚Schwan' sitzen sehe. Also der rührt sich vorläufig nicht vom Fleck. Und ebensowenig unser schöner Brief. Ach, da unten, da geht eben überhaupt nichts der Reihe nach!"

Dor Reihe nach. Das isses. Jetzt woll mer die Jeschichte wurklich ma de Reihe nah vorzelln. Also, dass Schulzen-Knulli, den Rolf Schulze, jeder kenn'n tut, das wiss mer je nu schon.

Jearwet't hat der ins Magnesitwerk, inne Hoffkolone. Da loffe 'n janzen Tach mit'n Bäsen un de Schippe ewwer de rechte Schuller rum. Jedn, däne bejähn tat, huule aon: „Na mein Scheener, wuu wisste denn hin? Ach, jetzt säh' ichs erscht ma, das biste je du, dor lanke Bekelmann aus's Kesselhaus! Nu, was soll de' mann das noch wer'n mit eier Kesselhaus da hinten? Das ward doch in Lähm'n nischt mit eich da!"

Pinktlich zu Mittach saß Knulli immer inne Kantine vor an orntli-jen Schlach Linsensuppe mit wennichstens zwee Scheim Rotwurscht drinne. Un dornääm schtad, wenn's jeht, anne jroße Schissel Vanill-jenpudding. Wenn de Kichenfrauen keen'n Pudding harrn, denn hat e' se awwer ausjeschimpt: „Was, keen Pudding heite? Na, das is doch keen Mittach niche!" Un zum Schluss, da musste's denn immer noch an jroßer Tassentopp mit starken schwarzen Kaffee sin.

Knulli sprach je oo son scheenes anhaltisches Platt. Ofte soare: „Bei das Wetter un bei die Vorfläjung, da soll mer nu arweeten!" De jelehrten Leite, zu die jeheert oo de Frau Dokter Luther aus Mach-deburch, die tun das je nu „Ein-heits-ka-sus" nenn'n. Sonn Quatsch! Wie soll' mer's denn sonst soan, dass 's Hoffkehrn keen'n Spaß macht, wenn een'n der Räjen in'n Kraren trippt? Odder wenn de Sonne bläkt un's schtiem'm tut? Odder wenn de Kichenfrauen immer keene jroß jenuche Schissel for de Linsensuppe fin'n kenn'n?

Wenn Knulli ins Magnesit Feieraomd gemacht harre, denn fuh-re mit sein aoles Mifarad in Aken rum un suchte Fandflaschen zu-sam'm. Die län'n je heitzutare ewwerall rum. De Leite hann ähm'm allehoofe zu ville Jeld. Un Knulli, der verdiente sich dadomit an orntli-jen Fennich Jeld dorzu.

Un eenes schee'n Tares denn, da is Knulli sein Harze stehn je-blem'm. Mausetot woare da uff ema. An Infarkt soll's jewest sin. Knul-li, der war je nu keen schlechter Karle niche. Un so iss'e ähm'm in'n Himmel jekom'm. Da schtant'e mit uffn Ricken vorschrenkte Hän'ne janz kleenlaute vor Petrussen un kukte traurich uff sein jutes, aoles, jeliebtes Aken, wie's da so friedlich inne Oamtsonne aon'n Elbhaken dalään tat, run'ner. Nie im Läm wurre da wedder run'nerkom'm. Das awwer, mir werns sähn, war an Irrtum.

„Sieh da, sieh an, das bist ja du, Rolf Schulze. Viel haben wir hier oben schon von dir gehört. Und nun stehst du leibhaftig vor mir. Nun bist also auch du bei uns hier. Und was machen wir nun mit dir? Mit was beschäftigen wir dich? Einen Null-Euro-Job müssen wir auch für dich finden. Bist du musikalisch? Kannst du singen?" Petrus kukte Knulli frarend oan. Knulli woar's wäjen de unjewohnte Hehe an bisschen dauselich un er schittelte mit'n Kopp: „Nee, Chef." – „Gu-ten Abend", ein rundlicher Engel schwebte vorbei. „Guten Abend, Herr Thoma." „Das war der Ludwig Thoma, kennst du den?", wand-te Petrus sich zurück an Knulli. „Thoma, dor Schispringer?" „Ach,

Schispringer, Dichter ist der. Aber lassen wir das. Zurück zur Musikalität. Ach was! Stimme hat jeder. Jeder kann singen. Auch du kannst das. Du musst es nur wollen. Wir werden dich also auf eine Wolke stellen, und da wirst du den Vormittag lang ‚Halleluja' singen. Nachmittags hast du dann frei. Sing immer ‚Halleluja'. Singen macht die Brust weit und die Seele frei. Fang am besten gleich an damit. Also ‚H-a-l-l-e-l-u-j-a'."

Un da schtant'e nu uff seine Wolke, unser Knulli. Un krächzte „Halleluja, luja, luja". Immer, wenn an Engel vorbeijeschwäwet kam, denn wolle dän anhoal'n: „Na mein Scheener, wuu wisste denn hin? Sag ma, iss es denn nich boale Mittach?"

Se warn natierlich alle in sich jekehrt, de vorjeistichten Engel. Un krichten dän Schreihals ewwerhaupt nich mit. Oh, da wurre der beese: „Du Dummbüddel, du! Hast jlei eene hängen! Hauk bloß ab, du!"

Petrus harre natierlich an waches Oe uff sein Sorjenkind. Bei alle sprichwortlije Engelsjeduld, na eene Woche wolle sich das Jekrächze und Jeplärre denn doch nich länger aonheern. „Ach, jetzt schimpft der Schulze doch schon im Akener Imperativ", dachte er bei sich. „Nun, die Grammatik meiner Akener Delinquenten, die kenne ich ja nur zu gut. Immer wenn es anfängt, ungemütlich zu werden, hängen die, wie der da eben, an das entscheidende Verb ein k wie Konrad an. Nein, entzückt bin ich davon ganz und gar nicht."

Un so wenkte Knulli zu sich rewwer: „Rolf Schulze, Rolf Schulze, du machst mir Sorgen. So etwas wie mit dir habe ich überhaupt noch nicht erlebt. Vollkommen unmusikalisch bist du. Ausdauer hast du auch keine. Und du machst unseren friedlichen Himmel rebellisch. Ergötzlich ist das alles wirklich nicht. Ich sehe es ein, das mit der Wolke und dem ‚Halleluja', das wird wohl nichts werden. Noch eine fehlgeschlagene Erwachsenenqualifizierung mehr, was wir mit dir hier erleben. Aber was machen wir denn nun? Beschäftigen müssen wir dich, wo du einmal hier bist, auf jeden Fall." Petrus kratzte sich sein'n Jlatzkopp. „Ach, da fällt mir etwas ein", huul'e sein'n rechten Zeijefinger hok: „Wir haben doch hier einen Brief liegen. Einen ganz, ganz wichtigen Brief. Einen versiegelten Brief. Einen Brief, der längst hätte besorgt sein müssen. Leider hat sich bisher immer kein Bote dafür gefunden." Petrus wieete dän dicken Briefumschlach in de rechte Hand. „Würdest du dir denn zutrauen, diesen Brief zu besorgen?"

Knulli schtant wedder mit uff'n Ricken verschränkte Hän'ne vor Petrussen. Zejerlich nickte mit'n Kopp. Er witterte die Jeläjenheet, sich dammfeichte machen zu kenn'n.

„Traust du dir diese wichtige Mission auch wirklich zu?" Petrus harre da seine Zweifel, 's Maleer mit's „Halleluja" war ähm'm noch frisch. Awwer denn kurzentschlossen: „Na gut, wir wollen es wagen." Er setze anne arnsthafte Miene uff. „Also, hör zu. Dieser Brief ist, ich sagte es schon, ganz wichtig. Und auch ganz eilig. Er ist an den Akener Bürgermeister Jochen Müller adressiert. Diesem persönlich zu übergeben ist er. Steige also von unserer Wolke hinab. Eile dich. Säume nicht. Lass dich durch nichts ablenken. Steige hinab zur Erde. Begib dich nach Aken. Gehe stehenden Fußes ins Akener Rathaus. Steige dort in die zweite Etage hinan. Gehe geradeaus zum Bürgermeisterbüro. Aber lass dich dort auf gar keinen Fall von Frau Ludwig, Jochen Müllers Vorzimmerdame, abwimmeln. Geh selbst ins Amtszimmer und lege diesen Brief dem Jochen Müller persönlich in die Hand." Petrussen seine Miene wurre jetzt wedder freundlijer. „Traust du dir das zu?"

Knulli war nich janz bei de Sache jewest. Sein Oe hang sehnsichtich aon sein jeliebtes Aken, wie's da jrade ins rosane Morjensonne dalääm tat. Mit dor Jewalt riss'e sich von dän Oanblick los. „Klar Chef."

Petrus hul dään dicken Brief hok, wedelte jewichtich dormit hin un her, drickte'n denn Knullin in'ne Hand. „So, nun mach dich auf deinen Weg, mein Sohn. Gottes Segen sei mit dir."

Das nu luuß sich Knulli nich zweema soan. Er tippte sich mit'n Finger oane Schtarne. „Machen se's jut, Chef." Trab, drähte sich rum, tat mit an Affenzoahn von'n Himmel run'nersteijen, sprunk oan'n Lorf von'ne Himmelsletter ihre un'nerschte Sprosse, ach so, dor Lorf, ja das is dor äl'leste Akensche Stadtteel, heite an Spukschloss, in das dor Oliver Osterland janz alleene hausen tut. Un jeder hallwähe jebildete Akener kennt je zun'n Lorf dän Spruch: „In'n Himmel is Jahrmarcht, oan'n Lorf steht de Letter." Knulli loff denn uff de Akensche Inn'nstadt zu, un da junke jroadeaus un drekt na, wuhin woll? Ja er junk janz drekt in'n „Weißen Schwan" rin. Dor Uffsteller von'n „Schwan", de Linsensuppe un de Rotwurscht, dor Vanilljenpudding, dor schwarze Kaffee un's „Hubertusbräu", die taten doch zu siehre locken. Die harrn Knullin zu lange jefählt. Nu, un'n Rest von'e Jeschichte, dän kenn'n mer je nu schon. Knulli der sitzt un sitzt. Un sitzen tut zwanzich Meter weiter oo dor Börjermeester Jochen Müller. Mit tief in'ne Hand jeschtitzten Kopp sitzte oan sein'n jroßen Schreibtisch un simmeliert. Un 's will ihm eenfach zu nischt ane Leesung infall'n. Un de „himmlische Inflisterung", mer wissen's worum, die kann'n je oo nich erreichen.

So, nu ward doch hoffentlich jeder, der ma na Aken komm'm tut, kapiert hann, worum in die Stadt de Altstadtsanierung stockt, worum dor Stroaßenbau da nich fartich ward, worum immer wedder oan' hellichten Tach an paar Stroaßenlatarn'n brenn'n tun, un worum de Stadtkasse ratzekahl leer is.

Un Petrus, der kukt bekimmert run'ner uff dän Schlamassel. Un was soate dadorzu? „Ach, was soll's", soat der. „Gönnen wir dem armen Rolf Schulze doch die schönen Genüsse, deren es ihm so lange gebrach. Man lebt ja schließlich nur zweimal." So soate dor Himmelschließer Petrus. Un er hat Recht, der jute Mann, vollkomm Recht hat'e.

Claudia Brack
De Bratworscht

Frieher hamm mer ä mal in Bärlin jewohnt. Nu ja nich mähr – jetze sinn mer widder da. Awwer nich lange her, da wohnten mer noch in Bangoh. Se wissen schohn – der Sonderzuch nach Bangoh un so. In Bangoh jahbs ach ä scheen Fleischer. „Na jut", haw ich mir jedacht, „jehste ma gukken, wasse se hier so alles hamm." Mer soll ja jarnich so veel Fleisch essen, wejens der Jesundheit und so – awwer manchmal kitzelts een doch janz scheene in der Dutte, wenn mer drannevorbeijeht!

Als ich noch ä klähner Kniewest war, ham mir ach noch sälwer jeschlachtet. Den Jeschmack währe ich nie verjässen: de Worscht un später de Gläser mit den Einjekochten drinne. Un nadierlich de Bratworscht, scheene abjehangn am besten. Der janze Dachboden, wo se denn später hink, roch nach Jereicherten.

Ich nu also nein in den Laden. Drinne wor ä Jewerche, lauter Leite. Mer konnte denken, es is dreissch Jahre voher un es jibbt Ruhlahden.

„Ach nich schlächt, haste Zeit, kannste dich emah umgukken ..." Es jahb das janze Jelumpe, was mir ach so kenn – Salahmi un Mordadellah, ach Lewwerworscht (awwer bestimmt nich so scheene wie bein Altenburch uffen Rammberche).

Awwer keene Bratworscht!

Als ich nu endlich dranne war, hawwe ich mich janz ordentlich bemieht, hochdeitsch ze reden. 's braucht ja nich jeder gleich ze hehrn, nachher verstehn die mich niche! Unn dann schieln se een ach so komisch an, als ob dähn ihre Schbrache besser klingt.

„Geben Sie mir doch bitte eine halbe Bratwurst!", sahte ich.

De Verkeiferin sahk mich eijenartch an: „Watt, dett kleene Ding ooch noch teiln?" Daderbei zeichte se in de Auslache. Da jink mich ä Licht off. Die meint de Frischjestoppten!

Wie sollte ich där sachen, was ich meinte? Ich hawwe werklich alles prowiert un beschriehm un jemacht. Awwer se hat mich nich verstanden.

„Dit führn wa ja nich!", meente se.

Zum Schluss hat se mir änne Knaggworscht jejähm – von außen sah se ach fast aus wie änne Bratworscht. Awwer de Jewärze un der Kimmel hamm jefählt, das wor doch bloß änne schlächte Kohbie.

Es war ähmt nich das sälwe wie bei uns im Mansfäller Land, so scheene Worscht jibt's nur bei uns. Ä bisschen frustriert musste ich nu warten, bis mer widder hähme warn und mir wurde mal widder klar: Dor Hähme schmeckts ähmt am besten.

Klaus Büchel
Dr Wildcamper von Pölsfeld

Das Dorf Pölsfeld is e beschaulicher Ort an Südharze, in e Tal jelechen rings um Wald nur nachen Westen hen isses Tal offen. De Wälder hier warn's Lieblingsjachtrevier von Herzog Christian von

Sachsen-Weisenfels. Damals war de Welt noch einichermaßen in Ordnung. Doch das war früher.

Ich will eich jetz aus dr heitchen Zeit enne Jeschichte erzähln, die ich mett mei Worten offjeschrewwen ha un in der e Pölsfeller dr Hauptaktör war.

Uwe hieße. Wemmer das Jute in den Falle zuerscht sieht, is dr Pölsfeller eigentlich zu bedauern Eheprobleme, Familienstreitigkeiten, Nachbarschaftszwist und Arbeitslosigkeit nach dr 89er Wende – die Lawine hatten aus dr Bahn jeworfen un er war e Einzeljänger jeworrn. Zeitweise hatte sich ner rechten Kameradschaft anjeschlossen, awer e richtcher Rechter ware nich jeworrn. In seiner Juchentzeit ware e brauchbarer Feuerwehrmann, seiner Arweit offen Schachte isse damals ah regelmäßig nachjejangen un als Kaninchenzüchter hatte sojaar Preise for Zuchterfolje errungen. Doch das is Jeschichte.

Was sich in dr dörflichen Idylle hier am 10. Juli 2009 abjespeelt hat, is ohne Beispiel in der 1100-jährigen Dorfjeschichte.

Dr Pölsfeller hatte sich in de Welt dr alten Germanen jeflüchtet un er praktizierte heidnische Bräuche. An de ohln Jötter Wotan un Donar glauwete un mett den wollte Kontakt offnehm. Er hatte desderwejen offen Berje ann Wolfsstieche zur Osternacht e Kranz an e Holzkreuze offjehänget de Götter hatten awer nicht droff reagiert. Dadernach machte e Suizidversuch, woe mett sei stilljelehten Auto zwischen Jonne un Riestedt in hohen Tempo jejen e Pflaumenbaum raste awer das jink schief, weil dr Baum morsch war un ummejebrochen ist. Als Folge hatte nun e Strafbefehl zu erfülln. Er enzog sich awer dem Zugriff dr Staatsmacht, indeme sei Wohnhaus verließ und am Himmelweje off ner Weese e Zelt offschlug. Da konnte nischt zugestellt wern. Mett Ess- und Trinkwaren hatte sich reichlich einjedeckt und in dr Naturidylle riefe, weile doch dran glauwette, immer wetteremal seine Jötter an. An Himmelweche ware ja näher dranne. Awer die da owen reagierten einfach nich. Er ließ de Hoffnung awer nich falln un verbrachte seine weiteren Erdentache nun in sein Zelte.

Da das Gras, off den's Zelt stand, a emal abjemächet wern musste, hatten dr Eijentümer an Ort un Stelle offjefordert, 's Zelt abzubrechen. Er hatte awer de Zelterlaubnis von owen einjeholt un er wehrte sich jejen das irdische Ansinnen mett rohen Kräften so, dass dr

Weesenbesitzer verletzt, erschtemal abricken musste. In Sicherheit gelanget, suchte der nun de Hilfe dr Polizei (als Freund un Helfer, wie's früher so schene hieß). Es jink ruck, zuck, zwei Polizisten und eine Polizeianwärterin, die in der Jejend gerade Verkehrskontrolle machten, wurden per Funk nach Pölsfeld beordert, wo se nun mett'n Geschädigten ans Laacher von Wildcamper fuhrn.

De Personalien festzustellen misslang, de Offorderung 's Zelt zu räumen, weil das e Verstoß jechen de öffentliche Ordnung war, tat dr Zelter mett ner Drohjebärte als Messerwerfer jejen de Uniformierten beantworten. Er machte daderbei droff offmerksam, dass er nich dr Gesuchte sei: „Ich bin e Löwe!", solle se anjegröhlt han. (Er meinte allerdings sein Tierkreiszeichen un wie zum Hohne, 's Horoskop for de Löwen am 10. Juli 2009 versprach: „Sie vermögen jetzt, die Konkurrenz zu schlagen.")

Das konnten de Polizisten natürlich nich wissen, se fühlten sich arg bedroht. Löwenbüchsen hatten se nich drbei, un so brachten se Pfefferspray zum Einsatz, jedoch beim Löwen ohne Wirkung, de Situation wurde brenzlich, dr Camper hatte immer noch kampfbereit e Messer in dr Hand, da zückten se ehre Dienstpistoln und feuerten Warnschüsse in de Luft, ah ohne Wirkung.

Was nun? Rückzug wär je ah noch ne Möglichkeit jewesen, awer die Blöße wolltense sich nich jewen, also, jezielte Fangschüsse in Richtung Beine.

Die Treffer hatten Wirkung, dr Camper erjab sich awer immer noch nich, er ergriff anjeschossen de Flucht in den nahen Wald. De Polizeianwärterin konnte in de Kampfhandlung nich eingreifen, die war von dr Situation überfordert, so e Thema hattense in dr Schule noch nich. Trotz dr anjeforderten personellen Verstärkung durfte off höhere Weisung kei Zugriff offen anjeschossnen Löwen erfolgen. Nur aus sicheren Abstand sollten se 'n Deliquenten beobachten un nich ausen Augen verliern.

Dr Zugriff sollte nun ohne Risiko un ohne weiteren Schaden anzurichten durch jut ausjebildete Spezialisten von SEK erfolgen. Das sin Einzelkämpfer von der Truppe, die damals in Mocatischu de Flugzeugentführer unschädlich jemacht han. Die Männer mussten awer erscht von Machteburg off schnellsten Weje mett e Hubschrauber rangeflogen wern. De Zeit drängete, dr Camper konnte mett der Schussverletzung eventuell verbluten, un es wurde a langsam dunkel un damit de Landung im Jelände in Frage jestellt. Awer, 's jing jut, dr Pilot konnte das Ding off ner Weese zwischen den ohln Schachthooln in Kupperberche sicher off de Erde brengen. Zwei Kämpfer kletterten raus, un ohne Komplikation holtensen anjeschossenen Wildcamper aus sein Waidbette un leiteten de Erschte Hilfe ein. Dadermett hattense ehr Offtrag erfüllt un de unmittelbare Jefahr war fr alle Beteilichten jebannt.

Dr Kampfplatz musste dadernach von der anjeforderten Feierwehr aus Jonne mett Notstrom un Scheinwerfer taghell ausgeleucht wern, weil de Kriminalisten wissen wollten, wen seine Kugel jetroffen hatte un ob noch jefährliche Sachen offen Zeltplatze rumlehn täten. Noch an selwen Awend hatte dr MDR den Fall in de Nachrichten offjenommen, un an nächsten Tage machten se enne Reportage in Pölsfeld, die mett friedlichen Dorfbildern anfing un mett den traurichen Anblick vom leern Zelt un den nun friedlichen Kampfplatze endete. Weil dr Vorfall mett Waffeneinsatz deutschlandweit enne Spitzenmeldung war, hatte Pölsfeld sojar in dr Bildzeitung e Extraplatz jefungen, natürlich ah in dr „Mitteldeutschen". „Sondereinsatz in Pölsfeld" stand da mett fetten Lettern jedruckt. Sondereinsatz klinget eichentlich unjefährlich. Na ja, Presseschlachworte ewend!

Awer als Nachspeel krein alle Akteure Probleme: De Polizisten müssen den Schusswaffeneinsatz forn Staatsanwalt rechtfertigen, un dr Pölsfeller musste nach Jenesung erscht bein Psychater un dann villeicht enne Weile jesiebte Luft atmen hammer alle jedacht, awer Uwe war nach seiner Jenesung entlassen un wedder unger uns, es kemmet immer anderscht, als mer denkt. Seine Schusswunden zeichte Interessenten freimütch.

Ich hoffe, dass eich de Storry ah nachdenklich jestimmet hat, wenngleich e bisschen Schadenfreude nich verboten is, weil dr Camper e Denkzettel jekricht hat, awer metten Läwen d'rvonjekomm iss. Vielleicht warsch forn enne letzte Schangse. Dr Fall hätte ah anderst ausjehn könn, doch's Glücke war off dr Seite dr Polizisten, sie könn sich rechtfertchen, de Jefahr war je da, un de Kugeln hattense wie jelernt off nich lewensjefährliche Stellen abjefeiert un die a jetroffen.

Eijentlich weer de Jeschichte hier zu Enge, awer s is nochemal anders jekomm. Uwe ist ausen Dorfe verschwunden, spurlos, e halwen Tach hat de Polezei mett Hubschrauwer un Hunnestaffel in Wald un Flur nachehn jesucht. Ohne Erfolg,

Es bleiwet nur de schwache Hoffnung off e unerwartet juten Abschluss, awer mr muss a metten Schlimmsten rechen. For'n Textschreiwer is deshalb an der Stelle erschtemal dr Stoff alle.

Marlies Flemming
Wie's meine Mutti fast erschloan hätte

Na de Wende ham ville ihr Dach decken loaßen. Mir nich glei, awwer neinzenhundertviernneinzich hammer uns ooch dazu entschlossen. Da rickte also Dachdecker Harmann aus Wullewe oan. Die stellten's Jeriste uff, dor Bauwaan kam nebnaan bei'n Napper vors Haus. Und mir konnten ooch de Dachlatten da leen loassen, weil mer die noch zum Heezen brauchten. Vor de Haustiere stellten se uns en jroßen Konteener. Es woarn ja zwee Dächer, die se decken mussten. De Handwarker machten sich denn ahn de Arweet. Se schmissen de olln Dachziejel in Konteener.

Wie se denn damit fartich warn, rissen sie de janzen Dachlatten runner und schmissen die bein Napper vors Haus. Mir hatten abjesprochen, dass de Latten da leehn bleim konnten, bis dor Konteener vor unsere Haustiere wechjeholt wurre. Na Feieroabmd wollten mor denn de Dachlatten rinbringn. Unsere Handwarker warn fleißich und wenn eener von uns aus de Haustiere rauswollte, musst'er Bescheed sahn, damit se ma uffheerten mit Schmeißen. Ich musste denn inne Stadt und meldete mich bei de Handwarker. Die heerten uff mit Schmeißen, bis ich durch war. Ich bin denn also in Stadt inkoofen jejangen. Ich kam willer heeme un inne Korchstroaße kam mich schon eene aus de Napperschaft entjejen. Mensch Marlies, mach dich bloß heeme, de Handwarker sin janz uffjereecht. Ich komme um de Ecke, da kam se mich schon entjejen: „Frau Flemming, wir hätten ihre Mutter jetzt fast erschloahn." Was hatte se denn jemacht? Isse doch eenfach raus und wollte de Dachlatten rintrahn, obwohl die immer noch vons Dach runnerschmissen. „Mensch Mutti, das kannste doch nich machen. Du bringest doch den Harmann ins Jefängnis, wenn die dich erschloahn hätten." – „Nee, ich hawwe immer bei de Handwarker mitjehollefen. Als mir damals inne fuffzijer Joahre des Dach jedeckt hamm, hammer alle mit oahnjefasst." – „Mutti, das brauchen mor heite nich mehr machen, das machen die alles alleene. Dafor bezoahln mor se doch." Se hat's denn ooch injeseehn und is nich mehr rausjejangn. So lange ham sich ja de Handwarker ooch nich bei uns uffjehoaln, obwohl se sich janz wohljefielt ham. Se krichten bei die Bullnhitze immer koale Jetränke, und Eis hammer se ooch uffs Dach jeschickt.

So hätte meine Mutti ihren 80. Geburtstag fast nicht mehr erlebt.

Heidrun Franke
Silvester 1987: „Lämn wie Jott in Frankreech" uffen Zarbster Vorelhärd

Mor schreimn det Jahr 1987. Dor Vorelhärd hat widder uff! Wenn Se denken, det iss een Vorelpark, liejen se falsch. Doch een bischen met Vejeln hattet wat ze tun. Vor ville hunnert Jahre hadde nämlich een reecher Zarbster Manufakturbesitzer det Jrundstick, zwee Kilemeter nordestelich vor unse Stadt, von'n Zarbster Forschten erworm'n, um Vorelfang zu betreim'n. Später ließe da een zauwerhaftet, barocket Anwäsen arrichten. Met de Zeet wechselten Besitzer unn Nutzung. Dor Vorelhärd entwickelte sich, besonnersch in de Friehlings- un Sommerzeet, iwwer de Jahrzähnte zu'n beliebtet Ausfluchsziel mit Ausschank. Natierlich jab's da noch det beriehmte Zarbster Bitterbier. Vor alln zu Fingsten war dor Vorelhärd Vorjniejungsort for Jung unn Alt. Zu de Feiertare war immer Schwoof in dän historischen kleen'n Ballsaal oder ooch draußen in Park. Ne Kapelle spielte amds zu'n Danze uff. De Zarbster lieweten ihrn Vorelhärd. Manch eener fand da den Partner for's Lämn.

Aus Altersjrinde jab dor olle „Ate" Michaelis 1967 de Jastworschaft na iwwer hunnertjährije Familjentraditsjon uff. Nu isse widder dorchen Nachfahrn aus de michaelissche Dinastie zu Ehrn jekomm'n. Als Jastronomie for jehomne Anspriche. De Innheimischen balchte je nu mächtich de Neijierde – et sollte dort janz vornähm zujehen!

Un det Anjebot vons Essen! Keene Standardjerichte wie „Schnitzel met Sättijingsbeilare", „Zijeinersteek" odder de beriehmte „Soljanka". Dor Kniller sollten „Franzesische Amde" mit „Sieben-Jänge-Meniehs" sinn! Wenn mer anne ippich jedeckte Dafel sitzt, denn heeßtet da ofte: „Da lämn mor widder wie Jott in Frankreech!" De „Franzesischen Amde" zoren uns deswäjen mächtich an. Det roch ooch so een bischen na weite Welt. Wo mer damals inne DDR selwer bloß metten Finger uff de Landkarte na Frankreech reesen dorfte. De Plätze warn ooch entsprechend knapp. Trotzdem hammer zu Silvester 87 een'n Disch for sechs Parsonen arjattert. Natierlich solltet det sarenhafte „Sieben-Jänge-Menieh" jämn.

For'n äußerlichen Schick hadde ick mich denn extra een elejantes silwern-schwarz jeworktet Lurexkleed jenäht. Unse Anreese war dorjejen nich so vornähm. Zu Fuss jing's los. Zunächst iwwern Sticke Modderwäch. Denn stracks weiter de Schossee in Richtung Strine (Strinum) lankhin. Et war nasskolt unn hadde jeschneit. Mir Frauen hatten Stiwweln an. De Hackenschuhe schleppten mor in een Dederonbeitel met. Als mor in Vorelhärd ankamn, warn mer janz verszauwert von den Anblick, der sich uns bot. Wie'n kleenet Marchenschlesschen sah det barocke Anwäsen mit Park unn Deech aus!

Lange konnten mer uns damit awwet nich uffholln, denn zenächst mussten mir Frauen nach so'n langen Marsch wäjen Schuhe wechseln unn Frisur uffrichten zu't WC. Da krichten mor't zweete ma jroße Ooren. De sanitärn Anlaren warn doll! For damalje Jaststätten dor reenste Prunk! Allet scheen jefliest! Wo doch jrade Fliesen Mangelware warn! Wer Fliesen bejehrte, brauchte als Tauschwährung „blaue Fliesen" oder nutzte annere Meechlichkeeten. Jedenfalls war det Vorelhärdklo dolle, dolle scheen! De Amaturn blitzten, vorjromt unn formscheen in unse Ooren. Se warn Jott sei Dank noch mechanisch zu bedienen. Mer brauchte also met de Hände keene Akrobatik zu machen, bis endlich dor Waserstrahl aussen Hahn kam. Nach de Umtreckerei jing's rinn in de Jaststummn! Vorstohll beäuchten mer det Intorjöhr. Keener sollte marken, det so een Lokal for uns nich alltächlich war. An Decke unn Wände Stuck, jediejen injerichtetete Jastzimmer, offner Kamin, jroße Fenster mit edle Vorhänge, jroßer Speisesaal mit Bar! Unn aus alle Fenster dor Ausblick uff dän vorschneiten Feenpark. Nach de erschten Inndricke unn Orjentierungen worren mor denn innen Speiseraum plaziert. Uff de Speisekarte standen de eenzeln Jänge mit ihre franzesischen Namn. Det Läsen jing nur buchstamnweise. Zu unsen Jlick brauchten mer die Namn jedoch nich auszusprechen. Erschtma krichten mor een'n Apperitif, des mor nich so vorklemmt dasaßen. Der Wort sahde uns na ne Weile den erschten Jang uff Franzesisch an. Weeß dor Deiwel, wat's da jäm'n sollte! Mor daten so, als häddden mor't verstannen. Awwer ar sah's doch an unse etwas vorworrten Mienen, desset nich so war. Drum arklärtet uns uff Deitsch. Nu jing's los, dor erschte Jank kam! Et war een Suppendeller mit een Schluck Bulljong. Een bischen wenich, dachten mor bei uns. Na ja, et jeht je erscht los. Laange Pause! Dor Maren hing uns na den Riesenmarsch schon inne Kniekähln. Denn kam dor zweete Jank. Uff eenen riesenjroßen Deller lach da eene kleene, kinstlerisch anjerichtete Winzichkeet, wat uns zwar jefiel, awwer nischt for unsen jroßen Hunger war. Jedämpfte Stille in't Lokal. Erscht noch abwarten, dachten mor. Schnell warn de Deller leer. Na, war woll allet nur zu't Anfittern. Nächste lange Pause! Ähnlich waret metten dritten unn vierten Jank. Immer hofften mer for'n nächsten Jank uff 'ne richtje scheene jroße Portsjon, wie mor det gewohne sinn. Jeder Jank war zwar scheen anzusehn uff dän jroßen Dellern, awwer ämd immer nur ne Vorelsportsjohn! Sollte det etwa ne Anspielung uff dän Namn „Vorelhärd" sinn? Mor nahmens jefasst hin.

An'n Nappertische heerte mer't schon ne janze Weile rumknuckern. Nach ne weitre langstietzje „Sitzung" kam dor finfte Jank: ähnlich wie de Vorjänger! Det missten awwer nu schon de Hauptjänge jewäsen sinn, iwwerlechten mer. Da konnte doch de Nältute an Nappertische nich mehr an sich holln. Janz laut unn deutlich roff se: „Nee wisster, wat sinn de man det vor kleene Portsjonen? Dadervon soll'n mer satt wärn!? Da vorhungert mer je an Dische! Unn denn for det Jeld!" Mucksmeischenschtill waret ins Lokal. Nee, war det peinlich! Mer saßen da wie de Eeljetzen. Obwohl se doch des sahde, wat alle dachten. Ne, et war uns doch ziemlich schenant! Ob's dor Wort jeheert hadde? Sicher, där hadde janz rote Ohrn unn hat sich hinner seine Bar nich jeriehrt unn sich iwwer uns „Jourmeh-Barbarn" seine eejenen Jedanken jemacht. Unn Haste nich jesähn war ooch der Jank Jeschichte. Unse Nältute konne sich nich jlei beruhjen. Dor sechste Jank kam wie jehabt. De Nappern knurrte noch een bisschen weiter, awwer leiser. Mette Zeet worret nämnan still. Det Sättijungsjefiehl dat seine Workung. Ooch bei unse Nähltute. Det Ende von's Lied war janzenjar, desse ihr Dessähr, nu ooch recht laut, ihre Leute anbieten dat, weil se doch man zu satt wäre. Se wunnerte sich iwwer die dotale Workung von die kleen'n „Vorelhäppchen"! Ja, so isset woll, wenn de Ooren jreßer sinn, als wie dor Maren! Et iss ämd nich so eenfach, wenn mer uns Zarbster Landflanzen feinet, franzesischet Lämn beibringen will. Uns, for die unser Traditsjonsfriehstick „Zarbster Bräjenworscht mit saure Jorke" doch een Leckerbissen war! Awwer mor larnen je jarne derzu. Nu wussten mer, wie dor liewe Jott in Frankreech läwet! Da word ämd ne jroße Mahlzeet in ville kleene Häppchen uffjedeelt!

Nachen Essen worret denn jemietlich inne Bude. Ne kleene Kappelle spielte zun Danze uff. De anjefutterten Kalerien worren so widder abjearweetet. Schnell verjink de Zeet bis zu't neie Jahr. Een kleenet „Jlicksschweinchen" unn Feierwark draußen in Park rundeten de Silvesterfeier ab.

Nur zwee Jahre später kam de Wende. Et öffneten sich de Jrenzen for uns alle. Na, da warn mir Zarbster denn bei 'ne Reese na Frankreech de annern Ost-Turis weit voraus: Mir kannten uns nämlich schon met's „franzeesische Lämn" jut aus! Bloß met de Sprache hapert's immer noch!

Brigitte Hanke
Anhältsche Mundart

Wenn mor ewwer anhältsche Mundart spricht odder schreiwet, denn fällt een'n als Erschtes Hermann Wäschke mit seine „Paschlewwer Jeschichten" in, awwer mir haddn hier in unse Napperschaft in Wallersee noch een'n, der uns mit seine Mundartjeschichtn ville Freede macht. Das war Willibald Krause. De Heimatfreinde harrn im Jahr 2008 sein'n 100. Jeburtstach bejangen. Sein 10. Todestach wurre 2005 ooch jefeiert.

Wer war denn nu Willibald Krause?

Er war dor Schuster in Wallersee un oo an „Hans Sachs", an Poet, an Schelm un an Spaßmacher dorzu. 1908 wurre in Warlz jeborn. Schon un de sechzijer un siebzijer Jahre von's vorrichte Jahrhunnert hat e sich zu seine Heemte bekennt un hat ewwer zweehunnert Bejäbnheetn aus de Stadtjeschichte in de Taeszeitung jeschremm'n, un finnemsiebzich ma ewwer „Worlitzer Orjinale", dreißich ma ewwer „Dessauer Orjinale", „Schrullije Keize" un ewwer „Aale un neie Spaßveejel".

Neinßnhunnertviernsechzich un -finnem'nsechzich sin seine Biechor „Uff's Maul jekuhkt" un „Warlzer Jeschichtn un Jesichter" rausjekomm'n. Illustriert warn die Biechor von den Dessauer Maler un Illustrator Heinz Rammelt. De Biller zu de Zeitungsjeschichtn harre sein Wallerseer Freind Max Lennig beijesteiert.

Willibald hat ooch neinßnhunnertsecksensiebzich anne Auswahl von de „Paschlewwer Jeschichten" von Hermann Wäschke neie rausjejäm'n un unner de Leite jebracht. Ich hawwe dadorvon an Exemplar mit anne parseenliche Widmung von Willibald Krause. „Nicht jedes Lachen kommt aus echter Fröhlichkeet" hat e dunnemals jeschremm'n. Wie mag e denn das jemeent hann? Ob e da villeicht an de Schadnfreede jedacht hatt?

Das war unsen „Hans Sachs" awwer nonnich jenunk. Es zock en parseenlich noch in de Effentlichkeet. He wurre Bittnrednor bei de Jelleb-Roten un bei'n WCC (Waldeser Carneval Club e. V.) un stiech da in de Bitt. Da war e an jarne jesähner Jast un in sein'n Element un fand jedes Jahr an neies Thema. Ma war e Ferienplatzanwarter, ma Kleenjartnor, Straßenfejor odder Bebisittor.

Un weil mor nu jrade bein Karneval sin, da kann ich noch von de annere obn arwähnte Parseenlichkeet was arzähln: Das war Heinz Rammelt, dor Illustrator. Fuffzich Jahre hat e in unsern Ort jeläwet un jearweetet.

He war an studierter Kunstmaler un hat Landschaft'n un Tierbiller jemalt. Tierbiechor un Tierfilme hat e illustriet. Jarne hat e in'n Zorkus un ins Theater seine Modelle jesucht un ooch jefungen.

Ich kann mich noch arinnern, dass e bei de Karnevalsvoranstaltungen in'n Kristallpalast, in's ABUS-Klubhaus odder in de Fine mit sein'n Zeechenblock ufftauchte un hat da seine Schkizzen jemacht. Eenma hat e ooch mich jemalt un das kam so. Dunnemals wat jrade dor „Entntanz" von dremm'ne rewwer jeschwappt (ihr wisst, was ich meene) un alle Kapelln spieltn deen. De Leite uff'n Saal tanztn un flattortn mit de Ellnboen wie de Entn mit de Flettiche.

Da harrn sich de Frauen von'n WCC extra Kostieme for'n Entntanz anjefarticht. Alle harrn se jellewe Pumphosen an un jellewe Entenbeene aus Schaumjummi uff de Schuhe mongtiert. Uff'n Ricken von's Hemne warn jellewe Stoffdreiecke anjeneet. Die warn mit Hinnerfeddern jeschmickt un an'n Stärz war noch an Streißchen Jänsefeddern befesticht, dormit das wackeln mit'n Hinnerscht'n o richtich zu sähn war. Eenor harre jellewe Entnschnawel jebastelt. Jede „Ente" hadde sich noch mit an lustijen Hut un sonstijen Krimskrams ausjestattet un so wurre denn dor Tanz uffjefiehrt. In deen Uffzuch harre mich dunnemals dor Kinstlär in de Pause jemalt, ohne dass ich das ewwerhoopt jemarkt hodde.

Heinz Rammelt war zwar keen Mundartdichter, awwer mit seine ulkijen Biller hat e for Willibald Kräußchen seine Mundartjeschichtn noch richtijen Feetz jemacht.

Mit seine Ufftritte als „Meester Tusche" bei de Kinnerfeste war e an richtijes Dessauer Orjinal un is wert, jenau wie Willibald Krause, nich in Verjessenheet zu jeratn.

Brigitte Hanke
Anna-Magdalena-Bach-Saal Köthen

Dor Lannesheimatbund harre an Literaturwettbewarb for Jeschichtn in Mundart ausjeschremmn. Ich harre mich dadran beteilicht.

Nu war dor Zeitpunkt ran, wu in Keetn de Preisvorteelung sin solle. Meine Freindin Ilse harre ihrn Jungen vordonnert an'n Sunntachvormittag mit's Auto newwer zu fahrn un da kunne ich mitfahrn. Se han mich Beede zu Hause abjeholt un denn sin mir ewwor de Autobahne, ewwor Lingenau, Hinsdorf un Quellndorf na Keetn jefahrn. Uff direktn Wäch kann mor nich, weil se in Mosicke de Straße uffjerissen hann un dorch's Dorf wolln se en Dorchjangsvorkehr nich laßn.

Weil dor Sohnemann sich an paar Taare vorrher schon ma ewwor de Straßenvorhältnisse un's Schloss informiert harre, warn mor schon anne hallewe Stunn vor Bejinn dor Voranstaltung da. Es warn awwer alle Parkplätze in de Nähe schon busetzt. Mit Miehe hat unse Schoffeer noch een'n jefungen. Denn sin mir nah 's Schloss jewackelt. Hinweisschiller jab's nur, wenn mor schon vorr de Tiere stand. Dor Saal war in'n erschtn Stock, zum Jlicke jab's 'n Fahrstuhl. So ville Autos wie draußen rumstandn, so ville Leite warn o schon in'n Saal. Mir han awwer noch an jutn Platz jefungen.

Pinktlich um zehne jink's los: Musikalische Ereffnunk mit de Musikschieler aus Keetn. Denn kam'n de Jrußworte von de Jeschäftsfiehrer von'n Lannesheimabund un von de Keetnor Kultur GmbH. Dor Landrat harre keene Zeit un harre nur an paar Jrußworte jeschremm'n.

De Festvorträje hieltn Frau Professor Seewald ewwor de „Neie Fruchtbrengende Jesellschaft" un de Historie seit 1617 ('s Jrindungsjahr) mit'n Keetnor Firscht Ludwig I., wie der sich schon for de deitsche Sprache injesetzt hadde. De Autorin Diana Kokot von'n Boedecker-Krees arzählte mehr von ihre Erfahungen mit de Schreibzirkel un meente: „Schreibn is wie Fliejen", weil's ville ebn zum eejen'n Vorjniejen machen.

Um zwellewe war Mittachspause. Anne Ceetering-Firma (das Wort will mich jar nich schmeckn, das is eens von die, die uns ewworjestülept wurrn) hat vier Jerichte anjebottn: Kartoffelsalat mit Worschtchen, Nudelsalat mit Jehackteskleeßchen (Boulette), Julaschsuppe un Soljanka (die kenn'n mor je aus DDR-Zeitn). Weil nu alle uff eenma essen wolltn, billete sich anne lanke Schlange (das kenn'n mor o aus DDR-Zeitn). Na anne halwe Stunne warn denn doch alle abjefittert un es junk weiter.

De Vorsitzende von 'n Förderverein „Buchdorf Mühlbeck-Friedersdorf" machte an paar intressante Ausfiehrungen ewwer ihre Tätichkeet un lud in, das Buchdorf zu besuchn.

Nu sollte de Preisvorleihung komm'n, un dor Professor Dr. Dieter Heinemann hielt anne „Laudatio" (zu deitsch: anne Lobrede), lank un breet un wissenschaftlich un dass sich die drei Männor von de Jury hin un her jestrittn han'n un dass se sich nich uff drei Preisträjor eenijen konntn. Se han denn een'n erschten, zwee zwette un zwee dritte Preise vorjebn. Un was soll ich eich saaren? De Preisträjor warn nur Männor. De Männor-Jury hat scheinbar nur na ihrn Jeschmack jeurteelt. Odder han se sich na de Prinzipjen von de oale „Fruchtbrengende Jesellschaft" jerichtet? Da jab's nämlich keene Frauen drinne. Drei Preisträjor konntn denn ihre Jeschichten vorlesen.

Also, ewwern Erschtn kann ich mich keen Urteel arloobn, der hat so schnell un leise vorjeläsen, dass ich nischt vorstandn hawwe. Dor Zweete war Fritze Matthei aus Akon. Den seine Jeschichte konnte ich jut vorstehn. Erschtens is es meine Heimatsprache un zweetns, das, was e dao von's Holzmachen jlei na 45 in'n Unnerbusch beschremm'n hat, jenau das, das hawwe ich dunnemals jenau so erläwet ... un mit'n Bauer Hedel seine Tochter Gerda bin ich in de Schule jejangen. Also das warn Klänge aus de Heemte.

Den drittn Vorleser aus de Nähe von Sangerhausen konnte ich ooch jut vorstehn, ich hatte nämlich in meine Jurend ma an Jahr in Sangerhausen jearweetet.

Dadermit war de Taarung zu Ende. Eener von de drittn Preisträjor, der von hier war, kam nich mehr zu Wort un das, was der arzähln kunne, harre ich o jarne noch jeheert. Schade!

De Frau Doktor Saskia Luther bedankte sich for de reje Mitarweet un vorsprach, ma wedder sonne Voranstaltung zu machen.

Zuerst abgedruckt in: Brigitte Hanke: Mundart. Kalendergeschichten aus 13 Jahren. Berlin 2015, S. 115–118.

Otto Hildebrandt
Agathe un Balduin

Am Ende eenes jroßen Ackers wohnte de Mäusefamilie Piep in eenem dichtem Jebüsch, un eenmal am Taje spaziierte Vater Piep iwwer sein Feld, um zu sehen, ob sein Weizen widder jewachsen is. Dabei musste er awer uffpassen, dass er nich den ollen Hamster bejegnete, denn der hielt das Getreidefeld ooch für sein Eijentum.

An eenen scheenen Sonntachmorjen wanderten de Mäusezwillinge Agathe un Balduin aus'm Haus, von Mutter ermahnt, recht vorsichtich zu sinn un off'n Wech ze bleim. Doch de vorwitzliche Agathe sachte zu Balduin: „Weeste, ich kenne eene Speisekammer, da duf-

ine hoatte dänne in Schwobenlanne aa änne Kläje, ä liewes Mächen und änne neie Häimat jefungen. So a kläiner Wärchel wark nu aah schon doa, un däs wuckse nu zwäisprachich off, nämich schwäbsch un mansfällerisch.

Obwohl dr Jekel nu schone ä janzes Äckchen bäi de Schwoben läwwete, ware immer noch ä tüpscher Mansfäller un dadrmett ähmd mauelfauel. Desdrwächen reffe aah nich offte häime ahn. Doa wark ch nu janz ausen Heischen, alses Telefon junk un unser Kläiner uns saahte, dasse met säin zwäi Weiwesän, dr großen un dr kläinen, ze Besuch kämmet. Un ehe offlähte, saahte noche: „Wemmer kommen, mache moal wedder änne Pizza, da hab'ch ä richtjen Jieper droff. Nä, nich was'ch lewwer täte, dänn änne Pizza hatt's schon ä janzes Eckchen nich mehr jejähm. For uns zwäi Oahle lohnte sich s janze Jedrahsche ähmd nich mehr. Un wenn nu äiner denken tut, dass mr änne Pizza schnelle zesamm jemährd hat, där kennt ähmd mäine Pizza nich, dänn die is allemahle was janz was Besonneres un sozesahn änne Famäljäntrazjohn. Un jekummen is däs so:

Ze tiefstn DDR-Zäitn stunne wädder moal inner Famälje änne Feier bevor. Un lewwer konnten se mich totschloahn, awwer ze äinn Feste mussten se allehope was Scheenes ze Ässn hann, aach wenn's so manniches Moal inn Jeschäfte nischts Geschäites joab. Mr hoatte de Bagasche schon so sehre verwehnt, dass de Schlabbmeiler immer was Neies ze Frässen hann wollten. Zum Jlicke hatt'ch in änner Kochzäitung ä neies Rezäpt jefungen:

P I Z Z A. Awwer ä Bild hoatten de Krepels nich met näinjemoacht. Heite, wo mr'sch Jelumpe ewwerall kaafen kann, is das Arme-Leite-Ässen for de Italjänersch bekannt wie so ä bunter Keeter. Awwer dazemoahl kanntes käi Aas, dänn inn Urlauwe jink's je nich nach Italjen.

Wemmer dänn schon moal scheene Ässen jejanken sinn, woarn mr je schon jlicklich, wenn's änne oanstänje Soljanka un heechstens aach ämol ä Rackefäng jab.

Awwer nichdestotrotz, aa wenn käi Bild mank'n Rezäpte drbäi wark, so hatt'ch immerhenn ä Rezäpt met de Zutaten. Un die wollten erst ämoal besorcht sinn. Ich haae also käi blassen Schimmer jehoat, was mich doa noch bevorstunne.

Hefe, Mähel un Zibbeln jabs zwar genuch, awwer däs woarsch aa schone. 's Tomatenmark mussten mr dr Omma aussen Kreize leiern, ärstens, wäil es Jekaaftes nich jab un zwäitens, wäil Selwwer-jemachtes äinfach besser schmeckte. Bäin Tomaten hoatt'ch Jlicke: Mr hoattn in dän Jahre änne Tomatnschwämme bäi de JeBeJe, so dasse uns de Dinger rejelrächt nachjeschmissen hann.

Awwer dr Schnittkäse, dr Schnittkäse wark for mich ä richt-cher Drahsch, wäil's dän inner HO, wenn ewwerhaupt, dänn nur dienstachs jab. Un dänn aa immer nur äine Sorte und inner bestim-meten Mänge! Ich kreihte nur sovehl, wieses vorher abjeschnetten un injewickelt hoattn. Wemmer Pech hoatte, schohm se nur ä kläi-nes Sticke ewwern Ladentisch. Protesteern hätte aa nischt jenitzt. Also musste de Omma noche moal met ran un noch ä Sticke erjad-dern.

De Schampjongs, nä die woarn ersch ä teires Verjnichen, dänn die Dingersch kreite mr nur innen Fräss-Ex. De Salami wark noch so ä Kapitäl forr sich, awwer ä schenes Schticke Schlackworscht tats jä letzenglich aach. Jut, däs dr Mansfäller 's Jehackte zunn Ewwerlähm braach un dasses somet inn Mansfäller Lanne inn Ewwerflusse vor-hann is. Awwer ahnstehn must'ch bäin Fläischer dästerwäjen aach änne jeschlachne Stunne.

Nu konnt'ch loslähn, ohne aah nur änne Pizza gesähn, geschweije dänn jejässen ze hann.

Dr Hefetäich for änne sechsenzwanzcher Kuchenform wark schnelle zesammjemährd, dähn konnt'ch vonn Matz- un Flahmn-kuchen. Dänn s Tomatenmark dadrdroff und dänne – stopp, doa hoatten se awwer nich offjepasst un räinewäck änne Null verjässn inn Rezepte: „100 Gramm Jehacktes" – däs konne bäin besten Willen nich meechlich sinn. Also scheene äi janzes Kilo droff.

Jetzt wark'ch richtj in Fahrt un lähtes Rezäpte bäisäite. Noch de Schampjongs droffjequwatscht, dänn ä orndlichen Runken Schlack-worscht in scheene dicke Schäihm, so nu noch de Tomaten un änne Hugge voll Käse. De Kuchenform wark voll bis ewwern Rand.

Hm, däs roch jut aus dr Rehre. Dä hockten se nu allehope um-men Tisch un freiten sich off de Pizza. Un damet s Janze nich ze Tro-cken wärd, stellt'ch noch'n Napp saure Sahne henn un forrn Vatter ä Bottch Mostrich, däs jeheert bäi äinn äihnfach zunn jutn Ässen drmang.

Nä, wark das änne scheene Pizza, orndlich Fläisch droff un Ge-mihse, da warsch aah ejahel, dasses käine Kartoffeln oder Kliese met Soße jab. De Italjähner verschtunnen also aah was von Kochen. Fortahn hatte de Pizza in mäi Kochsortemente ä Stammplatz jefungen.

Als mr dänne Westen woarn un ich mich de erschte Pizza bäin Aldi jekaaft hoatte, haa'ch mich zwar jewunnert, dasse sich bäin Belache nich met Ruhm bekläckert un ordtlich jespart hoatten, awwer najä: Aldi. Erscht als'ch dänn innen schnieken italjänschen Resterang jewäsen bin, dämmert's miche allmählich, dass de 100-Gramm-Anjawe inn Rezäpte bäin Jehackten doch käi Druckfähler jewäsen wark.

Nichtdestotroze, bäi uns jiwwets de Pizza nach wie vor met äi Kilo Jehackten un met Schlackworscht. Ä ächter Mansfäller braach je schließlich was Orndliches offn Tische – ähmd änne richtje Mansfäller Pizza.

Jürgen Jankofsky
Merseborcher Babelei

1

Neilich zeichde sich meine Dochder schbendawel, lud mich doch dadsächlich zum Essn ein. „Un wohin?", frachde ich neijeirich, „In'n Radsgeller oddr in de Sonne oddr in'n Hahn vielleichd? Da schmeggds ja besonders jud."

„Awwer Baba", saachde se, „dord üwerall grichsde nich ma mehr olle Gamelln! De hisdorschn Merseborscher Jasdschdäddn sin doch längsd verriejeld un verrammeld. Nee, wir jehn neimodsch essn, wir jehn zu Mäggdonelds!"

„Wohin?", fraachde ich verwundert, „zu Mäggdonelds? Wo solln das sin?"

„Janz am Schdadrand", saachde se.

„Un warum nich im Zendrum?", fraachde ich weider.

„Na, weil da eben nischd mehr los ist", saachde se.

„Ach so", saachde ich, hadd's awwer nich so richdch gabierd. Awwer na jud, sin wir also raus uff de jrüne Wiese.

Scheen modernes Haus haddr sich da hinjeschdelld, dr Herr Mäg-gdonelds, wirglich alles aggerad. Gann mer nich meggern. Un wie wir näher gommn, richds ooch janz verführerisch. Nischd wie rinn also.

Meine Dochder saachde, ich soll mich schon mal hinsedzn, schnabbde sich ä Dabledd und schdellde sich an dr Deege an. „Is ja wie in dr Gandine", dachde ich, dachde mir awwer ooch nischd wei-der dabei. Meine Dochder weeß ja, was ich jerne esse: Eisbein oddr Julasch mid Glößn oddr Forelle schön blau un dazu ä freundliches Helles …

Schdadd dessen schlebbde meine Dochder uff ihrm Dabledd awwer zwee riesiche Brödchn und zwee Babb-Becher mid Schdro-halmen drin an. „Was issn das?", fraachde ich erschroggn. „Siehsde doch", saachde meine Dochder, „Hamborcher un Gogga-Gola."

„Hamborcher?", saachde ich missdrauisch, „un wie soll mer das essn? Da griechd mehr ja de Maulschberre!" Irjendwie schaffde ich's dann awwer doch, das labbriche Riesnding runderzewürchn, im-merhin jabs ja jenuch Gogga-Gola zum Nachschbüln. Meine Doch-der schien's awwer bomfordsjohnöhs zu mundn, sie holde sich sojar noch Nachdisch, Bommfrids mid Gädschabb. Na jud, meindewejen, ich mussd'es ja nich bezahln.

„Ach weeßde Babba", sachde meine Dochder, „Dir gann 'mer ooch nischd rechdmachn. Nu lad'ch dich schon mal ein, was de doch im-mer wolldsd, un nu mägelsde rum. Wenn ich awwer gesachd häd-de, das sin geene Hamborcher, sondern Merseborcher, hädd'se be-schdimmd dreie jejessn!"

„Brima Idee", saachde ich daruffhin, „das muss'de unbedingd Herrn Mägdonnalds saachn. Wirglich, wenn's in dem Resdaurang Merseborcher jäwe, wäre ich hier drin Logalbadriod!"

„Glar", saachde meine Dochder. „un schdadd Haggfleisch nehm'se dazu Rawenfleisch, wa, saachenhafdes?"

Als wir dann nach Hause fuhrn, rüggde 'se endlich raus, warum 'se mich eijendlich einjeladen hadde: sie wollde ihrn neien Freund besuchn, in Frangford, un hadde nadürlich nich's nödche Gleenjeld.

Glar, hab'ch ihr was zujeschdeggd, saachde awwer noch: „Falls de ä Middbringsl für dein Frangforder suchsd, ganns'de ihm ja a baar Wiener goofen!"

2

Wer ä aldr oddr wenichsdns ä middlaldr Merseborcher ist, weeß nadierlich, dass den Jeisl frieher jejenüwwer vom Gaufhaus ausm Joddhardsdeich nausfloss. Dann haddn de sozialsdischn Regondsdrugzjohnsheinis awwer 'n Einfall, 'n uraldn Loof dr Jeisl vom Joddhardsdeich bis zer Mündung in de Saale zuzeschüddn. Un basda! – Nee, dengsde!

So ä aldes Jewässer suchd sich schon sein'n anjeschdammdn Weech. Wer hier ä Geller hadd, weeß ä Liedchen von ze singn. Geene Fraache. Un an dr Hängebrügge, jenau da, wo de Jeisl ausm Joddhardsdeich floss, schdaud sich nu jahraus jahrein 's Dreibjud: abjerissene Äsde, Gidsnholt, Babbe, Babier, Dosn unsoweidr unsoford.

Da dr Boodsfridze vom Joodhardsdeich, also dr Ruderboodsverleiher da, ä reinlicher Mensch is, wurde dem da irjendwann zeviel. Schließlich will er seine Gundn ja nich mid 'dem sich mehr un mehr uffschdauendn Dregg verschreggn. Er nahm sich also ä Herz, ä Bood un ne Harge und fischde 's janze Dreibjud ausm Wasser. Fein säuwerlich haddr alles am Ufer uffjeschdabeld, damid de Leude von dr Wasserwirdschaffd, die für'n Joddhardsdeich verandwordlich sin, den Müll dann balde ma midnehm gönn. Aber: dengsde!

Als de Wasserwirdschaffdler dann da warn un dr Boodsfridze saachde, se solln den janz Grembl, den er je nu schon mal rausjefischd hadde, midnehm, saachdn die: Nee, se sin bloß für den Grembl zuschdändch, der im Wasser schwimmd. Der hier laach awwer am Ufer! Fürs Ufer is 's Merseborcher Jrünflächenamd zuschdändch. Basda.

Und als dr Boodsfridze dann endlich ä Verandwordlichn vom Jrünflächenamd erwischd hadde, saachde der: Nee, es jild is Verursachrbrinzib! Dr Dregg liechd zwar am Ufer, für das 's Jrünflächenamd zuschdändig is, awwer dass er dord hinjegomm is, dafür gann's Jrünflächenamd nischd, abselud nischd. Normalerweise lääche dr janze Dregg schließlich im Wasser.

Als dr Boodsfridze dann fraachde, ob er den Misd nun widdr ins Wasser werfn soll, damid dann irgendwann mal de Leude von dr Wasserwirdschaffd rausfischn und midnehm gommn, saachde dr Verandwordliche vom Jrünflächemamd: Nee, vorsichd, es jibd ooch noch ä Ordnungsamd! An das solle sich dr Herr Ruderboodsverleiher mal besser wendn. Die griechn dann vielleichd irgendwann ma raus, wer dadsächlich für den janzen Dreibhausdregg im Joddhardsdeich verandwordlich is. Wer weeß, vielleicht sogar die Heinis, die de Jeisl hamm zuschddn lassn, damals im Sozjalismus, weeß mans, bei all den neien Jesedzn?

Nee, das war unserm rechdschaffn'm und reinlichn Boodsfridzn ze viel. Er hadd's janze Dreibjud selbsd wegjeschaffd, damid widr rechd scheene aussiehd dr Joddhardsdeich. Awwer ä bisschen mulmich war's ihm schon dabei. Weeß mer, was bassierd wär', wenn ihn ä Verandwordlichr vom Ordnungsamd beobachded hädde? Ich nich, wirglich nich, nee, Schluss, aus, basda!

3

„Immer maulds'de bloß rum, dass nischd los is in Merseborch und drumrum", saachde meine Frau, „Gomm, Sonndaach is Lichdmässe in Schberjau, da jehn 'mer mal hin!" „Sonndaach?", fraachde ich, denn mir fiel gleich ein, was da alles im Fernsehn gahm: Schischbringn un Hallnfussball un Radjewer Jeld. „Ja, Sonndaach", beschdädichde meine Frau. Un dann ließ 'se erschd richd de Gadze ausm Sagg: Nich edwa Nachmiddach, nach 'm Middaagsschläfchen oddr Ahmds wollde 'se mid mir nach Schberjau, nee, frieh halb Siehm! So 'ne Zeid jibds doch jar nicht, Sonndaach frieh halb Siehm!

Irgendwie schhaff 'se 's dann doch, mich rumzegriechn, na jud, Schwamm drüwwer. Wir schdandn also zu 'ner undengbarn Zeid im Finsdrn und Galdn vor dr Schberjauer Linde. Ich schdaunde nich schlechd, wir warn nich de eenzjen, nee, bei weidm nich. Da warn ä baar hunnerd Leude! Alde, Middelalde, Junge un Gindr. Ich dachde, ich seh nicht rechd – hier war ja richdch was los! Und als dann de janzn bundn Fijurn rausgahm und Uffschdellung nahm', un eener uffm Ferde gomische Nahm vorlas un alle juwweldn und schließlich de Gabelle losmachde, gahm 'ne saachenhafde Schdimmun uff. Sonndaach frieh um Siehm!

Nu sin'mer midn janzn Leudn losmarschierd, gwer durchs Dorf bis zum Bladz vor dr Girche. Da war ä jroßes Feier, un uff eenma jing alles durchnandr. De eenen rammeldn hierhin, de andern machdn dordhin, is reensde Gaos. Zwee jroße, janz Bunde schdürzdn uff meine Frau zu, hieldn 'se fesd un schmierdn 'se schwarz im Jesichde. Na, da hab'ch vielleicht jelachd. „Siehsde!", saachde ich, „Das hasde nun davon. Scheene siehsde aus, wie 'ne olle Grähe!"

Awwer gaum hadde ichs jesaachd, gahm ä baar janz Weiße un ham mir ihre Gnübbl uffn Wansd jeschlahn. Also, ich dachde, ich schbinne. Schon wolld 'chen jehörich de Meinung saachn, da saachde ä Schberjauer Ziwilisd zu mir: „Reech dich nich uff, das is de Windrausdreibung, verschdehs'de!"

Un er lud mich un meine Frau ze sich uffm Hof ein. Ich dachde erscht, was solln das? Awwer bald mergde ich, das war hier zur Lichdmässe offnbar normal. Sowas von Jemüdlichgeed und Herzlichgeed hadde ich schon lange nich mehr erlebd, nee, wenn üwwerhaubd.

Wir sin also mid hin, wurdn begösdichd, ham de janzn Fijurn erlebd, ja, wie se ins Haus gahm, warn mid beim Friehschobbn im Feldschlösschen, ham de Lichdmässgarre jesehn, warn üwwer Middach in dr Lichtmässgüche, nachmiddags widdr woandersch vonn Wildfremdn zum Gaffee einjeladn, zoochn ehmd immer mid, immer mid'de Fijurn.

Und so gahm mer dann Ahmds zujuderledzd uffn Saal zum Lichdmässdanz. Also nee, wenn's am Daache schon verrüggd war im Dorfe, nun warn se hier alle völlich ausm Häuschen! Mann, war ich bejeisderd, keene Fraache. Awwer nadiehrlich – dringfessd muss mer schon sin, zur Lichdmässe, richdich dringfessd! Für Buridaner, oddr wie die heeßn, wär' das hier nischd ...

„Wolln mer nich ma widdr heeme?", fraachde meine Frau schließlich middm im scheensdn Druwel. Wirglich, ich hadde nich bemergd, wie de Zeid verjing, und ich jeschdehe, meine Frau hadde einije Mühe, mich nach Hause ze bringn. Ach, wenn's doch ooch in Merseburch ä Volgsfesd jäwe, was unsereens von frieh bis schbäd aus dr Hüdde loggde!

Jürgen Jankofsky
Gluni, Gluni, Gluni

Geene Frache: Dschordsch Gluni hadd Merseborch veränderd: dausend Jahre nischd los hier – nun awwer!

Schon als er den Film drehde, schien's Schloss blödzlich wie ausm

153

Dornröschenschlaf erwachd: Aus jedm Fensdr hingn drei, vier Segre-
därinnen un guggdn verliebd. Fasd wäre de Fassade in'n Innenhof je-
schdürzd. Da hädd 'er jleich richd reddn gönn, dr Gluni, all de Land-
radsfrolleins, Widderbelewung, Mund ze Mund un so. Awwer in 'n
seim Film jehds ja um Bildr, um Bildrreddung jenau. „Monjumends
Menn" heeßd sei Film. Und da machd dr de Neumarchdsbrügge zu
'ner Brügge in Brügge. Nun ja.

Es soll awwer Leide jehm, die würdn unsre Neumarchdsbrügge
am liebsdn in Gluni-Brügge umbenennen – sie hie- ja ooch schon ma
Waderluh-Brügge.

Un neilich hörd 'ch sojar wie drüwwer gebabeld worde, am Deich
widdr ä scheenes Monjumend uffzeschdelln, ja, da wo frieher dr Le-
nin schdand und wo's jedzd so nackch is – ä Gluni- Dengmal!

Dann soll ooch 's Gino umbenannd wern, in Gluni-Gino, lo-
gisch, am besdn ooch jleich de Gönich-Heinrich-Schdrasse mit, in
Dschordsch-Gluni-Schdrasse also.

Und janz Gühne solln wo schon drüwwer nachdengd, dass Mer-
seborch nich mehr Dom- un Schloss- oddr Dom- un Hochschulsch-
dadd, jeschweige denn Zauberschbruch-Schdadd heeßen sollde,
sondern Gluni-Schdadd, ogee – ledds go!

Und dr Obee soll ja dadsächlich bereids eenmal mit Gluni-Bärd-
chen jesehn wordn sein, beim Fasching allerdings.

Mei Vorschlach wäre, in Merseborch ä Film ze drehn, wie
Dschordsch Gluni in Merseborch ä Film drehd, und den dann
üwwerall bis hin nach Holliwud ze zeichn, ja, damid alle begreifn,
dass Merseborch nun wachjegüssd is, endjüldich, wachjegüssd
dangk Gluni.

Zhängk ju, Dschordsch!

Rosemarie Krüger
Liewe Thea

Eenn Tack noa Deinen 70. Jeburtstack muss ich immer weller den-
ken: Wenn dr Professor var zwee Tagn nich was vun mich jewollt

hätte, hätte ich nich dran jedacht, dass Dein Jeburtstack var de Tiere steht. Nu woar ich joar nich mehr drzu jekumm, noa n poar janz individuelle Jedanken uffzeschreibn. Mr kunnten eenfach nur jratulieren wie alle annerten o, die Dich kenn'n tun. Freilich haste doa keene Zeit nich, Dich met jeden Jlickwunschbränger abzemießijen. Awwer Deine schmucken Abkömmlinge hann Dich janz jroßartij ungerstitzt. Doa kannste warklich stolz druff sin!

In meine Mundoartliteratur haw ich in de Hawelusche o keene passende Jeschichte jefungn, die ich var Dich hätte ablichten kenn'n, wie zunt bei Eire Joldne Hochzeit. Awwer 's is jo varleicht o nich varkehrt, wenn mr sich besinnt un nachträchlich na seine Jedanken zu Papier brängn dut. Kenn'n dun mr uns jo all lange jenung, dass mr was Spaßijes zesamm brängn tätn, dacht ich so var mich. Un je äller mer ward, deste efter denkt mr an seine Kindheet zericke. Deine Heemde woar jo demoale uff de Schäfereie, wo Deine Jroßmutter var n Schwung jesorjet hat in de Familie. Dr ahle Meester Friedrich soade moa bei uns: „Wenn uff de Schäfereie 'n Kind jeboarn ward, denn hält mr's ans Fenster un läßt's naus kuken in de Weite un denn heest's: „Kuke moa mein Kind; alles was de siehst is deins." So ward schon beizeiten die kleene Bagasche an freiheitliche Jedanken jewennt. Un wenn mr sich de Schäfereischen so recht bekuken dut, denn muss mr werklich soan: Das is schon immer ne janz besunnere Kathegorie Mensch jewest; schlachfartich un lebensdichtich! So woarn se frieher schon un so sin se o na zund alleweile.

Awwer denn biste jo moa irjendwenn noa Braun jetreckt, Deine Mutter soade moa: „Noa Dabrun-Mitte." Un denn fung's Schuljehn an. Setdem kenn'n mir uns. Du worscht jo ne Klasse ewwer mich. Manchmoa woar ich o bei Eich heeme. Doa kunne mr emoa zu scheen spielen. Keen Mensche hat uns was varbotn, jenau wie bei Hackemessersch. Bei die hott'n mr nur Dampf, wenn Anni koam, die hat sehre ofte n Machtwort jeschprochen. Na, 's ward wo o notwennich jewäst sin!

Heeme durftn mr sehre villes nich, ewrall kukte een'n eener uff de Finger un nischt bleb varborjen.

Na ja, mr solltn jo o so eenijermoaßn varninftije Menschen werdn. Desderwejen solltn mr in de Schule scheen uffpassn un fleißij larn'n un bein Harrn Paster de christlichen Tuchenden beharzijen larn'n.

Heite freilich brauchn se das alles nich mehr, denken se. Was awwer bei so ne Instellung rauskumm'n dut, das sieht un heert mer jo alle Tache; ewerall Mord un Totschlach und Schäwigkeeten un Schoflichkeeten, von die de Menschen doazemoale nischt jewusst hann.

Das sall jo nu nich heeßn, dass mir keene Dummheeten jemacht han. Weeßtes noche, wie mir alle beedn jekaupelt hann? Na ich varjesse das mein Läwesdache nich! Un das woar so: Unse Mutter wollte uns zwee Mächens ze Weihnachten ne besunnere Freide machen. 's woar jo Krieg un ze kofn jab's nich ville. Desdrwejen redte se metn ahlen Joldschmidt Namann. Der hodde seine Warkstatt in Wittenbarch uff de Kallejenschtroaße. Der sulle nu drvor sorjen, dass mir jede n scheenes silbernes Armband kreien sulltn. Se musste drvor o ne Silbermünze abjäbn. Das woarn denn o sehre scheene Handarweeten un eejentlich var uns Kinner vill ze schoade. Unse Mutter hat awwer jedacht, das sin denn moa Andenken, die mr sein Läwelang behaaln dut. Irjendwann hodde ich mein Armband an un Du, Thea, hoddest n sehre scheenen Ring; der jefuhl mich jo zu jut! Un weil das, was dr annerte hat, immer besser is wie s eejne, ham mir beede beschlossen: Du jiwwest mich Deinen scheenen Ring un ich jewe Dich mein Armband. Un das nennt mr denn kaupeln.

Mr woarn alle beed sehre jicklich met unsen Tausch, awwer de Freede dauerte nich lange. Unse Mutter markt jlei, dass mein Armband varschwunden woar. Ich musste alles beichten un denn jab's nich nur n Dunnerwetter, nee, s schlock o in! Mr mussten das Jeschäft weller rickjängig machen. Un ich musste varsprechen, dass ich nie weller kaupeln due.

De Folje woar denn: Immer wenn se heeme irjendeenen Jejenstand varmissten, o wenn e nur wo annersch henjelät jeworden woar, denn kukten mich meine Leite so janz eejen an. Un denn hußes: „Mächen, hastes o warklich nich varkaupelt?!

Immer ich sulltes denn jeweest sin!

Awwer nu ist jenung met de ahle Jeschichten. Bleiwe scheen jesund un lebensfroh met Deiner Familie, Es jrießt Dich Deine kleene Botts.

Rosemarie Krüger
Wie mr unsern Heimatvarein jejründet ham

De merschten Leite in unse Dorf in de scheene Elbaue sin Pfundsleite; kaum eener is'n Blindjänger.

So woarsch eejentlich schon immer. Un so vill hat sich zujetroan in alle Zeitleefte.

Doa dachte ich denn in meine Jedanken: 's wiere doch jammerschoade, wenn die ville Jeschichten varjessen wirden, die doch nu eemoa passiert sin, ob mer drewer lachen oller weenen muss. Un desterwejen setze ich mich eenfach henn un varsuche moa, ob ich mich nich vun de ahle Witzig-Malo oller vun n ahlen Erfurth oller vun n ahlen Beesenmann aus de Heede was abkuken kann.

's jiwet jo doch o heite ze Tage noch n poar Menschen, die sich doa drvor interessieren tun. Alleweile trifft mer moa den un jenen, der denn soat: „Eijentlich ist schoade drum, wenn das Ahle so veracht ward. Mr lebn jo in unse Dorf janz jut un zufrieden, un mr kenn n uns an die scheene Elbauenlandschaft freien. Doa muss mer doch nich in de janse Welt rumfuhrwarken, wenn mr derfoarn will, was scheen is. Zemoale wenn mr älter ward un de Ogen un de ahle Knochen nich mer so recht metmachen wolln. Denn freit mr sich, wenn mr seine Jedanken noch beisammen hat un mer eenen Menschen finget, met den mr sich moa n bisschen austauschen kann."

Un wenn s janz jut jeht, denn jrinden so ne Leite 'n Heimatvarein. Jeden Monat eenmoa trifft mr sich doa un derlewet denn, wie de Volkskultur jepflejet ward:

Mr drfährt, wie unse ahlen Vorfoarn jeredt hann, wie se ausjesehn hann met's Anjeziehe, wie se jearweet, jefeiert un jetrauert hann, un wie se sich o moa krakeelt hann. Jeder kroamt denn in seine Heemde noa n poar Sachen, die bes heite na nich ewerseite jebracht jeworrn sin; un doadrbei falln een denn o menniche Jeschichten in, wie se de Jroßmutter demoale drzellt hat. Postkoarten un Fotojrafenbiller kann mr denn bekuken un sich rumstockebosen, ob mr nich eenen noch druff drkennen dut. Dass dr Jesetzjeber uns o far vull nehmen dut, muss bei so ne Vareinjrindung allerhand beacht' wern. 's missen wenijstens 7 Leite sin, die n Varein jrinden wolln. Un die missen festelegn, was far Aufjabn se bewältigen wolln.

Un das steht denn alles in de Satzung: Doa drnoa hann se sich ze richten. Alle Interessierten treffen sich denn zr Jrindungsversammlung un denn wählen se ähren Vorstand: 'n Vorsitzenden, das is dr Ewerschte, 'n Stellvertreter vun n Vorsitzenden, 'n Schriftführer un Finanzwart un noch zwee drzu, das sin de Beisitzer.

Un mir hann emdern o unsen Vorstand. Dr Noame vun unsen Heimatvarein heest „Heimatverein Elbaue – Dabrun e. V."

Was dr Ewerschte vun unsen Varein is, das is eich zunt 'n Weiwesen. Eejentlich wollte se jo nich so recht metmachen. Jelöchert hodden se die awer schon lange, dass se sich insetzen sulle, 'n Heimatvarein ze jrinden. Nu dachte se, mr kann jo moa drewer redn; varleicht kenn n dr Jemeinderoat un dr Jemeindekirchenroat unger een Hut kummen, dass se varleicht o moa jemeinsam far de ahle liewe Kerche was bewarkstellichen täten.

Was nu unse Ewerschte is vun n Heimatvarein, die hat denn erscht n bisschen rumjedruckst, awer denn hat se jesoat: „Ich mache's"

Diere Voater, wenn e noch lewen täte, wirre soan: „Nu Mächen, du kannst wo nischt drvor; wu kannst e denn so was machen!" Un heeme han se denn zu se jesoat: „Ei, Mutter, doa haste dich awer moa weller was Scheenes ufjehuckt."

Nu sin mer schon seit 2002 in Vareinssachen zujange un mr fihlen uns wohl drbei un freien uns drewer, allehoofe dass mr demoale n Heimatvarein jejrindet han.

Erhard Leberecht
Ungerfarnstädt – Ungerdorf

De Leite hier im Dorfe hatten alle ehr echnes Heischen, e Stickchen Acker un och e bisschen Vieh im Stalle. Außer ehrer heislichen Arwet jingen se noch uff's Jut arweten. De Fraun als Tachelehner un de Männer als Färeknechte. Andre jingen in de Ziechelei, uff de Bahn un bei Riebecks. Awer es arweteten och noch welche im Steenbruche, denn dr Farnstädter Kalksteen war was wert.

So warn de Leite eigentlich zefrieden. Awer eens muss emal er-

wähnt wern. Fast alle Leite im Dorfe hatten außer ehrn Familichen-
namn noch e Spitznamn – oder war's e Kinstlername? Is och ejal.
Ewer 50 solcher Namn jab's. Das wusste jeder von jeden, da hat och
keener was ewel jenomm'n.

Da war emal e jroßes Fest im Dorfe. Alle machten met. Das war
e Kriecherfest, in e jroßen Jorten hinger dr Bricke. Da war was los!
Aus dn andern Därfern kamn de Leite, un die wurden jedes Mal am
Dorfeinjange met Musike abjeholt un uff'n Festplatz in d'n Jorten je-
bracht. – Ne ja, da war's Wetter mal nich so scheene, da wurde in
dr Feldscheine jefeiert. Ei, da wurde das Tanzbeen jeschwungen, un
wenn eene Kapelle uffherte ze speln, setzte de andre ein.

Un e Festumzug jab's natirlich och. De Leite alle scheene anje-
putzt, un och e paar Festwachen warn derbei. Och an de Kinner war
jedacht. An dr Straßenseite, uffn Fußweje stand eene Frau, die hatte
Süßchketen for de Kinner. Da jab's Leckies, Lakritze, Jummischlan-
gen un Wunertieten.

Un denn jab's och emal e Reiterfest. Veele Bauern, die Färe hatten
machten met. Vorne uff dr Straße wurde anjetreten un denn jing's de
Jasse hinger uff'n Sportplatz. Der war da hingen ne 'm Schafstalle.
Kranzreiten, Wurststechen un Hingernisspingn jab's.

Och sonst war allerhand im Dorfe los. Eenes Tags kam e Mann
met e jroßen Braunbärn. Hingen am Spritzenhause, am Rohrbusch,
machten se halt. Hier machte dr Bär allerhand Kingerlitzchen. Er
tanzte, macht Handstand un zujuterletzt schoss e och noch Kopske-
gel. Das war natirlich wedder was fer de Kinner.

Denn kam och emal e Leierkastenmann. Der machte schee-
ne Musike wie „Berliner Luft" oder „Wer hat denn den Käse zum
Bahnhof jerollt?". Da machten de Leite de Fenster uff un horchten.
Je, awer uff d'n Leierkasten saß e kleener Affe. Un ewerall, wo e
Fenster uff war, machte der e Satz 'nein un guckte, wo e was klaun
konnte.

Da kamn och emal Leite ins Dorf, mer wusste nich gleich, wer das
is. In dr Trift machten se halt. Je, wer musste das sin? – Es waren Zi-
jeuner. – Nach 'ner Zeit jingen se wedder in's Dorf 'nein. Bei'n Leiten
an dr Howesteere machten se halt. Se erzählten den Leiten erjend-
was, un eener speelte Jeije. Inzwischen kletterten hingen ewern Jor-
tenzaun andre un nahm'n im Hinnerstalle de Eier ab. Nachdem alles
unbemerkt vorbei war, hörte och de Ungerhaltung an dr Howesteere

uff. Je, un Abens wunerten sich de Leite, dass de Hinner keene Eier jeleht hatten.

Uff'n Kärchplatze war immer was los, ob im Sommer oder Winter. Da kam emal e Mann, dr baute e Karussell uff, e Kettenkarussell. Was fer de Kinner un Juchend. Um das Karussell awer in Jang ze krein, mussten de kräftichsten Jungens das Karussell ahnschiem. Danach krichten se dann immer eene Freitour.

Seiltänzer ließen sich och im Dorfe sehn. Die bauten uff'n Kärchplatze ehr Seil uff. Das jing rem von dr Plumpe bis newer an de Kastanienbeemer. Das warn ewrijens de Seilartisten „Weisheit". E paar Jungens aus 'm Dorfe versuchten met dr Balancierstange och ehr Glicke uff'n Seil.

Na, un wenn denn dr Winter kam, da war uff'n Kärchplatze de beste Schlittenbahn. An manchem Tache war da dr Teiwel los. E Jegreele un Jegäke. „Bahn frei un jieht rewer, damit mer eich nich ewern Hoofen fahr'n. E Stickchen vom Kärchberje aus wurde Anloof jenommn, un denn jing's met Karacho 'n Kärchplatz uffenunger bis vor an de Schenke. Da hieß's uffpassen. Denn jejenewer von dr Schenke war de Schule. Om drewer wohnte dr Kanter. Un wie das so war, dr Kanter, dr Paster un dr Schandarme, die mussten immer jegrießt wer'n. Wemmer das verpasste, jab's am nächsten Tache eene mächtije Tracht met'n Rohrstocke in dr Schule.

Uff'n Saale in dr Schenke war efter mal Tanz. Da saßen de ältren Frau'n met dn Strickestrumpe in dr Saalecke un guckten, wer wohl met wem tanzte. Mer wollte doch och emal was Neues erfahrn. Denn es jab och Neijierije, die wollten immer alles wissen.

Als emal Fremde ins Dorf kamn, wollte mer doch wissen, wer das is. Da jing de Streiterei los. Wissen wollten se immer alle, weer das is, awer keener traute sich zu frahn.

„Frächst du, wer's is?" – „Ach frag du!" Nach ewijen Hen un Her: „Na, da frah ich em."

„Heere, wer seid ern, wo kommt dern her, bei wen wollt dern?"

Danach warn se alle wedder e bisschen schlauer.

Im Sommer jing's in de Tränke zum Baden. Wenn e Färewachen durchfuhr, wurde sich hingen dran jehändet un mer ließ sich durch de janze Tränke zerrn. Wemmer aus'm Wasser rauskam, wurde sich an d'n Scheinjewel jestellt. Da schien nämlich de Sonne derjejen, da war's scheene warm un mer wurde schnell wedder trocken. Wenn

denn pletzlich dr Eismann kam, dr hielt vorne unger'n Kastanienbee-
men an dr Bricke an, da wurde schnell fer e Finfer eene Eistite jekooft.
Als emal welche in de Stadt fahrn wollten, da war was los! Se woll-
ten das Lem in dr Stadt kennlern. Un so machten se sich uff de So-
cken. De Straße war bis zum Dorfausjange jeflastert, un dann jing in
dr Trift dr Feldwech los. Er stärmte vorneweg. Sie machte hingerdrein.
Lassen loofen, den kreiste schon wedder ein. Pletzlich kam dr Hund
hingerherjeloofen. Awer uff d'n Zuruf „Jieste heeme!" machte kehrt.
Nun jingen se alle beede 'n Kuhberch 'naus, am Steenbruche un
am Kalkofen vorbei in Richtung Rewelingen. Denn hier war dr Bahn-
hoff. Das warn immerhen zwee Stun' ze loofen. Awer alles jut ewer-
stan', kam se uff'n Bahnhoffe an. Nun standen se da un mussten uff'n
Zug warten. Da jingen se uff'n Bahnsteiche immer hen un her. Er
nach dr een Seite, sie nach dr andern. Pletzlich sahn se in dr Ferne
Rauch. Das konnte nur dr Zug sin. Wie aus een Munde rief er vor lau-
ter Freide: „Kumm, jetzt kimmte!" Un sie rief zurück: „Jetzt kimmte,
kumm!"
Janz uffjerecht kletterten se alle beede in' Zug 'nein un fuhrn ewer
Eisdorf, Schlettau nach Halle.

Fritz Matthei
Heimachen un Polletik

Heimachen un Polletik, da word mannijer denken: Was hat denns
Heimachen mit de Polletik zu tune? Awwer wemmer schon an Häpp-
chen älder is un kann nich mehr so richtich krauchen, arweetet mor
je sich oh nich mehr aus un mor kann de Nacht nich mehr so jut
schnumm. Dao kimmet mor denn so ins Simmeliern un daoderbei
menniches Mao uff jans komische Jedankn. Daoderbei bin ich denn
uffs Heimachen un de Polletik jekomm.
Ich jehe je nu merscht'nteels vormittachs, nahs Inkoofen, en Jank
machen. Dao mach ich denn, ejaol wies Wetter is, wenn ich aus de
Jaortntiere naus bin, rechsch so fuffzich Meter na Dessau lang zu,
denn ewwer de Straoße bein' Fehrmann lang newwer un denn 'n

Korchhoffsdamm nuff ewwern Friedhoff, aone Kapelle vorbei un hingene wedder naus uff'n Damm aon'n Borjersee. Denn kuhke ich erschtmao nah de Schleise und mache denn weiter, 'n Damm wedder nunner aon friehern Kreiterjaorten von Drorenschulze vorbei, der huß eejentlich Max Schulze un harre aon Marcht anne Drorerie. Wenne seine Kreiter jedrehet harre, denn vorkoofte se aone Leite in sein Jeschäft als Tee jejen allerhand Wehwehchen. Denn mach' ich aone Schiffbauerei vorbei. Zu jede Jaohreszeit harre das an annern Reiz. Ins Frijaohr, wenn de Beeme 's erschte Jrien zeichten, denn waorsch Wasser von'n Borjersee noch reene un klaor. Dao saoh mor denn efter mao wedder 'n Jraureiher, wie'e sich Fische schnappte, die 's Hookwasser durch de Schleise rinjespielt harre. De Arpel vonne Wildenten harrn ihr Hochzeitskleed aonjezohen un stritten sich um ihre Zukinneftijen. Wenn de Sunne schien waorsch natierlich noch scheener.

Ende Aujust, aonfanges September, wenn de Flaum' reife waorn, jink ich'n Tach mannichmao zwee mao da lang. Da stann in anne vorwillerte Boomkaowel, die keen' mehr jeheerte, kleene Flaumbeeme, 's waorn baole mehr hooke Schtreicher, die dao von alleene jewachsen waorn. Ungene harrn se de Jungens un de Mächens merscht'nteels schon halleb jrien abjeruppt, awwer ich loff je mit'n Stock un kunne de Zacken an Schticke runnertrecken un kaom aon die scheen' reifen Flaum raon, flickte mich an Schticker finnewe, sechse ab, aosse bei's Jeh'n uff un machte weiter, hin'ner de Schiffbauereie 'n Damm wedder nuff aons Heischen von'n Schiffervorein vorbei, kukte na'n Päjel, vorbei aons Fehrhaus bis bei Martin Mai aon' Schportplatz un de Fehrstraoße lang bis na vorne un machte denn de Schossee weiter, aon Neikoof un ewwer de Ampel wedder heeme. Dao waor denn immer anne knappe Schtun'ne rum. Um die Zeit machte ich den Jank mannijen Tach zweemao, bloß wejen de Flaum', wie jesaoht.

Nu word je mannijer frah'n, wenn denn nu des Heimachen un de Polletik kimmt. 's is jlei so weit. Eenes schee'n Tachs in Juni, zu där Zeit wu mer des Vorhei mäht, waor ich wedder uff'n Wäch. Jraode rewwer von de Schiffbauereie, nähm de Flaumbeeme waor anne scheene jriene Wiese. Dao fuhr an Bauer mit sein' Trecker, aone Seite an Mähballeken, mit dän'es Jraos abschnitt' und hingene an Quarl draon, der des abjemähte Jraos ausstehrte. Das Jraos, wenn's Hei wern sollte, kunne je nich uff Schwaod lähn blei'm, denn drehetes schlecht un kunne schimmel'. 's musste breetjemacht, also ausgestehrt wern.

Wie ich nu 'n annnern Tach wedder vorbei machte, waor der mit sein' Trecker oh wedder dao, harre awwer dismao an Heiwen'ner hingene draon un wengete 's Jraos, daomit's besser drehete. Nah drei Tare waorsch 's Hei richtich drehe un nu harre anne jroße Schleefharke hingene draon un bänkte das Hei uff. Das dauerte jaor nich lange, denn waore daodermit fartich, hängete de Schleefharke ab un koppelte son komische Vehikel hingene draon, fuhr nehm die Heibänke, die in'ne Maschine rinjezohen wurrn, her, un eh mor sich versah, wurre das drehe Hei daodrinne zu anne jroße Walze uffjewickelt un hingene wedder nausjespuckt. Kortsche Zeit später la'en denn uff die janze Wiese jroße Rull' mit zusamm'jepresstes Hei.

An paor Tare später war ich schon ziemlich zeide uff'n Wäch, da kaom doch der mit sein' Trecker aon mich vorbei jefaohr'n harre hingene an Jummiwa'n draon un vorne anne Vorrichtung wie bein Jawelstaopler awwer ohne Jawwel, nur mit een' Zinken. Ich machte nu trapp, nich ewwern Friedhoff, sonnern ungene rum, ewwer de Schien'n vons aole Magnesitjlees, 'n Damm nuff un kallewitt, na, nich janz so trapp mit mein' Krickstock, un waor den baole aone Schiffbauereie. Natierlich waor der Bauer mit sein Trecker schon dao un ich kunne scheene zukuken, wie der nu mutterseel' alleene das Hei ufflao'n tat. Der machte daobei kaum an Finger krumm, fuhr mit sein Faohrzeich an sone Heirulle raon, staoch mit dän Dorn rinn, hobb die schwere Rulle aon un bugzierte se uffen Hänger.

Ich setzte mich uff an jroßen Steen, der dao aone Seite lak, un kukte anne Weile zu, wie een Mann das janze buwältigte. Een Arweeter hat das alles alleene jemacht, jemäht, jewenget, uffgebänkt, zusamm'jemacht und denn oh uffgelao'n.

Dao kaom mich so in Jedanken meine Jurendzeit in' Sinn. Wie musst'n mer uns doch dao placken, oh bei's Heimachen. Mer harrn 'n Damm jepacht, beede Seitn zwischen Horn un Borjersee. Das war janz inne Nähe, vielleicht fuffzich Meter lenkhin. Da jinks denn vor de Arweet, frieh jejen viere, wenn der Tach jrauete, schon los. Dao wurre denn erschtmao an Jank jemäht, so bis um sechse, awwer nich mit'n Trecker, sondern mit de Sense. Die wurre denn aons Faorrad jebungen un nu jinks nah Arweet. De Mutter machte, wenn se's Essen inne Jrude harre, naus un stehrte's aus. Bei'n Bauer waor das natierlich annersch. Ich wees das, mer jingen nämlich immer bei Hedel Franzen mit. Der fuhr mit Fährd un Wa'n na'n Wäder odder nah'n

Quaost, jejenewwer von Rietsmeck, spannte de Fähre vorn Jraosmäher un mähte's Jraos. Drei odder vier Frauen loffen mit de Harke hinnerher un stehrt'n aus. Wenne mit Mäh'n fartich woar, machte mit seine Fähre wedder heeme un de Frauen blemm draußen un wengeten des Jraos immer wedder. Mor saohte: des Hei muss uff de Harke drehen. Vor'n Feieraohmd musstn se denn des Hei zusamm'harken un uffbänken, daomits der Tau nich wedder nass machte. Denn junks heeme. 'n annern Tach wenn de Sunne 'n Tau jedrehet harre, waorn de Frauen wedder draußen, stehrt'n 's Jraos wedder aus und wengeten's en janzen Tach. 'n dritten Tach, wenn's nich ninjerähnt harre, na'n Mittach, wurres zusamm'jeharkt un Hoofen jemacht. Denn kaom Hedel Franz mit Fähre un Wa'n un brachte noch meestens an paor Männer mit. Nu wurre uffjelao'n. De Männer jawwelten des Hei na ohm un zwee uffen Wa'n packtn. Wu se noch keene Jummiwa'n harrn, kaom ohm erscht noch des Laodezeich draon, denn passte mehr druff. Des Packen kunne nich jeder. Wemmer das nämlich nich richtich machte, junk de Laodung bei's Faorn efter vorschütt. Das woar denn nich scheene. Zu juterletzt kaom an Schtrick ohm drewwer un wurre feste jezurrt. Nu machtn allehoofe heeme. Da wurre denn inne Scheine des Hei abjelao'n. Daoderzu brauchte mer wedder an paor Leite, wellije die von'n Wa'n abjawwelt'n un die annern, die inne Panse des Hei packtn. Denn woar Feieraohmd.

Mor brauchte also immer vier odder finnef, sechs Leite daoderzu. Frieher! Un heite? Dao macht das nu bloß eener!

Wemmer nu dao drewwer an Häppchen simmeliert denn fält en'n in, dass je nich bloß bei's Heimachen wennijer Leite in'ne heitije Zeit jebraucht wern. Uffen Bau braucht mehr keen'n Handlanger mehr, der'n Kallek inweecht, Sand siewet un Steene uff de Ristung huckt. Zu's Straoßefäjen harrn mor frieher in Aoken „Eisen-Paul", „Kilo-Drei-Fund", „Lachs-Paul" un „Schtorkel-Aute". Heite macht das eener mit de Kehrmaschine.

Frieher waorn inne Betriewe in's Kontor oh an Hoofen Schreibkräfte un annere Leite. Heite jeht das alles mit'n Kompjutor. Ich wees von mein friehern Betrieb, das woar'sch Mangenesitwark in Aoken, dass die heite de janze Abrechnung in Estereich machen, eenfach ewwersch sojenannte „Internet". Dao hanse de janze Buchhaltung „jeschpaort", un oh inne Produktion sieht mor kaum noch ee'n. Nu brauchen se wedder wennijer Leite.

Mor brauch sich nu oh nich zu wunnern, dass't so ville Arweets-losen jiwwet. 's wäre vorleicht mechlich, de Arweetszeit kortscher zu machen. Denn kennte mor an paor Leite mehr instelln, spaortn oh noch Arweetslosenjeld.

Mor heert jetzt oh ofte inne Nahrichten un kanns oh ins Blatt le-sen, dass ville Kinner, die aus de Schule komm, nich inne Betriewe als Lehrlinge zu jebrauchen sinn, weil se ofte nich richtich lesen un rechen'n kenn. Läht denn das aone Kinner odder sollte mor vielleicht was aone Lehrpläne un dadraon ännern wie mor's den Schielern bei-bringet? Die Kleen sinn heite oh nich dimmer als mer das waorn. Een Unnerschied is awwer: Mer harrn noch Respekt vorre Lehrer. Awwer daodraon sinn nich de Kinner schuld.

Nu macht sich unser Landesvaoter, der Professor Behme mit sei-ne Leite Jedanken drewwer, wie'e das ändern kenne. Der will je die Leite, die immer noch na'hn West'n machen weil se bei uns keene Arweet krie'n hier behaol'. Dao machen se nu Aksjo'n wie „Wir Sach-sen-Anhalter stehen früher auf" un schmeißen daofir an hoofen Jeld aus Fenster. Mer kenntn se dao an Tipp jäm: Se solln dafier sorjen, dass mor hier Arweetsplätze schafft un de Leite so ville Jeld jiwwet, wie se in Westen kriehn. Denn hauet oh keener ab un mer wern keen Altersheim vor de Bunnesrepublik.

Mer sinn je nu keene jelarntn Polletiker, awwer mit unse Alter hammer doch schon anne Menge arlewet un kenn uns an Urteil ewwer frieher un heite machen.

Vielleicht isses je oh nich alles richtich, was ich jesaoht hawwe, awwer die ohm han nich immer Recht! Mechlicherweise wissen se das nichemao.

Reinhilde Meyerhöfer
D' Hunnenpilze Kipe

Ottos Mächen war im Holze ungerwächs, um Pilze ze kleiwen. Unn se hat a nich wenk gefungen. D' Kipe war janz scheene vull. Jenunk vurn richtjen Happen.

Metterweile wärd där Schaffen herjeholt unn e' Bruzelchen je-
macht. Awwer Otto war bärbeissj. Ob e das ma jut jieht. Ich wäs jar
nich, ob dä ewwer Pilze Bescheed wäs. Das is nich mieh auszeholn,
verflickscht noch ma. Da sahte zer Fraue, mer jähm erschte ma däm
Hunne was ze schnawweliern. Unn da wär' mer guggen, was wärd.
Jut Otto, das mach mer. Nischt jejens Mächen, awwer mer beede
ham gen Schimmer vun d' Pilze.

Äh richtjer Schlaj vum Jebruzelten in Hunnenap nein. Unn dar
Dackel schlappte met änemale alles uff.

Nune kommer awwer schmakkuliern, s' is sire jut. 's Mächen tram-
pelt in halm Taje im Holze rum unn mer jähms in Hunne ze frässen.
Das behalm awwer fär uns. Hasste jehiert Otto? Ja, das mach mer
wie d' sahst. Där Schaffen ruff uffen Tische alle hamse rinjehaun unn
jeschmeggt hat's ach.

d' Fraue wusch 's Jeschärre ab, unn Otto machte e' Nickerchen uf-
fen Kanapee. Alles jut unn scheene, awwer dann schackte naus. Unn
bei där Kläje in där Scheine sähte dän Kläffer in där Ecke län. Janz
jeknert unn kraspelte nur noch e' Fimechen. Otto raterierte zer Fraue
in d' Kiche. Die'e hat vun däm Jepappre nischt metjekreit. Awwer d'
Karrete wärd rausjeholt, alle druff uff d' Klapperkiste unn ab jing's
zum Dokter. Där hat ah e' Schregge jekreit. Schnelle muss 's jiehn,
sonst kimmets knippeldicke. Fär's Jetue keene Zeit mieh. Allehope
där Mäjen ausjepumbt. Där Dokter hat se jut zujeredt unn se ham sich
ah uffjerappelt. Darnache jing's uffen Hemwej. Unsern Strolche tän
mer scheene bejram, där hat unser Lewwe jerett. Bateppert guggense,
nich ze jloowen, da let das Hunnevieh in där Kipe met 4 kleen Hun-
nen. Nune hat uns awwer unser Strolch verhonepipelt. Mer ham been
Dokter där Schlauch in där Frässe unn Heme kreimer 4 kleene Hunne.

Reinhilde Meyerhöfer
's Winkelblech

E' ma im Jore wärd bei där Feierweer uff alles jeguggt, ob's jut is.
Alles wärd reene jemacht, bepinselt unn alle mole fitschen, das ah

nischt quitscht. Da sähnse, dass uff där eene Karrete, wo d' Spritze
droffen is, där Schlissel nich mieh richtj halle tät. Äh scheener Schla-
massel, nune qualm awwer d' Tätze. Äh juter Jedanke muss nune
här. Jenunk simmeliert, sahte där eene, mer sin ja schon schlajmide
bei där Demse. Ewwerdrise jahn se Heme unn täns beschlofen. Am
andern Taje uff där Straße bejejnen sich zwehe. Beim Duseln kam
där Jedanke, mer nähm e' Stigge Blech unn biechens im Winkel. Wa-
rum muss mer erscht nach Winkel preschen um e' Stigge Blech ze
biechen? Kakle nich, du Platzbräme, ich redte nischt ewwern Urt,
ich redte ewwers Blech. Awwer e' juter Jedanke, mer kenn das Eck-
chen drampeln unn kiehler Helles schlottern. Wejen däm Bleche
brauch mer uns nich escherfirn, da kimmt uns nischt därquere, da
kemmer uns morjen noch battaljen. Na los nein in d' Pedale unn ab.
Gugge ma, da kimmen Kinger, die warn ah im Holze. Da is doch dein
Schwästerschwein dabeie. Na da wärd sich meene Aale frein, wie die
ankimmet.

    Äh, ihr zwee Flitzpiepen Suffkeppe jiehts nach Winkel, sich d' Rie-
we met kiehln Blonden zu bicheln. Halg d' Lawwe du Kankerbeen
unn mache dich Heme, d' Aale steht schon met däm Latschen in där
Täre. Nä, ich sahe dir, nune Mile das Aas, 's jieht mich unne bohle
ewwern Spaß. Was där Krepel fär schlächte Wärter redt. Die brenget
das Schwein vun där Straße met. Was das Sauschtige fär Wärter tat
sahn. Das is nich mieh auszeholn met där. Wu kreit nur das Dräckaas
die Ausdricke här? Wu krein nur de Kinger die schlächten Reden här?

Reinhilde Meyerhöfer
Där Schlachtetätz

Där Bärjemeester hat Schlachtefeste. D' jrusse Pork wärd jeschlacht.
Uffen Bocke i'se jewemmt, 's Blut is ah jeriehrt. Ämal so rum, 's and-
re ma andersch rum. Da d' Rotworscht jut wärd. Awwer schnelle
muss es jin. Met där Schwarte abbriehn prescht mer sich ah. Met
Emmer heesen Wasser muss ma flitzen, prescht mer nich jenunke,
wärd jeblärrt, das enem d' Urn wejfleen. Nä, das jieht ewwern Spaß,

mer muss es bazengen unn nischt derquere jin. Allemole wäm mer d'
Stewwel nich ahne hat, verbrieht mer sich d' Beene. Unn baddj isses
im Waschhause. Das heese Wasser dampt ausem Kessel. Mer sicht
nur noch ewenk, awwer hirn tät mer alles. Wärd d' jrusse Pork uff
d' Lätter ballijt, brazlig mer erschte ma uff d' Hitsche. Bole is es je-
dewwelt. Där Bärjemeester is äh Moppel, seene Fraue klapperdärre.
Is där Pork uff dä Lätter, wärd ener jenetscht, unn äh Quätschchen
jeholn. d' Fraue kimmet schon met däm Klarn. Nischt met hudeln.
    Metterweile let 's Jeschlinke da unn d' Fleischstigge. Beim Wär-
feln där Fleischstigge keene Fisematenten. Nune jiwäts Friehstig-
ge, där Bärjemeester jibert schone mächtj. Im Kessel is schon eene
scheene Fläschbriehe. Alles, was nein jehirt, is drinne. Noch ne Kol-
le ungern Kessel, damit's jut kachelt. Zum Friehstigge wurde met
vullm Rande schnawweliert, unn jejen knastertrocknen Schlund is
ah was jetan.
    Metterweile jiehts an Worscht machen. Erscht d' Lewwerworscht
darnache Zippelworscht nune d' Sulzworscht. Där Fläscher simme-
liert vurm Kessel met där Kelle mank Jeschlinke, titscht nein in d'
Briehe unn guggt bitterbise. Jeweniklig schwimmt där Tätz im Kes-
sel, 's wärd blimerant. Nune questert där Fläscher, tät alles abklap-
pern, tät där Nischel wo oblen. Nannich gefungen. So ne Wärtschaft
's jieht nich ze varknusen. Das is nich mieh auszeholn met däm Kop-
pe. Näm die mich uff d' Schippe.
    Dän Koppe meenste, sahte där Bärjemeester, nu ja dän ha ich
su newwenbei met ojeknawwert. Awwer gugge ner hen, 's Jeris-
te let noch drinne. Där Fläscher gugge uff's Jeriste unn sahte nich
ze jlooben, das jieht doche nich. Awwer für Finkennäppchen Sulz-
worscht wärd's recken.

Ella Minx
Bildar dr Hämat

Heute ist wieder einmal alles trübe: Wetter, Gedanken und Brillen-
gläser beim Grübeln über den hoffnungslosen Gesundheitszustand

meines Mannes. Die Augen wandern über Erinnerungsstücke in meinen vier Wänden. Sie bleiben am Acrylfarbenbild „Pölsfelder Lieblingswald" hängen.

Schwubs binnich middndrinne. Vor einichen Jahrn hahch aus dr Bärschpektive ähnes Spazierjängers dän Waldboden, bedegckt met lauder Schlangenblumen, Märzenblumen, Gugckugcksschlisselchens, Waldveilchens, Efeuranken usw. zwischen Baumworzeln dr Buchen- odar Eichenstämme jemalt.

Off dän wunnerscheen Blätzchen in dr Schteyer stelle ich mich männechemal mei Friedwald vor. – „Schtopp! Nune reichts awer! Gugcke liewer ins Worschtblatt!"

Bein Griff nach dr Zeidunk fellt e Brief runger. Na endlich äh Lichtbligck! Klaus B. aus dr ohlen Hämat had jeschrewwen un an mich de Ausschreiwunksungerlaachen zun „zweiten Literaturwettbewerb in den mitteldeutschen Mundarten Sachsen-Anhalts" weidarjeschigckt. Er selwer war bein erschden Weddbewärb dr zweide Breisdrächer.

Soll ich etwa ah was einschigcke? Awer was?

Da fellt e Sonnstrahl off mei Waldbild. De jeliewdn Friehlinksbliemchen lachen mich aan, un ich hah dän erschden leichdenden Einfall. „Ich varsuchs. Ich wäre mei Hämatjedichte in Pölzfeller Mundart ummeschreiwe un einreiche."

's Jedicht jeheert zwar zer Jaddunk „Reime dich odar ich frässe dich!", awer fer mich isses äch un schtimmich, weiels ausen Härzen gimmet.

Mer muss nämlich darzu saah, dassich schone seit 44 Jahrn kähne Sachsen-Anhaldinerin mehr bin, sondarn dorch Wäkheirat ähne Bärlinerin.

Meine janze Sibbe wohnt noch da ungene, desdarwechens weile ich offde in Siedharze. Wennich de Hummäln krei, fahre ich ähnfach nunger ze Besuch.

Aus meiner gonzendrierdn Umarweidunk des Jedichts „Bilder der Heimat" wärich dorchen laudn Klingäldon von unsen Delefon offjeschregckt. Mei allererschdar Schulfreind isses, där ah schone seit Jahrzähndn käh Pölzfeller mehr is un in Leipzch wohnt. „Jute Nacht, Hämatbildar!" Wenn mir ohln Pölzfeller ins Schlawwern gommn, gann 's Delefonat unger Umschtändn ähne Schtunne daure, weil mer von Hunnartstn ins Dausentste gommn un uns immer wedder was einfellt, was so einjeleitet wärd: „Hallo mei Däubchen, wie jehts dich?"

„Das wäßte doch, immer off zwei Bänen."

„Hasde schone arfahrn ...? Gannste dich noch an dän arinnere ...? Wie äh jeflaakdar Hahn laake da ..."

„Nää, nich doch! Das glauwich dich jetz nich!"

„Wäßte noch, wie dazemal dr ohle ...? Un wo de ohle ...? Das war e Klamauk."

Off so ähnar Weise un Art hammar in letzdar Zeit ofde in Arinnerungen jegramet. Ich hahs ungern Didtäl „Was ohle Pölzfeller draatschen" ze Babiere jebracht un sejar illestriert. Ähne Schnurre dadervon is e Gnallar in' wahrschten Sinne des Wordes.

„Heere mal, Schwarzar, was mähnste, sollich de Jeschichde ‚Wildwest in Pölzfeld' zun Lidderadurweddschtreit nach Machdeburch einsende?"

Mei Freind armudicht mich met sei ähnzartchen Scharme: „Awer selwestvarfreilich, das machsde unbedinget, schigcke was ein, meine allarlieweste Newelgrähe!"

„Na, scheen Dank ah fers Gomblement!"

Än Moment anjesäuart, awer in freidchar Schtimmunk dorch Briefbost aus dr ohln Hämat un 's Denkn blus Schreiwen in Urohltpölzfeldsch beendich dän drüwe anjefangenn Daach.

Bildar dr Hämat
Wo dr Wald ze Enge jeht,
wo off en Bärch de Miehle steht,
da leht mei Pölzfeld fein un kläne
im stillen Dahle janz alläne.

Ich bligcke vom Bärch off ä scheenes Bild.
Hüchlich met Fäldarn un Wald is de Flur.
Windt zauwert Wällen aus Ähren janz mild
in de malerisch reizvolle Nadur.

Dufdende Weesen sinn wunnerbar bundt.
Ä friedliches Dörfchen im Sonnenschein,
dr Gärchdorm met Hauwe, achtegckich rund,
laden zun Schaun un Varweilen dich ein.

Off Blätzen noch ohle Lingen stehn.
Schon eewich grienen un bliehen se dort,
met Wippeln, deitlich von weiden ze sehn.
Wahrzeichen, varworzelt im Hämatort.

Einladend is ah mei Lieblinkswald
metten heielnden Fichdenduft.
Dort spüren alle Wandarar bald
de Frische un Rähnhät dr Luft.

Im Mischwald unger Eichen un Buchen
lass uns noch Friehblieher besuchen!
Ä Walddeppich Friehlinksreeschen, schau!
Strahlende Mustar in Weiß, Jelb un Blau.

Digcke Hummäl off blaurosaner Bliede –
Freide jedankt färs Härz un Jemiede –
an Bildar dr Hämat un Juchendgligcke
denkich järne un offde zerigcke.

Ella Minx
Wildwest in Pölzfeld

Das beriehmt-berüchtche Dörfchen Pölzfeld leet in Siedharze deräkt
an dän geografschen Middälbunkde von dän nei jegründeten Land-
greis „Manzfeld-Siedharz". Beriehmt war un isses wäjen dr jeselli-
chen Pölzfeller vollar Dalente un berüchtch nur bein staatlichen
Beheerden.

In Pölzfeld gönn alle Frauen jut goche, bagcke, sich butze, danze
un singe. Zun jährlichen Garnevale summen nich nur de Hummäln
odar lachen nich nur de „Siebenhüners" (das is dr äldeste un frieher
dr häufichste Familienname da hingern siewen Bärchen).

Vor Jahr un Daach schone gamen de Auswärtchen ofde zun Dan-
zen un Feiarn in de „Schenke" odar ins „Café Siebenhüner".

So wolldes dr Zufall, dass irjendwann in dän 70er Jahrn zwei unn-gerschiedliche Arweitsgollektive ehrn Ausfluch an ähn un dän sälwen Daache in Pölzfeld anjemeld't hadden. De dodale Jejensätzlichkät dr Gollektive war dr Grund fer äh außerjewehnliches Jeschehn. De Pölzfeller gonnten nischt darfor. 's worde nur jemunkält un jemutmaßt ewwers filmreife Vorgommnis „Wildwest in Pölsfeld".

Am Morjen ähnes wunnerscheenen Friehsommerdaaches kläddarten in Wipper jut gelaunte, schigcke Frisösen off äh Gremsar.

Se hadden ähne Ausfahrt ins Griene vor, met Bausen off dr Stregcke. Ähne andare Brijade met graftvolln Männern aussen Grunne machde sich ewenfalls off de Sogcken. Se hadden vor, ehr'n anstrengenden Wachdienst im Jefängnis da ungene fär äh baar Schtunn' ze varjessen, indäm se in dr Pölzfeller Schenke metten volln Brogramme feiardn. Alses Middaachässen un dr Gaffee schone jemundet hadden, de Vardeiler jekippt worn warn, se digcke un rund rumhingen, dän ähn odar andarn schone de griene Langeweile ansprank, weil im Näste nischt los war, herten se pletzlich Färejedrappele un singende Frauenschtimmen von Wildhofe her.

Da fuhr ah schone an' Fänstarn dr Schenke dr jeschmigckde Gremsar met hebschen Sängerinnen vorbei un hielt vorn Café, damet de Weibsen rungerhubbe gonnten. Se schtärmeten in dän Caféjarden de Dische zun Gaffeedrinken un Guchenessen. De Bolezisten hingen an dän Fänstarn dr Schenkenjastschtowwe un bewunnerten de offjezäumeten, jebutzten jungen Mächens un Frauen. 's Fänster blieb nich lange zu, damet de Fiffe odar Gomplemende jehert wäre gonnten. Se worden jehert un de Männer mehr odar wenjer zum Handeln offjefordart. De erschten Görrels machdn boole newwer, un se zeichdn sich schpendawel. Nachen erschten Runden Sekt bzw. Lekör gichartn un juuchtn de Scheenen, de Männar johldn un worden dreistar.

Äh baar Bährchen setzten sich schone in de dritte Kneibe ab, die ungene an dr scharfen Gurve leht. De Männar hadden ehr de Gurven dr Mächens in Bligcke odar in Griffe. De bedörndn Düfde dr Frisösen daten äh Ewwriches.

Als es immer scheener un schpädar worde, gamp dr Gremsargutschar, um seine Schäfchens alle einzesammeln. Ob de scheen Wippraer Mächens wolldn odar nich, dr Gutscher musste met seiner vollzählichen Fuhre ewwer Owerschdorf, Grillnbärch un de Färeköppe wedder nach Wipper zerigke.

Dr Abschied fiel schwer, besonnersch dän Männarn von dän scheen jungen Dingarn. Als dr Gremsar losfuhr, saßen einiche Männar darzwischen un ähner newen däm Gutschar. Im Nu war däm de Beitsche wegjeraapt zum Rumfuchtaln. De Färe warn arschrocken un breschdn los. De Bolezisten ewwerkamp äh zusätzliches Jelüstchen. Wie Revolwarhelden aus Westarnfilmen ballarten se met ehrer Bistole in de Luft un in Illingars Jasse. Dr Butz blatzte von dr jestreiften Eckhauswand. Da warnse ah schone an dr Gurve, zun Glicke ohne Jechenvarkehr off dr engen Dorfstraße. De Männar sprangen ab un warn schlaachartch nüchtarn. Se närrschten de Straße zericke an arschrockenen Pölzfellerinnen vorbei. Hoffentlich lak nich ähner blutewwerschtreemet in dr Jasse. Jott sei Dank war kähner ze Schadn jegommen. An de bersönlichen un de bolitischen Folchen waachte kähner ze denkn. De Brijadefeier war fer de Unholde ohne Awendbrot ze Enge. Innarlich leise weinend un met hengenden Göppen fuhrn de Jenossen ewwer de 14 Gurven wedder in de Grunddörfer zericke. De staatlichen Beheerden warn nadirlich umjehend informiert worn un rickten gurze Zeit später met Ungersuchunksgommissionen aus Eislewen un Sangerhausen an, um Spurn ze sichern un de Leite zu befrachen. De bedroffnen Wachüweldäter worden in ehrn Hämadgreis zer Rechenschaft jezochen un bestraft, janz ze Rächt, denn s hädde Schlimmes bassiere können.

Dr Fall worde met staatlicher Disgretion behandelt, nischt Jenaues kamp an de Öffentlichkät un war ungern Mandäl dr Varschwiejenhät boole varjessen. De Bedroffnen knawwardn alläne an dän schwarzen Bunkte rum.

Ella Minx
Ich sehe was, was du nich siehst

Mei Lieblinkswaldschticke in dr Pölzfeller Schteyer liewe ich wäjen dän Lichtschpeel dr Friehlinks- oder Härwestfarwen in Buchenwalde, awer janz besondarsch dr weißen un jelwen Buschwindreeschens, dr himmälblauen Läwerbliemchens sowie dr blaurosanen

Blieden von' Lungengraut odar Waldärwesen wäjen. In meinar Gind-
hät warsch noch nich varboden, da e Blumenstrauß fer de Muddar
ze ruppen. Heide schimpt sichs Nadurschutzjebiet in dr „Karstland-
schaft". De einmalich scheene Nadur is zun Aangugcken un Arholen
da. Noch darzu is se ungerärdsch unjeweehnlich indressant dorchs
urohle Bärchbaujebiet von Kupperbärche här. In dän Waldjebiede
schierfden in Varlaufe von Jahrhunnarten de Bärchleide in zahlrei-
chen Schächden 's Kupperärz.

Dass inzwischen ähne Schachtreehre freijeleeht worn is, wobei
mer offene Jänge endegckt hat, un mer met Fiehrunk de 5,50 Me-
der diefe Fahrt bis off de Sohle nungerschteiche gann, arfuhrich vor
10 Jahr'n aus dr „Middäldeutschen Zeidunk".

Damals varschtandich nachdräglich, warums mei Großvadar, där
Bärchmann jewesen war, jar nich järne sahk, wenn mir Mächens in
Holze Wildblumen suchdn odar de als Schuddhoole benutzdn klähn'
Schachtdrichdars nach Borzellanschärweln met Blumenmustarn
dorchwiehldn. Dr Großvadar warnte mich immar vor Ärdlecharn,
die mich varschlugcke gönndn. Das Nungerrutschen malde är an-
schaulich kruslich aus, was dr ohle Märchen- un Saachenarzehlar
varschtand. Dorch seine Arzehlgunst von Brinzässinnen, Zwärchen,
Häxen, Feen, Bärchjeistarn, Bärchmännechens, Goboldguddäln un,
un, un ... hadde meine bliehende Fandasie von klähn off anjereechet.

Nach Jahrzähnd'n war nune dorch dän Zeidunksardikäl noch dar-
zu Neijierde aanjeschtachält worn. In Indarnet worde off Metdeilun-
gen des „Karstmuseums Uftrungen" zer „Brandschächter Schlotte
bei Pölsfeld" varwiesen. Daderbei handälts sich um völlich varjes-
sene beachtliche Heehelnformazjonen ungern Dorfe un Agckarlan-
de in Richdunk Osten zun Walde hen. De Bärchleide hadden se
Schloddn jenannt un bewusst darnach jesucht, weil se wichtch färn
Bärchbau warn.

Mich faszenierdn de Greeßenanjawen, de arwähnd'n Varästelun-
gen met groddenähnlichen un großen Hohlräumen, ah hoche Gub-
bäln, 's Wassar sowie schlammiche Sümpe.

Mei Genntniszujewinn arwies sich schone im Sommar desselwen
Jahres als nitzlich. Mir fuhrn zu ähner Familjenfeiar in meine ohle
Hämat un nahmen unsarn Enkäljungen aus Bärlin met. Zu där Zeit
indressierde sich Julius brennend fer Schteine, Fossiljen odar Mine-
raljen. Während ähnar Wanderunk ruhdn mir uns off dr Hoole des

Pölzfeller Barberaschachdes aus. Von da owen hat mer äh judn Ausbligck zun Dorfe hen un ewwers Urohltbärchbaujebiet Himmelwäch un Kupperbärch.

Dr Oba Hans hadde sich in Grase lankjemacht un begugckde sich schone von innen.

Nachdäm Julius e Egckchen met Schtegckchen nach Schätzen in dr Abraumhoole rumjegiekält hadde, wolldechen was von friehar arzähle. Das mussde ich jeschigckt aanfange. Met Mischgaschokelade logckdechen erschtmal newen mich: „Julius, ich möchte dir etwas zeigen und erklären!" An Aanfange arklärdechen de Bedeudunk dr sondabarn rundn Buschinsäln off dän Fäldarn jejenewwer: „Das sind ‚Pingen‘, alte Einstiege ins Bergwerk. Ungefähr 250 hat man gezählt. Davon trugen nur zwei Schächte einen Namen, der ‚Barbaraschacht‘, auf dessen Abraumhalde wir jetzt sitzen, und der ‚Brandschacht‘, in dem etwas ganz Schreckliches passiert war."

In Jahre 1583 befandn sich 5 Heiar met ehrn Dalleklamben unger Daache nich mehr weit endfärnt von dr Arweitsschtelle an Kupperfleeze, da sprangse pletzlich äh Faiarunjehaiar aan. Alles jink so schnälle, dass se nur ähne Flammenwand vor sich sahn. Selwer varbrannt un aanjesenget flichdeten se schtolparnt etliche Medar dän Schtolln lank. Hingerhär wusste kähnar mehr, wiese weddar ans Daacheslicht jegommen warn. Se bewwerd'n in Banik an janzen Leiwe un beschriewen dän unheimlich jewaltchen Drachen met sein' wild'n Glutauchen där aus sei Rachen laut fauchend jiftchen Qualem un Faiar jeschpugckt hadde.

Solange das Undier da ungene doowete, waachde sich kähnar mehr nunger. Dr Faiardrachen hadde finnef Bärchmännarn schwere Brandwundn zujefiecht. Alles Brennbare war ze Asche jeworn. Seit dän explosionsartchen Brande sprach mer von „Brandschachde". Sondarbarerweise war kähnar von dän Varungligckten in Rauche erschtigckt. Hadden se sich etwa in de Schlodde jerett't?"

„Julius, was meinst du, soll ich mal in die Höhle gucken?"

„Oma, det is bloß Spaß, wa? Oda kennst de een Zujangsloch?", fragte Julius eifrig.

„Leider sind alle Eingänge verbaut worden. Ich kann es nur mit meiner Zauberkraft tun."

„Nee, Oma, ooch det noch! Ick gloowes nich!", zweifelte Julius belustigt, auch hoffend.

„Ward's ab! Ich hah äh Brigckäljefiehl in mein'n Barfußbähnen. Mich isses so, als obch Worzäln in de Ärde dreiwe. Velleicht helfen mich meine Vorfahrn. Die sinn alle da vorne off dän Friedhofe begrawen worn.

Ich prowieres ähnfäch: Innwenniche Auchen sollen dief dauchen in de Schlodde met so männechar Grodde! – Häx! Häx! – Stilledropp-dropp-dropp-jetz e schwacher Lichtschein! Ich sehe was, was du nich siehst! Es sieht jelbrot lodarnt aus un is äh ruhändar Drachen in dr Midde von dr Heehle. In sei rundn Wanste klimmets wie Gaminfeiar. 's is beschtimmet dr jezähmede Faiardrachen. Nur ab un zu schtegckde zingälnd de Blähken zer Beleichdunk dr Hehle raus, sozesaachen als ewiche Flamme. Zierliche glitzeriche Groddenfeen schläfarn ehn met Alabastarglegckchenjebimmele ein. Mutche Bärchmännechen schuwwarn un grawweln seine Drachenhaut. Bein Schnarchen waawern aus jeblähdn Niesdarn farwiche Jaswolgken raus. Wenn die in de Groddennischen ziehn, wärd dären Schenhät vollends sichtbar.

's Sigckarwasser off sein' Weje dorchs Galk-Kupperschiefer-Jeschtein hat wunnerbar jeformete farwiche Schteeße (Wände) jezauwart. Mer gann se ruch als ‚grienes Jewölwe', ‚hällblaues Droppschteingröddchen' oder ‚Joldboochenlauwe' bezeichne. De Haupthehle sieht eijendiemlich jeschegckt aus, wie e riesiches dunkälgraues Spitzenduch, wo dorchs Lochmustar 's Licht fällt. In Wahrhät sinn das leuchdentweiße Jipsschtähne. In ähner hochen Rundguppäl schimmarn de Alabastarguchäln dorchsichtich un pärlmuddarfarwen. 's is 'ne wahre Bracht!

Äh flacher Hehlenschlauch janz weit hingene fiehrt bärchnaan. Da bewecht sich was. Ich zuumes mal nähar ran. Zwärche met varwunnarlichen Waldfeen buddäln un flanzen was umme. De Feen sinn in varschiedenste Griendöne einjehüllt, ehre zarzausden Loden leuchd'n kuppern in dän von owen här einfallnden Lichde. 's schwache Daacheslicht fellt off klähne Beede met unjeweehnlichen Blumen, die medallisch bunt glitzarn. De zardn Bliedn scheinen von inne aus ze leuchdn.

Solldn das etwa de saachenhafdn Wunnerblumen sei, die vor Jahrhunnardn äh Siddendärfer Schäfarjunge im Gyffheisarjebirje jefungen un de Bliede wedder varlorn hadde? Varjeblich war seithär da un in dän Middeljebirjen drummerum darnach jesucht worn. Se war an ähner Schtelle met varborjenen Schätzen jewachsen, von dänen dr Schäfar häme seine Figcken voll vorjefungen hadde.

Wie Schatzgammärn sehn in unbeschreiblichar Farwenbracht männeche Firschde von Schachtschtollen aus, die in dr Galkhehle ihr Enge jefungen hadden. De abjelaacherden Kuppermineralien glänzen da grienlich, blaugrien, in allen Blaudönen bis zun Dunkälli-lablauen hen, awer ah in Messingjelb ewwer dunklare Farbdöne zun bräunlichen.

Ins dunklare Innare dr Bärchbaustollen varschwinden von Zeit ze Zeit Zwärche, schwere Garrens dregckend, die randvoll met klähnen Jeldmünzen jefillt sinn. Leere Jefährde bringen se zerigcke, met dänen se sofort wedder hinger Holzbohäln varschwinden wie schone vor ehnen sondarbar watschälnde Männechen, die irjendwie schwanger ausjeseh'n hadden, un zwar digckbäuchich met brädn Hingerdeile. Wenn das mal nich de Weddelreedar Hegckemännechen met ehrn Hegckefennichen jewesen warn. In dän Heisarn, wo frieher de klähnen Goboldguddäls wohnten un dän Hauseijentümarn halfen, word 's Klähnjeld nich alle.

Was issen da los? 's is anscheint was bassiert. Warum hetzen so veele Zwärche un Bärchmönneche varschwitzt met ehrn Wärkzeuch hen un här?

Wo sich in dr Schlodde so veele Saachenfijurchen aus sen Siedharze offhalden, handält sichs janz jewiss um de Hälfar dr Bärchmännar, die zer Schtelle sinn, wenn Jefahr droht, was ze schtitzen, ze varbauen odar wäkzeräumen is.

Solche umsichtchen Hälfar ham vor unjefähr 80 Jahrn mein Vadar 's Läwen jerett't.

Damals ware nämlich im ‚Wollefsschachde' im Mazsfeldschen vor Schtrewe varungligckt. Dän jefärchdeten Sänsenmann hadde mei Vadar schone met Schibbe lauarnt jesehn, denn er lak unger ähner großen rungerjebrochenen Wagge.

Met schwindendar Graft varsuchde er, aus seiner zarquetschenden Laache ze gommen. Da märkde er, wie an sei rächden Bähne jezärrt worde un sich 's Jeschtein drummerum leichde bewechde. Halb ohnmächtch varnahme Kingerschtimmen: ‚Los Gumbäl, mache nich schlapp! Du musst dei Bähn schtregcke wejen dein Einjeweide unnen Rigckgrat! Denke an deine drei Kingar, Fritze! Nur noch äh Rugck!' Se schaffdens jemeinsam, dän Dode buchschtäblich von

dr Schibbe ze springen. Nach mehrarn Wochen Grankenhausoffent-
halt, met varschowenar Wärwelsäule un grumm zesammenjewach-
senen Ribben hat Fritze Siewenhiener darnach noch veele Jahre
unger Daache im Weddelreedar Reehrichschacht jearweit't. Er war
sejar im Aujust 1951 darbei, als vom Weddelreedar zun neien San-
gerheisar Schacht dr Schachtdorchbruch vollzochen worde."

In dän Momänt meldete sich Oba Hans aus sei Nigckarchen ze-
rigcke: „In das Wettelröder Schaubergwerk fahren wir morgen ein,
so tief wie unser Berliner Fernsehturm hoch ist. Julius, da kannst du
sehen, wie schwer es dein Uropa als Bergmann hatte." Unsar Enkäl
war sefort Faiar un Flamme.

Fer sein'n Mut währnt dr Fahrdn im Fördarkorwe un met dr Gru-
wenbahn, sein' Eifar im Abbaufäld un ewwerhaupt durfde er sich
hingerhär am Varkaufsstande von' Museum äh Kupperschiefar-
fischabdrugck sowie farwiche Mineralschteine aussuche. Da wäre
's Weddelreedar Hegckemännechen in meinar Dasche nich vargehrt
jewäsn. Met strahlenden Jesichde drigckde mich unsar Klähnar un
mände noch newenbei: „Oma, ick wundre mir nich mehr, wenn de et
kleene Dorf Pölsfeld un wat de ooch azehlst imma jerne mit Zauba-
oogen siehst."

Alfred Müller
Das Beesedauer Reiwerfest anno 1946

In unsen Dorfe Beesedau, nu a Ortsteel von Könnern, wird alle Joah-
re zu Fingesten a scheenes Volksfest, das Reiwerfest, jeieiert. Unn das
hat ooch a janz besonneren historischen Hinnerjrund.

Schließlich jab's in unse Jejend oan Flussloof der Soale in Mittel-
alter allerhand Burchen, die zum großen Teel heite noch Bestand
hamm. Doamoals woarn hier also Raubritter in reichlichen Moas-
se oanzutreffen. Bis 1683 fiehrte durch unsen Ort de „Lieneburcher
Handelsstroaße".

De Handelsleite koamen vom Werschlemm in Anhalt, durch-
kwärten denn de Soalefurth unn woarn denn am anneren Ufer in

Kurfürschtentum Sachsen, wozu ooch unser Beesedau jeheerte. A Stickchen hinner unsen Ort koamen se den oan de Zollstattsjon ins Könichreich Preissen. Doa wurre erschtmoah tichtich abkassiert.

De Raubritter unn anneres Jesindel nutzten das mit dichten Busch bewachsene Jelänne for ihre Raubzieche unn Ewwerfälle ähmt nach de Flussdurchkwerung. Dorum jiwwet's nu bei uns seit 1896 das „Reiwerfest", das die Ereichnisse historisch weller for zwee Tache jejenwertich macht.

Währnd des zweeten Weltkrieches fand das Fest nich statt, das woar ooch nich erlowet. Nach dem schlimmen Kriech woar de Sehnsucht von de Menschen uff a bischen Spoaß unn Freide sehre groß. Unn zu Fingesten 1946 war's denn so weit.

Bei den junken Burschen herrschte anne unbeschreibliche Vorfreide uff das Fest, wozu ooch ich jeherte. Endlich fand die durch Ausbimmeln bekannt gemachte erschte Reiwerversammlung in Jasthoffe „Zur Weintraube" statt. Donnerwetter, war das anne Beteilichung. De Jaststuwwe fasstes joar nich, darum wurre die Tiere von de Vereinsstuwwe uffjemacht, trotzdähm mussten noch a paar stehn.

Eener von die, dies Fest nu mit orjanisieren wollten, stellte sich denn in Tierrahm von die zwee gefillten Reime. Uff anne janz eenfache Weise fing der denn schlicht un eenfach, a bisschen unjewohnt oan zu soan, wuruff's nuu bei's Reiwerfest oankimmt. Es jing so lebhaft zu, dass der schon jetzt zu tune hodde, de janze Schaar in Schach zu hoaln. Bei de Vorstandswoahl beruhichte sich das. Der Sprecher woar ooch in Vorstand jewählt unn behielt nu es Wort.

Da jab's werklich vill zu bereden, die oanwesenden älleren Teilnehmer mit Vorkriechserfoahrung machten allerhand Vorschläche. A Reiwerhauptmann unn der Pollezeihauptmann, ooch Handelsleite woarn boale jefunn.

Unses Reiwerorijinal Karrel Rothe moahnte noch oan, dass mer zur Fingestheilichamt anne Jirlande mit Eichenblätter oanfartichen missen. Alle guckten verdutzt, was das woll vor a Tach sinn soll? Er klärtes denn uff, dasses sich doa natierlich um den Sonnoamt vor Fingesten handelt.

Eener von nei jewählten Vorstand machte sich bemarkboar, er wolle moah noch was Wichtiches soan. Er berief sich uffen Berjermeester unn verkindete, dasses bei'n Reiwerfest, jetzt nachen Krieche, nischt nach Milletarismus aussähn darf. Also keene Uneformn, keene Jewehre, oh nich aus Holz, es darf nich irjendwie knallen, was sich wie a Schuss oanheert.

Das wurre nu doch een von die ällern Teilnehmer langsam zu bunt unn rief derzwischen: „Du liewer Jott, wie soll den doa der Reiwerhauptmann nach Verurteilung zum Tode um Mitternacht erschossen werden?“

A Moment war Stille bei de Versammlung, es schien wie Ratlosichkeet. Uff eemoah rief denn unser Veteran Karl Rothe unner lauten Lachen in de Kneipe rin: „Denn verjifft mern!“ Im Nuh setzte anne Lachsallewe in, die sich kaum berurichen ließ. War da a lusticher Spoaß!

Nachdem sich's weller a bisschen beruhicht hodde, soade der Sprecher vom Vorstand: „Das verschiem mer erscht moah, das wern mer denn sähn wie der Reiwerhauptmann zu Tode kimmt.“

In der Zwischenzeit wurren noch a paar Zusammenkinfte in de Kneipe jemacht unn weitere Vorbereitungen jetroffen. Plakate wurren im Dorf oanjebracht, awwer ooch in de Nachbarderfer, außerdähm jab's noch anne richtiche Prowejandafoahrt mit Färd unn Kutsche in de umliechenden Ortschaften.

De Zeit verjing for uns junken Leute vill zu langsam, mir dachten ofte: Wie lange dauert's denn man noche, bisses Fingesten iss?

Zu Fingestheilichoamt bastelten wir die Jirlande zusammn, die in Dorfe an unsen Naturdenkmal, dem Bauernsteen ewwer de Stroaße aonjebracht wern musste. Da kam schon Freide uff unn es jing lustich unn ewwermietich zu. Zu juter Letzt noahmen unjefähr zehn Festteilnehmer die Jirlande uff Kommando zu gleicher Zeit uff de rechte Schuller.

So marschierten mir in Richtung Dorf und sangen mit Vorfreide das Lied „Und im Wald da sind die Räuber“.

Endlich war's nu soweit, der zweete Fingestfeiertach war jekommn. Da hieses janz frieh uffstehn in Phulschen Busch Maien holn. Zwee Fährejespanne standen bereit, uffjesessen hiesses unn ab jing's. Kurz vorn Wald stand wie verabredet der Buschleefer von Forschtamte. Es erschte Gespann hielt stille, unn Diegen Gottfried, der Buschleefer, setzte sich in de Schosskelle uff a extra frisch jestoppten Strohsack. Der wies uns denn in, wo mer de Maien schloan kenn'n. Boale koamen zwee Fuhrwerke in Bessedau oan, vor jeden

Haus wurre anne scheene, frische Maie hinjesetzt, unses Dorf jab a scheenes Bild ab.

So langsam toat sich was in Dorfe, jleich a paar Färdefuhrwerke woarn uffjetaucht, de braven Handelsleite jingen schon Haus vor Haus, um ihre Ware zu verkoofen. Wer doa dachte, er kriecht moah was Besonneres, der saak sich jrindlich jeteischt.

Damoals jab's bloß es Neetichste uff Lähmsmittelkoarten in Konsum. Alles, awwer ooch alles woar knapp unn man tat recht, das Bisschen, was mer kriechte, inzuteeln. Awwer die Koofleite hodden bloß Schrapel werklich niescht Gescheites oller Brauchboares. Derbei woarn ihre schäwichen Koffer wer weeß wie schwer, die se in de Wohnungen schleppten.

Lähmsmittel oller Jetränke hodden se joar nich. Awwer es woar je alles bloß a jroßer Spoaß.

Der Reiwerhauptmann Renalto Renaltini versammelte inzwischen alle seine Reiwer. Hinnern Soaledamm, da mussten ja die Koofleite uff ihre Weiterreise unbedingt durch. Hier musste der jeploante Ewwerfall erfolchen. Er jing Arm in Arm mit seiner Braut Rosa hok unn runner, hin unn her. Stolz hielte seinen Säwel im Griff.

In Dorfe selwer woarn derweile drei berittene Pollezisten erschien'n, die oahnten jewoll, dassense boale was zu tune kriechten. Awwer wie sahn die denn aus, eher wie Cowboys. Die durften je nu keene Uneform traan, nichemoah von de Feierwehr. Sie hodden Hiete mit breete Krempen unn uff de linke Brustseite schmickte se a Sherifstarn. Der Pollezeihauptmann truch wenichstens aane Stewwelhose unn Stewweln, ooch a Säwel woar bei de Ausriestung derbei.

Mittlerweile warn nu jede Menge Zuschauer am vermeintlichen Ort des Ewwerfalls erschienen. Sie standen bei besten Sommerwetter in sommerlicher Kleedung auf der Krone des Soaleschutzdammes, den es schon seit 1786 jiwwt. A so scheenes festliches Bild hodde es nu so lange nich jejähm. Die erschienenen Jäste guckten nu dem Treim der Reiwer zu. Die bereiteten sich uff ihrn Ewwerfall vor unn moassen unnerlang ihre Kräfte.

Sie bauten a Hinnernis uff, das de Koofleite den weiteren Wäk versparrn sollte.

Doa fiff doch pletzlich der Reiwerhauptmann janz forsch unn de Reiwer sausten wie von Blitz jetroffen in de Bische in ihre Verstecke. A Färdefuhrwark mit a paar Koofleite ewwerkwerte jeroade den Damm uffen Wäk zur Soale. Sie nahm'n nu den Wäk der unerbittlich in de Falle fihrte.

Uff emoah standen doch for a Schlagboom, ängestlich guckten sich umme. Da kahmen uff a neierlichen Fiff de Reiwer mit a ferchterlichen Krach aus de Bische raus jestirmt.

De janze Warenladung, de Koffer, alles wurre jeplinnert unn rumjeschmissen. Zwee Koofleite setzten se feste, a dritter Handelsmann konnte bei'n Tumult ausreißen. Der lief wiee konnte ewwers Feld in Richtung Beesedau. Er woar nichemoah oan Dorfinjang da finge schon oan zu rufen: „Ewwerfall, zu Hilfe, alles weckjenomm!" Unn das immer weller, so laut wiee konnte.

Aan de Kneipe trafen jerade die drei berittenen Pollezisten uff ihre Streife inn. Der Hauptmann informierte sich janz kurtsch, denn jabe sein Färd de Sporn, die beeden annern Pollezisten hinnerhär. In a poar Minuten warnse oan Damm. Der Hauptmann ritt alleene uffs Reiwerlacher zu bis oan den Schlagbomm. Doa standen se doch, de Reiwer in anne sehre bedrohliche Uffstellung.

„Was geht hier vor, wer ist ihr Boss?!", rief der Pollezeichef laut unn enerchisch. Da kam doch schon Renaltini mit gezoenen Säwel oanmarschiert.

Der Pollezeichef: „Renaltini, ergeben Sie sich, ihre Lage ist aussichtlos!" Der Reiwerhauptmann erklärte nu, dasse nich droan denkt, sich zu erjähm. De Reiwer stimmten nu a hehnisches Jelächter oan. Mutich zog denn der Pollezeihauptmann sei Säwel, unn es kam nu zu a hefftichen Fechtkampf, der kee rasches Ende nahm. De Reiwer bedrängeten nu zunähmd den Pollezeichef, so dass der sich denn uff sei Färd schwang und dervonritt. De Reiwer feierten das schon laut als ihren Siech.

Der Hauptmann holte awwer nu Verstarkung, seine zwee Unnerjäbenen, die erschtmoah in Woartestellung jeblemm woarn. Mit a forschen Ritt ins Reiwerlacher jelang anne Ewwerraschung, uff die de Reiwer nich jefasst woarn. Sie stomm aussenanner, jetzt bejriffen se, dasses Arnst wird. Sie wehrten sich zwoar sehre, awwer mit Hilfe von de befreiten Handelsleute wurren allesamt gefangen jesetzt.

Der Reiwerhauptmann Renatini woar in seine Bude jeflichtet, in die seine Braut Rosa vor lauter Angest laut wimmerte. Eener von de Pollezisten schlich sich von hinten oan de Bude unn lääte Feier. Es dauerte nich lange, unn sie kamen blitzoartig aus de Bude jeschossen. Renatini erjab sich nu zähneknirschend. Jetzt wurre a lanker Strick um de janze Bande jemacht unn mit Bloasmusike jing's in Richtung Dorf.

Alle Dorfbewohner unn Jäste erfillte anne tiefe Genuchtuung. Die Reiwerbande ist endjiltich es Handwerk geläät. Der Festzuch mit Bloasmusike koam nu von Soaledamme bis rin in de Dorfmitte oan Bauernsteen. Hier wurre schon Recht jesprochen, als Beesedau noch zu Sachsen jeheerte.

Kee annerer Ort woar besser jeeichnet, die Untoaten der Reiwerbande oanzuprangern unn zu oahnden. Een hoher Jerichtsrat mit Frack unn Zilinner woar extra erschien mit a dicken Aktenordner mit Beweismittel unnern Arme. Doa koam je nu Unerheertes zur Sprache. Die zahlreichen Ewwerfälle uff de Handelsreisenden, Körperverletzungen, Ewwerfälle.

Nich moah de kleen Leite in Dorfe hamse verschont, da hamse Zicken, Schoafe unn Schweine nachts aus des Ställe jeholt. Es täte zu weit fihrn, hier alle Untaten uffzuzähln. De villen Zuschauer wurres langsam schon zu bunt, Unjeduld koam uff. Jetzt musste a Urteel gesprochen wern.

Hauptanjeklachter woar je nu Renaltini, der wurre denn ooch als Erschter zum Tode verurteelt. Seine Rosa kwäkte tichtig los, sie beruhichte sich erscht weller, als se wejen Mangel oan Beweisen freigesprochen wurre. Renaltini, so hieß es, wird heute um 24 Uhr erschossen. Alle Reiwer koamen nich ungestraft dervon. Zusammn krichten se 104 Joahre Zuchthaus uffjebrummt. Die konnten nu keenen mehr was tun. Wie se das denn heerten, guckten se doch janz scheene dumm aus ihre dreckiche Wäsche.

Nach de Urteelsverkindung nahm das Fest seinen weiteren Loof a paar Schritte weiter uffen Tanzsaale von Jasthoff „Zum Löwen". De Festteilnähmer unn de Jäste streemten nu uffen Saal. Nach anne Weile konnte doa nach de Bloasmusike jetanzt wern. Es woarn awwer ooch allerhand Kinner derbei, die dachten, es wäre ooch for sie, das musste mer ähmt moah dulden. Die hodden je ooch lange keene große Freide. So lange spielten de Musikanten je ooch nich. Der eijentliche Festball woar denn ahmds um achte.

De Kapelle krichte denn a bisschen was zu essen, was de Reiwer so spendiert hodden, zu koofen jab's doch nich iss Geringeste.

Nu wurre mit Marschmusike durch's Dorf marschiert, das woar der Umzuch aller Teilnähmer beis Fest. Zum Schluss machte alles uffs Parkett von Saal unn stellten sich doa uff, bis de Musike den Reiwermarsch jespielt hodden.

Jetzt machte sich de Kapelle hok uffs Musekantenchor. Der Festball nahm seinen Loof for sehre verjniechliche Stunn'n. Awwer am Aanfang woar das so a Jedrängle uff den Parkett. Darum wurde de Ausbimmelglocke von Beerjermeester jeholt. Wenn die denn erteente, mussten alle Tänzer runner vom Saal, nausgehn unn sich uffen Hoff weller oanstellen, um weiterzutanzen. Das klappte ooch janz gut. Irjendwie woars lustich, gute Stimmung wor doch doa.

De Zeit verjing wie im Fluge, es jing uff Mitternacht zu, wu doch nu der Reiwerhauptmann erschossen wern sollte. Der wurre denn rechtzeitich vorgefihrt, er wirkte janz jeknickt. Rosa, de Braut, wich nich von seiner Seite unn de dicken Trähn kullerten ewwer de Wangen.

Bekanntjejähm wurre nu, dass anne Bejnadichung abgelehnt worn iss. Awwer drei Winsche konnte noch äussern. Als Erschtes winschte sich a Glas Bier, das krichte jleich und tranks mit eenem Zuge leer.

Der zweete Wunsch woar a scheener Walzer mit seine Rosa. Wie sonne Extratour saaks aus, awwer Rosa weinte bitterlich, dasses de Zuschauer dauerte. Nu halfs je nischt mehr, de Todesstrafe war je doamals noch nich abgeschafft.

Als dritten Wunsch winschte er sich das Renaltinilied, gesungen vom Reiwerfestveteranen Karrel Rothe. Der erklärte sich sofort bereit zu singen unn tat das mit anne große Inbrunst. Als Karrel fartich war, jab's a Riesenbeifall, er woar uff sich sellewer stolz und strahlte. Er kamp sich vor wie Rudi Schuricke be de Caprifischer.

Jetzt nu musste Renaltini uffen Tisch. Es hieß „Zurücktreten, Kommando jilt!"

Nu folchte a hefticher Paukenschlach wie a Schuss unn der Hauptmann fiel nach hinn'ne. A poar junke stawile Burschen hamm denn uffgefangen, dasse nich noch mehr Schaden nähm sollte. Der wurre nu uff anne Letter jeläät unn nausgetran. De Kapelle spielte derbei: „Ich hatt' einen Kameraden".

Nu jing der Festball weiter, jetzt spieltense Walzer, Rheinlänner, Polka. Das woar je joar nich nachen Jeschmack der Jurend, sie verlangeten moderne Musike, wiees jetzt uff de Säle zu heern is. Jetzt jing's richtich los mit Tango, Foxtrott unn Swing, das machte Laune. De oaln Tanten uff de Fensterbank knuckerten denne unn meenten, die kennten bloß jazzen. Bis frieh um dreie jing's, kaum eener ist eher jejangen. Langsam wurres helle, ehe alle draussen woarn; ja, aanstännche Leite gehen in Hellen heeme.

Oan nächsten Vormittag wurre jeder Familie a Stännechen mit de Bloasmusike jebracht. Daderbei wurre denn jebettelt, das wussten je nu de Leite, de Reiwer machten sich an scheen Nammetach, unn am Oamt war nochemoah Tanz uffen Saale. Denn woars awwer doch vorbei, noch immer hodde mer de Klänge von de Bloasmusike in de Ohrn vom erschten Reiwerfest nachen Krieche, im Frieden 1946 in Beesedau. Awwer die Traditsjon ist bei uns dauerhaft! Unn disses Joahr 2010 wurres zum 114. Moale zur Freide aller durchjefihrt.

Werner Nake
Famielje

„De Famielje is de Jrundlache von Staat", hat ma so e Bromi gesaht. Ich hawwe och Famielje. Ich bin zwölfe. Mei gleener Bruder heeßt Baul. Mich nenn se immer Kalle. Der Vader gimmert sich jut um uns un bringt de Moneten heeme. Awwer manchma jeht e in de Stampe neman un gibbt e baar hinter de Binde. Denn gemmt e angedorgelt, un de Mudder faucht'n an: „Na, hast de widder een jezwitschert? Leg der glei ins Bette, awwer schnarche nich so."

Neilich saht de Mudder: „Ich mache ma in de Schdadt, ä neies Kleed goofen." „Was", gnurrt der Ahle, „schon widder e Fummel. In Gleederschrank baumeln doch noch jenug." Im Jehen blärrt se noch: „Das verstehst de niche."

Was mei gleener Bruder is, dr Baule, quiemde schon e baar Dache rum un liesn Deetz hängen. Unse Mudder jing desderwejen midn zun Dogder. Der sahte zu Baule: „Mache ma de Gusche uff un strecke de Bläge raus." Denn meente, 's wäre ne Angina. Baule musste nu ins Bette un Drobben schlucken. Es Scheenste drbei war ja forn, dass e nich in de Benne musste. Dr Vader sahte, dasse oh ma zwee Wochen mit Angina ins Bett mechte. Da wurde de Mudder awwer fuchdj: „Das gennte dir so bassen, hä." „Was de jlei widder denkst", gnuggerte dr Vader, „da brauchdj doch ma verzen Daache nich uff de Kläje."

Vorche Woche bassierte was in der Glaucher Straße. E Scheeks wollte iwwer de Straße un guckte sich niche um. In dän Moment gommt e Ornebus un schliddert wejen den Drottel uffn Drittewahr. Zun Glicke hadde geen erwischt. Bloß der Ornebus hadde an Gotflichel enne mächtje Beile.

Mir Ginder wolldn ma zun Schbieln an de Saale, uff de Bulwerweeden, 's Wedder war jrade so dufte. Underwejens gicherte Baule iwwer e baar Schnatzcher, die inn Ferdeäbbel stocherten. An der Saale trieb sich ne Meute rum. Die machten viel Fetz. Uff eema brillte so e Latcher: „Scheeks schbanne, dein Quien ladscht ins Maium." Haste nich jesehn, macht der Scheeks e Gebbert in Maium, gaschte sich den Göder un flesste mitn zerigge. „So, da hammern Grebel widder", sahte noch.

Als sich meine Mudder vorjen Monat ergälded hadde, wars ferchterlich. Dauernd musste se grächzen un schniefen. Mei Vader jing in de Abedege un holde Medezin. Er brabbelde: „Heitzedache muss mer alles selber berabben. Was die da oben sich bloß denken." De Mudder gonnte nich mehr richdj quasseln un wisberde: „Ach, her mir doch uff mit de Boledig."

Alles uffjeschriem von e Scheeks aus Glauche.

Bettina Schirmer
E halwes Ei

Wenn ich mich recht besinne, frieher, so inne fuffzcher Jahre, also, wo ich noch kleen war unn e Knicks machen musste beim Juten Tach sachen, drehte sich alles nur um eens: 's Spieln unn's Mampfen, unn's artig sein – denn jaab's och ma e Schnongs zwischendurch.

„Nu frackt, was die jejessen hat, een Klohß unn een halm unn daderzu noch Fleesch mit Märrätchsoße", janz stolz verzählte meine Urgroßmutter Pauline (aussen Saalkreise jebürtch), was ich tachsüwwer alles verputzt hawwe. Da zochj denn schnelln Bauch ein unn machte mer dünne, denn korz zevor jab's bei Tante Frieda Freibankbraten, bloß e kleen Teller zum Kosten. Na ja, woanders schmecktes ähmt meistens e Häppchen besser.

Wenn nich grade jemampft worde, warn mir Kinder alle bei jeden Wetter zum Spieln draußen. Wemmer ze laut warn, hießen mir freche Wänster, unn wemmer Klingelpartien machten, warmers sowieso. Im Winter wurde jeglandert, unn im Sommer von Schmidts Eis, ne kleene Tüte, war's große Paradies. Mir spielten, wasses Zeuch hielt, von „Räuwer unn Schandarm" bis „Meester, kemmer Arweet kriejen?", mir kreiselten unn machten Knoten in de Peitsche, mir humpelten unn schangelten mit Pfennjen, kullerten unsre scheen bunten Glasmormeln, versteckten unn haschten uns, bisses dunkel worde.

Freitags kam immer dr Filmfritze, Herr Klack, mitte DKW Kombi, das war de Kröhnung der janzen Woche. Denn der zeichte im Saal dr Eiche ('s hieß eijentlich „Gasthaus zur Deutschen Eiche") e Märchenfilm, himmlisch scheen. Manchma spielten mir denn das Märchen alle zesamm nach. De Großen warn's Königspaar, unn de Kleen mussten Diener odder Zwerje spielen. Pause jab's nur, wenn eener zum Essen jerufen worde, denn dr Achelputz hatte Vorrang.

Bis off zwee Jeschwister nannten mir uns unternannder ooch nich so, wie mir hießen, denn jeder hatte e Spitznaam, zum Beispiel Jojo, Schnorse, Nune, Bomber, Lutti, Nonni, Sonni odder Dallei. Unn die, die de sich ärjen sollten, schümpften mir Schielewippchen, Rattenarezahn unn Strullerschiepchen.

Die zwee Jeschwister, die nur ihrn richtjen Naam hatten, die jingen jeden Daach (außer sonntags, awwer fast wie sonntags anjezogen) inn Kinderjarten. Erst am Nachmitdaache kamen se heeme. Se sprachen anjeberisch unn vornehm: Also im Kinderjarten wäre alles viel besser unn viel schöner, meenten se. „Oh, wie jerne tät ich ooch e ma so was viel Schönres erlehm, als wie immer heeme ze sinn", sachtich mein Eltern. Denn da wollt ich hin, in den Kinderjarten, unbedingt. Nee, ich dorfte nich. Zum Troste kricht ich ze Weihnachten 's Buch von Struwwelpeter unn e silwernen Ring mit e kleen Moodschekiepchen droff. Awwer der Winter war lang, ich war kreplig, meine Uroma mitten Nerven fertj ... unn ich in Kinderjarten. Um's gleich vorweck zenehm, ich „knickte" ein, nach nur eener Woche. Mir jefiel's jar nich, 's tat richtch weh, so weh (ich gloowe, da worde bei mir 's Heimweh jeborn). Mittachs mussten mir off Holzpritschen liejen, nehm mir lag eener, der schlief, unn es liefen de Spucke aussen Munde nur so raus, darum hieße Schlawwermartin. Nach fünf Daachen kam meine Rettung, unn zwar so: Meine Uroma Pauline fruch: „Na, meine Kleene, wie issesen so in Kinnerjarten?" Dadroff ich: „Zum Mittagsbrote jab's nur e halwes Ei." Von Kartoffeln unn Senfsoße brauchtich nüscht mehr ze mormeln. „E halwes Ei?", für meine Oma brach de Welt zesamm, unn mir fiel e Stein von Herzen, ich war widder heeme! Bei meiner Hotte Cora.

Jürgen Schönfeld
Anne scheene Harbstjeschichte

Schwertfäjers Herrmann wohnte mit seine Frau Hilda in ann scheenes Haus ans Ende von's Dorf. De Kinner warn schon jroß unn irjendwann ausjezoren. Beede warn mittlerweile Rentnor, awwer hotten immer dän janzen Tach zu tun.

Hinner's Haus war dor Hoff mit Hinnerstall unn Karnickelbuchten un dann noch ann janzes jroßes Schticke Jarten hinten dranne. War nich bloß alles Jras drinne wie bei seine Nappern rechts unn links, nee se hotten ville Jemiese unn och Moriem unn Kartoffeln for de Karnickel un Jrienes for de Hinner. Hilda musste sich ann Schticke von's Land abluchsen vor ihre ville Blum, die se so flächte. Unn wenn's Unkraut off de annern Seite zu hok stand, zwischen de Kollerabies unn de Zwiwweln, musste se och ma aushelfen off Herrmann sein Schticke. Das Viehzeigs, Hinner unn de Karnickel, vorsorchten se beede zusamm.

Herrmann beackerte ja noch ann Jarten außerhalb von's Dorf, son Schräworjarten. Den hotte von seine Tante Jrete, die lange schon nich mehr richtich krauchen konnte, jeerbt. Erscht wollten nich hamm, awwer durch's jute Zureen von seine Tante Jrete hotten denn doch iwwernomm, weil och de Tante de Pacht von's Land bezahln tut. Davor kricht de Tante ann kleen Anteel von de Ernte ab.

In Jarten stann vier jroße Obstbeeme drinne. Beerenschtreicher unn ville Erdbeern, vorn Wein, dän Herrmann jedes Jahr ansetzen tat. Ann scheenes Jewechshaus vor de zeitijen Jurken hotte och mit iwwernomm.

De jroßen Beeme jeheerten schonn lange abjesächt, meente dor Vorstand von Voreen. Se hotten awwer immer Ricksicht jenomm wäjen's Alter von de Tante Jrete oder von de Beeme.

De Jute Luise, dor Ontario unn dor Herzoksappel warn ja nich zu vorachten, wenn se abjeflickt unn injelarert warn. Unn denn noch dor Sießkerschboom, das war dor vierte. Meestens hotten de Kerschen Maan, awwer das wollte keener wahrhamm unn se wurrn trotzdäm injewekt. De Hehe von de Beeme war ooch schon so anne Plaare bei's Schneiden in Winter un bei's Flicken von's Obst in Harbst.

So mitte Oktower musste dor Ontario nu endlich runner. Alles annere war schon ab. Herrmann wolltes ja schonn frieher machen, awwer's Wetter spielte nich so richtich mit. Immor dor olle Räjen jeden Tach, da hotte mor ja keene richje Lust, offn Boom zu schteijen.

Heite war's Wetter so enijermaßen jut vor's Äppelflicken. Berjersch Willi wollte ja och noch mitkomm, wo'e bloß bleim tut?

Herrmann meente zu seine Frau: „Ich jehe schon ma los. Wenn Willi wärklich noch kimmt, schickstn hinnerher, er weeß ja wo's iss."

Herrmann treckten Handwaren außen Schuppen, de Schtijen von Bonn jeholt un noch zwee Bänerte offjelan, nu kunnt' es losjehn. Aus'n Keller holte noch schnell seine olle jraue Joppe un zok se an. Hilda awwer meckerte jelei los, als'e Herrmann damit aus de Tire komm sak. „Du kannst doch nich mit das olle Ding dorch's Dorf jehn, de Leite denken wir sinn arm unn hamm nischt richjes zum Anzien."

„Hamm mor och nich", meente Herrmann un treckte mit'n Waren los nan Jarten.

„Mittach biste awwer willer heeme, ob'te nu fertich bis odder och nich. De Kenichsberjer Klopse, dies heite jiwwet, kammer nich noch ma offwerm, weil de Sose so zorleeft unn denn schmecken'se nich mehr. Un bei die Kelte mister eich nich noch da draußen hinstelln unn Bier trinken, denke an deine Blase unn an deine Jesuntheet, Herrmann."

Mein Jott, was die immer zu meckern hatt', wenn mor ma en par Bier trinken tut mit de Jartenfreinde in de freie Natur. Außerdem werd heite sowiso keener draußen sinn bei das Wetter. Endlich konnte nu los un war och bahle in Schräwerjarten anjekomm unn iwwerläte, wo denn Berjers Willi bloß abjeblim sinn kennte, hotte's doch vorsprochen mitzukomm. Mor kann sich heite awwer off keen mehr so richtich vorlaasn.

Awwer ejal, muss ich's ähm allene machen, das Äppelflicken.

Herrmann holte de jroße Holzletter hinner de Lauwe vor un baljete das Unjetiem in de Krone von Ontario. Er schtiek off de Letter bis jans na ohm. In de Krone hingn de besten Äppel, scheene jroß unn an eene Seite so scheen rot. Dor eene Bänert war schon voll un hink mitten Schweinehaken an de Letter. Jetzt miste noch den zweeten vollmachen. In eene Hand den leern Bänert, kletterte Herrman offn Ast nähm de Letter unn schtellte sich hin, um an de scheensten Frichte von Boom ranzukomm.

Janz pletzlich kracht'es jewaltich. Herrmann vorlorn Halt, denn dor Ast, off däne bis jetzt jeschtann hotte, war abjebrochen, unn er sterzte ab. Mein Jott, jetzt kimmt meine letzte Minute von's Läm, schossen's durchen Kopp.

Awwer Jott ließen an nächsten Ast mit de Joppe, de jraue, hängn. Noch ma Jelick jehabt, Herrmann atmete off. Dor Schreck war jerade iwwerschtann, da kam awwer schon de nächste Iwwerläjung, wie komme ich hier willer runner von de vier Meter nan Erdbonn. Na de Letter riwwer kahme nich mehr, warn de Beene nich lank jenuch. Springn jink ooch nich, wäre wie's Absterzen von die Hehe, dor janz sichere Tod. Wo bloß Berjer bleim tut? Wirre jetzt noch komm, wäre dor Zustand, dor schwämde och bale beended sinn. Man kann sich awwer heite och off keen mehr vorlaasen in sonne Notlare.

Was Herrmann nich ahn kunnte, sein Freind Willi hotte sich bei seine Hilda jemeldet, als Herrmann schon unnerwäks war. Er hotte nämlich ann dringendes Zahnproblem, was'sen schon de janze Nacht plaaren tat. Deshalb konnte Willi an's Äppelflicken nich teilnähm.

Awwer das konnte doch Herrmann nich wissen, der noch immer in unjefär vier Meter Hehe hilflos mit seine Joppe an sonn dinn Ast hink. Wer weeß wie lange noch, bis dor Ast nahjab unn er sich inn Tod sterzte. Laut losbläken wollte och nich, war ja och keener in de Nähe ann so annen kohlen Harbsttach, frie so kurz na halb zwelwe.

Da kahm off'n Hauptwek ener mit's Rad anjefahrn. Herrmann wollte schon laut um Hilfe schrein, da marktes noch rechtzeitich, Jrinfelders Paul war's, der da mit sein jroßen Hund anjeradelt kam. Wollte beschtimmt na's Rechte sähn in sein Jarten.

Jetzt biste erscht recht stille, dachte sich Herrmann. Wenn der dich hier so an Boom hängn sieht, holte dich villeicht och runner, awwer das Palawer was'se denn dorbei machen tut, mein Jott, nee, das muss mor sich jetzt nich och noch antun.

Außerdem weeß denn morjen das janze Dorf, was mich passiert iss, unn er erzählt bestimmt iwwerall, dass ich mich offhängn wollte, wäjen meine Olle unn och wejen de Krankheet un so. Also liwwer hier om arfriern, als de Jerichtekiche zu's Kochen zu bringn. Den Paul kenn ich schon von frieher. Wenn ma eener jesacht hotte, in's Wasserfass sinn Mickenlarwen, denn musste der iwwerall vorbreteten, das von de Leite in de Tauwe Krokodiele jesähn worn sinn. So is'se ähm, un das muss mor nich noch unnerschtitzen.

Also in de mißlije Lare hängn bleim, bis villeicht Willi doch noch kimmt oder ämt ann annerer, der mich hier mit runner hilft.

Herrmanns Frau heeme kukte schon immer off 'te Kichenuhr. Es war ja nu schon na halb eens. Woh'e bloß willer bleibm tut, Essen iss schon baale fartich. Da sinn'se willer bei's Saufen in Jarten. Hotte doch bestimmt een von seine Kumpels jetroffen, der noch Bier von Sommer in seine Lauwe schtehn hotte. Jetzt wäre ich awwer uffreim bei de Jartenfreide da draußen, meente Hilda. Jelei mit's Rad wollte se los, awwer war willer keene Luft hinten offn Reefen droff. Ich hotte's Herrmann jestern doch erscht noch jesacht, dass mitte Luft, awwer der heert ja nich mehr so richtich hin in de letzte Zeit. Muss ich doch willer zu Fuß los.

Als se endlich an Jarten anjekomm war, sak se, was da los war. „Du wolltest doch eijentlich Äppel flicken, jetzt siehts von hier unten aus, als wollteste dich an Boom offhängn. Du zappelst da om rum, anstatt zu's Essen heeme zu komm."

„Siehste denn nich, dass ich hier om festhänge un mich baale zu Tode jeschterzt hätte?"

„Oh mein Jott, jetzt sähe ich ooch, was dich passirt iss", meente Hilda von unten. „Bloß jut, dass de deine olle jraue Joppe anjezoren hast, die hott dich buschtimmt dein Lähm jerettet. Awwer sak doch nu ma, haste schon anne Idee wie de da willer runnerkomm kenntest, dass mor noch vor eens heeme essen kenn? De Kartoffeln kann ich nich so lange in's Bette warmholn, biste dich nu endlich enschien hast, von da om abzuschteijen."

Herrmann in seine misslije Lare hotte keene Angst mehr vor's Abschterzen, er war jetzt nahe ran an Herzschlach. „Mich schtarm de Hänne un Beene ab von's Hängn un du denkst ans Mittachessen. Das kenn mor doch och noch dana, oller morjen erledijen, das leeft uns nich dorvon, das Essen. Hilda, sieh liwwer zu, dass mich hier endlich eener abhängn tut."

Wieh'e das so sahte, kommt doch dor olle Jrinfeld willer zurick von seine ausjiwije Inschpeksjon von sein Jarten un book mit sein Rad in Nähmwäk in un hotte jelei de misslije Lare von Herrmann arkannt.

Ausjerechnet der musste dorzukomm, iss awwer jetzt och ejal, Hauptsache, ich komme hier baale willer runner, dachte Herrmann. Anne annere Leesunk war nich in Sicht, also musste Paul wohl oder iwel in die Sache mit injeweiht wern.

„Ich bin hier schon seit Stunn uffjehenkt, kannste mich nich helfen un mich ma abhängn, Paul?"

„Awwer wie soll ich denn das anstelln? Soll ich villeicht de Feierwehr anrufen, mein kleenes Telefon hawwe ich dorbei."

Jetzt reechts awwer, baale were abjeschterzt, so rächte sich Herrmann off iwwer so ville Dummheet von Paul.

„Hole endlich de jroße helzerne Bockletter von Meiern an de Ecke, der hatten Jarten zweenfuffzich unn de Letter muss draußen an de Lauwe hängn.

Hilda, am besten du jehst mit, damit Paul de zweenfuffzich in de janze Offräjung och finn tut. Mache los Paul, ich kann nich mehr, uns Essen is och kolt jeworrn."

Nahn par Minuten tauchten beede willer off. Paul stellte de jroße Bockletter unnern Boom unn Herrmann kunnte nu endlich abschteijen.

Dor jreeßte Teel von de Ontarios warn noch off'n Boom jeblimm, unn an nächsten Tach hotten sich de Leite in's Dorf anne neie Jeschichte zu erzähln:

Schwertfäjers Herrmann wollte sich in Jarten von seine Tante Jrete an Appelboom offhängn. Herr Jrinfeld hotte's jerade noch vor-

hindern kenn, mit de Hilfe von de Frau Schwertfäjer, die jerade dor-
zujekomm is. Berjers Willi hotte's woll och noch jewusst, das mit's
Offhängn un so, erzählten denn die Leite, hott awwer nischt jesaht
un is liwwer bein Zahnarzt jegangn, anstatt sich um sein Freind
Herrmann zu kimmern.

Jürgen Schönfeld
De Jeschichte von's Schwein

Ich hawwe hier ma anne Jeschichte offjeschrimm, die sich bei uns
in's Dorf, in Tertn, jenauso zujetraren hamm soll.

Wir denken uns ma ann par Jahre zuricke, so in de fuffzer Jahre
von's voriche Jahrhunnert. Da sak's noch nich so schlaraffenland-
artich mit de Fleesch- unn Wurschtvorsorjunk aus, wie das heite so
iss. In ann Fleeschlan kunnte mor sich in Ruhe de scheen Kacheln an
de Wand ankuken, weil die nich so wie heite von ville Wurscht, Speck
unn Schinken vordeckt warn.

De Leite damals hotten alle das Buschträm, nämbei ihrn Speise-
plan so ann bisschen off Trapp zubringn unn och Keller un Kiche
nich so leere ausähn zu laasen. Das heeßt och an de Feiertare unn so
bei buschtimmte Anlässe ma was richjes offn Tisch zu bringn.

Alle hotten se Hinner, wäjen de Eier unn na finf Jahre wenn se da
nich mehr so richtich läjen taten, wurrn se jeschlachtet. Nach ann
par Schtunn weech kochen machte mor auses Fleesch scheenes Fri-
kassee unn aus de Knochen Briehe vor de Nudelsuppe.

De meesten hotten außer ihre Hinner noch Karnickel, Enten unn
Jense, manche och noch Zikken.

Ann par Leite konnten sich an Schwein haaln. Die warn jut dran,
weil se ann Schtikke Acker nembei hotten oder ann jeroßen Jarten.

Manche hotten nischt von beeden, awwer jute Beziehung oder
jeroße Säcke, ann Fahrrad mittn jeroßen Jepäckträjer oder eenfach
Acker von de LPJe in de nähere Umjäwunk wo denn de Futterjrund-
lare sowiso jejähm war.

Ich marke schon, ich bin ann bisschen von de ejentliche Jeschichte abjekomm, awwer ma muss je de Vorjeschichte och ma mit beleichten. Jetzt willer zu unse Jeschichte von's Schwein zurick.

An een Tach in Winter saß de Famielje, ich jäwe se jetzt ma ann Nahm, Sausewind, bei's Ahmbrot heeme an Kichentisch. Dor Vater meente, off de Bemme jetzt anne richtje hausjeschlachtete Wurscht wäre jar nich so iwel. Immer die olle Jachtwurscht von Konsum, ich weeß nich, lanksam reechts och ma.

(Er hotte off de Arweet von Elzens Fritze anne jute Hausschlachteläwerwurschtbemme jejessen.)

Heert mich jetzt ma zu, wir hamm doch da draußen so an scheen Stall. Wenn mor dän ann bisschen uffreim wirrn un ann Schwein rinschtelln täten, wäre das nich anne jute Leesung?

De Kinner, zwee warn's, warn janz aus Heischen unn jelei invorschtann. De Mutter meente, na ja. Also wurre ruckartich beschlossen, es wird in's Friehjahr ann kleenes Schwein anjeschafft, damit mor in's nächste Jahr ooch anne richtje Wurscht in de Spreisekammer unn offn Teller hotte. De janze Famielje dachte nur noch ans Wellfleesch, de Schwartenwurscht, Läwerwurscht unn den janzen annern jereicherten Kram. Jetzt warn se sich alle eenich, das mit's Schwein war ann juter Jedanke von Vater Sausewind.

Also wurre vor's Friehjahr bein Bauern Heinrich ann Ferkel buschtellt. De Sausewinds wollten's awwer erscht hamm, wenn's ann Leefer war, weil se sich mit de Kinnerschtuwwe von sonn Schwein nich so richtich auskannten.

Dor Bauer Heinrich hotte se nu off de Schweinewarteliste jesetzt unn frahte se nu noch, ob se sich das mit ann Schwein ooch richtich iwwerläht hamm.

Dor Winter vorjink, unn's Friejahr war ran.

Endlich nu, Karfreitach war's soweit unn dor Leefer kunnte abjeholt wern.

Bein Bauern offn Hoff wurres kleene Tier in ann Kartoffelsack jeschteckt unn offen Handwarn jelan. De zwee Kinner treckten nu den Warn durchs Dorf heeme.

Unnerwechs awwer hotte sich dor Leefer vor lauter Angst durch'n Sack jefressen unn dor Vater musste das Vieh de Schnauze zuhaaln, damits's nich abhaute. Es hotte ja och so firchterlich jeschrien, das kleene Tier.

Endlich warn se heeme anjekomm mit ihre Fuhre. Dor Vater hotte dän Kartoffelsack uffjeschnitten unn das kleene Wäsen wurre in de neie Behausunk jefiert. Warum sich's jetzt noch streibte, es war ja nu endlich heeme. Dor Stall hotte ann neien helln Anstrich mit Karbittschlamm jekricht, offen Fußbonn laks Stroh von letzte Ernte unn dor Troch war blitzebank jescheiert.

De Kinner hotten och jelei ann Nahm vor's Tier, es heeßt ab jetzt Jonas.

Das kleene Tierchen war och janz lustich anzusähn mit sein Ringelschwänzchen unn de vorschmitzten Oren. Jetzt war das kleen Tier in de Famielije uffjenomm.

Dän janzen Sommer iwwer wurres jehätschelt un vorweent von de beeden Kinner. Es krichte och richtich was zu fressen, denn jetzt kimmt die janze beese Wahrheet, es sollte nu ans Enne von sein kurzes Schweineläm, das heeßt so ann par Tare vor's Heilije Fest zu Fleesch unn Wurscht vorarweetet wern.

Vater, Mutter unn och die beeden Kinner freiten sich, wenn des Tier immer mehr zunahm unn so richtich rund un fett wurre. De Sau freite sich och iwwer alles wass'es vorjesetzt krichte unn fraß unn fraß.

Mittachessensreste, jestoppelte jekochte Kartoffeln, Falläppel, Kohl unn de Schtrinke dorvon, manchma och Kleiesuppe oder och schon ma Brot unn Brettchen. Es war nich so eenfach, das Tier immer so richtich satt zu kriejen. De Sausewinds hotten sich das mit's Schweinefittern doch eenfacher vorjeschtellt. Jedenfalls alles was durch's Tier jink setzte Fleesch unn Fett an unn dor janze Mist vorn Jarten war ja och nich zu vorachten.

Das arme Wäsen konntes ja nich wissen, dass es sich durch seine unjeweenliche Freßjier sein eejenes Jrab schaufelte oder anners jesacht den Ast absächte, wo's droffsaß.

Das ehemals niedliche Schweinchen hotte jedenfalls so zum Spätharbst schon scheene anjesetzt, unn es kam de Zeit von de Ernte, de Fleeschernte nämlich.

Sausewinds mussten sich jetzt nu Jedanken machen, wie das Tier bei's jeroße Schlachtefest in de Därme unn in de Bichsen komm sollte. De Zeit war lanksam ranjekomm.

Also wurre dor Fleescher buschtellt. Bei dän warn in Winter de Tarmine och mächtich knapp. Awwer er hotte noch ann frein Tach so kurz vor's Heilije Fest, bloß weil bei de olle Frau Michaelis een Schwein an Rotloof vorschtorm war in de vorichte Woche, so janz pletzlich.

„Was jetzt off eeman alles off een zukimmt", meente dor Vater Sausewind zu seine Famielje, „da hotte doch vorher jarkeener dran jedacht."

Dor Fleeschbeschauer musste zun Tarmin och noch injelan wern, weejen de Trichin nakuken. Um Schlachteschein musste mor sich ja och noch bemien. Das jink nur bei's Frollein Sens in's Rathaus von Tertn. Da jab's jelei noch dorzu ann Bezuchsschein vor de zusätzlichen jesalzenen Därme, die denn in de BHje abjehohlt wern kennten.

Anne Offlare jab's noch offn Wäk: „Nich vorjessen, Schweinedecke, Bauchspeicheldriese unn de Hornschuh von's Tier missen abjejem wern." De Schweinedecke iss'es Fell off's Kreitze von's Tier. Awwer des weeß denn dor Fleescher schon selwer.

Als das de Sausewinds nu alles so hinner sich jebracht hotten, war noch das jeroße Probläm mit de Jewirze, da hotte nu jarkeener dran jedacht. Es sollte ja nich alles so nichtern schmecken ann's Ende. Da brauchte mor doch Fefferkerner un Pimet vor de Schlacke, Majoran, Kimmel unn och jemaln Feffer vor de Rot- unn Läwerwurscht. Salz war ja nu jarkeen Probläm, das jab's jenuch.

Mor kennte noch anne Läwer dorzukoofen, awwer mit de Jewirze da mussten schon ma de Vorwanten von de annere Seite jebettelt wern, wäjens unnerschtitzen unn aushelfen.

Das Schlachtefest rikte immer weiter ran. Mor sollte jetzt noch dazu saren, das Schwein sollte off seine letzten Tare seines kurzen Läms nich noch abhann komm, off Deitsch jesacht, es sollte nich jeklaut wern. Jab's frieher effter schonn man. Zu der Zeit frieher wurrn mehr fette Schweine jeklaut als heite neie Autos. Wie jesacht, beese Leite jab's schonn immer. Och dazuma.

Dor Stall von Sausewinds Sau war jenfalls immer jut zujeschlossen unn obendrin noch vorrijelt. Dor Hund war ja och noch da, awwer mor kunnte sich offn Krepel nich so richtich vorlaasen. Um ann vormeintlichen Schweineentfierer in Ernstfall so annen Schreck inzujaren, war iwwer de Stalltire immer ann Emmer jut jefillt mit anne Flissichkeet positioniert. Das war de Erfindung von Vater Sausewind. Da hotte sich ma was Richtijes infalln laasen.

Anne jeroße Jeloke hink och noch mit drann, um de Leite aus Bette zu holn, in Ernstfall. Bei anne jewaltsame Effnunk miste dor Dieb jenfalls hart jetroffen wern.

De janze Anlare wurre ahms anjeschtellt unn in de Friehe willer entriejelt vor's Offschließen von de Stalltire. Bei de Sausewinds jink ähm de Sicherheet iwwer alles, bevor's Schwein jeklaut wird so kurt vor sein Ende.

Dor Tach mit's Schlachten rickte immer näher. Es war nu Dezembor un och mächtich kolt, lausich kolt ähm.

Jetzt ware nu endlich da, dor Todestach von's Schwein. In alle Friehe mussten de Sausewinds uffschtehn, denn dor Tach schien lank zu wern. Bei's Schlachten musste jeder ran, denn Arweet gab's vor alle jenuch. Da musste schon frie dor Kessel in's Waschhaus anjeheezt wern. Vill heeßes Wasser brauchte mor bei's Schlachten, vor's Schweinebrien, de Därme reenewaschen, unn Fleesch unn Wurscht mussten och noch jekocht wern.

Es war noch richtich dunkel offen Hoff, unn mächtich jefrorn hottes noch ma in de Nacht. Nu hotte sich de janze Famielije Sausewind vor de Stalltire injefunn, um Abschied zu nähm von de jeliebte Sau, weil dor Fleescher nu baale anrikte. Alle wollten se Jonas noch ma läwendich sähn, keener dachte jetzt an Fleesch unn Wurscht, se warn eenfach traurich wäjen's Tier unn de Kinner weenten.

Awwer wäjen de janze Uffräjunk hotte doch keener an de Schweinediebstahlsvorsichungsanlaare jedacht, unn bei's Uffmachen funkjonierte die janz wie jewollt unn och janz parfekt.

De Jelocke schprank an unn bimmelte janz laut unn och dor Hund bellte dorzu. Vater hotte 6 Liter offn Balch, Mutter den Rest, 4 Liter. De Kinner schtann dorhinner, bliem trocken unn kunnten schonn willer lachen iwwer de bejossenen Pudel vorn Schweinestall. De beeden ollen Sausewinds mussten willer rin in de Stuwwe, sich umzien.

Da kahm dor Fleescher och noch dorzu unn lachte mächtich iwwer's Missjeschick von de Sausewinds, lächte sein janzes Warkzeich in de Waschkiche ab, kukte ob alles da war, ob de Molln ausjescheiert sinn, on dor Fleeschwolf richtich reene iss unn dor Kessel anjeheetzt iss.

Wichtich war och, das de Letter feste an de Bonntire anjebunn is, wäjen's Schwein anhängn. Dor Abloof musste jenau bis off's Kleenste stimm bei's Schlachten.

197

Jetzt sollte nu de Sau raus aussen Stall. Se streibte sich, hotte woll ferchterliche Angest vorn Fleescher. Irjentwann jab se denn doch off, wäjen de Jewalt.

Es wurre schon ann bisschen helle draußen. Sausewinds mussten's Tier mit zwee Stricke ann Berrnboom anläjen unn festehaaln. Dor Fleescher wollte's nu mittn jeroßen Holzhammer vor's Abschtechen beteim. Er holte jewaltich aus mit'n Hammer unn schluk zu.

De Sau markte des, zuckte vorher zusamm unn dor Fleescher rutschte off's jefrorene Wasser von de Schweinediebschtalszusatz-vorsicherung aus unn dor jeroße Holzhammer traf jenau sein Daum. Das Schwein kwikte ferchterlich, dor Fleescher ann bisschen lei-ser. Dor Fleescher holte nochma aus. Nan zweeten Schlach war'se denn och beteibt de Sau unn wurre abjeschtochen. Das Blut wurre inne Schissel offjefangn unn jeriert von Frau Sausewind for de Rot-wurscht. Als na's Brien unn Ausnähm das Tier endlich off de Letter hink, wurre erscht ma vor alle ann Schnaps innjeschenkt, das war ja frieher so iblich bei's Schlachten.

Hans Seidel
Ärinnerungen

Trifft mer heite in dän Därfern uff'n Stroßen Landsleite, su wärd wie eh un je ewwer alles, was sich varännert hat, gesprochen.

Nurt de siehre olen Leite sprechen nach de ole Mundart, junge un zugezogene Inwohner dogegen Hochdeutsch odder „Neumans-feldisch".

Oftermals 's is wärrlich nich ze varschtreiten, do hiert mer ehr Barmen: „'s is nich mieh su, wie 's sinst immer wor." Un dobei ärwa-chen de Ärinnerungen an all das Schiene, das schwand.

Gor manches alltägliche wärd baklagt, au in mein'n Heimatdärf-chen Ärdeborn:

„De jungen Leite wissen nich ämol de Flurnamen, die de frieher, rund um dän Ort, dach jeder kennte. Un wenn se gefragt wärn, wu se denn in'n Holze met ehrn Kingern spaziern warn un wu se unger-

wägens die guten Pilze gefungen han, das kenn'n se nich banenn'n.
Ä jedes Flurstick hutte aus olen Zeiten sein'n Namen, 's is traurig, die
sin wuhl schun vargessen. Wär schreiwet die endlich ämol uff?

Manches Brauchtum, das muss ahnärkannt wärn, is heite nach
lawennig. Do denk' ich allemol an die Fäste, die Johr far Johr gefeiert
worr'n. Fästplätze gab 's un gibt 's an varschiedenen Stell'n: Anger,
Seeplatz, Fingestwiesen, Nonngrund, Zellgrund u. a. m. Dach uff dän
Fläcke wu veele Johre Linden bliehten un Junk un Olt feierte (wär
basinnt sich nach ahn de Kinger- un Sängerfäste?), do stieh'n zund
neie Heiser an dr Lindenstroße. De schienen grußen Lindenbeimer
sin varschwunden, un dr Name „Ungern Linden" is badeitungslos un
wärd vargessen. Hinger 'n Linden, ganz in dr Nähjte, hutten de Leite
far de Lehmheiser ('s gibt nach siehre ole in'n Dorfe) schun var langer
Zeit Lehm ausgegrawen. De Lehmkuhle worre greeßer un greeßer
un dobei au zun Fästplatz. Lehmheiser baut mer zund nich mieh.
Un dessertwägen is die nune in dän letzten Johrn far de frohen Fäste
heitzetage rächt schiene härgericht' worrn.

Wie de Grußeltern ehre Goldene Hochzeit feierten, do sprachen
de olen Leite ewwer die Zeit, wu se selwer junk war'n un de Siee (der
Salzige See) nach de Landschaft zierte. Bakanntlich is das Wasser
in de Kupperschewwerschechte obgeloffen un obgepumpt worren,
sumet, dass där gruße Siee 1892 vulldjens varschwand, vun dän
veelen Brunnen eener noch 'n annern varseekerte un die allerwänd
geriehmte Landschaft entstellt war. „Hardabrunno", su worre Är-
deborn urspringlich genennt, un das badeitet dach „Waldbrunnen-
dorf"! Mei Vater fragte zer Freide dr Gäste, nach rächt baklommen
vun där wehmietigen Stimmung, die dorch sulche Ärinnerungen uff-
kimmet: „Wu huttet Ehr Eich eigentlich kenn'n gelernt?"

Do sahte dr Grußvater: „Minchen (Wilhelmine), du weeßt nach,
wie mer uns uff 'n Fingesttanz 's iehrschte mol getroffen han. Zevor,
do warn mer an dr Siee zer Wintervartreiwunk, do ham mer uns nach
nich gekennt. De jungen Borschen, die de met Blumen un Bendern
bunt geschmickt war'n (der Frühling), die trebben un drengten met
sachtcher Gewalt de weißen (Winter) in de Siee. In dän Johre musste
'ch au ins Wasser (bis an 's Knie). Wie mer nu vargrämt wedder raus-
kamen (Eis un Schnie sin ze Wasser geworrn), worren mer zesamm'n
met dän annern gefeiert un hutten manchen Spaß met allen. Heite is
das Friehlingsfäst vardorm; denn zun billigen Vargniegen packen un

sieln sich Borschen ('s sin gewiss nich de kliegsten) in'n morastgen
Bache. Met Rächt nenn'n mersch nune ,Dräckschweinfäst', un wär
was uff sich helt, gieht do nich henn."

Minchen sahte: „Su warsch un su is's. Uff'n Fingesttanz traf's sich,
dass mer gegenewwer saßen. Un do gab's änne Inlage. Se speelten
,Ännchen von Tharau' un se sungen derzu, do hawwe ich dich allzu-
bawäglich ahngekuckt."

„Jo, un uhwendrein speelten se dernoocht ,Ach wie ist's möglich
dann ...', do ha' ich gewusst, dass mer zesamm'n hiern, un su is's denn
auch gekumm'n", sahte dr Grußvater. Änne ganze Weile dernooch
hierten mer vun draußen var'n Fänster leise Stimmen. Un denn är-
klank ä Ständchen: „Ännchen von Tharau" un „Ach wie ist's möglich
dann, dass ich dich lassen kann ...". Nich nurt die beeden Juwilare
war'n geriehrt, su manchen Gast worre 's um 's Härze warm. Wär hut-
te de Sänger bastellt? Gewiss eener, där die Geschichte kennte un
in'n Sängervarein war ('s war mei Vater).

Aus dän weiten Fäld meiner Ärinnerungen is gerode nach Platz far
änne letzte Geschichte: Ä Schitzenfäst. Bis zun II. Weltkrieg un denn
nie wedder, worre in'n Zellgrund Johr far Johr 's Schitzenfäst bagan-
gen. Kaufleite hutten ehre Stende uffgebaut, dr Sängervarein hutte
zer Äreffnunk far heitere, frehliche Stimmunk gesorgt, un de Schieß-
regeln sin varläsen worr'n.

In där Pause stund Bäcker Schmid, in Gespräche vartieft, obseits,
do sahte dr Vorsitzende dr Schitzen ze sein'n Kameraden: „Bäcker-
meester Schmid, där schießt jä immer ganz gut – där muss heite
Schitzenkeenig wär'n; denn där hat Gäld un wärd bastimmt was far
Freibier ausgähn. Ballert geheerig dernäm, das 's klappt, lohßt eich
nischt ahnmärken, un saht's dän annern, die metschießen." Uff d'n
Hehepunkt, wie se färt'g met schießen warn, do nahm'n se Meester
Schmid uff de Schullern un luhßen 'n als Keenig hochläwen. Jä, denn
worre uff dr Stelle 's Freibierfass ahngezappt.

De Kinger, die liefen met Trinkbecher, Struhhalm un Brausepul-
wer in'n Zellgrund Richtunk Hornburg ufferahn, bis an de nächste
Quelle, die schun bole linker Hand aus 'n Zellbärge sprudelte. Denn
gunk 's gleich zericke. An d'n Stand vun Fleescher Bauerschäfer gab
's ä feines Wärschtchen met Mostrich un änne Sämmel.

Sit veelen Johrn läwe ich weit entfernt vun'n Mansfelder Land. Lohsst sumet dän Beitrag ausklingen: Zieht ä Mensch aus seinen Heimat-därfchen au su weit fort, Ärinnerunk in'n Härzen nimmt he met, an jeden Ort.

Zuerst abgedruckt in: Hans Seidel: Mei Heimatdärfchen – Eine kleine Nieder-schrift über den Namen und die Herkunft der Ortschaft Erdeborn in Mansfelder Mundart, Schraplau 2013, S. 13.

Bernhard Spring
Bockens Jertruden vorm Dombrobsd von Merseborch

Nach zwanzsch Jahrn Kriech haddn sich de Leude von Jeuse fasd schon dran jwöhnd, dass nüschd mehr wa wie vorher. 's juggde sie nich mehr so, wenn nun de Schwedn oder de Sagsn kam un wid-der ma de Dorfkerche abfackeldn un de Fraun durchnuddeldn. Se zoochn hald fürn paar Wochn inne Sümpfe un wardedn, dass de Söldner erkanntn, dass hier nüschd mehr zu holn war, un weiterjing.

Jenau damals lebde Bockens Jertruden offm aldn Ridderjud von Jeuse in nem Jesindehaus. Der Ridder war ja längst üwer alle Berche, un von dem seine Leude warn nich mehr ville da, am Ende nur noch der alte Bocken, un nach dem seim Tod war's hald nur noch de Jer-trud, un die zählde ja kaum, weil die erst nein Jahre alt war.

Jertruden stromerde also janz alleene durchs alte Juud un krab-belde off de leern Scheun un durch de jeheimen Jänge, die quer durch de Pampa bis zum Zeschn Pallä in Merseborch führn. Se haddes nich so midn annern Leudchen von Jeuse, un als die dann plödslich drei-fache Sonnen sahn un weeße Mäuse, gloobdn die, de Jertruden wär' ne Hexe. In Blösjen sachde n Bauer dann, se hädde seine Kuh verzau-berd, un machde ne Anzeiche beim Pfarrer Keechler, der noch janz frisch un jrien hinnern Ohrn war un seine Ruhe im Dorf ham woll-de, weil ja de Schwedn schon Problem jenuch warn. Also hadders jar nich ersd probierd mitm Schlichdn un had de Bocken jleich einkaschn lassn un had se nach Merseborch abjeführd. Da sollde sich dann der Dombrobsd mit der Zwecke rumschlaachn.

Der Dombrobsd war n janz beschäfdichder Mann in diesen Tachn, denn de Schwedn nahdn ma widder un er hadde sich so was von verkalgulierd mit seim Politisiern, dasser diesma um sei Bisdum fürchdede. Un ooch um sein heiljes Lehm. Deshalb sah er zu, dasser sich beizeidn was off de hohe Kande reddede. Un als nu de Jertruden zu ihm vorjeführd wurde, wollder eichendlich jrade de Kerchenschätze in seine Reisekoffer verfrachdn un war deshalb n bissl anjesäuerd, weechn der Verzöcherung.

„Wessen beschuldigt man dich?", frachder also züjich un guggd das Häufchn Elend vor sich von ohm bis undn an. A de Jertruden war ja n janz verdorbnes Ding un meckerde jleich los: „Glubsch mir nich so off de Gaagn! Dis had so n Kaggarsch von Schwede ooch jemachd un nochma mach ich das Rumjemehre nich mid, dassde klarsiehsd."

Da war der Dombrobsd janz verdadderd un wussde in seiner jöddlichn Einjebung soford, was diss Weib fürn Dregg am Streggn hadde. Er mussde nich ma was saachn, sondern wingde nur schlapp der Wache zu, un die zerrde de Jertrudn weg. Die wehrde sich zwar noch, aba s hülfde ihr nüsch, un eh se sichs versah, warse innem Kerger vom Schloss jelanded.

Am nechsdn Tach krichde der Dombrobsd dann sein Fedd weg. De Schwedn warn nemlich noch schneller vor der Stadt, als er sichs jedachd hadde. Un schon war Merseborch belacherd, un keener kommd noch nein odor naus. Ooch keen Dombrobsd. In seiner Panik grabschde der sich de janz teirn Schmuggstügge un ne orndliche Borzion Kleenjeld un rammelde damid durchs Schloss, nur weg ausn heiljen Jemächern, nich dass de erstbesdn Söldner ihn kaschn. A wohin? Der Dombrobsd war nu janz deppern vor Muffensausn un huschde inn Keller nunder, weil er dachde, wo de Wachn sin, is ooch n Schutz. A da war keener mehr, weil de Wachn ooch ihre eichne Haud reddn wollden. Der Dombrobsd war also janz alleene in nem Kellerjewölbe un obn hörder schon de Schwedn rummehrn. Da hörder ne Stimme hinder sich. „Sie schonewidder!", keifdes, un der Dombrobsd machd sich vor Schreck fasd ins Hemdchn. Da sieher de Jertruden, die hinter ihm einjekerkerd is. In seim Schiss frachder se janz flehndlich, ob se ihm nich naus ausm Schloss helfn kann, un bieded ihr ersd n Ring, dann ne Brosche un dann n janzen Beutel

Kohle an, a de Göhre meggerd nur: „Was soll ichn damit? Da murgsn die mich doch jleich ab, wenn ich mid sohne Klunkern rumrenne." A dann fälld ihr was ein un se saachd: „Mach mich ma frei, dann sehmer weider!" Un der Dombrobsd hold n Jeneralschlüssel aus der Arschtasche un sperrd de Zelle off. Un de Jertruden nimmdn bei der Hand un führdn durch jewundene Jänge bis zum Zeschn Pallä un hält ersd, als se dort anner jeheimn Tür stehd. „So", saachd se, „da jehn Se ma rein un immer der Nase lang un dann landn Se offn Ridderjud von Jeuse." Der Dombrobsd is janz baff vor Staun, a bissl zweifeld er noch. „Keene Angst", beruhichd ihn de Jertruden. „Außer mir kennt keena den Tunnel."

Das beruhichd n Dombrobsd un Trän' steichn ihm inne Oochn vor lauder Rührung. Jetze, in Sicherhid, möchder der Jertruden jern was anbiedn. Im Jehetze hadder zwar de Hälfde von sein Hab un Juud verlorn, un n Augenblick lang zögerd er noch. A dann siehder sich das Mädel janz jenau an, von ohm bis nunter, un da greifder in seine Taschn un häld ihr sein Klimbim hin un frachd janz ergriffn: „Kann ich dir nicht doch irgendetwas Gutes tun?"

„Klar", zederd da de Jertruden los. „Glubsch mir nich immer so off de Gaagn!"

Un se drehd sich um un lässdn Dombrobsd n fromm Mann sein un war nie widder jesehn.

Bernhard Spring
Dewie muss ma

Das is nemlich so: De Jungs von der fümfdn Klasse ham ne heimliche Abmachung. Jeden Morchn veranstaldn se inner erstn großn Pause n Wettpinkeln un wer am längstn kann, der hat nich nur jewonn, sondern der is ooch ne janz große Nummer. Un das will jeder sein. Also ziehn de kleenen Jungs in n erstn zwee Stundn verkniffne Jesichder un rutschn off ihrn Stühln rum, weil alles drückd un drängd un's trotzdem alle bis zur Pause schaffen wolln. Außer Markus un Kewin – die Streber hat erst jar keener jefrachd, ob se mitmachn wolln.

Wer üwerall off eens steht, wird nie Ansehen kriechn, da hilfd dann ooch keen Wettpinkeljewinn.

Dewie darf mitmachn, obwohl er der Neue inner Klasse is un noch mit keem so richdich befreunded is. Abar er hat in alln Fächern n Dreier un nur in Sport ne Zwee, un so was kwalifizierd fürs Mitmachn bein andern Jungs. Problem is nur, dass Dewie noch nie n Wettkamf jewonn hat. Zuerst hat er sich zurückjehald, um den anjesachdn Jungs inner Klasse nich in de Kwere zu komm. Abar dann, nach n paar Wochn, als er's dann ma versuchd hat, jing's nich. Die andern konndn halt immer n bissl länger. Un langsam müssder endlich ma jewinnen, wenner's denen beweisn will.

Off Dewie lasted also n schwerer Druck, nich nur inner Blase, un Frau Niemeyer vorne kanner jetz schon jar nich folgn. Also duckd er ab un hoffd, dass ooch diese Stunde verjeht. Mathe hat er schon überstandn, jetz nur noch Englisch. 's sin noch zwanzsch Minutn bis zur Pause, das musser schaffn.

Dewie hat es schwerer als de anderen, die alle mitm Schulbus fahrn. Die sitzn janz jemüdlich un entspannd, während Dewie off seim Mondnbeick zur Schule strampeld un darof sitzd er so nach vorne jebeuchd, dass er jeden Tritt in de Pedale ooch in seim Bauch spürd, un da meckerd de Blase. Beim Absteign offm Schulhof muss er sich jedes Ma richdich zusammenreißn, dass nüschd schiefjeht. Un de Buskinner jehn janz locker an ihm vorbei un wissen jar nich, dass se eichendlich n Wettbewerbsvorteil ham.

Abar heute will's Dewie schaffn un's allen zeichn. Noch ne Vürtelstunde, das muss er noch absitzn. Un diesma hat er jestern abend extra noch ne halbe Kanne Tee jetrunkn, damit er ooch ordendlich lange kann.

Sein unterer Bauch spannd. Abar den andern jehds ja ooch nich besser. Üwerall verkniffne Jesichter. Micha grinsd zu ihm rübber. Alles klar, der will sein Ruf als bester Pisser verteidchn. Dewie wees ooch nich, wie der das machd. Der stelld sich einfach ans Beckn, als wär' nüschd dabei, un dann lässders fasd de janze Pause über loofn. 'n richdches Wunder. 's wird schwer, den auszustechn.

Abar jetz kanners nich mehr. Das is nemlich der Fehler beim Anhaltn: Du darfd nich dran denkn! Das ham se ihm alle jleich am Anfang jesachd, un eichendlich weeses Dewie ja ooch, abar er hat sich so droff konzentriert. So n Mist! Dewie muss sich melden, un

Frau Niemeyer wees schon, worums jehd. In ihrer Vormittagsstunde müssen immer viel mehr Jungs austretn jehn als am Nachmittag. Abar se wunderd sich nich mehr darüber. „Sieh zu, dass du auch wiederkommst!", sachd se nur, un Dewie jehd mit jeknickdem Kopp raus. Jeder Kerl wees jetz, dass er nachher nich mitmachn kann. Mädchnblase is das Schimfwort für solche.

Dewie schießn de Tränen in de Oochn. Er würde doch so jerne ma jewinnen. Un nu stehder vorm Pissbecken un is der Eenzche, der den wunderbarn Strahl siehd. Ach, noch zehn Minuten wärns jewesn un er hätte janz bestümmt jewonn, so schnell un lange wie, das hier plätscherd. Das wär' de Schongs offn Siech jewesen. Dewie is völlich offjelösd. Nur janz knapp vorbei, jehd es ihm durchn Kopp, nur janz knapp vorbei ...

Erleichderd, abar erledichd kommder zurück inne Klasse. Er traud sich kaum, n Kopp zu hebn, denn er wees ja, dass ihn jetz alle Jungs ansehn un Bescheid wissn. Micha wird sich was freun, der jewinnd heute schonewidder. Frau Niemeyer siehd sich den Heimkehrer an, der so betrippsd ihre Klasse betritt. „Was ist denn, David", frachd se n bissl spöttisch, „hast du wenigstens den Pott getroffen?" Un Dewie, der jar nich zujehört hat, weil er so niederjeschmetterd is, hebd n verheultn Kopp, un neue Tränen loofn üwer seine Backn.

„Nur janz knapp vorbei", sachd er leise un setzd sich off sein Platz.

Bernhard Spring
Off de Froinschafd!

Als ich Drea mit in n „Rodn Horizond" nahm – dis wa schon was! Immerhin warn wir in n letzdn Wochn n paar Ma im „Café Noir" jewesn un haddn uns in dem Muschebubu da zu Kuchn un Milchkaffe näher kennjelernd, a ersd n Wisiede im „Rodn Horizond" machde uns janz offizjell zu ner Beziejung.

Sascha un Ralf warn jerade da un staundn nich schlecht, als ich mit Drea anrückde. Se häddn mir jladd zu so nem Mordsmädel gradulierd, warn dann a doch zu jerührd un hördn sich libber an, wie klug Drea war, denn das wussdich janz jenau, deshalb war ich ja ooch so furchdbar entjeisterd von ihr. Drea hadde Kunsdjeschichde studierd un knechdede am Landesmusejum für Vorjeschichde hinderm Reilegg als middelbedeudende Person. Un was noch viel besser war als alles drum rum: Se war jerade dreißsch jewordn, was man ihr ooch n bissl ansah un ooch anmergde. Klasse! Sascha warf mir wilde Bligge zu aus janz jroßn Oochn un Ralf bedauerde spondan sein hundsmiserables Singellebn, als er sich mit Drea üwer Jerhard Finks Ilias underhield, worüber die von Berufsweechn eichendlich jar nüschd wissn müssde.

Als se sich dann ma endschuldichde un dord lings abbooch, wo mir Kerle rechds abbiechn, klopfde mir Ralf off de Schulder un wollde jleich alles wissn – als juder Freund weihde ich dann also beede in de Höhepungde der letzdn Zeid ein, wobei wir uns alle herrlich für mich freudn.

Dann kam Drea zurück, un Sascha bestellde als verspädedn, a immerhin ehrlichn Willkommnsjruß ne Runde Dornfelder, denn so jung käm wir ja nich mehr zusamm. Da pfefferde n janz kurzer Blick übern Tisch, denn beinah hädde Drea ihm das übeljenomm, se war ja so empfindlich an ihrm Alder. A meene Hand off ihrer saachde: Lass man, hübsch biste doch ümmer!

Wir tranken noch ne Runde un kam so richdich in Schwung, so dass wir zu zähln offhördn un verdadderd s Kleenjeld zusammleechdn, als de Kellnerin de Rechnung bräsendierde. Dann jing es naus off de Straße un in de Nachd nein. Jeliebdes Halle! Ralf, der leider jar nüschd davon verstand, fing zu singn an, was Sascha underbindn mussde, weil sein musigalisches Ohr vor Schreck n schlimm Jehörsturz bekam. Ralf hield sich anner Drea un mir fesd, lieber wär' ihm wohl Drea alleene jewesn. Lieber wär' mir jewesn, wenn er vorher was zu Abend jejessn hädde. Off nüchdern Maachn tringd Ralf immer sehr schlechd.

Wir keddedn ihm sein Rad los, nich ohne üwer de Leudchn im „Kaffeeschuppen" zu lachn, weil die so wenich Jeschmagg beweisn: Mensch, der „Rode Horizond" stehd doch jleich jechnüwer! Dann hields Rad n Ralf un schob, sporadisch glingelnd, mit ihm ab.

Sascha hadde nu das Jefühl, wir müssdn noch een köbbn, un da kam nur eener in Fraache: der Kastn Hasseröder in meener Kiche. Also nein in de nächsde Bimmelbahn – Sascha im Schlebbdau oder

Drea zwüschen uns? Bei judn Freundn machd mor da keen Unner-
schied – un los ging's Richdung heeme.

Offm Balkong fliechn de ersdn drei Grongorgn von n Flaschn,
un blödzlich kenn wir janz ville jroße Subsdandiwe, off die sich
zu dringn lohnd: Off de Freiheid! Off de Widdervereinjung! Off die
Froinschafd! Off de Vermiederin? Na ja, wemse jefälld.

De nächsdn un nächsdn un üwernächsdn Flaschn wern jeköppd.
Keene Zeid, um an n Etigeddn zu knaupeln. Beim virdn „Off de
Froinschafd!" fälld Sascha off, dasser weder offs Sie noch offs Du mit
Drea anjestoßn had. 'n kapidaler Fehler! Also hoch de Flaschn un
her mitm sießn Mädchnmund. Zweema darfer seine Anrede mit ihr
besiecheln, dann mussich ma widder meine Rechde durchsetzn, s
hülfd alles nüschd. A Drea wees was Bessres, schließlich isses schon
dungel un de Müggn fressn uns hier draußn fasd off. Also drüggd se
mir s Bier vom Mund un kissd mich herzzerreißend. Das is ihr Jude-
nachdkuss, den erkenn ich under dausendn widder, un schon ziehd
se mich vom Balkong ins Schlafzimmer – Sascha im Schlebbdau
oder Drea zwischen uns? Ich wees nur noch, dass der Hasseröder
Auerhahn vor mir tanzd, un mit eim letzdn Toosd fallich in de volle
Kisde: Off de Froinschafd!

Margarete Strübing
Marken kläm

Wenn wedder an Monat rum waor
un das waor so ewwer 10 Jaohr,
dao kaom bei uns de Nappern
zum Hellefen un oh zum Plappern.
Se wolltn wedder de Markn kläm
die sehre wichtich waorn zum Läm.
Dao harre sich an Barch aonjesammelt.
An jroßer Kastn waor vulljerammelt.
Dor aole Bäckermeester harre's prowiert
un schon wellije vorsortiert.

Awwer nu brauchte mor ville Hände
die alles brachtn zu's jute Ende.
's jaob Marken for Zucker, Butter un Millich,
for Flesch un Worscht, 's waor awwer billich.
In ville Farm, mit Schrift un Zaohln
ich hawwe's in Koppe un kennte's noch maol.
Die eene harre'n Pinsel inne Hand.
Uffen Tisch inne Mitte dor Kleistertopp stand.
In dän wurre Roggenmehl mit heeß Wasser vorriehrt
un denn uff aole Zeitungen jeschmiert.
Dao druff wurrn de Marken jekläwet.
Daoderbei wurre vorzehlt, was se so han erläwet.
Waor die Seite mit Marken vull, kaom eener jeloofen
un huckte den nassen Wisch aon Ofen.
Wenn se drehe waorn, naohm sen wedder,
rechenten se un schremm de Zaohl nedder,
was mennijesmao keen Ende nimmt,
daomit de Abrechnung oh richtich stimmt.
Endlich waor nu alles jetaon.
Nu fung de beschauliche Stunne aon.
Bei Mukkefuck un Kuchen wurre vorzehlt,
was Mannijen bewäjet odder oh quält.
So wurre jekläwet, ob's kaolt odder waorm.
Efter jaob's denn oh Fliejeralaorm.
Dao stormte de kleene Schaor meestens heeme.
Mor luß de Familie nich jarne alleene.
Dor Kriech waor vorbei, de Marken blemm,
mer musstn weiter nah's Rathaus renn.
Mer teeltn Monat noch in Dekaodn.
's waor immer noch derselbe Laodn.
Ich kann mich arinnern, ihr liem Leite,
mich ist noch jrade so wie heite,
zum hunnertsten Moa waorn alle jekomm,
diesellem Leite zu Nutz un Fromm.
Zum hunnertsten Mao han se sich betäticht
des Wortschaftsamt hat's oh bestäticht.
Zum hunnertsten Mao seiter nu hier,
dor Meester sahre Dank dafier.

Den erschtn Preis kricht Lieschen Krause,
die harre zwaor ville Arweet zu Hause,
trotzdem harre se sich de Zeit jenomm
un waor pinktlich zu's Kläm jekomm.
Nah'n Kriech taot's Neibauern un Neilehrer jähm,
mer kunn'n denn oh an neien Kläwer arlähm.
Das waor an Lehrer un litt oh seine Not.
Der krichte vor'sch Kläm von uns immer Brot.
Der kläwete de Marken immer jraode un richtich
un naohm sein Amt als Neikläwer wichtich.
Dass is nu Jott sei Dank schon lange nich mehr
un daodrewwer frein mer uns sehr.

Heite hammer janz annere Probleme.
Des Lähm is ähmd nich immer scheene.
Mer han die Zeit awwer oh hinner uns jebracht.
Das kennter jlohm. Das wäre doch jelacht.

Ilse Thiemicke
Alles for'n blaun Dunst

Seit's erschte Kriechsjahr war in Deitschland alles ratsjoniert. Jedor
musste zusähn, wie'e mit de zujeteelten Ratsjohn'n klar kamp. 's war
schon sehre schlimm mit die paar Lähmsmittel auszukomm'n, die
mor uff de Kaarten kriechte. For de Roocher war awwer de Ratsjo-
nierungk von's Jenussmittel Tawak anne rejelrechte Strafe. Das biss-
chen, was's da uff de Kaarten jab, das war schon in eene Woche in de
Luft jeblasn un's solle doch awwer 4 Wochen reechen.

Mein Vator war je an Jemietsmensche, awwer wenn'e nischt zu
roochen hodde, denne ware unjenießbar. Das'n awwer nich allee-
ne so dreckich jink, sonnern alle Roocher ins Dorf das sellewe Pro-
blem hodden, da wurre in Mildensee dor Tawakanbau injefiehrt. In
de Jaartens von Mildensee wuchsen nu de kinftijen Havannas ran.
Pletzlich hodde jedor von irjendwo Tawaksam'n odder holte sich von

de Järtnersch kleene Tawakpflanzen. 's Jemiese spielte nu in'n Jaarten anne zweetrangije Rolle. Dor Tawak dominierte in alle Roocherjaartens. 's jab da ooch vorschiedne Sorten. De Männor fachsimpeltn nu drewwer, ob mor liewer de Ranjenbeemor Sorten odder russ'schen Machorka anbaun solle, denn dor Jeschmack un de Jreße von de Blättor warn for de Exparten sehre ungerschiedlich.

Mein Vator fingk nu ooch mit de Tawakkultur an. Hä kunne de janze Familje mit sein'n Tawakanbau buschäftijen. In unsen Jaarten stundn nur noch Tawakstaudn.

Mit vill Sachvorstand jink mein Vator denn an seine Arnte. Das war nu willer anne Wissenschaft for sich. De Sandblättor, das warn de ungerschten Tawakblättor, die kampen extra.

Meine Muttor un ich wurrn nu ins Tawakuffreihn ungerrichtet. Mir mussten nu de kostbarn Blättor uff lanke Schniere uffreihn, die mein Vator denne um's janze Haus rum uffbammelte. 's war awwer keene anjenehme Arweet, denn dor Tawak sonnerte ann janz klewrijen Saft ab un mir sahn aus, wie in'n Leimtopp jefalln. 's kleweten nich bloß de Fingor, de Scharze, Schuhk un Schtrimpe ooch, alles war mit de klewrije Masse ewwerzohren un stinken tat dor jriene Tawak ooch janz furchtbar. Dor Vator war awwer zufriedn mit uns un lowete unse Bemiehungn bei's Tawakjeschäft.

Warn nu de Blättor jetrockent, denne jingk dor schemische Vorjangk los. Dormit dor Tawak ooch schmeckn tat musste erscht „fermentiert" wärn. De Blättor wurrn in de Fermentierleesungk rinjetaucht un musstn erscht ma ziehn, eh se willer jetrockent wurrn. War nu dor schemische Prozeß zu Enne, denn machte sich mein Vator an'n Schneidevorjank.

's war an Jlicke, dass mein Vator bloß Pfeife roochte, sonst hädde uns sicherlich ooch noch for's Zijarettendrehn odder Zijarrnwickeln jebraucht. Von annerte Familjen heerte mor da seltsame Jeschichtn.

Mein Vator hodde sich an'n Tawakschneider sellewer jebaut. Das Dingk sahk aus wie ne kleene Jilljotine. Uff an Brett war anne Art von Fallbeil bufesticht. Mor musste bei's Schneid'n nur uffpassen, dass de Fingerkuppe nich dran Jjob'n mussten.

So stellte denne mein Vator sein'n Krillschnitt sellewer her.

Meine Muttor arloweten awwer den Jenuss von seine Marke „Eejenbau" nich in de Wohnungk. So vorzoogk sich denn mein Vator na'n Hoff odder na'n Jaarten mit sein'n Kokstopp.

War denn in'n Winter dor Tawak alle uffjeroocht, denn machte sich mein Vator an de Tawakschtrinke. Von sonne Tawakpflanze war rejelrecht alles zu jebrauchn. Von de Schtrinke hodde denne kleene Stäbchen jeschnitzt, so unjefähr wie Streichheelzer un die kampen denn ooch unger sein Jilljotine, eh se in seine Tawakspfeife lanneten.

So wurre ich schon als Kind mit de Tawakfabrikatsjoon vortraut jemacht. Schade, dass's for de Ausbildungk keen Diplom jab, ich hätte mich da driwwer bestimmt sehre jefreit.

Ilse Thiemicke
„Se missen ,scheene' schreibn!"

Was ich heite zu vorzeehln hawwe, das läht awwer jut un jarne anne paar Mandel Jahre zuricke. In an kleenes Heischen in Jontz (heute Dessau-Waldersee), da wohnten die beeden Schwestern Bartha un Martha mit ihre Familjen.

Bartha, was de Schulzen war, hodde finnef Kinner, un dor Mann war arweetslos. Bartha hodde da ihre liewe Not, um de Kinner satt zu kreien. Dor Ahle war immer uff Tour na irjendeene Arweet.

Martha, ihre Schwester, das war de „Scheen" – zu hokdeitsch „Schöne". Ihr Mann war in'n erschten Weltkriech jeblemm'n. Se hodde bloß zwee Kinner, un die warn ooch schon jreßer wie Barthan ihre. So kunne Martha an bischen for Barthan ihre Kinner sorjen. Se nehte un flickte ähmt alles, was nu so netich war.

Eenes Tahres truch es sich zu, dass Martha alleene heeme war, weil Bartha uff'n Acker jejangn war. Da kamp dor Postbote: „Juten Tach, Frau Scheene! Is denn de Schulzen nich heeme heite? Ich bringe's Ungerstitzungsjeld for Schulzens."

De Scheen: „Nee Bartha is nan Acker naus." Dor Postbote sahde denn: „Na Frau Scheene, denne kann ich Ihn'n doch's Jeld hierlahsen, Se jähm's doch ihre Schwester bestimmt. Awwer ungerschreibn missen Se, dass 'ses jekriecht hamm."

Martha wusste, dass Bartha je nu uff jedn Pfennik lauerte, un äwwerlähte nich lange. So sahde se: „Na denn jähmse man her, ich ungerschreiwe for de Schulzen."

Martha fing nu an un jab sich des jreeßte Miehe, weil je nu son Dingk von de Post, schließlich an amtliches Papier is. Se dachte so bei sich: 's Jeld is for Barthan, da musste denne ooch „Bertha Schulze" schreibn.

Dor Postbote bekukte sich de Ungerschrift un schittelte mit'n Kopp: „Nee, Frau Scheene, Se missen ‚Schöne' schreibn." Martha nahmp willer 'n Stift un dachte, na der muss's je wissen, for de Beheerde muss das ähm noch akkurater sin. Zu'n Postboten sahde se: „Na denn will ich man nochma dornebn ungerschreibn!" Se holte erscht ma ihre Brille, putzte se vorhä mit'n Scharzenzippel blank, lähte 's Papier uff'n Kichentisch, drehte 'n Stift hin un her un setzte nu an. „Bertha Schulze" schrebb se jetzt in ihre beste Sunntahresschrift. Dor Postbote wurre nu awwer lanksam wietend: „Frau Scheene, so jeht das nich, Se missen doch ‚Schöne' schreibn!"

Jetzt hättet dor awwer ma Marthan sähn missen. Se schmiss'n Poster 'n Stift an'n Kopp un sahde: „Sie, Sie Parson, Se machen sich bloß lustich ewwer mich, nu awwer naus, ungerschreibn Se sich Ihr Dinges alleene, wenn das nu noch nich scheene jenuch war!"

Christian Zschieschang
Ralfi

1.

Ralfi war'n netter Kerl. Er hatte bloß keene Arweet. Frieher ma ne Lehre jemacht, was Technisches, wasses heite jar nich mehr jab, denn bei de Armee, und denn kam de Wende. Wie er widder zericke war vun de Mot-Schützen, brach sein Betrieb schon zesamm, un so richtich war keene Arweet mehr for'n da. Hier ma'n bisschen, da ma'n bisschen, zwischendurch ne ABM, un denn widder heeme, immer länger.

So schlecht junks Ralfin dabei nich, er wohnte ja bei seine Mutter, mit de Miete hatte'n jemand arklärt, wie se das drehn kennten. Die krichte nu ihre Rente – der Vater war jestorm, wie Ralfi bei de Armee war – un die kleene Kumorke war jroß jenuch for die beeden. 's jab oo immer was ze tun, in' Jarten oder an's Haus. Manchma half er bei annere un krichte denn'n bisschen Jeld, des war oo nich schlecht. Awwer – Ralfi war alleene. Freilich, s junk ville vun seine Kumpels so, awwer so richtich treesten kunnte'n das oo nich. De Mutter barmte: „Mein Junge! Was soll man bloß aus dich wern, wenn ich nich mehr bin? Fingeste denn nich baale ma eene?" Was heeßt fing? 's lohnte ja jar nich mehr, iwwerhaupt ze suchen. Inne Disko warn nur noch Kinner, un sollter sich mit'n Schild uff de Hauptstraße stelln? Awwer der Spaß varjunk'n schnell, wenner ahmds in sein Bette lach. Diese Sehnsucht, das Alleenesin, all die Phantasiererein … 's war wirklich nich leichte.

Awwer denn jeschah was janz Tolles. Er hatte jrade was in' Jartn jemacht und war fertich jeworn, wies noch Zeit bis zus Ahmdbrot war, un er entschloss sich, mits Rad in Busch ze machen. Er war sehre jarne in Busch, schon als kleener Stift, un's vajing keene Woche, ohne dasser wenichstens eenma seine Runde jemacht hätte. Heite kinnder villeicht ma kuuken, ob de Heedelbeern schon reif wärn und wo's de jreesten jäbe. Un eehmd nur ma so.

Er machte sich also los, fuhr langhin und machte sich seine Jedankn. Pletzlich sah er, wo der Weech in eene Senke machte, links ausn Busch 'n Auto rauskuuken. „Was will'n der hier?", dachte Ralfi und wollte schnell arjntwo abbiejn – des wär ihm 's liebste jewest, awwer er war schon zu dichte ran, un'n bisschen neijierich warer nu oo. Un da sah er, wie sich bei des Auto ne Frau abmiehte, schon ziemlich varzottelt un varschwitzt – un varheilt? –, awwer das konnter nich jenau arkenn'. Als die ihn sah, fing se an zu rufen: „Och, könn Sie mir bitte helfen?" Un tatsächlich, se war vaheilt, man hörtes ihre Stimme an.

Er kam ran und sah, dass ihre Karre in' Dreck stecknjebliehm war. Stuttjarter Kennzeichen. „Jutn Tach!" – „Guten Tach! Ach, das ist aber schön, dass Sie gekommen sind. Ich bin den verkehrten Weg reingefahrn …" Wasse hier in dem Busch nur wollte? „… und wollte rumdrehn und bin dafür vom Weg runter und da drehn die Räder durch und ich komme nich mehr hoch. So ein Mist aber auch. Ich hab's Handy nich dabei und wollte schon seit einer Stunde zurück sein!" Ralfi kuukte se sich an. Sehre zarzaust sah se aus, awwer abjesehn davon wars ne sehre jut aussehende Person. Braune Haare, Ferdeschwanz, jefleecht anjezoochn, an de ieblichen Stellen blitzte es silbern, awwer nich zu sehre – also ne Tusse war des nich, un Jeld musste se oo janz scheen ham, dem Auto un ihre Sachen nach. Ralfi wurde janz valeejen vor so'n Rasseweib – sein Alter misste se oo in etwa ham – und traute sich jar nich, se richtich anzekuuken, weswejen er später ihre Oochenfarbe nich wusste, was'n sehre arjerte. Nu, awwer helfn kunnter se schon. „Wer weeß, wer weeß", dachte er bei sich.

Vor zwee Jahrn, wie er'n Kumpel beis Holzmachen jeholfn hatte, war so was oo schon ma passiert, un so kannter sich mit steckenjebliewene Fahrzeije aus. Was for een Jlicke! Un er machte sich jlei eifrich ans Werk. Na ja, for Drecksarbeeten bin ich ja da, grinste er vor sich hin. Awwer denn sah er se an, wie se nu hoffnungsvoll wartete, was er anfang' wirde. Also bitte, so eene Parson anjewiesn uff Ralfi! Un er leechte sich mächtich ins Zeike. Schiem? Vill ze schwer! Was missn sich de Leite immer so ne Riesenkarrn koofn? „Mir missn was inne Fahrspurn leechn, Zweije un so." Sie kuukte ihn dankbar an aus ihre vaweenten Oochen, un se holten nu Kiefernzweije un stoppten se unner de Räder. Dabei kam' se mit'nanner ins Jespräch. Se war von zwee Derfer weiter und tatsächlich sein Alter, war zur Ausbildung beizeiten in' Westen jejang' un denn dajebliem, hatte ne Tochter jekricht, war awwer seit fimf Jahrn jeschiedn und seitdem alleene mit se. Meine Jiete! Ralfin wurdes janz anners. Un nu kimmetse ehmd immer ma heeme. Jetze wollte se na'n Busch vun ihre Aahln kuuken – Was? Busch? „Eene jute Partie!", dachte Ralfi – und war dabei in' falschn Weech injeboochn.

Na ner Weile setzte sich Ralfi ins Auto un varsuchte, ob's schon jinge. „Man darf da nich zu sehre Jas jehm, immer nur so ville, dass de Räder nich durchdrehn", jab er sein Expertenwissen preis. „Zur Not muss ma schaukeln." Un er schaukelte sich uff die Reisichfahrbahn nuff, un da warn de Räder oo schon aus ihre tiefjewiehlten Lecher raus, schom sich na vurne, schon hattn se n Weechrand arreicht, er lenkte und da Wachen stand uffn Weech.

Ralfi war stolz. Majestätisch stiech er aus. Patrizia, so hieß se nämlich, fiel ihm um' Hals. „Danke, danke, danke, Ralfi! Was hätt' ich nur ohne dich jemacht!" Sie schmatzte ihm rechts und links n paar uff de Backen. Trotz Schweiß un Stoob roch se nach Frau, Parfiem, arjentsowas, was wusste denn Ralfi. Wunderbar. Er war janz vardattert. Da stand se wie ne Märchenfee. Awwer was heeßt Fee? Er hatte sie doch jeholfn! „Du, ich fahre morgen früh wieder los nach Stuttgart. Ich muss jetzt heeme, die warten seit zwei Stunden auf mich. Kaffetrinken und so. Komm doch ma in drei Wochen bei uns rum, da bin ich wieder da. Ich muss mich ja noch richtich bedanken. Tschüß, mein Retter." Nochma jab's was uff de Backe. „Na ja, des war doch nischt weiter", sate er, obwohl er wusste, dass das jroßer Unsinn war. Des war jewaltich was! „Nee nee, komm, was hätt' ich nur ohne dich gemacht. Wenn de in' Ort kommst und um de Ecke fährst, gleich links der große Hof." Un se stiech in, de Tiere klappte, un se fuhr davun.

Des war jewaltich was! Um Ralfi war's jeschehn. Janz benomm warer. Keen Jedanke mehr an Heedelbeern. Ne Traumfrau war ihm dankbar, hatte ihn sojar jekisst! Er wurde nich mehr. Trämpelte mits Rad noch n bisschen rum. Denn fuhr er zericke zu die Stelle von des jroße Areichnis. Ob villeicht arjentwas liejenjebliem wäre vun se, so 'n Andenken. War awwer nich, nur Reifen- und Fußspurn. Awwer was for Spurn! Er blieb da ne janze Weile sitzn. Na, in drei Wochen! Des is sehre lange! Oder nich?

2.

Ralfin junk's schlecht. Er war keen Mensch mehr. Patrizia, alleene schon der Name! Lieweskummer, sat so dahin, wers nich arlewn tut, awwer was heeßt des! Eene rejelrechte Helle. Er traimte vun se inner Nacht, een fors annere Ma, un denn wurder wach un war alleene. Am Tache traimte er sich zu se hin. Was wirde se wo jrade machen? Arweeten, inkoofen, an ihn denken villeicht? Oder nich? 'n sehre schmaler Jrat zwischen Hoffnung, himmelhohes Jlicke un abjrundtiefe Varzweiflung – villeicht hatte sen schon janz varjessen, un's Läm, 's wahre Läm ließ'n alleene zericke, ma widder? Diese Wochen wirdn wo 'n janzes Buch filln, wie er benebelt rumlief, wie so langsam seine Kumpels rauskrichten, was mit'n los is un wie se sich um ihn bemiehten mit Ratschläje un so. Wie sich seine Mutter Hoffnung machte. Was der kluche Danjel sate, den's eijentlich jenauso junk wie ihn, der awwer abjeklärt war un der immer wusste, wie's um de Welt steht: „Leite, hier jibt's zehn Prozent mehr Männer als Fraun. Un die Weiber jehn alle wech un sinn uff uns nich anjewiesn. Wir kenn' jar keene abkriejn." De annern taten denn abwinken: „Mensch,

denn fahrn mer ehmd bei de Russen, un holn uns vun da eene." Er
lachte denn immer nur: „Na, die wern jrade uff eich wartn." Un frei-
lich, 's war bisher noch keener hinjefahrn, un eene mitjebracht hatte
erst recht keener. Awwer Patrizia, die war ja nu uff Ralfin anjewiesn
jewest!

Wie er sich denn endlich uffmachte, orntlich herjerichtet, um se
zu besuchen ... Awwer se war jrade nich da, so'n Pech, un ihre Eltern
tats oo sehre leid. Sie jahm ihn 'n sehre jrooßen, scheen' Präsentkorb,
den er kaum mit sein Rad wechkrichte, aus Stuttjart. Nee, jar nich
man bloß arjntwo jekooft, sondern würklich sehre liebevoll un mit
Jeschmack jemacht – for ihn war jedes Sticke darvun n Heilichtum.

Die Eltern kannten sein' Vater vun frieher, vunne LPJ her. Se klach-
ten Ralfin ihr Leid, dass so jar keen Schwiejasohn in Aussicht un dass
ihre Tochter so weit wech wäre: „Was solln aus den janzen Hoff hier
wern?" Ralfin wurdes heeß, am liebstn hätt' er jlei um ihre Hand an-
jehaln, awwer das junk ja nu niche. Er solle ma anrufen, wenn se wid-
der da wäre. Un des klappte denn oo am nechsten Ahmd, un – meine
Jiete! – er kunnde mit se rähn, awwer se hatte nich so recht Zeit. „Ach
weißt du, in den paar Tagen wolln mich immer alle sehn und man ist
nur am Rumkutschen". Er war vaständnisvoll, natierlich, klar. Er fra-
te se, ob se am Wochenende nich ma bei's Dorffest kimm' wollte. Ja,
das wäre schön, se wollte mal sehn, aber das müsste schon klappen.
Un se freite sich sehre druff, ihn widderzesehn.

3.

Ralfi hatte sich extra 'n neies Hemde jekooft, un nu lief er hin und her,
vun's Zelt zu de Kejelbahn und zericke, kuukte, ob oo alles in Ord-
nung wäre, half, machte sich nitzlich un wichtig. Was wäre denn 's
Dorffest ohne ihn! Er war mechtich uffjekratzt und musste dajejen
was tun. Mut antrinken junk heite ja nu nich. Was sollte denn Patri-
zia von ihm denken, wenn se käme! De Zeit vuns Kaffeetrinken war
vorbei, jetz kam Spiele vor de Kinner un so was. Ralfi half un war
iwwerall. Langsam junks uffn Ahmd zu, de Leite kluckten mehr im
Zelt rum, un s kam' etliche, die so in etwa sein Alter warn. Jetz kinnde
se doch eijentlich ma ufftauchen, dachter bei sich un wurde noch
uffjekratzter, wie er sich vorstellte, wie denn das nu wäre, wenn se
pletzlich vor ihm stehn wirde. Was sollde er da bloß sahn? Himmel!
Am Ende wirde se noch mitn tanzn wolln. 's war bei'm vielleicht fuff-

zn Jahre her, dass er jetanzt hatte, un dieses Rumjehuppel war schon damals nich sein Ding.

Da kam der kluche Danjel und riss'n aus seine Jriebelein. „Sa ma, du wartst wo jetz de janze Zeit uff die von Jrawewitz? Gloobst de denn wirklich, dass so eene uff dich anjewiesn is? Die hat Arweet, Jeld, se wird 'n Hoofn erbn ..." – „Ach, lass mich doch in Frien!" – „Mensch, iwwaleje ma", rief's'n hingerher, „so eene kuukt doch na janz annere Männer, und die soll jrade so een wie dich in ihr Nest holn?"

Ralfi arjerte sich, er arjerte sich sehre, un vor Arjer fiel'n jar nischt in zu antwurtn. Muss der een denn immer alles mies machn? Er beschloss, um den Kerl 'n jrooßn Boochn ze machen. Am meesten arjerte'n awwer, dass der arjntwie recht hatte. Des klang loochisch, was der sate. Un wo war se denn? Er jab sich'n Ruck. Nee, die wird schon noch kimm'. Se war doch so nett zu'n jewest. Un außerdem – die Ahln wirden ihn sicher liewer nehm als so'n Heini vunne Stadt; er kunnde uff so'n jroßn Besitz schon anpacken ... 'n janzen Ahmd wird er mit se vabring', se villeicht heeme bring', na, un denn, wer weeß ... Was heeßt villeicht? Un am Sonntach mit se Kaffetrinkn fahrn. Un nächste Woche villeicht ma na Leipzich. Er hatte extra was zerickejelecht in de letzten Wochen, vor sone Unternehmungen. Un in Stuttjart, da wird er schon nich lange arweetslos bleim. Er wird ihr nich uff de Tasche liechn. Alles wirder annehm, oo de jreeßte Kleecherei. Un hocharbeiten wird er sich. Un na Feieramd fors Kind n Schofför spieln. Un denn hier ma den Hoff iwwernehm, mit se zesamm natierlich. 'n Reiterhof uffmachn oder sowas. Na, un denn ...

Schmitti stand pletzlich vor'n und zwee annere oo mit dabei. „Du, Ralfi, ich muss dich was arzähln. Awwer reech dich nich uff!" – „Was issn?", er spürte, wie'n janz bange wurde. Patrizia? „Also, passe uff. Ich hawwe vorhin een vun Jrawewitz jetroffn, mit den hab' ich frieher ma jearweetet, un da hammer uns ne Weile unnerhaaln. Un da dacht ich denn, weil de doch schon 'n janzn Tach rumlaifst wie Falschjeld, ich fra'n ma, ob er was weeß vun deine Dings – ob's Auto dastand, ob er villeicht weeß, wann se in etwa kimm wollde oder so. Un da warer sehre arstaunt, un sate mich – awwer du darfst dich jetz wirklich nich uffreejn", die anneren beeden jingn'n Schritt uff Ralfin zu, „dass die doch schon jestern wieder na Stuttjart is. Warum, wusster nu oo nich, und das da was mit dich in' Jange is, oo nich. Un nu dacht ich halt, dass ich dich das liewer sache, eh de hier noch ewich wartest. Ich hab's nich beese jemeint, wirklich nich ..." Ralfi heerte schon jar nischt mehr. „... dass die doch schon jestern ..." – Na klar, natierlich! Da kluche Danjel hatte recht! Was sollte die oo mit ihm, den runnerjekommnen Ralfi! De Karre ausn Dreck ziehn, ja, dazu warer jut! Des nächste Ma würder nich anhaaln, oo bei keene annere nich. Ihm kam de Trän. Diese Scheißweiber, sollnse ihrn Dreck alleene machen! Inzwischen brüllte er, de Leite kuukten, und seine Oochen suchten herum, arjentwas, was man zesammschlan kunnte. Da hielten ihn die annern fest und saten: „Komm, Ralfi, mir wissen, wie des is. Mach's nich noch schlimmer." Awwer er wolltes schlimmer machen. Ausrasten, kurz un klein haun un denn selwer liechn bleim. Wozu war er denn iwwerhaupt am Lähm?

„Das gibt ihnen aber nicht das Recht, gewalttätig zu werden!", kam' dunkel in' Sinn. Fast zwanzich Jahre war des her. Er war sehre junk, un's junk'n damals janz ähnlich. Wie hieß die jlei noch ma? 's war uff Disco, un er kneppte sich den Kerl vor, der kurz vor Mitternacht janz prahlerisch, wie's n vorkam, mit die uffjetaucht war, die sich doch mit ihn varabredet hatte. Der Kerl lach'n paar Tache ins Krang'haus, un die Richterin hatte diesen Satz zu'n jesat. Nich das Recht? Na und? Wars seine Schuld, dasser immer so benachteilicht war? Wo isn da die Jerechtichkeet? Keener kunnde'n das san. Er hatte sojar ma'n Paster jefrat. Awwer der faselte bloß arnjtwas. Freilich, der hatte Frau un vier Kinner, was wusste der vun de Einsam'?

Er riss sich los, wollte ins Zelt, sich arjntwen vorkneppn, villeicht den kluchn Danjel. Awwer der war ja lengst heeme, der blieb bei so was nie sehre lange. Oder bei de Autos – Autos zakloppn, jenau ... Awwer die drei holten ihn ein un hielten ihn widder fest. „Komm, du hast jar nischt davon, wenn de jetzt durchdrehst und Stunk machst. Die annern kenn' nischt for dein Unjlick. Trink liwwer een, das hilft dich leichter driwwer weg."

Da kam Haschi an: „Was'n hier los?" – „Ralfin seine Flamme hat'n vasetzt, un jetz hatter Wut." Ralfi wollte was san, awwer die ließen ihn nich ze Worte kimm. „Hole arjnt ne Pulle, ejal was, des is allema besser, als wenner noch een umbringt." – „Mensch, Ralfi, du bist awwer oo ne arme Sau!" Haschi zoch Ralfis Kopp kurz zu sich ran un lief dann widder los.

Der erste Zuch machte ihn'n bisschen ruhicher, oder war des Haschin sein Mitjefiehl? Er nahm noch een. Soll se doch, die Schlampe, soll se in Stuttjart alle Kerle durchvöjeln, soll se anschaffen jehn, wenn ihr das noch nich reicht. Er trank weiter und wurde melancholisch. Was sollte nu wern? Wozu des janze Lähm? Wozu jiwwet's iwwerhaupt de janze Welt? Bahle warer zu schlapp zum Uffstehn un ließ sich volllaufn. Er jab ne orntliche Runde for seine Kumpels un noch eene, un sein Patrizia-Ausjehjeld wurde schnell alle. For wen sollter's denn oo sonst nehm? Jejen Morjn brachten se'n denn heeme, un Ralfi hätts jerne jehabt, wenner jar nich mehr uffjewacht wäre. Awwer so einfach is des ja oo nich.

Un bedenkt – alle, die ihr vuns Dorf seid, ihr werdt's wissen – Ralfis jiwwet's ville, sehre ville.

Epilooch

„Hallo, Mama!" – „Hallo, Kind! Biste denn jestern jut anjekomm?" – „Ja, jing so, war'n bisschen Stress bei Nürnberch und auf der A6, aber sonst ok. Nellie war ooch janz froh, dass ich wieder da war. Ich glaube, das mach ich nich noch mal, sie dalassen." Es knisterte inne Leitung. „Was woar'n das?" – „Weeß ich nich." – „Na, mich war des ja vun vornerein komisch, so'n kleenes Kind ohne de Mama, weeßte!" – „Aber gucke ma, immer die lange Fahrt, das is doch nischt für so'n Kind. Und die war doch schon so oft bei Jasmin, un ich dachte, die paar Tage, das is wie Urlaub für sie." – „Na ja, des kann ja villeicht jutjehn, awwer du bist ehmd ma nich jlei da, wenn was is. Un nu siehste ja, wies dich jehn kann. Da haste denn keene Ruhe uff de Autobahn, un am Ende passiert dich noch was, was'n denn? Iwwaleje ma!" – „Is ja jut, Mama, ich mach des ooch nich nochma. Das nächste Mal bring ich sie wieder mit." – „Was war'n nu mit ihre Bauchschmerzn?" – „Na, jar nischt, das warn Mamaschmerzn, die hat mich denn halt doch ma vermisst. Und wie ich se dann gleich abgeholt hab, wollte se natürlich noch dableiben." – „Ach, ihr macht man Sachen. Un ohne n Vater. Sach ma, frachste denn man jar nich, wie's dein Ralfi arjing?" – „Was heißt denn hier mein Ralfi? Du tust ja so, als ob wir zusamm wärn!" – „Na, ich mein doch bloß ..." – „Nee, echt ma. Der hat mir jeholfn da im Busch, das war wirklich nett. Aber muss ich ihn denn deswegen gleich heiraten? Das Leben hat er mir ja nu ooch nich jerettet, wo er denn vielleicht so ne Art Anspruch gehabt hätte. Mir tut er doch ooch leid, der Arme. Aber is man nich nett zu die Kerle, denn is man ne Zicke, un is man nett, dann wolln se gleich sonst was." – „Awwa Kind, wie lange soll denn das noch jehn, du un die Nellie alleene? So'n Kind brauch doch auch n Vata oder ehmbd n annern Mann oder ehmd, ach Mensch, du weißt schon ... Un was is'n eijentlich mit diesen Holjer?" – „Ach der Holger? Na jaa ..., also so doll war der nu ooch nich." – „Was warn an den nu widder vakehrt? Mensch, Mächn, du weißt doch man jar nich, was de willst." – „Na, jedenfalls nich diesen Holger heiraten und deinen Ralfi ooch nich. Was war denn nu mit dem?" – „Na, der war janz traurich und betroochen hatte sich jefiehlt. Mich ham's ja oo nur annere arzählt. Da funke erst an rumzeschrein und denn hatte sich so besoffen, dassa ja nich mehr zurechnungsfähich war un sen heemetrachn mussten. Eijentlich wollten se nochn Notarzt holn, awwer des war denn woll doch nich neetich." – „Na, des is ja furchtbar! Der arme Kerl!" – „Na, siehste! Hättste denn den nich die Freide machen kenn?" – „Mensch, du weißt doch, Nellie und ihre Bauchschmerzen!" – „Na, was haste se denn oo in Stuttjart jelaasen!" – „Un gucke mal: Da hatter nu Frust und wird gleich jewalttätich und säuft. 'n toller Vater für Nellie, muss ich schon sagen!" – „Ach, das is doch bloß, weiler so alleene is. Der wirde sich schon berappeln, jloob mich man." – „Ja und? Soll er nach Stuttjart ziehn?" – „Na, du kannst doch widder heemekimm! Und zum Arweetn findet sich hier schon was." – „Ja, toll. Ich hab' mich neulich mit Mandy unterhalten, weeßte, mit der ich die Ausbildung zusamm jemacht hab. Die is nu wieder hier, bei dem Schmidt da hinterm Bahnhof, und die kricht nur die Hälfte von dem, was ich hab', und muss das alleene machen, wofür wir hier zu dritt sind." – „Awwer dafier brauchteste nischt for de Wohnung zu zahln." – „Ja, und Ralfi wirde mich bekochen, was?" – „Na, so unjefähr." – „Ach Mama, so jeht das doch nich!" – „Na, un was soll denn hier ma aus das janze Jrundstick wern? Soll das zerfalln oder solln wer's vakoofn? Un wenn ma eener vun uns ins Heim muss, was wirdn denn?" – „So alt seid ihr doch ooch noch nich!" – „Na, du, das kann janz schnell jehn." – „Ich weeß es doch ooch nich. Oder es nimmt eener von meine Cousins." – „Na, die wern sich jrade drum reißen! Weeßte, du un die anneren Jungen, ihr wollt bloß imma, dass es eich jutjeht, un alles annere kimmert eich nich!" – „Mama, das stimmt nich! Der Ralfi tut mir ooch leid. Aber deswegen kann ich ihn nich heiraten. Und von Holger mal abgesehen, stimmt hier alles. Du arbeitest, sie sind nett zu dir, du krichst dein Jeld, und davon kannste auch janz jut leben. Un bei ech? Du weißt doch noch, wie das mit dem Praktikum da war, und wie bescheuert dieser Arsch gewesen is. Und mit dem Grundstück – ihr könnt mir ja auch nich sagen, was ich später mal mit diesen janzen Buden machen soll." – „Ach, Kind, immer die gleichen Fragen!" – „Ja, Mama, lass uns nich streiten, das bringt doch nischt." – „Ja, mein Kind, haste recht. Jute Nacht!" – „Ja, jute Nacht! Und Pappa ooch! Und – Mama? – vielleicht gehste mal zu Ralfi hin oder zu seiner Mutter, wenn er wieder auf'm Damm ist. Bestellste n schönen Gruß von mir, ja, ich lass mich denn schon noch ma bei ihm blicken. Awwer sone Hoffnungn soll er sich ehmd nich machen. Das ist mir unangenehm. Vielleicht kannste ihm das ja n bisschen arklären." – „Ja, mein Kind, das kinnde ich ma machen. Eijentlich haste ja villeicht oo recht. Un jib Nellien n Kuss vun mich." – „Von mir!" – „Ja, is ja man jut." – „Gute Nacht, Mama!" – „Jute Nacht, Kind!"

ℒiteraturwettbewerb 2014:

„Kinder, Kinder"

Gerhard Bochnig

Anne wässerige Jeschichte von's Jierschlewwer Schießen

„Du, Willem, mr han anne Koarthe jekricht, de Häcklinger wolln zu Schießen komm", mit dieser Neuigkeit empfing Minna, die Frau des Hauses, ihren Mann, der, von Aschersleben vom Stempeln kommend, sein Fahrad durch die Hoftür balancierte.

„Das fehlte je noche, bei die poar Kreeten, die mor alleweile krein tut, un meechlichst noch mit de janze Karona."

„Zeich doch moa her den Wisch", meint Willem, der auf dem „Stampstrog" im Schatten des Hofes Platz genommen hatte und sich den Schweiß abwischte. Nach langem Hin und Herr war man sich einig. „Die kenn' komm', awwer von das bisschen 'Jeschlachtes', was mer noch hann, wern mr se schonn de Noase reene hoaln." (Wenn es nicht schon Freitag vor dem Schützenfest war, hätte man noch abgeschrieben.)

Sonntagvormittag gegen 11 Uhr bellt der Hund. Also kein Bekannter. Wilhelm, der gerade zum Balwier wollte, ging hinaus und richtig, die Häcklinger, vier Mann hoch mit drei Fahrrädern, das Jüngste hatte Schwager Andreas auf seinem provisorischen Soziesitz.

„Ach, das is je mant scheene, dass'r schonn doa seid, mir dachtn schont, ihr koamt joar niche", heuchelt Wilhelm seiner Schwester und ihrem Gefolge. Inzwischen kommt Minna mit hochgestecktem Warpschartzenzippel und begrüßt mit künstlich aufgesetzter Gastfreundschaftsmiene die Häcklinger.

„Na, nu stellt man jlei eiere Räder hier unnerten Schuppen, wenn'r nämlich heite Oahmd widder furt wollt ..." Weiter kommt Minna nicht, dann da wird sie von ihrem Schwager schon unterbrochen: „Was heite? Ja is denn alleweile in Jierschlemm nich mehr zwee Ta'e Schießen?"

„Doch, doch!", meint Minna ganz überrascht. „Bloß mir dachten, ihr misstet wegens Fittern un so." Da meint Andreas aber „Ach, mir hann je schonn seit vorjes Joahr kee Schwein un nischt in' Stalle, mir dachten, bei eich moan Schtickchen richtgen Schinken oder Kugelworscht ze arm."

Sogleich reifte in Wilhems Denkergehirn ein Plan. Er gab an, erst einmal zum Verschönerungsrat gehen zu wollen. Unterdessen holte Minna für alle Mann eine Tasse Kaffee, der war noch „an Heppchen heeß von frieh", wie sie sagte. Das Jüngste bekam zur Feier des Tages eine Tasse Zickenmillich. Wilhelm aber ging nicht gleich zum Balwier, sondern brachte erst den halben Schinken beiseite.

„Mutter! Haste denn noch jeniejend Wasser oben?" Diese Frage hatte zweierlei Bedeutung, erstens war das Wasserholen, was dem tiefen Wickelborn im Garten entnommen werden musste, sowieso Wilhelms Arbeit und zweitens wollte er den halben Schinken, der noch da war und bis zur Silbernen Hochzeit im Herbst aufbewahrt werden sollte, da hineinhängen.

Nachdem er noch eine Tracht Wasser für die Kiche geholt hatte, hing er den halben Schinken an den Eimerhaken und ließ ihn halb hinunter in den primitiven Eiskeller. Schmunzelnd dachte Wilhelm: „Dat kennte eich verfressene Häcklinger so passen" und befestigte die Welle an einem Haken, der ein weiteres Runterrollen verhütete. Nun konnte er reinen Gewissens die „Recherkammer" zeigen und sagen: „Kucke, Schwager, 's is dich alles ratzekahl alle."

Doch Wilhelm hat die Rechnung ohne den Wirt gemacht (obwohl er ja selbst Wirt war). Es gibt viel zu erzählen. Das Frage- und Antwortspiel geht hin und her, bis die Kinder, die fortwährend dazwischen meckern, rausgeschickt werden. „Doa geht an bisschen in' Goarten, loasst awwer de Hiehner nich raus" usw.

Wie die Kinder nun einmal sind, neugierig und überall herumspielen. Unter anderem kommt das Mädchen mit dem schönen Namen Erika auch an die Drehwelle des Borns, die nicht rückwärts, wohl aber vorwärts zu drehen geht.

„Kucke moa, Allwart!", ruft sie ihrem Bruder zu, „an Leierkasten", und mit vereinten Kräften drehen beide (dabei einen bekannten Gassenhauer trällernd) das Ding, bis es nicht mehr weitergeht, und lassen los. Mit einem lauten Rururururur saust der halbe Schinken in die Tiefe.

Die Alten drinnen in der Wohnung horchen auf! „'s donnert je wolle?", meint Alma, Dreeßens Frau. „Bei diche woll?", lenkt Andreas den Verdacht ab. Inzwischen wird Mittagbrot gegessen (Zickenlamm) und dann rüstet man zum Abmarsch nach 'n Anger. Mittlerweile sindn die Kinder zum zweiten Male stillschweigend aus dem Garten gekommen. Erika, die ihrer Mutter die Sache mit dem geheimnisvollen „Leierkasten" (zu Hause hatte man Wasserleitung) erzählen will, hat wohl schon zehnmal „Mutter!" gesagt, ohne Gehör zu finden. Unterwegs, auf dem Wege zum Schützenplatz, versichert sie dann ihrer Mutter mehrere Male: „Bei de Tante Minna schlafe ich heite Oahmbd awwer niche, in die ihrn Goart'n da spukts" usw. Der Nachmittag vergeht. „Mir gehn nochemoa an bisschen bei Wiermanns in de Saufbude, denn jehn mor erscht moa ze Hause a poar Happen essen." Minna will nachher noch „an poar Bicklinge" mitnehmen, „'s is moa was annertes", meint sie zum Besuch.

Im Quartier angekommen, fängt Erika wieder von dem Spuk an, bis ihre Mutter sagt: „Allwart, kumm zeigs mich moa, was das oale Schlawwerjettchen ewwerhoopt meent." Wie sie nun die Borntüre aufmacht, sieht sie, dass die Kette gerissen ist, und macht davon im Hause Mitteilung. Minna und Wilhelm wechseln verständnisvolle Blicke. „Nee! Mit soone Kinner awwer ooch, 's ist zum koppkeekeln", sagt der Vater, „awwer das kann nich schlimm wern, gäbt mich moa an Bornsucher odder was, un ich hole eich die Kette wieder hook." Mit allerhand Einwendungen – „du machst dich bloß dein neies Zeich dreckig" und „das is je nich so schlimm, die woar je schonn oan manche Stellen ganz dinne" und „du wiehlst uns bloß 's janze Wasser uff" – und mit sonstigen Ausreden hält man Schwager Andreesen von dem Anerbieten ab, und so wird der „Fall" Gesprächsstoff beim Abendbrot, wo jeder erzählt: „Passe uff, wie's mich moa jink ..."

Den Schinken aus seiner unfreiwilligen Wässerungsanlage rauszuholen war für Wilhelm, solange der Besuch da war, unmöglich, und „reinen Wein einschenken" ging auch nicht, denn Andrees und Minna waren „sehre iwelnehmisch".

Und so musste der versteckte, besser gesagt versenkte silberne Hochzeitsaufschnitt bis zum anderen Morgen im Wasser liegen, wo ihn dann Wilhelm im Schweiße seines Angesichts rausgefischt hat.

Nachdem sich die Sache mit der Zeit doch „rumjeschprochn" hatte, meinte Wilhelm zu Bekannten, der Schinken müsste sich „höllisch verschrocken hamm, denn er sahk man zu blass aus".

Günther Böckelmann
Worum dor Akener nich jarne naa Machdeburch will

De Frau Dokter Luther ward's nich jarne hörn, awwer 's is nu ma so, dor Akener will nich jarne na Machdeburch. Nee, da wille jar nich jarne hin. Worum das so is? Nu, das is anne lanke Jeschichte. Un die lanke Jeschichte, die woll mer uns nu ma oanheern.

Also, passiert is's in'n Januar 1871. Oan an 18. Januar, da wurre je, mer wissens, 1701 's Keenichreich Preußen, un 1871 's Deutsche Reich jejrinnet. Un zur Reichsjrünnung nu, da wurre Enne Januar 1871 dor Akener Börjermeester mitsamt seine Ratsherrn zu ane jroße Krönungsfeier naa Machdeburch, inne Provinzhauptstadt, injeloan. Nu, da freieten die sich natierlich siehre drewwer, da fuhrn die natierlich jarne, dämoale noch jarne, hin. Se läeten ihrn Sonntagsstaat oan, soaten ihr jutes oales Aken adje, fuhr'n mit de Postkusche naa Keetn. Un denn weiter mit de Boahne naa Machdeburch. Sparsam, wie se sinn, jeizich, wie se sinn, de Akener, saßn se natierlich in'ne dritte Klasse. Weil 's je leider Jottes keene vierte Klasse jiwwet. Un de Deutsche Boahn heite nu, die hat je nich ma mehr ne dritte Klasse for mich ewwerich.

In Machdeburch oanjekomm, da nahm unse Akener Honoratiorn ihrn Kurs ewwer'n Breeten Wäch un'n Oaln Marcht. Oh, wie jlänzte da dor Machdeburjer Reiter scheene in'ne Vormittaachsonne! Oo der freite sich ewwer dän scheenn Tach. Jlänzen tat oo's Oale Rathaus in anne Pracht von schwarz-weiße un schwarz-weiß-rote Fahnn. De schwarz-weißen for Preußen un de schwarz-weiß-roten for's Deutsche Reich. For's neijejrinnete Reich.

Dor Portje in's Oale Rathaus denn, der leetete unse Akener in'n jroßn Ratssaal. Un oo dor Ratssaal, mir kenn 's uns denk'n, jlänzte in anne Pracht von schwar-weiße un schwarz-weiß-rote Fahn'n un Jirlann. Lanke, schneeweiß jedeckte Tafel'l woarn uffjestellt. Un dor Ratssaal woar schon jut besetzt. 's Stimmmjewirre na kunne mer denkn, mer wäre in an Biennkorb. Vorstehn kann mor's, allehoofe freieten se sich uff de scheene Feier. Unse Akener setzten sich oan anne lanke Tafel. Nääm ihre Amtskollejen aus Calbe, aus Boll'ncalbe soaßn se. Die kennt'n se jut. Calbe woar je dämoale ihre Kreisstadt.

Un denn fung de Feier oo boale oan. Kernije Red'n wurrn jehoaln. Redn ewwer 's neie Deutsche Reich, ewwer 'n Herrscher aller Deutschen, 'n Kaiser, ewwer 'n Reichkanzler un preußischen Ministerpräsedenten Otto von Bismarck, ewwer Preußen. Joldije Zeiten wurrn alle Deutschen vorsprochen. Awwer loaßn mer das, das kenn' mer je. Un ville Hochrufe jab's. Dor Ratssaal schallerte von de villen Hochrufe. Un denn wurre natierlich jemeinsam jesungen. „Heil dir im Sie-gerkranz, Ret-ter des Vahaterlands", scheene hann se jesungen, mit Hinjabe hann se jesungen unse Akener.

Was orntlijes zu trinken jab's natierlich oo. Machdeburjer „Diamat"-Bier jab's, Weinbrand jab's, Nordhäuser Doppelkorn jab's, janz naa Justo. Na, da hamm unse Akener natierlich nich nee jesoat. Mer wissn's, uff een Been kamm mer nich stehn.

Un denn, da lauerten unse Akener je schon druff, wurre jemeinsam anne firschtlije Mahlzeit jehaln. Vorneweg anne kräftige Bulljong, mit ville Fettoen druff. Denn Rinderbraten, Schweinebraten, janz naa Jeschmack. Braten in dicke Scheim'm. Un Salzkatoffeln, scheene jelwe Salzkartoffeln dampten in große Schisseln. Jemiese jab's natierlich oo dorzu. Un zum Schluss denn, als letzten Jank, da jab's an Desser. Jötterspeise, jriene Jötterspeise mit Waldmeisterjeschmack, was Sießes. Nu, das war je was for unse Akener. Naschkatzen, die sinn mer je allehoofe heite noch.

Zuerscht awwer wurde de Bulljong kredenzt. Scheeb kuckte dor Akener Börjermeester uff de Bulljong. Scheeb kuckten ooch seine Ratsherrn uff de Bulljong. Suppe? Nee, die kennn mer zu Hause jeden Tach essen. Die setzt uns unse Anneliese zu Hause jeden Tach vor. Heite essen mer was Besseres. Braten, Jemiese, Kartoffeln, Desser. Das is was Kräftijes. Das is was Jenaues. Das is was Rares. Das essen mer. Na, hoffentlich hann mer allehoofe jroß jenuchen Hunger. Un von'n scheenn Braten essen, das taten unse Akener denn oo zur

Jenieje. Un markten da drewwer joarnich, wie de Zeit vorjing. Awwer irjendwenn jeht oo de scheenste Feier zu Enne. Unse Akener soaten ihre Tischjenossen adje, un fann sich denn uff 'n Oaln Marcht wedder. Dor Jolne Reiter jlänztr nich mehr, 's war Stockenacht jeworn. Knippeldicke satt loffen de Akener Ratsherrn in Jänsemarsch ihrn Börjermeester hinnerdrin. Quer ewwern Oaln Marcht jing's 'n Breetn Wäch lang, jing's durch de koale un sternklare Nacht, jing's jroadewächs uff ihr Quartier zu. Nu, 's Quartier, dadermit harre's seine Bewandtnis. Durch de jroße Feierrei woarn zurzeit in Machdeburch de Quartiere rar. Notquartiere mussten her. Un so woa'n oo unse Akener in an Notquartier unnerjekomm, in an Spital woarn se unnerjekomm. Da marschierten se nu hin. De Nachtschwester wess se ihr Zimmer zu, Zimmer 6 war's. Zimmer 6, an scheenes Zimmer. An jroß jenuches Zimmer, mit weiß bezoene Betten drinne. Dadruff streckten sich unse Akener aus, streckten alle viere weit von sich, un schluufen oo boale feste. Un treemten von unser jutes oales Aken. Unser Aken, das jeder kenn tut. Denn jeder uff de Erdkurel weeß doch: Wo de Elbe schläät ihrn Haken, da läät Aken.

Rums, flog frieh in'n Morjenjrauen de Zimmertiere uff. Ausjetreemt woar der Traum. Inne Tiere stand anne jroße stramme Krankenschwester mit ne Jummischarze um. Un mit an Wasseremmer in eene un anne dicke Injektionsspritze inne annere Hand. „Rumdrehen auf den Bauch und Hosen runter!", tat se barsch kommandiern. Aus'n scheensten Schlaf jerissen, zu Tode erschrocken, jehorchten unse Akener. Un denn krichten se der Reihe naa, eener na'n annern, an orntljes Klistier in'n Hinnerschten verpasst.

„Schönen Tag noch, meine Herren", zufrieden mit ihr Wark zock de Schwester ab.

Un unse Akener, die schlichen, eener na'n annern, Richtung Abort, 's Klistier harre seine Wirkung jetan.

Jeschlichen sinn se denn oo boale Richtung Boahnhoff, Richtung Boahnsteig 4. Dor Börjermeester vorneweg, de Ratsherrn hinnerdrin. Wie anne Hammelherde. Allehoofe woarn se bedeppert un muchsmeischenstille.

Dor Erschte, der sein Sprache wedderfand, 's war kurz vor Schennebeck, woar dor Börjermeester. „Nuu horcht mich ma zu. Also, was uns da maleert is, das bleiwet awwer unner uns. Jroßes Jeheimnis. Vorsprecht dor mich das? Ihr seid schließlich Ratsherrn, un ihr verratet je oo nich jen'n, wie wennije Talersch in unse Stadtkasse klimpern!" Stumm nickten de Ratsherrn allehoofe.

Nuu kuck mer zwischendurch ma zuricke naa Machdeburch. Da woar in's Spital dor Uffruhr jroß. De jroße stramme Schwester, mer kenn se je, harre nemmlich de Zimmertiern vorwechselt. Un da laen se nuu da, de Delinquenten in Zimmer 5. Die harrn anstelle von die in Zimmer 6 's Klistier krien solln. Un die woarn nuu nich fartich for de Operation.

De Boahne naa Keet'n mit unse Akener drinne, die rollte inzwischen uff Sachsendorf zu. Un dor Akener Börjermeester, der weiete seine Ratsherrn jrade ins allerletzte Jeheimnis um de Foljen dor Krönungsfeier in. Oanherrn tat sich das so: „Also, Fehler kammer machen. Fehler macht jeder. Wer keene Fehler macht, der macht oo nischt. Awwer mor muss aus Fehler larnn. Uff dass mor se keen zweetes Ma macht. Eijentlich harre das Maleer ins Spital uns je joar nich maleern dürfen. Wie ofte hat 's unse Mutter uns von kleen uff injetrichtert: Gemüs und Fleisch bekommt nur der, der seine Suppe aß vorher, odder: Die Suppe ist ein gut Gericht, nur Suppenkasper isst sie nicht!"

Uff, holte dor Börjermeester erschtma tief Luft. Un denn kamme zum Karn der Sache: „Un was hamm mer uff de Krönungsfeier jemacht? Jenau das hamm mer vorkehrt jemacht! Un hann unse Suppe nich jejessen. Da isses doch keen Wunner, dass mer die, de Suppe meen ich, 'n an'nern Frieh in'n Hinnerschten jefillt jekricht hann! Nee, das is wurklich keen Wunner!"

De Ratsherrn woarn baff. Die woar nuu oo alle ihr Licht uffjejangen. Von alleene wärn die da nie druff jekomm. Stumm nickten se zu ihrn Börjermeester seine weise Rede. Ach, was hann mir Akener doch for an schlauen Börjermeester, dachten se sich allehoofe. Awwer das is je weeß Jott nischt Neies. Akener Börjermeester sinn jrundsätzlich immer ville heller wie jewehnlije Leite. Un das is je oo so jeblemm. Bis heite so jeblemm.

Un de Boahne, die polterte schon uff Keetn zu, wuu dor Börjermeester sich noch maa so richtich Luft machte: „Also, meine liem Ratsherrn, ihr kennt 's mich jlom, meine Suppe, die loass ich mein'n janzen Läbtach nich wedder stehn! Sowas, wie heite, das will ich nich nochma erläm. Nich mochma! Un noch eens, meine Harrn, also in Machdeburch, nee, in Machdeburch, da loass ich mich so trab nich wedder blicken, da loass ich mich so trab nich wedder sähn! Nee, da kricht mich woll ewwerhaupt keener wedder hin!"

Nun wiss mer's, worum dor Akener nich so jarne naa Machdeburch will. Eijentlich dürft mer's je joar nich wissen. Wenn, ja wenn dämolale een'siebzich alle unse liem Ratsherrn dichtejehoaln harrn, denn wisst mer's joar nich. Awwer eener von'ne Ratsharrn muss jeplaudert hann. Odder, da fällt mich jrade in, ob vielleicht oo da die, ja wie heeßt die doch jleich, ja, ob vielleicht oo da die „En Es Ee" dorhinnersticht? Zuzutrauen isses die Brieder. Was meent Ihr? Kenntes so sin?

Jennfalls kennt nu oo ihr das jroße, das janz jroße Akener Jeheimnis. Awwer da misst nu wennichstens ihr mich vorsprechen, dass ihr's Jeheimnis, for eich behoalt. Vorsprecht ihr mich das?

Claudia Brack
De unjezochenen Tulpen

Da hawwe ich neilich Post gekricht, ob ich ä ma änne Jeschichte zum Thema „Kinger, Kinger" schreim wolle.

Zuerst hawwe ich ewwerlecht, ob ich das machen soll. Lecht ähner Wert uff änne Jeschichte von mich? Hawwe de Karte erscht ä mal wegjelecht. Die wärn mich nich brauchen, hawwe ich jedacht. Jibt jenuch Leite, die sich selwer sehre wichtch nehm, und üwwer jeden Kakel schreim, der andre jar nich interressieren tut. Awwer erjendwie hat sich der Jedanke dran immer widder vorgedrängelt, hat jerufen: Haste denn nischt, was de daderzu erzählen kenntest? Die ham dich änne Karte jeschrieben, die wollen also ach was hären. Nu jut, awwer was änne?

Enne Jeschichte ewwer meine Tochter, was die so droffen hatte? Wie se in Bärlin mit der Freindin ausn Kingerjarden abjehauen is, weil se allähne in Zirkus jehn wollten? Wie mich mei Mutterherz in de Hose jerutscht is vor Angst? Oder wie se stolz offen Speelplatz lauter schwarze Perreln gefungen hat, die später als Kellerasseln wegjehuscht sin? Oder wie se ihrn Kopp in de Katzenheehle gesteckt hat un nich mehr naus kam, weil se so jebläkt hat, und das Loch zu kleene war for ä Kingerkopp mit offner Schnute? (Erscht als se offjehört hatte zu gröhlen, konnten mir das Kind naustrecken.)

Awwer da wäre ich ja nur ä Beowachter, das wäre ja nur aus zweeter Hand, sozusachen!

Nää, es misste schon was von mich sellwer sinn, ich bin ja keen Dichter, also änne richtche Jeschichte, nüscht ausjedachtes! Vielleicht ach was, wo mer was draus jelernt hat?

Es jibt so änne klähne Schtorie ewwer mich, als ich noch klähne war. Vielleicht so viere oder fümfe, jedenfahls wahr ich noch in Kingerjarden un noch nich in dör Schule. Auch heite noch wärd die Jeschichte immer mal als Schnorre bei Familjenfeiern erzählt, und es macht mich immer noch sähre verlechen. Un ä bisschen wietend ach!

Ich hawwe schon als klähnes Mächen immer Bluhm jerne jehabt, un mir hatten hinger dem Haus ach ä Jarten. Der Jarten war es Heilichtum von dör Oma, ach dör Papa hat jerne was im Jarden jemacht. In dör Folje sah ä ach immer jut aus, der Jarden, kä Ungraut oder erchentwas, was de Ordnung stährn kunne, dufte dort wachsen. Aggurat, hat mei Vater das jenannt. Was sollten ach de Nachbarn sonst denken ewwer uns? Awwer: Es dufte ach nischt abjeflückt währn. Das war verboten. Nur gucken, dawei hat's immer so in Pfoten jegriwwelt.

Awwer nehman jab es än scheehn ahln Jarden, der war so ä bisschen verwildert, alles war dort so jewachsen, wie es wulle. Es jab ä riesichen Kerschboom, awwer leider hat der es nie jeschafft, seine Kerschen ewwer den Zaun drewwer zu uns zu schiehm. Mer kam enfach nich ran. Es fählte immer noch ä kleenes Sticke. Und was nähm, was im Jarden vom Nachbarn wächst, das währe Diebstahl, hat mei Vater jesaht. Tut was drewwer wachsen, da is das annersch!

Im Sommer bliehten da de scheensten Bluhm und es jab ach Ärdbeern. Alles schien wie von selwer zu wachsen. Es war verzauwert.

Für Kinger is die Welt sowieso voller Zauwer und Frachen. Warum bellen de Bellkartoffeln nicht? Ich hawwe mich ach immer jefracht: Wieso heeßt de Rahmbutter Rahmbutter? Rahm jeben doch jar kähne Milich, das sind doch Vöchel! Noch heite, wenn ich mich dran errinnern tue, is off der Butterdose ach immer ä Rahwe droffen! Oder stimmet das jahr niche und de Zeit, die derzwischen läht, hat de Errinnerung umjeändert? Wenn mer älter wird, und dänn wedder an den Orten der Kindheit weilt, märkt mer das am ähsten. War der Boom nicht veel gräßer, de Straße veel breiter, de Tache veel länger?

Der verzauwerte Jarden jehärte jedenfalls ähn ahlen Härren, der schon bahle nich mehr krauchen kunne, kaum ma äh Wort sahte und seiner erwachsenen Tochter, dem Frollein R. Das war ach wedder so was, was ich damals nich verstehn kunne. De ähn erzählten, das Frollein hätte frieher ä mal ach ä Kind jehabt, awwer das wäre jestorm und vor lauter Kummer wäre se dann so komisch un wunnerlich jeworn. De annern sachten, se währe in dör Klapper jewesen. In dör Klapper? Wie sollte das jehen, wo Klappern doch so kleen un hächstens was for Beewis warn? Oder klapperte da immer was? Es war widder ähmal ähne Frache, die ä Kind janz schöhne beschäftchen kunne. Uff jeden Fall war das Frollein immer freundlich zu mich, awwer vor dem Ahlen hatte ich Dampf, wenn dör mit seiner Kricke dorch än Jarden machte.

In dem Jarden standen zu dör Zeit, um die es jetze jehen tut, jedenfalls janz veele Tulpen. Hunnerte, tausende, so schien es mir damals. Es war erscht Anfang April, un de Knospen war ja noch nich richtich offen.

An dem Tache hawwe ich mit meiner Freindin ausn Kingerjarden bei uns in Hofe jespeelt, in meiner Erinnerung warn mir den janzen Friehling un Sommer immer im Jange, un ham draussen zusamm was jemacht. Nie währn mir off den Jedanken jekomm, bei schön Wetter drinne zu sinn. Das jabs jar nich.

Alles währe jut jejangen, währe nich off ähmal der Jedanke offjekomm, dass mer ja de Tulpen im Nachbarjarden abpflücken un dann der Mudder schenken könne. Die wärdde sich doch sicher frein! Ich weeß jahr nich mehr, von wen der Vorschlak jekommem is!

Der Zaun war ach schon ahlt un lawehde, und das Tulpenparadies schien jar nich mehr so unerreichbar. Es war trotz seiner Baufälligkeit trotzdem jar nich so eenfach, den Zaun zu ewwerklettern und newwerzekomm. Mir hatten ja schließlich ach noch Miniröcke an, die zu jener Zeit jeder truch; ejal, ob Kingerjarden oder Altersheim, alle weiblichen Wesen waren mit Syndehdick in Minilänge jestrahlt. In den siebzicher Jahren war änne furchtbahre Mode, alle Klamotten aus den Jelumpe, wenn mer da erjendwie abjerutscht oder hinjefallen is dermit, tat das sehre weh, und die Sachen waren ach meistens rungeniert und im Jeschäfte wahr das Anjebot ach nich groß. Ich errinnere mich noch, wie weh das tat, wenn mer da an den Zaune abrutschte. Und trotz der Splitter in Pfoten: Mir hatten unser Ziel!

Denn der Ruf der Tulpen so war verfiehrerisch, dass mir solange machten, bis mer drewwergeklettert wahrn. Und als mir den Bluhm näher kam, wurde es ach immer schlimmer! Unhörbar wisperten und flisterten die grienen Knospen. Zuerscht sollte es nur ä klähner Strauss sein für jede Mudder, awwer dann wurden de Tulpen unverschämt und riefen mich zu, ich sulle doch mehr nähm, die hier noch, und gucke ma, die da ach noche. Mir waren wie im Rausche, was mir uns vorher ausjemacht hatten, war verjessen.

Ich muss ach zujehm, es wurde ä klähner Wettbewerb draus: Wer hat de meeisten? Zwischendurch immer anjespanntes Lauschen, kimmet ach kähner un erwischt uns? Was sahn mer denn dann? Es hätte ja jar kähne Ausrede jejeben, de Situation war ja eindeutich! Ich hatte ja sehre jrohße Angst vor dem ahlen Muckeflock mit seiner Kricke! Der schlich nämlich äfter rum, ohne dass mern jehört hätte.

Awwer mir hatten Glicke, kähner kam und mir jaben uns weiter dem Rausch hin, bis mir uff ähn mal bemerkten, dass mir alle Tulpen jepflickt hatten. Buchstäblich bis zum letzten Stengel ratzekahl alle weg! Vorher war der Jarden jerammelte voll dervon, die Wiese alles voller Tulpen, die zwar noch nich bliehten, awwer wenn se ähn so anguckten, konnte mer schohne ahnen, wie se ä mal aussehen, wenn se offjebliebt wärn.

Stattdessen hatten mir zwei kleen Mächens nune die Arme voller Tulpen! Wie in ä Märchen: Bluhm ewwer Bluhm!

Es war ä bisschen, wie wenn mär wach werd! Was war änne nur passiert? Mir wollten doch jede nur ä klähn Strauß! Das währe doch ach kähn uffjefallen! Awwer nune? Was sollten mern machen? Der Ahle werde das ja mitkreien, gucken konnte ja noche! Un dann? Ich fiehlte mich wie ä Verbrecher. Diebstahl war ä Verbrechen. Das wurde mich off ähn mal sehre klar, vielleicht mussten mir sojar ins Jefängnis! Awwer es war ja nich for mich! Un außerdem war ich ja erchentwie ach verfiehrt worden!

Also schlich ich mich dann mit einjeklemmten Schwanz nein, meinen Pardner in Kreim hatte ich hähme jeschickt.

Jott sei Dank war zuerscht nur meine Oma da, meine Retterin in der Not! Das hoffte ich. Awwer sie sahte nur: „Olledeischen! Warte man ab, bis de Mudder kimmet! Da kreiste änne Naht! Verstecke diche!"

Und als nach langem Beben und Bangen meine Mudder endlich hähme kam, da warsch ach so! Kähn bisschen Freide un Dankbarkeit! Stattdessen jab es ähne Schwucht, die sich jewaschen hatte.

Nachdem se das erledicht hatte, jing meine Mudder mit den Tulpen un ä Päckchen Kaffee nüwwer zum Nachbarn, und hat sich in mei Nam entschuldigt. Der ahle Zausel fand es awwer jar nich so schlimm. Ejal, meine Senge hattch weg.

Aus der Bejebenheit hawwe ich mehreres jelernt: Die erschte Erkenntnis hatte ich spätesten, als ich ä paar droffjejertelt kreite: Auch wenn mers jut meent, kann der entjejenjesetzte Effekt eintreten. Der Beschenkte freit sich jar nich und is sojar noch undankbar; obwohl mer sich sojar strafbar for den gemacht hat. Mer kann sich allso sellwer noch schädchen, wo mer doch nur das Beste wollte!

Die zweite Erkenntnis, da war ich schon selwer Mutter, war: Immer zuerscht frachen: Warum hast du das jemacht? Die Welt der Kinger is annersch als die der Ahlen. Dort gibt es Wunder un Märchen un Sachen, die mir mit unsren ahlen Ochen nich mehr sehen können. Manch ähne jute Absicht erkenn mer vielleicht jar nich. Die zarten Seelen der Kinger können so schnelle verletzt werden und heilen vielleicht nie mehr.

Wie hätte mer sonst einen janzen Arm voll Liebe für Diebstahl halten jekunnt?

Und zuletzt: Dör Jarden hingerm Haus is jetze meiner, blieht un grient aus voller Kraft. Ach die unjezochenen Tulpen sind da. Awwer se derfen stehn bleim un wachsen, manchmal is es jenuch zu wissen, dass mer se ham könne, wenn mer wollte. Awwer rufen tun se immer noch.

Walter Gillich
Dor Autowäschor

Een mich jut bekanntes Eheparr hatte nen Jungn, der dazumaa unjefähre zwöllef Jahre alt jewäsn is, ich jlowe Marcus hattor jeheesn. Wie miche sein Vaddor öftor arzählt hatte, war sein Junjor schone von kleen uff sein janzor Stolz. Kaum konntor eenijermaßn sprechn, hattor sein Vaddor un natierlich ooch de Muddor ständich mit de unmechlichstn Fraren sozusaaren de beriemtn Lechor in ihrn Bauch gefraat. Er wollte eenfach alles wissen, ejal wasses war. Un so hattor manechmah sein Vaddor oder ooch de Muddor janz scheene in Vorlejenheet jebracht.

Eejentlich waror ja een janz artijor un rujer Junge, seine Eltorn brauchtn siche niche forn zu schääm. Alsor denne in de Schule jekommn is, die Schule, in die or jing, war keene fimf Minutn von de Wohnung entfernt, krichtn seine Lehrorsch schone baale nach de Innschulung seine Wissbejierde zu spiern. So jingn de erschtn paar Schuljahre ins Land un dor Unnerricht wurre immor intressantor, weil nu sonne Fächors wie Physik un Chemie dazujekommn warn. Die Fächors sinn seine Wissbejierde jewaltich entjejenjekommn. Dor Chemielehror hattn denn ooch baale als sein Assitentn anjesähn un hattn ooch schone mah so manches Experiment vorbereitn awwor ooch dorchfiern lassn, denne er konnte sich ja uff Marcusn vorlassn.

Als nu de Wintorferien vor de Tiere stann, meente dor Chemielehror zun paar Jungs, dassn doche mah dabei helfn könntn dän Nähmraum von dän Chemieraum woer seine janzn Chemikalien un ähm alles waasor forn Unnerricht so brauchte in Rejale un Schränke unnorjebracht hatte, uffzureim. Da war natierlich dor Marcus un nochen paar Jungs sofort Feior un Flamme un warn kaum noche zu bändijen, denne se hofftn natierlich, dasse da vielleicht so manches, was dor Lehror niche mehr jebrauchn konnte, abstoom könntn. Am liebstn hättnse jleich damit anjefangn. Awwor doe Chemielehror hattse jesaat, dasse damit erscht nachn Unnerricht, nämlich nachmittags, anfang tun.

Kaum war de letzte Unnerrichtsstunne vorbei, standn de Jungs un natierlich ooch Marcus bein Chemielehror vor de Tiere. Dor

Lehror nahm se ooch jleich mit in besaachtn Raum un hattse erscht mah Jummihandschuhe, Schutzbrilln un ne Jummischerze jejähm, damit se ooch nischt passiern tut un se siche ihre Klamottn niche vorsaun tun. Nu hammse erscht mah alles aus de Schränke un Rejale uffn Tisch rausjeschtellt un dor Lehror hattse denne immor jesaat, was se widdor in welches Rejal oder Schrank innreim könn. Aans Ende warn noche ne janze Menge Jerätschaftn awwor ooch Chemikalien iwworjeblimmn. Da warn harmlose awwor ooch paar jefährliche Chemikalien dorbei. Die jefährlichn hattor Chemielehror in eene kleene Blechkiste jestellt un hattse mitn Vorhängeschloss zujeschlossn. Dän annorn Krempl konntn sich de Jungs, wennse wollten, mit nach heeme nähm. Nu hamm de Jungs dän Rest ooch janz schnelle unnor siche uffjeteelt un sinn mit dicke Hosntaschn heeme jejang.

Wees dor Deiwl, wasse da allens wechjeschleppt hamm. Ihre Eltorn hamm de Jungs natierlich nischt von dän Fangk arzählt, sonnst wäre sichor noche so manches in Müll jewandort un 's hätte ooch so manches Vorbot jejähm. 's wurre also immor heimlich, wenn de Schule aus jewäsn is un de Eltorn uff de Arweet warn, experimentiert. Was arnsthaftes is Jott sei Dank niche passiert. Awwor dor Vaddor von Macusn hat mich Foljendes arzählt:

Dor Vaddor von Marcusn war in een Dessauer Jroßbetrieb ins Biro beschäfticht jewäsn un hatte dämzufolje natierlich ooch een Telefon uff sein Schreibtisch stehn. Er war jerade in seine Arweet mächtich vortieft jewäsn, alses Telefon bimmlte. Alsor abjenommn hatte, war seine Sekretärin dranne, die saate, dass sein Marcus dranne wäre un ne janz weenorliche Stimme hätte. Als se denne dorchjeschaltet hatte, hat Marcus zu sein Vaddor heilnd jesaat, dass was janz schlimmet passiert is un er janz schnelle nach heeme komm muss. Mehr hattor niche mehr rausjebracht un hat ooch jleich uffjeläät. Da is Marcusn sein Vaddor jleich uffjesprung, hat zu seine Sekretärin jesaat, dassor mah janz schnelle heeme muss, un hat sich in selm Ohrenblick uff sein Fahrrad jeschwung. Nu issor wie dor Deiwl jefahrn, de Leite wärn jedacht hamm, das de Polizei hinnorn her is. For die Strecke hattor sonst 20 Minutn jebraucht, heite waror schon nach zähn Minutn heeme. Alsor nu bei sein Wohnblock um de Ecke jebogn is, hattor jesähn, dass Herwartn auses Nachbarhaus sein hellblaun Trabi wie immor unner sein Wohnungsfenstor stehn hatte. Awwor dor Schnee, däns an Vormittach jeschneit hatte, war janz rot. Da hat siche Marcusn sein Vaddor schone mah mächtich jewunnort. Nu issor de drei Etagn zu seine Wohnung ruffjehezt. Alsor in de Wohung rinnjekommn is, konntn Marcus vor lautor Trään jar niche jleich saarn, was passiert is. Denne hatn Marcus in sein Kinnorzimmor jefiehrt un hats Fenstor uffjemacht un hat uff Herwartn sein Trabi jezeicht. Nu hat Marcusn sein Vaddor ooch jesähn, dass dor Schnee uffs Fenstersims jenauso rot war wie Herwartn sein Trabi. De Zeit war nu ville zu kostbar, dassor hätte Marcusn noche lange frarn könn. Er saate bloß noche: „Nu awwor schnelle zwee Emmor mit warmes Wassor un zwee Lappn un nischt wie runnor." Nu sinse jedor mitn Emmor voll Wassor mit Lappn drinne de Treppn runnor jesterzt. Un nischt wie rann an Herwartn sein Trabi.

Nachdäm se nu dän erschtn rotn Schnee vons Trabidach runnorjewaschn hattn, hamse jesähn, dass dor Trabi immor noche hellblau un niche rot war. Da warnse erscht mah janz jewaltich froh drüwwor jewäsn. Als die beedn Emmorsch leer warn, hamse noche mah zwee volle jeholt un hamm dän Trabi blitzeblank jewaschn. Der sah nu so sauwor aus, wie frisch auses Autohaus. Jerade alse fartich jeworn sinn, kam aus zwee Injänge weitor forne Schmitz Ede raus un hat sich mächtich jewunnort, dass Marcusn sein Vaddor nen hellblaun Trabi waschn tut, woer doche sonstn een jelm Lada fahrn tut. Deswäjen hattor jerufn: „Hast diche wo jetze nen Trabi jekooft?" Un weil Marcusn sein Vaddor sowieso schone jewaltich in Zorn war, hattor zurickejerufn „Nee, ich hawwe ne Feioramdbrijade fors Autowaschn uffjemacht, wenne willst, kannsde dein Trabi jleich danähmstelln, de Wäsche kostet awwor fümf Westmark."

Als dass nun iwworstandn war, hat Marcusn sein Vaddor nur noche iwworläht, wieor denne des Vorkommnis sein Nachbarn Herwart beibringn kann, denne Herwart un ooch seine Frau warn niche jerade de bestn Nachbarn jewäsn. Se hattn immor was zu meckorn unds war niche besonnorsch jut mit se auszukommn. Inzwischn wars schone unjefähr um zweeje jeworrn. Nu issor eenfach zu Herwartn vor de Wohnungstiere jejang un hat jebimmlt. Un weil Herwart niche jleich uffjemacht hat, hattor nochn zweetesmah jebimmlt. Nu kam Herwart zu de Tiere un machte mitn janz vorschlafnes Jesichte uff un fraate: „Was wilstn du jetze von miche, ich hawwe nämlich Nachtschicht un hawwe noche jeschlafn." Nu arzählte Marcusn sein Vaddor, de janze Jeschichte. Da war Herwart jleich helle wach, weil's ja um sein Lieblingsschtücke, nämlich sein Trabi, jingk. Zu seinor Beruijung saate Marcusn sein Vaddor, se könntn sich ja des Objekt jleich mah ankiekn, sozusaren ne Abnahme machn. Da hat siche Herwart bloß noche ne Hose un ne Jacke üwworn Schlafanzuch jetreckt un is mit runnor jejang. Nu hattor sein Trabi von alle Seitn janz jenau unnor de Lupe jenommn un hat awwor keen Schadn nich festschtelln könn. Ans Ende waror sojar janz froh jewäsn, dass sein Lieblingssticke so blitzeblank war, denne so saubor waror schone lange niche jewäsn.

Als nu des Schlimmste üwworstann war, musste Marcus erscht mah sein Vaddor arzähln, wie dor rote Schnee uff Herwartn sein blaun Trabi jekommn is. Da arzählte nu Marcus, wieor mit nochn paar Kumpls un dän Chemielehror dän Chemieraum in de Schule uffjereimt hamm un dasse sich das Zeigk, was üwwer war, mitnähm konntn. Un weilor ja schone friehor mah mit sein Chemiebaukastn, dänor von seine Eltorn zu Weihnachtn jeschenkt jekricht hat, ooch Experimente jemacht hat, hattor ähmt mit de olln Chemikalien von sein Chemielehror ooch experimentiert. Un weil uffs Fenstorsims so scheenor weißor Schnee jeläjn hat, hattor in dän ne Chemikalie rinnjestreit un uff ehmah war dor Schnee janz rot jewäsn. Dorch des Rummährn uff des schmale Fenstorsims is ähmt ooch rotor Schnee uff Herwartn sein Trabi, der jenau unners Fenstor uffn Fußwägk jestann hat, druffjefalln. Ihr kennt eich sichor vorstelln, wie froh Marcus un sein Vaddor jewäsn sinn, dass die Jeschichte so schnelle un ohne Probleme zu Ende jejang is. Awwor Marcusn sein Vaddor hat siche noch sehre lange drüwwer jeärjort, dassor ausjerechnd Herwartn sein Trabi waschn jemusst hat, weilor Herwartn schone soweso niche besonnorsch leidn konnte. Des hat noche sehre lange jedauert, bissor des iwworwundn hatte.

Wenn in des nächste halwe Jahr Marcusn sein Vaddor sein Lada jewaschn hat un annore Autobesitzor ausn Wohnblock dazujekommn sinn, hamm die immor jefraat, ob se denne ihr Auto danähm stelln könn un obbor denne die ooch mit waschn täte. Da warn klar, dass die Jeschichte alle ausn Wohnblock wusstn, un hat so jetan, als obbor nischt jehört hat. Un weil de Jeschichte so jut zu Ende jejang war, hattor Marcus ooch jar niche so sehre ausjeschimpt. Marcus musste bloß vorsprechn, dassor in de Zukunft chemische Vorsuche bloß noche mit sein Chemielehror in de Schule machn tut. De aus de Schule mitjebrachtn Chemikalien hat awwor Marcusn sein Vaddor dän Chemielehror zurückejejähm.

Zuerst abgedruckt in: Walter Gillich: Dor Rickblick. Kleene Dessauer Mundart-jeschichten, o. O. o. J., S. 13–18.

Walter Gillich
Schwitzn wie de Affn

Mor missn nu mahn paar Jahrzähnte zuricke jehn. Nämlich bis ins Jahr neinzähnhunnertsiemunverzich.

Da missn mor uns vorstelln, dass des Lääm noch ville eenfacher zujejang is un zwar in jede Beziejung un uff alle Jebiete. De Leite warn froh, wenn se irjendwas zu essn un zus Anziehn hattn, ejal wasses war. Un weil's ooch noch keene Öl-, Jass- oder Farnheezungk jejähm hat, war een jeder froh, wennor ooch noch was zu heezn hatte un in Wintor niche so sehre biwworn musste. Koks jabs keen, also wurre üwworwiejend mit de sojenannte Knorplkohle, ooch Siebkohle jenannt, un ab un zu ooch maan Brikett un mit Holz aus de zorbombtn Heiser jeheezt. Hauptsache dor Schornsteen roochte un de Stuwwe war eenjormaßn warm. In Heiser, wos keen Jassanschluss niche jab, musstn de Fraun ooch des Mittachessn uffn Kichnherd, der mit de selm Brennutensiljen beheezt wurre, kochn. Un daa's in de kleenorn Ortschaftn mit de Versorjung schone immer schlechtor als inne Jroßstadt war, musstn uff so manches Dorf de Kinnor im Wintor jedn Tach entwedor een Brikett oder ne Tiete voll Knorplkohle in de Schule mitbring, damit se ins Klassenzimmor bein Unnorricht niche friern musstn. De Kolln wurrn jleich nämdn Ofn uffjestaplt un warn eejentlich forn nächstn Tach jedacht.

Un jenauso wars ooch in de Schule in Oboom, manneche saaren awwer ooch Ranjenboom, jewäsn. Hier musstn nämlich de Kinnor im Wintor ooch Kolln mit in de Schule bringn.

Nu hat siche da Foljendes zujetraren. Da de Lehrorsch knapp warn, denn ville von de jingorn Lehrorsch warn in Kriech jeblimm und neije jabs noch ville zu wenich, hammse ooch schone pangsionierte Lehrosch widder indn Dienst jenommn. So ooch dän olln Schuhmann. Der sollte nu de Kinnorsch des Rechnen un de Raumlehre, heite saat mor jlobich Mathematik un Jeometrie dorzu, beibringn. Un weilor seine Schielor widder ma priefn wollte, hattor se 'n paar Uffjaam rechn laasen. Natierlich is des Arjebniss von de Arweet niche so sehre jut ausjefalln. De schlechteste Arweet hattn zwee Jungs, dor Lanke un dor Hirte geschrimmn. In de Werklichkeet hattn die beedn awwor annere Naam. Des warn bloß ihre Spitznaam. Dor Lanke wurre so jenannt, weilor so lank war, un dor Hirte wurre so jenannt, weilor na de Schule in Sommer immor de Jänse hietn musste. Die beedn hamm nu nach de Schule mächtich uff dän olln Schuhmann jeschimmt, denne bloß der war ja ans schlechte Arjäbnis schuld.

Nu hammse nachjegriewlt, wie se sich an dän olln Schuhmann rächn könn. Da kam dän Lankn ne sojenannte joldne Idee. Er saate nämlich zun Hirtn: „Weeste was, der olle Schuhmann muss doch in Unnorricht ständich hustn, un jabsn tutor ooch so komisch, ich jlowe der hat doche Asthma. Morjn jehmor een bisschen friehor in de Schule un heezn dän olln eisorn Kanonofn, der in unse Klasse stehn tut, knallich voll, so dass de Luft in de Klasse richtich flimmort. Da sollste ma sähn, wie dor olle Schuhmann schnaum un hustn tut, weilor in die Hitze keene Luft niche kriejn tut."

Dor Hirte fand de Idee sehre jut un so hammse oochn nächstn Tach jemacht. Als dor olle Schuhmann in de Klasse rinn kam, hat dor Ofn baale jejliet unds Thermometor an de Wand zeichte baale fümmunzwanzich Jrad an. Schuhmann hat des natierlich jleich jemorkt un jefraat, wer woll dor Heezor jewäsn is. Awwor keenor hat sich jemeldet.

Nu jibst ja sicher ooch noche heite in jede Klasse ne Petze, dazumah warsch jednfalls so. Un so machte sich de kleene Helja in de Pause an Schuhmann rann un saatn, wer de Heezors warn. Als nu de nääste Stunne losjing, hattor zun Lankn un Hirtn jesaat, se solln siche ma janz schnell ihre Jackn anziehn, de Mitzn uffsetzn, de Schaals umbinn, de Kraren hochschlarn un de jeschtricktn Handschuh anziehn. Die beedn freitn sich schone jewaltich, weil se dachtn, nu kenntn se nach heeme jehn. Awwor da hattn se sich janz jewaltich jeirrt. Schuhmann saate nu, se solln noch de janzn Kolln, die da warn, uffläjn un sich so, wie se anjezorn warn, uff zwee Stiehle direkt nähm dän Ofn setzn, eenor links dor annore rechts von Ofn. Dor Ofn fing nu jleich von wäjen de ville Kolln an zu jlien un die beedn schwitzn wie de Affn. 's Thermometor zeichte jetze schone baale siemunzwannzich Jrad an. Ihre Jesichtor warn so rot wien frisch jebrietor Kräwes un dor Schwees lief se hintn un forne runner wie in eene richtije Sauna, bloß dasse ähm niche nackich warn. Dor olle Schuhmann war awwer fiffich. Der hat nämlich dän kleen oworn Fliejel vons Fenstor uffjemacht un hat sich dadorvorjestellt. So hattor nu janz frische Luft jehat un brauchte niche zu hustn un zu schnaum.

Zun Schluss vonnen Unnorricht saator nu noche zu die beedn Heezors: „Da mor ja nu schone heite de Kolln von morjn vorheezt hamm, wermor morjn sicher bloß fuffzn Jrad in de Klasse hamm. Awwor dafier hattmor ja heite schone siemunzwanzich Jrad. De beedn Heezor wärn uns nu als extra Hausuffjabe de Dorchschnittstemperatur von de zwee Taare ausrechn." Da hamm de beedn jleich noche ma anjefang zu schwitzn, weil se mit de Sonneruffjabe mit ihre jering Rechnkinste janz un jar iwworfordort warn.

Zuerst abgedruck in: Walter Gillich: Dor Rickblick. Kleene Dessauer Mundartjeschichten, o. O. o. J., S. 2–4.

Brigitte Hanke
Osterwasser holen

Seinerzeit zu meiner Zeit kam mor zu Ostern in de Schule. Ich war jerade in de zweete Klasse vorsetzt un konnte de Osterferien bei meine Oma ewwer Ellewe vorbringen. Ferienspiele odder jroße Reisen jab's da nonnich.

Meine 2½ Jahre jüngere Kusine wohnte nebenan. Wenn ich da war, kam Ilse ooch zu Oman un mir spieltn zusammn odder de Oma spieltе mit uns „Mensch arjere Dich nich", „Halma" odder „Miehle un Dame". Dadorbei hat se uns, weil's jrade Ostern war, von's „Osterwasser holn" erzählt. Wenn mor sich dadermit wäscht, soll's een'n Scheenheet, Jesundheet un an lankes Läbn bescheern. De Bauern han ooch ihre Kälbchen un Osterlämmer dadermit besprenkelt, damit se jut wachsen un nich injehn.

Mor muss um Mitternacht an een'n na Osten fließendn Bach jehn un jejen den Strom schöppn. Mor darf dorbei awwer nich sprechen odder lachen. Denn vorliert das Wasser seine Zauwerkraft un word „Schlawwerwassor".

Von de Oma so uffjeklärt, wolltn mir das ma ausprowiern. Mir zwee Blondchen warn zwar schon scheen, awwor mir wolltn noch scheener werdn. Mir stelltn uns jeder anne Wasserkanne bereit un fratn de Oma, ob se uns um Mitternacht weckt un mit naa'n Jrabn, der ungene aa'n Jartn vorbeifließt, kimmt. Alleene hättn mor uns je jeforchtet.

Eejentlich treibn de junken Burschen aus'n Dorf dadorbei mit de Mächens ihrn Schawwernack un wolln se zum Sprechen odder Lachen brengen. For uns kleene Jöhrn intressiertn sich die Bengels natierlich noch nich.

So musstn mir nur noch uff de Jeisterstunne wartn, awwer de Zeit wollte un wollte nich vorjehn. Jejen zehne wurrn mir so miede, dass uns immer de Ooendeckel zufiln un mir am besten Streichhälzer jebraucht häddn um se uffzuhaaln.

„Ach Oma, mir setzen uns nur so lange ma in de Sofaecke, un du sachst uns, wenn mor losjehn kenn'n." Baale warn mor injeschlafen, denn mir warn's je nich jewohnt, so lange uffzubleibn.

Oma hat uns jejen zwellewe jeweckt, schlaftrunken han mor unse Kann'n jeschnappt un stapptn ewwern Kieswech naa'n Jrabn.

Oma leichtete mit de Latarne, damit mor nich in'n Jrabn purzeltn. Der Bach, der an de Straße un ann'n Jartn langleeft, harre jrade nich ville Wasser, un mir harrn Miehe, unse Kann'n vull zu krie'en. Mir hätten's wie de Biewer machen solln, denn wär's eenfacher jewest. Die harrn nämlich ma an Damm in'n Jrabn jebauet un de anjrenzenden Järtn teels unner Wasser jesetzt.

Mir sin denn mit unse Wasser heeme jewackelt, hann de Kann'n abjestellt un uns leise in unse Bettn jekuschelt un sin jleich injeschlafen.

An'n nächstn Morjen han'n mor uns mit unsen „Osterwasser" jewaschen un warn ewwerzeicht, dass mor Jesundheet, Scheenheet un an lankes Läbn unsen „Osterwasser" zu vordanken hann.

Ooch de Oma muss sich dadormit jewaschen hann, denn die is 83 Jahre alt jeworrn.

Zuerst abgderuckt in: Brigitte Hanke: Mundart. Kalendergeschichten aus 13 Jahren. Berlin 2015, S. 15 f.

Brigitte Hanke
De Unnermieter

Bei uns, unnerm Dach, sin Unnermieter injezoren. Se hann nich jefrat, ob mor vormietn wolln, se hann sich eenfach injenistet, hann jlei anjefangen zu bauen. Was die alles anjeschleppt hann …

Manjes von's Baumaterial war vill zu lang un passte jaar nich dorch de kleene Tiere von de Stowwe. Das han se eenfach fallnjelassen. Von Orrnung haaln se nischt! Na endlich warn se denn doch fartich mit Bauen.

Un denn hann se Eier jelät un denn ooch jebrietet. Als denn de kleen'n Spatzn aus de Eierschaln jekrochen warn, stelltn se feste, dass das Nest for de janze Familie ville zu kleen war. Den Kleenstn hann se eenfach nausjeschuppt. Klatsch, da lake ungene un brauchte keen Platz mehr. Dor schwarze Kater hat'n entsorcht.

De ewwerich jeblemmne Brut schillepte nu orndlich: „Hunger, tschieb, tschieb", un de beedn Olln harrn ihre liewe Not, de uffjerissenn Schnäwel zu stoppn. Fleißich floren se uff un ab. Was Fressbares fandn se jenuch uff de Straße un in'n Naturjartn in de Napporschaft.

Was Vater un Mutter vorne rinstopptn, das kam je oo hingene wedder raus. Jetzt wurrn se awwer sehre reinlich. Das Nest wurre peinlich sauwer jehaaln. Es wurre alles ewwer de Bristung jefejet odder dor Allerwerteste wurre jlei ewwer'n Rand naujehaal'n: Klack, klack, alles immer nebn unsen Briefkasten. Wenn ich friemorjens de Zeitung holte, musste ich immer ewwer de Vorelscheiße tappn.

Das is natierlich arjerlich. Was kann mor denn dadorjejen machen? De Spatzen stehn unner „Naturschutz", un mor darf se nischt tun! Awwer uns bekleckern, das derfen se!

In's Internet wissen se immer Rat. Ich were ma guugeln, was mor machen kann, um die lästijen Mitbewohner zu vorteibn.

Was jab's denn for Ratschläje bei „www-Spatzenplage.de"? Erstens: „Die Tiere sin doch so niedlich!" Zweetens: „Hängt aane Roobvorelatrappe an den nächsten Mast. Da solln se sich forchtn." Pustekuchen, da setzten se sich druff un schaukeln sich. Drittens: „Schafft eich anne Katze an"! Die hann mir je, awwer die kimmt nich uff's Dach nuff!

Als denn de Kleen'n flügge warn, sin se doch ausjezoren. Von's Jarajendach han se ihre Fluchvorsuche jemacht un han sich denn eenzeln anne neie Bleiwe jesucht. Mannichman haaln se ooch noch ihr Familientreffen bei uns ab.

Lange is de Behausung nich leer jeblemn. Jetzt is 'ne Amsel injezoren, un die macht noch jreßere Hoofen.

Zuerst abgedruckt in: Brigitte Hanke: Mundart. Kalendergeschichten aus 13 Jahren. Berlin 2015, S. 111 f.

Gisela Hutschenreuther
Tischgespräche bäi feine Leite

De oahle Härschfählden dachte jä immer, dasse mant was Besseres wäre, nur wäil se in ehrer Juchend bei sojenannte feine Leite Dienstmächen wark.

Ehr Oahler, dr Pauel, daderjächen, däs wark ä echter Mansfäller, so ä Hitten-Murrel aus Härchesdorf. Er wark ä bisschen mauelfaul, weile jä immer änne Zijarre zwischen de Zähne hoatte. Daderfor stand bei Liesen de Schnauze nich stille. Nu hoatten se zesamm zwäi Jungens. Ernst, dr Große, junk schon offen Schacht un machte aah fläißch bäi de Fingestburschen met, was Liesen ewwerhaapt nich passte.

Ehr Schorschi, was dr Kläine wark un ä Nachkemmling drzu, där solle ämoal was Besseres wärn, wo jä jetzt aah de Kinger von de äinfachen Leite off änne hehere Schule ahnjenommen worren. Dästerwäjen lehte Liese aah neierdings mächtch veel Wärt daderdroff, dasse sich nich mehr en eehrer äichentlichen Härjesdorfer scheenen Muttersproache verschtännijen taten.

Jedenfalls versuchte se es. Ehr Oahler dachte je sich so manniches Moal, dass se ä Triller ungern Ponny hoatte, awwer er ließe se mant moachen.

Nu saßen se äimal allehope bäin Ässen. 's jab selwwerjemachte Nudeln in Hinnerbriehe. Wenn Liese aah ab un zu so etepetete tat, kochen konne's olle Aas, doa jab's nischt. Zu säinen Spannemann hatte Pauel moal jesaaht: „Ich glaawe, selbst wenn däs Luder ä Scheierlappen auskochen tät, däs kennte mer immer noch fressen, wäil's jut schmecken tun tut."

Nä, wie nu Pauel so jenießlich säine Nudeln spachtelte, doa funk doch dr Kläine ahn ze lachen un dänne grehlte, wobäie sich fast verschlucken tat: „Vatter, unger däiner Schnauze am Kinne, doa kläwet änne Nudel, wie so ä Zickenbart!"

Doa blewwe dr oahlen Härschfählden fast de Spucke wäck. Awwer dänne bläkte se: „Du Klapsbärne, wenn de noch äimoal zu Vattern säi Mauel Schnautze saahn tust, dänn jäwe ich diche so äine in de Lawwe, dass de däine Frässe nich mehr zu kreist. Bäi uns an Tische wärt ahnstännich jesprochen!"

Gisela Hutschenreuther
Jott säine annern Kinger

Nä, wark das ä frehliches Jewärche uffen Festplatze. Gläich als ich ankamb, fiel mich ä junker Mann ummen Hals.

„Tobias, mäi Schennster, dich haa'ch boahle nich wedder erkannt, was machste dänn noch so?" – „Ich arwäite als Koch, un wohnen tue ich met Kumpels zesamm." Aha, dr Kläine von de ehemaljen Nappersleite wark also ausjeflochen un hoatte säi Hobby zunn Berufe jemacht. Un schon retterierte bäi de Kumpels, die dä uffen woarteten.

Wo waränn bloß mäine Leite? Nä bitte, da hingene ungern Sonnernscherme huckten se jemietlich un es jab ä jroßes Hallo, alse mich kommen sahn. Däs metten Hallo derfte mr natierlich nich so wärtlich nähm. De mäisten von dähn konnten nich reden, un uffspringen wark aa schlecht mechlich bäi de Rollstuhlfahrer.

Sommerfest in dr Lähmshilfe inn Mansfäller Lanne! Ich bejrießte de Mitglieder mäiner Sitztanzgruppe aus Klostermannsfäld. Marco, dr Senjor met säinen paarn värzch, freite sich wie verrickt un nahmb gläich mäine Hänge, damett mr zesamm schunkeln konnten. Uffstehn tat dr faule Kerrel natierlich wedder nich. Obwohle als äiner dr wenchen käi Rollstuhl braacht. Awwer, metjehangen – metjefangen. Ich hieftän hoch, un's kamb doch tatsächlich sowas wie ä kläines Tänzchen zeschtanne. De scheie Karen saß wie immer met ehrn Kuscheltuche, lächelte mich awwer emmerhenn ahn. Tina drjächen wark janz aussen Heisschen un bewächte Hänge un Fieße in Rollstuhle. Se versuchte ehrer Mutter verständlich ze machen, dasse mich kennt.

Da erteentes schon von dr Säite: „Hallo, Prinzessin, alles gut bei dir?" Martin rollte heran, begläitet von säin Vadder. Martins Schnadderschnauze steht nie stille. Er redet inn feinsten Hochdeitsch un kennt de Texte vonnen mäisten deitschen Schlachern. De auslännschen singter aa lautjetrei nach. Olaf wartete aa schon, dass 'chen bejrießen tat. Wemmern's erste Moal ze sehn kreit, ferchtet mr sich ä bisschen forrn, wäil ä su ä kräftcher Kerrel un kärperlich aa ä bisschen jrob jeraten is. Er bewächt sich nich veel in säi Rollstuhle un is aa mucksmeischenstille. Awwer käiner kann sich lautlos so scheene frein wie er.

Alle hoatten se sichtlich Spaß, aa wenn se nich direkt vor dr Biehen uff dr Tanzfläche woarn. Da vorne hätte ewwrichens käi Appel mehr uff de Ähre jepasst.

Also schlenkerte ich erst moal wäiter uffen Platze rum. Ich wolle nu sehn, ob de Eisläwwer aa zujanke woarn. Awwer sicherlich, was wärsten denken! Mändy hoatte anner Säite dr Biene in ehrn Rollstuhl änn Beowachtungsposten bezochen un dadrmet alles in Blicke. Dasses ehr sehre jefiel, sahk mr schon von Wäiten an ehrn freehlichen Lachen. Natierlich bejrießten mr uns wie zwäi oahle Freindinnen mit Kisschen rechts un Kisschen links. Mändy liewwet das, aa dass mr Hand in Hand ä Rünnechen schunkeln taten.

Natierlich, dr Eisläwwer Martin saß bäi Brause un Pfannekuchen ann Tische: Frässen, mäi Lähm. Er winkt mich doch tatsächlich zu sich rahn un will met mich ahnstoßen, Jä freilich Martin, mach mr das, un ich lehe aa wedder mäine Hand uff däine Haare un lowe däine scheenen Locken. Da kammer wärklich neidsch druff wärn. Reden kann Martin nich, awwer mr verstehn uns trotzdähm.

Nu bejrießte mich Falco, natierlich met äinner Umarmung. Un er erzählte miche, dasser jestern janz traurich wark bäi dr Beerdijunk von säiner Mutter. Heite dadrjächen is alles wedder jut, bäi där scheenen Musik.

Aah mäine Eisläwwer Leite feierten alle un machten Läwescheen bäi Bratworscht, Pfannkuchen un Brause. Thomas wirwelte ewwer de Tanzfläche, doch de mäiste Zäit stunner ohm uff dr Biehne bäin Diskschokäi.

Un mich jefeel's Janze aah. Als ich dänn met äinner Bratworscht bäi Ricarda nun Manuelan saß, bäide hoatten sich uffen Stock jeputzt, da haae ich dran denken missen, dass ich mich das alles vor än halwen Joahr hätte nich vorstellen kenn. Nä, bäin besten Willen nich!

Es bejann met dr Senjornmesse, uff där ich metten Stanne vertreten wark. Äijentlich sucht 'ch ä paar neie Kunden von de Altershäime, bäi dähn ich Tanz in Sitzen ahnbieten kennte. Uff äimoal sprach mich änne Fraue ahn, die so lustche pumuckelrote Haare hoatte: „Sak äimoal, kennste mich nich mehr? Nä, ich wusste werklich nich, wo ich se hennsticken solle. 's wark de kläine Schwester von äinner Klassenkameradin. Ich wunnere mich jä so manniches Moal, dass mich de Leite immer noch erkenn tun. Womeechlich lähts daran, dass 'ch säit dr Kindhäit de jläiche Frisur trache: Fähreschwanz un Ponny. De Haarfarwe is aah noch de selwe, allerdings jetzt nich mehr janz so echt. 's stellte sich nu heraus, dass Hella, so hieß das oahle Mächen, Scheffin inner Lähmshilfe wark un s Häim for kerperlich un jäistich Schwerstbehingerte in Eislähm leitete. „Hastänn niche moal Lust, in mäiner Bude was ze machen. Ich jlawe, mäine Leite täten sich freien", frahte se miche.

„Jä freilich, warum änn niche", jab'ch zur Antwort. Mir moachen äinfach moal änne Prowestunne. Jesaaht, jetan.

So äinfach wark das dänne nu doch wedder nich. Ich hoatte käine Ahnung, was mich erwartete.

's Häim wark jä scheene. Awwer de Bewohner! So hoatt'ch mich die awwer nich vorjestellt. Jenaujenomm hatt'ch mich ewwerhapt nischt vorjestellt! Hella fiehrte mich innen Musikraum, un dänne kamen aah de zukinftchen Mitglieder mäines Tanzkräises.

Jläich bäin Erschten, dähn se als Thoralf vorstellte, worre mich Angst un Bange. Thoralf sawwerte un de Arme un Bäine zuckten unkontrelliert. Grit dadrjächen wark ruhicher, äichentlich teilnamslos. Se schluk bäin Sitzen de Bäine ewwernander wie änne Lädi un schmiss ab un zu n Kopp inn Nacken. Zwäi junke Männer karrten inn Rollstuhle nein un verzochen käine Miene. Jenauso wenich, wie dr Nächste, där an dr Hand dr Betreierin ahnjewackelt kamb. Dänn brachten se mich zwäie metten Down Syndrome, wo dr Volksmund mongolid derzu saaht: ä Mächen, kläin wie änne 10-Jährche un ä junken Mann. Die zwäie saahten aa nich muh un nich meff. Nune kamen dreie, die sahken normal aus, aah ä junker Mann, der freindlich „Hallo" reff. De zwäi Mächens dadrjächen kreiten käi Wort naus. Zunn Schluss schown se noch ä Rollstuhl met äinner Kläinen nein, die so freehlich lachte, dasses mich gläich ä bisschen besser junk.

Oh jeh! Mich dämmertes, dass'ch da met mäiner Ausbildung als Tanzlehrerin forr Sitztänze nich wäit kamb. Trotzdähm versucht'chs, wie jelernt, de Iewung erscht ze erklärn. Hella unterbrach mich: „Nich reden, äinfach moachen." Das moachte ich dänne aa, unjeachtet jejlicher Choreografie, awwer met veel Schwunk. Un siehe da, ä paar hobm schon de Arme. Natierlich janz anners, als äijentlich vorjesähn. Ejal, hauptsache Akschänn!

Hella wark zefrieden, ich wenjer. Da misste doch noch mehr ze machen sinn. Mäi Ehrjeiz wark uff alle Fälle jeweckt. Un ärjendwie woarn de Mitglieder vonn mäi neien Tanzzärkel aah besser, als se aussahn.

Ich sollte mich nich jetäuscht hann. Von Moal ze Moal woarn se besser druff un hoatten offensichtlich Spaß an dr Musik un an mäin selwer jemachten Instrumenten: dähn Rasseln zunn Schitteln un änn Papprollen zunn Kloppen.

Un was soll'ch saahn. Thoralf bleiwet jetze sojar orndlich inn Kräise met sitzen un träckt nich mehr met säi Stuhle dorch de Jäjend. Inn Jäjentäile, er mag es, mich bäin Äinsammeln dr Rhithmusjeräte ze ungestitzen. Ich nähm es jelassen henn, dasses aah mannichmoal metten inn Liede passiert. Grit tat sich schwer, awwer nu is dr Knoten jeplatzt. Se liewet de Papprollen un trommelt dadrmet mordsmäßch rum. Neierding singet se a dadrbäi, zwar käine Worte, nur Silwen, awwer die orndlich inn Takte. Un inn dr letzten Stunne, ich dachte erscht, ich here nich richtch, sproach se sojar met mich, inn deitlichen Worten. Mändy in ehrn Rollstuhle is mäi Sonnenschäin, immer met ehrn strahlenden Lachen. Nach ahnfänglichen Schwäijen ungerhält se sich met miche. Sie steht uff langsame Musik. Ich suche immer ä Sticke raus, wo se forr sich henn trämen kann. Martin metten schenen Lockenkoppe durfte mr ann Ahnfange nich beriehrn. Jetze stiehte jedes Moal schon parat, wenn ich komme un holt sich säine Umarmung ab. Jenau wie Falco, der mich immer äine säiner Volksmusik-CDs metbränget. Ann liewesten mag er Hansi Hinterseer. Ricarda, dr gläiche Joahrjank wie ich, singet immer met, wenn ich de Schlacher aus mäiner Juchend uffläche, obwohl se sonst eher ruhig is. Awwer de Tanzbewächungen macht se von allen an besten nach. Janin is aah nich schlecht. Vor oallen passt se uff, dass dr Olaf nähm ehr inn säi Rollstuhle orndlich metmacht. Die bäiden hann mächtch veel Spaß, wenn se mich necken Da kloppen se mich met de Papprollen uff mäi Hingertäil, awwer nie derb.

Sven metten Down Syndrom is ä kläiner Fauelpelz un brauch immer änne Extraufforderung. Obwohl, bäin letzten Moale hatte sich nähm mich jesetzt un hat sich met spitzbübischen Lächeln bäi de Neckerein von von Janin un Olaf betäilicht.

Anita, de kläine Zarte metten Down Syndrom, is aah so ä Fauelbuckel. Änne Diskokwien wärd die wohl nie wärn, awwer ab un zu kämmet se jetzt aah in de Puschen. Besonders dänne, wenn se von Ricardan ermahnt wärd, metzemachen oder es jiwwet käi Kuchen.

So is jeder äinzichartch un uff säine Art liehmswärt. Allen isses jemäinsam, dasse sich uff mich frein un dass aah ehrlich zeichen.

Natierlich isses mich schon bewusst, dass'ch met mäinen Leiten sozesaahn de Sonntachsstunnen jenieße. De bäiden Manuelas dadrjäjen, was de Beteierinnen un bäin Tanzkreise aah anwäsend sinn, die erlähm se inn ehrn Alltache. Er is jewiss nich immer rosich, ähmd wie bäi allen annern Menschen aah. Ich haae schon immer Hochachtung forr Leite jehoatt, die in Fläjeberufen tätch sinn. Un diese Hochachtung is nu noch ä janzes Eckchen jestiejen. Deshalb krein de

Manuelas immer änne Extratanzrunne. Annsunsten hann se ämoal ä Stinnechen Spaß, wäil ich ähmd kläche. Denn das isses wärklich, ä mächtches Sticke Arwäit, awwer äine, die mich Spaß macht.

Als'ch nu das Ahnjebot bekamb, aah in Klostermansfälled met Leiten inn dr Tachesfläje ä Tanzkräis ze machen, saate ich ohne lanke ze ewwerlähn zu.

Dänn kamb se, mäine erschte Bejächnunung metten Klostermansfällern. Issän das de Meechlichkäit?! Ich hätte inn Lähm niche jedacht, dasses zunn Eisläwwern noch änne Steicherungsform jiwwet!

Nä, so hatt'ch es mich wedder nich vorjeställt. Fast alle in Rollstuhle, und de annern saßen wie ahnjeworzelt un guckten nich hoch. Nur äinne hibsche Kläine metten lanken Zoppe lief ruhelos dorch de Jächend. Zwäi von dähn Rollstuhlinsassen woarn so ä paar Kläwelappen un rochen etwas strenge. Nä, hier jab's käine Rundumbetreiung. Se kamen nur forr ä paar Stunnen. Das sak mer dänne aah. Un aah nich alle Mitarwäiter schienen von mäiner Ahnkunft bejäistert. Ne jut, däs juckt mich wenich. Als Bauchtänzerin haae ich aah nich immer 's idjoale Publikum. Also versuch mr moal's Jlicke: Musik an!

Zwischenzäitlich haae ich se alle ins Härze jeschlossen, met ehrn Schwächen un Stärken, un de Bande mich aah.

Was mr von de Betreier nich so saahn kann. Da lässt sich käi Aas bäin Tanzkreise sehn. Se kenns ähmd immer noch nich fassen, dass Maren, dr kläine Unruhejeist, sobald se mich sieht, als erste uffen Stuhle huckt un sitzen bläiwet un aa scheene metmacht.

Wedder zerricke zunn Sommerfest. Nu kamen de Ewwerraschungsjäste uff de Biehne: Elsterglanz. So wie die aussähn un dähn schräjen Humor, das jiwwet es nur bäi uns inn Mansfäldschen!

Däsdrwäjen nimmet es dähn käiner ewwel, wenn se singen: „Mir sinn total bescheiert". Inn Jäjentäil, alle sangen se met, de Betreiten un ehre Betreier, samten Jästen, un ich mettenmang, sehre lautstark un sehre falsch. Thomas, dr unermiedliche Tänzer, schnappte mich un mir tanzten, un ich fielte mich wohl wie lanke nich, zwischen allen kerperlich un jäistich Behingerten, wie se pullitsch korrekt bezeichnet wärn. Dr Volksmund drickt's drastischer aus: Die sinn nich normal.

Awwer moal ehrlich, wer is schon normal un wer bestimmt, was normal is? De Politiker, die's Jeld dähn Banken innen Rachen wärfen un bäi de Sozialausjahm sparn, sinn die normal? Isses normal, dass ä Paster Kriechsäinsätze scheene finget? Oder annersrum, wie bescheiert sinn junke Leite, die dähn Supermoddels un Superstars nachäifern? Un ehrlich moal, was de Fußballer verdienen, däs grenzt aah an Wahnsinn! So jut kenn die jarnich speeln, wieses Jeld schäffeln. Bin ich änn normal? Jott säi Dank nich, sunst wärd'ch nämlich als 60-Järche scheene brav bäin Senjorntanze metmachen un käine Bauchtanzgruppe ahnleiten.

Un was de Behingerung ahnjeht, mäine macht mich mächtch ze schaffen: nämlich dass'ch käi äinzchen richtchen Ton bäin Singen treffe! Das is wärklich ä Händikäpp.

Drjächen steert's mich nich inn Jeringesten, dass'ch säit friehester Kindhäit schwerheerich bin. Dadrfor kann ich prima vonn Lippen ablesen, un ich verstehe de Leite sojar, wenn se nich reden tun. Forr Kerpersprache braach mer käine Ohrn, da recken de Aachen un vor allen's Härze. So hat ähmd jeder säine Stärken un Schwächen. De Kellner (Köllner) brängen's uffen Punkt: Jeder Jeck is anners.

Dr liewe Jott hoat ähmd käine Massenware prodeziert, sonnern Menschen in ehrer Veelfalt un Äinzichartichkäit. Da jiwwet es käi Richtich un käi Falsch. Jott säine Kinger sinn ähmd moal so un moal so, un ä jedes is anners. Jott säi Dank!

Karsten R. Lückemeyer
Hochdeitsch

Een Sketsch, bei den Hobusch un sein Sohn Karl de heitije Zeet een Besuch abstatten un sich denne driwwer unnerhaaln:

HOBUSCH: Ach Karl, is des scheene, nach zweehunnert Jahrn ma widder in unsere aale Heematstadt Dessau zu sin.

KARL: Scheene isses, awwer dorheeme fiehle ich mich desdorwäjen trotzdäm niche. Des is so ville annersch als wie frieher, wo mor schonnema geläwet han.

HOBUSCH: Wie meensten des?

KARL: Na, heer dich doch mah um, die Leite kwasseln alle so komisch. Hochdeitsch heest des heite.

HOBUSCH: Hochdeitsch? Was solln des sinn?

KARL: Ach, keene Ahnung, awwer des müssn de Kinner schon inner Schule larn. Die derfen da niche mehr saan: „Kimmste ma bei mich", sonnern: „Würdest du mal bitte zu mir kommen."

HOBUSCH: Was müssn die saan? Des herert sich awwer Scheiße an, so kwasselt doch keener, des vorsteht doch keen Mensch.

KARL: Doch, kannste mich jlohm, des iss heite so, ich hawwe ma an Schulhoffzaun jestann un de Kinner inne Pause zujeheret.

HOBUSCH: Des jiwwets doch nich. Was haste denn noche jeheret?

KARL: Naja, ich wees niche so richtich, awwer ich jlowe, inne Kirche hat dor Paster keen Jeld mehr für neie Möwel. Und darum müssen denne an Sonntach de Kinner aushelfen und de Möwel arsetzn.

HOBUSCH: De Kinner solln de Möwel arsetzn? Wie soll des jehn? Jiwwets keene Kirchenbänke mehr un de Kinner hocken off alle viere, dess ich mich bei die offn Rückn setzn soll?

KARL: Nee, awwer wenne Streit mit een anneres Kind hast, denn musste zur Strafe janz vorne inne Kirche schtehn un des Kreez un de Karze haaln, wall dor Paster keen richtjen Altar mer hat.

HOBUSCH: Karl, jetz lüje mah dein olln Vater nich de Hucke voll. Du denkst doch niche, dess ich dich des jlowe!

KARL: Doch, Vater, des kannste mich jlohm. Ich hawwe des janau jeheret. Da han sich zwee von die Kinner jestritten, denn hat dor eene den annern een paar offs Maul jepucht, un wie er dormit fertich war, hatter zun jesaat: „Du Opfer-Altah."

HOBUSCH: Was is bloß aus de scheene olle Zeet jeworn, des kammer doch fast niche jlohm.

KARL: Awwer denne jiwwets noch ville annere Sätze, die ich da jeheret hawwe, da hawwich nich een Wort vorstan.

HOBUSCH: Na, da bin ich ja ma neijierich!

KARL: Na ja, da hab sich zwee Kinner unterhahln, un denne saat des enne zu des annere: „Okäj, dann äddeste mich heute Abend bei Faißbuck, und ich gucke inzwischen ganz tschillig in meinem Rutfeinder, wie ich zu der Lokäjschen komme, wo das Iwent stattfindet. Kannst dich übrigens auch als Follower eintragen, dann siehst du jeden neuen Twiet von mir, und ich muss dir nicht immer extra ne Messetsch schicken. Denke aber bitte morgen dran,

mir das Pick zuzumäilen und lade dir endlich den neuen Hei-
spied-Brauser runter, damit du als Juser deinen Träffick auslasten
kannst."
HOBUSCH: Aha ... un was heest des nu?
KARL: Wees ich niche, hawwich doch jesaat, des ich keen Wort vor-
stan hawwe.
HOBUSCH: Zumindest wees ich awwer jetze, was Hochdeitsch
bedeitet.
KARL: Was denne?
HOBUSCH: Na is doch jan eenfach. Disses Deitsch is for Leite wie
dich un mich eenfach ville zu hoch!

Karsten R. Lückemeyer
Kinnermund tut Wahrheet kund

Es iss ja nu schon eenije Jahre her, dess ich mein erschtes Mund-
art-Buch jeschrimm hawwe und dess ichs ooch vorkoofen konnte,
hawwich dormit ville Läsungen jemacht. Eemah war ich deswäjen
ooch inne Schule von mein Ort Mosicke jejangn. Damals jabs die da
noch, und da sinn niche bloß de Kinner von Mosigke hinjejangm,
sonndern ooch die vons Nappardorf Kochstedt. Kochstedt läht etwa
zwee Kilometers von Mosicke entfarnt, da konnten der Kinners also
oh mits Rad hingene fahrn.

Nu jut, ich war also bei eene Klasse inne Deischstunne un läse so
een paar Jeschichtens vor, da heere ich, wie eens von die Määchens
zu ihrn Napper flüstert: „Das hört sich ja schrecklich an." Also haw-
wich se jesaat, dess des de normale Sprache von de Leite in Mosig-
ke is, woroff die Kleene ins beste Hochdeitsch antwortete: „Na, zum
Glück wohne ich in Kochstedt, da spricht man besser."

Barbara Mann
Dr Zerrwanst

„Waarte", hahch for meine Fraue jesaht, wie mr Fernseh jeguckt han
un se met dr Fernbedienungk rumfuhrwerkte, „waarte, mache noche
mah zericke! Zericke, zericke – jut! Das jiwwets doch niche – dän
kenn ich!"

„Wän?", frahte se.

„Bis ruhch, ich wille mah horchen, sahch, hernochtern erzählichs
diche."

Da brachtn se änne Musiksendungk, un da speelte ä Akkordjon-
orchester, un där de en Chef machte un aach selwer Akkordjon speel-
te – odder Schifferklavier odder Quetschkommode odder Zerrwanst
odder was mr su saht – da denkch, dän kennste doche. Un hingerhär
han ses jesaht: Akkordjonorchester Kimmel un Co.

„Das war Kimmelfranzn sei Junge", sahch for meine Fraue, „dän
hahch jekannt, da hatte noch en Janert uf dr Schärze jehatt. Odder –
nich janz. Die han näm meiner Grußmutter jewuhnt, das kläne Heiß-
chen hinger dr Plumpe: Kimmelfranz un seine Fraue un ehr Junge.
Un dr Junge, das war där jungke Kerrel, där de jetz in Fernseh uffn
Zerrwanste jespeelt hat."

„Jungker Kerrel", mänte meine Fraue, „su janz jungk is je där nune
ah nich mieh! Awwer ne jä, wemmer dich da drjächn aanguckt ..."

Ich wulle jerade was sahn, da freecht se: „Häßt där Kimmel odder
Kümmel?"

„Schlack mich tot", sahch forsche, „das wäßch niche. 's war ächnt-
lich aach jar nich ehr Junge, awwer de Kimmelfranzn kunne selwer
käne Kinger krein, un da hattn die dän aanjenommen."

„Awwer sack miche mah", frahte de Fraue weiter, „warum das där
nune in Fernseh Musik machen tut."

„Das war ähmfach dän seins", sahch. „Wemmir als jungke Kerrels
bei de Grußmutter jekumm sin – da warmer wärklich noch jungke
Kerrels, iche un meine Kusengs, metn Motorrade, da hammer immer
jeheert, wie där jeiiwet hat uff sei Zerrwanste. Där hat jar kä Enge
nich gefungen. Ämah hat mich de Grußmutter aach erzählt, wie de
das met dän Zerrwanste jekommen war. Wie aalt mage jewäsn sin –
sieme, die Drehe, wiee frisch ausn Heime kahmb un noch kän nich

jekannt hat in Dorfe. Da han die annern Kinger dän immer jenärjelt. ‚Du kemmest ausn Heime, desterwächn biste aach su ä Därrledder‘, un lauter solches Jegakle. Bis Kimmelfranz met dr Zaunslatte drzwischn jeflakt hat, da jingks denne. Ämah, da hattn se in dr Schule ä Diktat jeschremm. Da hat dich äner vun dän gressern Jungens dän das Diktatheft wegjeraapt un in'n Ausbuff vun ä Auto jestoppt, was de vor dr Schule jestann hat. Un wän sei Auto warsch? En Aptheker seins. Där hat sich jewunnert, was de su quiemete, wiee lusfahrn wulle, is naus, hat das Diktatheft ausn Ausbuffe jetreckt un is in de Schule bein Kanter da drmete. Das wär mähch Sachbeschädjungk, un er verlanget änne Bestrafungk un dr kläne Kimmelfranz wärsch jewäsn, dr Name ständ vorne druffne.

Nune war där Kanter zun Glicke nich su ä Brummochse wie manje vun sei Kolleechn. Där hat musstn selwer lachen, wiee das jeheert hat met dän Ausbuffe. Awwer wäl dr Aptheker sich därmaßn jeäschpert hat, da hatte jesaht, is jut, un hatn klän Kimmel in su ä klänes Kabefterchen jespärrt näm sei Klassenraume. Un nach änner Weile, da hatte uff ämah ä Zerrwanst jeheert. Da isse an de Teere vun Kabefterchen un da sahke, wie dr kläne Kimmel uff änner Hitsche saß un dän Zerrwanst umme hatte. Un hat prowiert un jespeelt un hat das jar nich metjekricht, wie dr Kanter hingern jestann hat un zujehorcht. Wie där Kläne mähch änne Weile rinnejesessen hatte in Kabefterchen, da hatte aanjefangen, sich ummezegucken. Un hat allerhand jefungen: ausjestoppte Hinner, uffjespießte Mutschekäbchens, zesammjerollerte Landkarten un lauter solchen Schrapel.

Un uff ä janz hochn Schranke sahke ä aaln Zerrwanst. Dän hatte nungerjehäpelt, un denn hatte aanjefangen, da druffn ze speeln. Dr Kanter hatn denn wedder nausjelaaßn, awwer dän Klän hatte das su jut jefalln met dän Zerrwanste, da hat där sich immer ärjndwelche Schwietn einfalln laaßn, nur drmettn dr Kanter wedder ins Kabefterchen sperrn musste unne wedder kunne uffn Zerrwanste speeln.

Ämah, wäß dr Fuchs, wasse wedder für Närrschhätn ausjeheckt hatte, kahmbe nein ins Kabefterchen, un was sahke: Där Zerrwanst war fort. Fort! Nach änner Weile kahmb dr Kanter aan un sahte: ‚Jehk häme, mei Junge‘, un da isse uffe häme jemacht un hat jeguckt wie ä Teppchen kaale Graupm. ‚Mei Schimmel, was hastänne‘, frahte de Kimmeln, awwer där Kläne hat nich muh un nich meff jesaht. Da mänte se, er sulle erschte mah met neinkumm, 's stänne was uffn

Tische. Nä, er wulle nischt essen. ,Nischt jiwwets', schewwerte de Kimmeln, ,was de uffn Tische steht, das wärd aach jenummen.' ,Un du halk de Lawwe', sahte se forn aaln Kimmelfranz, wie där jappte un aach was sahn wulle. Denn hat se dän Jungen bis an de Kichenteere jeschohm: ,Wärschtänn aach nähm, was de uffn Tische steht?', frahte se'n. ,Vorehr jehmer nich nein.' – ,Na jut', hat dr kläne Kimmelfranz jeknusselt. Jetz macht die de Teere uff, da stand dich uff dän Kichentische ... – na, was mänste?", sahch for de Fraue.

„Hehmkließe?", frahte se.

„Du hast a bluß es Fressen in Schäddle", sahch. „Wie kemmestänn du uff Hehmkliße? Uff dän Kichentische stand där Zerrwanst!"

„Wassänn färre Zerrwanst?"

„Meine Fresse, ich wer noch rammdeeßch met där", dachtch. Un laut hahch jesaht: „Där Zerrwanst ausn Kabefterchen in dr Schule, där hat da jestann!"

„Hä?", hat se sich jewunnert. „Wie issänn där da henjeraten?"

„Tjä, das mechtste wissen", sahch. „Där Kanter hatte dän Klän die janze Zeit beowacht, wiie immer in Kabefterchen uffn Zerrwanste jespeelt hat. Da isse hen bei de aaln Kimmelfranzens un hat jesaht: ,Herr Kimmel', hatte jesaht, ,Frau Kimmel, met ehrn Jungen, da missmer was machen.' De Kimmeln hatn gleich aanjegaakt: ,Mir schlahn unsen Jung niche, dassn Se klar sähn!' – ,Frau Kimmel', staukte se dr Kanter zesamm, ,was wern sänn denken! Ihr Junge is bejawet. Dän leht de Musik in Blute!' ,Olle', mänte Franz. ,Olle deißchen!' Un da hat dr Kanter das erzählt, dass där Kläne sich hat einsperrn laaßn un wiie immer wedder prowiert hat, uff dän Zerrwanste ze speeln. Un aach de Teene richtch jetroffen un de Bässe drzu, un das hatte dän je käner nich jelernt. Un da mänte dr Kanter: ,Met su änner Bejawungk jeheert där Junge uff de Musikschule.' Un, hatte noch jesaht, där Zerrwanst, där wär aach ze verkaafm vun dr Schule. 's wär nich billich, awwer se sulln sichs ewwerlehn un Beschäd sahn.

Nune wulle Franz zu jerne für sei Jungen dän Zerrwanst kaafm. Un da hatte simeliert un simeliert, wue das Jeld da drvor sulle hernähm. Un denn – was ään manjemah awwer aach einfalln tut! – da isse in'n Schweinestall jemacht, hats Schwein nausjeholt un verkaaft. Da hatte nune jenungk jehatt, is hen met dän Jelle bein Kanter un hat dän Zerrwanst jekaaft. Un denn isse häme jeduddelt met dän Dingk uffn Aste un hat ewwerleht, wasse nune sulle for seine Fraue sahn.

Wennch där erzähle, fär was'ch unser Schwein herjejähm hah, dachte, die rammelt mich de Mistjawwel in'n Wanst. Da hatte ähmfach jar nischt jesaht un hat dän Zerrwanst in'n Schweinstall jestellt. Wie seine Fraue es Schwein fittern wulle, macht die das Kowerleet uff – un sahk statts es Schwein uff ämah dän Zerrwanst mangk'n Strohe stehn. Die – jequiekt wie änne Aanjestochne, un denn sahk se Franzn hinger dr Teere. Franz war schone jewärtch: Gleich schlätt se mich en Emmer vorn Schäddel metsamts en Futter rinne. Awwer nischt warsch.

,Metkumm!', hatsn aanjeknärrelt. ,In de Stowwe!' Un Franz jingk artch met in de jute Stowwe. ,Mache mah's Biwweh uff!' Franz hat jefollicht un es Stommbiwweh uffjemacht. ,Un jetz nimmb de Kaffeekanne naus, die met dr kaputtchn Schneppe!' Franzn worresch janz unheirich. ,Deckel ab!', kommandierte de Kimmeln weiter. Da nahmbe en Deckel ab. ,Un nune gucke mah nein! Nich in'n Deckel, du Dutz, in de Kanne sollste gucken!' Un wie Franz da neinguckte, da flog'n bahle de Kanne aus dr Fote. Da warn Groschens rinne, Fengkstickchens, Fuffzjersch un zejar zwä Femfmarkscheine. ,Machs Maul wedder zu, ehr de Fliejen neinkumm', lachte de Kimmelfranzn. ,Da guckste, hä?' – Ja, da guckch', sahte Franz. ,Ich wulle doch aah jerne, dass dr Schimmel dän Zerrwanst kreit', mänte de Kimmeln. ,Da hahch ähmd alles, was de ewwer war bein Einkaafm, da neinjeschmissn. Awwer nune brauchmersch je nich mieh.'

,Vun wächn!', bläkte Franz. ,Dr Kanter hat for mich jesaht, an dän Zerrwanste, da klemmet änne Taste, das missmer machen laassn. Un fär de Repratur', un da lupschte nein in de Kaffeekanne, ,ne jä, da drvor mags recken!' Un denn han se sich aanjeguckt. ,Mei Määchn', sahte Franz. Un de Kimmeln frahte nach enner Weile: ,Franz, wie-änne? Wullmer'n Zerrwanst naushuln ausn Stalle, odder wullmer'n rinne stehn laaßn?' – ,Ich hul'n hiehar', sahte Franz. ,Das mechtch sähn, wie dr Schimmel guckt, wenne häme kemmet!' – ,Stellk'n Zerrwanst uffn Kichentisch', mänte de Kimmeln, ,awwer machen erscht noche bisschen blank! Un mache trapp!' Na, fär dän Jungen warsch es Schennste uff dr janzen Welt, wiee dän Zerrwanst sahk. ,Un denke draan', sahte Franz forn, ,was de uffn Tische steht, das wird jenummen!' Un denn hat dr kläne Kimmel es erschte Mah fär seine Mutter un sei Vater was vorjespeelt. Un gucke doch, was aus dän Knotenforz jeworn is", sahch for meine Fraue. „Jetz tut där janz un jar in Fernsehn ufftretn. Wenn Franz nune das Schwein jeschlacht hätte anstatts verkaaft, da hätte Lewwerworscht ausn Glase jehatt un Knätzchen, awwer käne Musike niche! Odder dr Aptheker hätte kunnt sahn, das sin ähmd Jungens, un hätte sich nich ewwern beschwert, wie dr Ausbuff verstoppt war. Da hätte nich musstn ins Kabefterchen nein un hätte dän Zerrwanst jar nich jefungen!" Un da hahch su sinniert ... Un denn hahch for meine Fraue jesaht: „Manjemah wäß mrsch niche, was de jut is fär de Kinger. Nä, mänte se druff, das wäß mr wärklich niche." Un denn simmer ins Bette.

Reinhilde Meyerhöfer
Das Dorfkind

Am meisten holn wir unsern Enkel vom Kingerjarden ab. Där wärd nur von seiner Mutter abjeholt, wenn se Tajschicht hat. Uffen Heimwej erzähln mer uns immer scheene, wasse so jespielt hat, wasses zu Essen jab, unn manchma schwatzte a ewwer de Tante. Awwer heite erzählte mer, dass se morjen von sich e Baby-Bild metbrengen sall in Kingerjarden. Als där Kläne schlief, ha ich ma die Bilder rausjeholt, da hammer se uns ma wieder begugt. Wenn seine Mutter Nachtschicht hat, schläft där Kläne ach bei uns. Awwer das ist nur unter där Woche, am Wochenende is immer sein Vater da. Manchma kimete a schon Donnerstajabend, awwer das is selten. Meistens musse schon bis Freitag kläjen.

Bei den Bildern begucken, sieht mer schon, wie die Zeit verjang is. Där kläne Lars kimet heier schon in d' Schule. Wenns die doch nur noch bis dahin jewet im Urte. Jestern hatte ich mich ma uffen Wej jemacht unn bin ma zur Stadtratsitzung jejang. Wo unsre Jewählten sitzen unn zu enscheiden han, was nune mit där Schule wärd. Meine Nachbarn sate gleich: „Lasses sin, unser äner kann e nischt ändern, mir missens näm, wies kimet." Awwer ich hawe mich dennoch losjemacht, weil's doch schon immer ne Schule jab im Urte. Där Saal war jerammelte voll. Da standen ach noch welche im Flure, weil keiner mehr in Saal jepasst hat. Sie ham awwer die große Täre uffjemacht, damit die Leite draußen ach was hiern. Wie die Kinger kam, es warn Kingerjardenkinger unn Schulkinger, hamse sich alle zusamjedrängt unn Platz jemacht. Unser kläner Lars war ach dabei. Jedes Kind hatte ne Blume in där Hand, unn so ham se sich vor unsre Jewählten jestellt. Von den Leiten, die im Saal saßen, ham viele es Taschentuch rausjeholt unn es Gesicht jewischt. Awwer es sieht wirklich triewe aus, von d' Lehrers warn jerade ma drei da. Zu Worte jemeld unn jeredt han nur Fremde, unn unsre Jewählten ausem Urte han jar nischt jesat. Vor der Wahl lagen immer Zettel im Briefkasten, wählt uns, stand drof. Unn wie oft ha ich jelesen: „Kurze Bäne, kurze Weje!" Davon hiert mer heite nischt mer.

Unn Kinger sind doch so was Scheenes. Wenn ich dran denke, was mir schon alles mit dem Klän erlebt ham, das jing im Kingerwajen schon los. Ich ha jerade e Bild in där Hand, wo där Kingerwajen druffen is, unn ne Plastiktiete mit Wäscheklammern an där Plane festjemacht is. Meine Tochter unn ich stehn danem pitschemaden nass. Wie schon jesat, där Kläne lag zu där Zeit noch im Kingerwajen. Man kann sich's jar nich mer vorstelln wenn mer sich dän heite so beguckt. Es war zum Pfingstfest. Das Wetter war scheene, da hamer den Kingerwajen jeschnappt, unn ab jing's ins Einetale. Bevor mer los sin, ha ich noch schnelle d' Wäsche abjenom. Als mer schon e janzes Weile ungerwächs warn, macht sich's dunkel unn e Wind kimet uff, es fängt a gleich an zu jorschen.

Awwer där Kläne war immer noch beim Schlafen. Mir rumme met dän Kingerwajen unn kehrt jemacht. Im Korbe flatterte ne Plastetiete. Es Mächen kramte in där Tasche unn hatte äne Sicherheitsnadel jefung. Ich hatte in meine Schärzentasche a noch Wäscheklammern, weil ich vorhär uff d' Schnelle d' Wäsche abjenom hawe.

d' Wäsche war awwer a nass jeworn, weil ich se im Jarden im Korbe uffen Tische jestellt hawe. Irgendwie hat mer's jeschafft die ALDI-Tüte an där Plane festzukrein, damit das Wetter nich so neinkätzt. Där Kläne hat scheene jeschafen unn hat sich nich stärn lassen. Jeschad hat's nischt, dem Klän nich unn uns Großen a nich.

Ella Minx
Varhaextes Ostarfaiar

De Ostarfaiar hann sich metdlarweile jejenewwer andarn Ostar-brauchdume ewwerall dorchjesetzt. Sejaar dr urohle Schawwer-nagck metdn hämlichn Ostarwassargibbn is in ähn klähn Harz-dorfe zerigkejedrenget worn. De Ostarfaiar sinn je eijentlich von Vordeile, weiel alle Aldarsgrubbn dadranne deielnähme könn'n un mer in jesellicher Runne metdn Nachbarn schwatze un ähn drinke kann.

Oohm in Harze lodarn de Faiar nur äh baar Wochn schpeetr als Höllnfaiar met Haexn un Deiwelschpuke erscht raecht. Männe-chemal leehn 's bewejliche Ostarfäst un de Walburgisnacht enge beinanner. Da schlahn de Flammen dr Friehlinksfaiars janz beson-narsch hoch. Das war vor einjen Jahrn in dr Bärchjasse von be-saachtn Harzdorfe dr Fall. Begannde hann mich dadarvon arzehlt, un ich hah mich dän Vorfall foljendrmaßn vorjestellt:

Ähne Familje hadde in Dorfe e Grundschtigcke met Owestjardn un klähn' Hause jekaaft, in dasse awer nich einzieh wolldn. 's worde abjerissn un dadarvor e neies groß oohm am Fahrweje jebauet. Als nei Zujezoochene ludense de Nachbarn zun Ostarfaiar ein. Dazemal warsch was Neihes un noch nich so sehre strenge metdn Brand-schutze.

Obwohl se einjeladn warn, brachdn de Jäste irjend äh Ostarwes-sarchen met färrn feichtfrehlichn Awent. De Benke, Jardnschtiehle un Hogckars schtandn in Hallebkreise ummen Holzhaafn rum. 's Wäddar war drogcken, awer ziemlich frisch. Ehrsch Faiar wärmede, heizde mer innarlich vor. Farr de jude Schtimmunk sorjde zusetzlich dr Leipzjar Besuch.

De bähdn Männar haddn immer e Witz barrade odar rejetn met indressantn Dhemas de Ungerhaldunk aan. Unger annarn warns de laewenskroßn Brogcknhaexn vorn Heisarn odar in dän Faenstarn von Schtolbärch. Mer freide sich schone offn Haexnspaß in ähner Woche oohm in Brädnschtän, Dahle usw. 's Ostarfaiar vor eehrer Nase knisdarde un knagckarde, weiels Holz von dr Aprissbude wie Zundar brannde. De äldarn Aanwäsendn arinnardn sich inzwischn an de Ostarschbäße von friehar. „Wissdar noch, wo ähmol e Fäähreschleddn voll met Mist off dr Wardehalle jeschtann hat?" – „Ah Milejussens fandn nach ewichar Sucherei eehrn Guhwaachen in dr Schteyar offn Fäldschain'dache weddr." – „Ich heere heide noch Annin eehrn Waldi metsammet dr Hunnehidde in dr Spitze von'n Jerimbelhaafn winzäle." – „Dazemal haddn de Bengels noch Mumm un witzche Einfelle."

De Schtimmunk war off'n Hehebunkte un s Ostarfaiar e richtches Knägckarchen, als de Frauen met volln Flaschn weddargamen. Bein Austeiln worde äh ausjeschtregckdar Arm ewwersehn. Dr darzujeheernde, anjedeedarte Mann varlangete sei Bier. Es folchte äh Wordwaechsäl, bei dähn de Setze nur so hen un här floochen: „Du hast fer heide jenunk jeschlugckt!" – „Haddeste eijentlich ah was metjebracht?" – „Wozuun? 's war je jenunk da!" – „Awe nune nich mehr, hole dich dei Wodga von häme!" – „Iche bin jenau wie du e Jast hier!" – „Awer du benimmest dich wie e Nassauer, schlugckst farr dreie!" – „Das hadde noch von'n dän Russn dazemal an dr Drasse." – „Hadde sich da nich ah sei Dachschadn zujezochen?" Das war äh Word ze veel jewäsn. Nune sahk Baerigcke rot. „Baerigcke" war dr heimliche Spitznamen farrn Schlugckschpaecht. Met dr Baerigcke daate nämlich kroße Brandwundn zudegcke, die von e Unfalle bein Aerdjasdrassenbau in Urale härriehrdn. Se bassde irjendwie nich odar är fleechte se nich jenunk. Drum warsche in wahrstn Sinne däs Wordes se wundar Bunkt. Desderwejens ließe sich henreiße un lehde los: „Ich wäß schone, wies jemähnt is! Met mei Goppe binnich immer noch besser dranne wie eiar Schpeetzindr!"

„Wassen farr äh Schpeetzindr?" – „Mähnde etwa Horstin?" – „Das nimmeste zerrigcke!" – „Was haddn där arme Junge met deinar Sauferei ze dune?"

In Handumdrehn war ähne Kambelei in Jange. Se schubbsdn un knufftn sich wie de Jungens.

Maenneche wolldn schlichde: „Heert doch off!" – „Kinger un Besoffne saahn nune mal de Wahrhät!" Das war erscht raecht Wasser off de Miehle. In dän Handjemenge schtolbartn se ewwer ähne neddriche Zierhegcke in Richdunk Ostarfaiar. Off ähmol floch in hoochn Boochn de Baerigcke in de Glut, sauste wie met Rakednandriewe in de Luft, blatzde zischnd in Funknreejen, kladschde zerigcke ins Faiar un leesde sich ruschaelnd off. Dr Mann, met ohne seine Baerigcke, laak wie arschtarrt off dr Aerde. Dr lanke Leipzjar gonnde sich nich einkrei farr Lachn: „Habbders äben gesähn?"

„Dich wärds Lachn noch varjehn, ich zeiche eich wejen Gärbarvarletzunk aan!", fauchde dr Jeschädichde.

Dr Lanke wollde sich rähnewäk schaegckch lache. Seine Schwästar schimpde arschrogckn: „Heere soford off! Du kreisdn Lachgramf un weddern Haexnschuss!"

„Haexe" warsch Schtichword färrn andarn Leipzjar, där jeistesjejenwärtch mähnte: „'s gennte äbend wirklisch eene Art Haexenzauber gewäsen sein."

„Ja! De de Faiarhaexe hat de de Mitze me metjenommen!", schtoddarte dr Junge offjerejet.

„Iche hah ah dän Faiarschweief jesähn", schtimmete jemand zu.

„Un där Deifel had se mid änn kräftschen Forz abgeschossen", bruustede dr Witzbolt von vorne los.

„Es is Wahnsinn, met dich fahrich in de Hölle! Hölle! Hölle! Hölle!", fink ähner an ze singn. De Nachbarin bot Schnaps an: „Gomm, drinke erscht mal ähn off dän Schregck!"

„Gibb'n gleich Schto Gramm!"

Er nahmb datsechlich dän Dobbältn aan un ließ sich offen Hogckar drigcke. Dr Haexenschbuk blieb noch e Egckchen 's Jesprächsdhema. De belaesnen, waeltmänneschen Leipzjar wussdn was von 9 Walbujisdaachen vor'n 1 Mai, an dän sich de Haexen färrn Ritt zun Brogckn sammäln. Janz frieher „walperten", was soveel wie Radau mache häßt, de Leite in männechen Jejenden rum. De Kaerchenglogckn worden in dän Nächtn jebimmält, um de Haexen un andre beese Jeistar ze vardreiwen.

„'s wär käh Wunnar, wenn sich weleche hier rumdreiwe dätn, wo doch owen offen Bärche Holzgraiz metd'n Granze immar noch schteht!", sahte ähner laut. Das sonnarbare Jebilde hadde e gomischar Gauz zwei Jahre zevor in dr Ostarzeit offjeschtellt, weile metd'n Jermanenjöttarn in Varbindunk draete wollde, haddes jedoch nich abjefagckält. Als dr Mann, nunmehr ohne Baerigcke, nochemal met dr Neelerei anfink, begamar Drost jespendet.

„Du siehst veel bessar aus ohne dei Vochelnäst. Nune gimmet deine hoche Schtärne richtch zer Jeltunk."

„Ja, jenau! Du arinnarst dich doch noche, was Erich dazemal jesaaht hat?"

„Was soll där Binzäl schone jesaaht haa?"

„Hoere zu! 's gimmet nich droff an, was mer offen Koppe hat, sondarn in Koppe."

„Hat das nich Ejon jesaaht?"

„Gann sei. Is doch ejal!"

De Äldarn arinnarten sich lachend un schtimmeten sejar FDJ-Liedar aan: „Bau off, bau off …!"

Zun Schlusse varschprachn de Leipzjar, ehrer Hausratsvarsicherunk dän Baerigckenfall als varschuldeten Brandschadn ze meldn. Alle warn zuvarsichtlich un sangen in letzdn Ostarfaiarscheine „Zieht eich warm an, zieht eich warm an! De Gäääääelde greift dän Darm an. Zieht eich …" Dr Held von Awende machde sich zeersch off de Sogcken, weile dän Ganal voll hadde.

Bein Vorbeidoltarn saahte Horsti: „Met dei Haarn haste mich awer scheener jefalln. Hier haste e Knibbel farrn das Haexenaast."

Baerigcke droff: „Bist je e juter Junge." 's warn zun Quäken zemude.

Ella Minx
Jedankn bein Anbligck ähnes Jemäldes

De Hodälrechnunk war bezahlt. Nach e baar heflichn Wordn ruhde mei Bligck nochemal off dän kroßn Jemälde in dr Rezeption.

„Von wäm stammet das Bild metd'n Schachde un Sangerhausen?" De freindliche Hodälfachfrau gugckte nach.

„'s is met Rennner 1968 signiert worn."

Ich bedankte mich unjefähr so: „Mich indressiert's nämlich, weilich vier Jahre zevor ungerhalb dr Seielbahn jesessen hah un dän Schacht von owen met dr Stadt in Hingergrunne jezeichent hah." De Jedankn raddartn nur so in mei Koppe rum währ'nd dr Bahnfahrt. Nune hahch se ze Babiere jebracht.

Aus dän Schkizzn enschtand in Friehlinge 1964 ähne A4 kroße Grafik, un zwar ähne Radierunk. 's war jar nich so ähnfach jewäs'n, de Dechnik un Archedekdur dr Wärkanlaache in Vordargrunne vor dr Stadtansicht metd'n typisch'n Änzelhädn vom ohln Stadtkärne un dän Neibaujebiet'n in dr Landschaft perschpektivsch richtch hen ze krein. Noch darzu mussde de Zeichnunk seitnvargehrt fersch Diefdrugckvarfahrn in de Hartplasdebladde neinjeritzt wäre. Ich hadde als Dhema fer meine bildgünstlerische Schtaatsexamnsarwät ähn Hämatzyklus zun „Thomas-Münzer-Schachde" jewählt. Zesammen met Schkizz'n un Vorarwätn reichde ich drei Radierungen un zwei Linolschnidde ein.

Dazemal arweidete mei Vadar noch off'n Schachde, awer gurz vor'n Rendnalder als Weddersteijer nur noch in dr Nachtschicht. Dorch seine Varmittlunk warsch mich arlauwet worn, in Wärkjelände ze zeichnen. Als Abschiedsjeschenk arhielt mei Vader 1966 ähn Handabzuch von dän Linolschnidt „15 Jahre Thomas-Münzer-Schacht". Dr Günstlar, Heinz Keßler, hadde de Vorderansicht von Schachde aus estlichar Richdunk darjeschtellt. Deselwe Ansicht war ah von mich bearweit', jedoch in ähne Radierunk ummejesetzt worn.

Mei Vadar hadde schon veele Jahre met Leib un Seele als Bärchmann jearweit't, ar war sozesaachen metd'n Schachde „varheirat't". Mudd'r gonne e Liedchen darvonne singe un nich varhindre, dasse sejar an sei silwarn Hochzeitsdaache metd'n Fahrrade nach Weddelrode zer Schicht in dän „Röhrig-Schacht" fuhr. Ze där Zeit warn bereits von „Röhrig-Schachde" aus de Vordriebsarwäd'n zer neien Schachdanlaache in Sangerhausen bejonn'n worn. Dieße Weddarun Fluchtvarbindunk sollde als wichtche Voraussetzunk fer dän Kupperschiefarabbau im nei jedeuftn „Thoms-Münzer-Schacht" bis zun 1.9.1951 fertchjestellt sei. Bei dän Dadum handälte sichs um ähne Weddbewärbsvarflichdunk dr am 2.4.1951 jegründ'ten Brijade „Fritz Selbmann". De däächliche Ewwerarfüllunk dr Norm war von nune an selwestvarschtändlich. Mei Vadar druch daderbei als äh Gruwenoffseh'r de Varantwordunk färrn reiwunkslos'n Aplauf dr Schicht vor Ort. Als Menisdar Fritz Selbmann 21 Daache vorn Stichdaache dr Zielsetzunk, am 9.8.1951, 's Zündn dr Bohrunk vollzoochen hadde, gonne 's jenaue Offenannardreffn dr bäden Stregcken „ähne erschtklassje Bärchmannsleistunk" nenne. De Brijade worde dadervor belohnt met ähn Ausfluuch nach Bärlin zun III. Wältfästschpeeln dr Juchent un Schtudäntn un ähner sich unmiddelbar anschließndn Arholunk jemeinsam met Ehefraun fer 14 Daache in Bad Suderode. 's Bärchmannsorchestar jab ähne Woche schpädar

in Gurbarke dr klähn'n Harzstadt e Gonzärt. Mei Brudar, e Bosau-
nist, nahmb mich, seine klähne, quengälnde Schwästr, als Ewwerra-
schunk fer de Eldarn met. Was machn da varwehnte Kinger? Se bäd-
däln solange, bis se dableiwe därfn. So varmassälte ich mei Eldarn de
änzje Urlauwesreise ehres Läwens.

Awer velleicht warnse ah froh un stolz, de strahlndn Auchen ehres
Nästhäkchens währnd scheener Harzausflüje un bein unvarjesslichn
Besuche dr „Carmen" in Bärchdheadr Dhale ze sehn.

Meine Muddr war ähne kingerliewe, härzensjute Frau. Kinger
odar unvarhoffdar Besuch gonntn se nich aus dr Ruhe bringe. Se
hadde immar was farr Besuchar off Laachar, un wenn's nur Blitz-
blätzchens (Zwiebagck met Zugckarjuss) odar Gombott warn. E
göstliches Mitdaachässn bereidete se janz fix aus Gardoffäln, Eiarn,
Bratworscht odar Schinkn, un zwar entwedar Bradgardoffäln odar
warmen Gardoffälsalat met Riehr- odar Spiejeleiarn off Schinkn
odar Worschtstügckchen. Ah Eiarguchens un Gardoffälbuffers warn
jedarzeit meechlich. Fär de Leipzjar Varwandtschaft warschs naa-
chen 2. Wältgrieche 's rähnste Schlaraffnland. Dr äldste Sohn, also
mei Cosänk Heinz, schwärmete noch darvonne, alse selwer schone
Vadar war. Met sein klähn' Jungens machde desderwejens e Ferien-
ausfluch bei seine Dande. Heinz hoffde insjeheim, dass Dande Else
ehrn Spezjalguch'n, dän se schon am Morjen offen Disch jeschtellt
hadde, färn Besuch begckt. Jemänt war dadermet e kroßes Bläch Sal-
mejakguchen met Zugckarjuss un bund'n Streißeln, Mausescheiß-
chen jenannt, droffene. Dr sieße Härzenswunsch war schon bein
Bägckar jebagck'n worn un stand in dr jutn Schtowwe offen güheln
Gachelofen. Else hadde eijentlich de Bude voll met Enkelkingern. 's
warn wedder mal de ränsten Ferjenspeele. In dän janzen Besuchar-
druwel blatzde ah noch dr Schornschtänfejer. Das war nadierlich
e besondares Schauspeel fer de Kroßstadtkinger, e Schornschtän-
fejer, där off'n Dachfärschde zun Schornschtäne hubbälte un sei
Bäsen drinne runger un rahn stachälte. Alsen alle anjefasst hadd'n
un mäntn nur noch Gligcke ze ham, war off ämol e färchterlichar
Schrei aus dr jutn Schtowwe ze heern. 's mussde was Schregkliches
bassiert sei. Mir schtärztn soford nein. Was farre schlimmar An-
bligck! Dr ehemals joldjelwe, wunnerbar jelungene Salmejakguchen
war voll met doppschwarzn Ruße beschprenkält. In dr janzen Hek-
dik hadde de Muddr varjessen, e feichdes Duch um'n Ofenrohrrink

ze leehn un'n Guch'n abzedegckn. Ach, du meine Jiede! De Muddr wollde gorzerhand de owere Schicht ähnfach abschneide. Laudar Brodest dr varlipparten Kinger. Dr Guchn war ze gostbar. Da hadde ähner ne dolle Idee: „Mir blasen dän Drägck ähnfach runger!" Dr Guchen worde nausjedraachen in dän Hof un off'n kroßen Handwaachn jeschtellt. Alle Kinger hubbtn drummerum un bedeilichdn sich an dr beschtimmet mänchemal feichtn Rußabblasaktion. De letzdn unsichtbarn Bardigckälchn worden met besaachtn weißen un braun'n Zugckarjuss zujedegckt. Ich war als damaliches junkes Mähchen zwar skebtisch un wollde erscht nich prowiere, awer dr Guchen schmegckte hingerhär vorzüchlich. Bein Besuche bliewe bestimmet in läbhaftar Arinnerunk.

Leidar is dr eindeiliche Kingerguchen heide nich mehr modern. Ich haah Salmejakguchen jerne in'n Mellechgaffee jeditscht un ausjezuutscht, wenn ah immer emal e allzu volljesauchdes Stigckchen abbrach un in dän Gaffe plumste.

„Kinger, das war'n noch Zeidn!" war ähne beliewete Redewendunk meinar äldsten Schwestar. De Zeidn varjingen rasend schnälle, awer se hingerließ'n Spurn. Ähne is de 145 Meder hoche Abraumhoole offen Bärche „Hohe Linge". Se prächet weit sichtbar 's Bild dr Landschaft un is e letztes Zeichnis ähner jahrhunnarteohln Bärchbaujeschichde dr Bärch- un Rosnstadt Sangerhausen. Fast off dän Daach jenau worde nach 49 Jahrn, am 10.8.1990, de letzde Lore Kupperärz ausen „Thomas-Münzer-Schachde" jeferdart. Schone 7 Jahre schpätr raachde 's Ferdarjerüste gahl un einsam 49 Meder in de Hehe. Von Industriegomblexe bliewen nur dr Name fer's Jelände un e Straßenname ewwerich.

Dr ohle „Röhrig-Schacht", där 1876 in Bedrieb jenommn worn war, worde 1991 als Schaubärchwärk aröffnet. Met Hillefe dr Ferdaranlaache vom äldestn noch in Bedriewe befindlichn Stahlferdarjerüste in Deutschland gann mer in dän Schacht einfahre un in 300 Meder Diefe met dr Gruwenbahn e Abbaufäld auss'n 19. Jahrhunnart befahre, wie's ähnst dr Vadar meinar Muddr jenau so jetan hat.

's riesje Ausmaß dr Sangerhäuser Schachtbyramide, ähne von veeln in Mansfeller Lande, wärd ungernehmunkslustchen Besucharn erscht bei ner Wandrunk um de Hoole „Hohe Linge" odar där'n Beschteichunk, die zweimal in Jahre orjanesiert wärd, un zwar unger Begleidunk von arfahrnen Bärchmännarn bewusst.

Dän „Thomas-Münzer-Schacht" jiwwets nur noch off Fodos, Gunstwärkn, in Bücharn, in Museum als Modäll, in Härze ohler Bärchleide un ehrer Nachgommn. Meine Großvädar, mei Vadar, e Brudar un ähne Schwestar hann akdiv an dr Jeschichde dr bäden Schächde metjewirkt. Dass ich als ähns von sein'n 5 Kingern an de jeliewete Wirgunksstädde dorch Landschaftsbildar met dr Schachthoole sewie einiche Jeschichdn, vorrangig in dr Hämatsprache, arinnere, hädde mein'n Vadar sicharlich sehre jefreiet.

Ella Minx
Wilde un ohle Kinger

Met jemischdn Jefiehäln machde sich Liesa an Ostarsonndaache off de weide Reise, weil se von ehrer Schwestar zun 88. Jebortsdaache zarr Gaffeeschtunne einjeladn worn war. Farr zwei Schtunn' so ähne deire Bahnfahrt un Ewwernachdungen in Hodälle darzu? Se hadde awer ehre zwei noch in dr Hämat lewenden Jeschwistar lange nich jesehn un noch darzu Hämweh, weiels in Friehlinge da ungene besondarsch griene un bliehend aussieht.

Velleicht biedet sich ähner von mei Näffen bzw. Nichdn aan, michemal off ähne Ausfahrt metzenähmn, hadde se so bei sich jedacht un sich e Rugck jejewen. Da warsche voll offn Holzweje jewäsn. Ausn Auchen ausn Sinne, wies so zudräffent häßt. Zun Gligcke hadde dr Schreibfreind Zeit un e krofes Härze farr Liesan. Är hoolde se aus dr Schtadt ins klähne Hämatdorf ab. 's jab weddar veel ze arzeehln un auszedauschn. Liesa frahte wie immer ah naachen ohln Vochälkärschbahme off ehrn jelieweten Bärche, obbe noch Bliedn entwigkält un de Himmälschlissälchen so reichlich wie friehar bliehn.

De Frau däs Hauses schluch gorzerhand vor: „Fahrt doch metn Audo dän Miehlnbärch naan, da genndr henlaufe un nachgugcke!"

„Mei Dank dät dich ewich nachschleiche. Darnach gannste mich gleich zericke ins Hodäll fahre. Da hadarn Nachmiddaach noch farr eich ällähne", griff Liesa dän Vorschlaach sofort off.

De Heide, wies Flurschtigcke da owen häßt, gannde se nur von friehar. Veeles hadde sich varendart. De Fäldweje varliefn andarscht, de Flaumenbahme fählden. Dadarvor schtand ähne Reihe junkar Ahornbähme, dan blauen Himmäl zuschtrewend, muddarseelnalläne off weidar Flur. In Audo fuhrn se dranne lank, un pletzlich war dr gurze Wäch ze Enge.

„Na doll", ließ Liesa ehrn Lieblinksspruch los, „un was machsde nune?"

„Mir fahrn jeradeaus weidar", war de knabbe Antwort

Warsch Weese oder gorzes Jetreide, wo se droffen fahre datn? Wo warn bloß de janzen Agckerraine, Bische un Flaumenbähme abjeblewwen? 's jink raan un runger, immer ähnar leichde arkennbarn Schbur nach.

„Hier fahrn de Jäjer lank. Da siehsde schone ähn Jäjerschtand", worde Liesa beruhicht, denn se hadde inzwischn Angest ums neie Audo. An ähn weidarn Jäjerschtanne warsch Zieäl arreicht.

Liesa arinnarte sich, dasse als Kindt in dähn Flurabschnidde veele Fäldhasn beowachde gonne. Hasn sinn dazemal sejar eijefangen worn, um andarschtwo, Frankreich war in Jespräche, 's Hasnblut offzefrischn.

Met ehrn Kingern war Liesa in Windarferien immer farr ähne Woche bei dr Oma jewäsn. „Wenn mir an där Stelle hier in de Henge jeklatscht odar rumkrawwallart hann, wordn ungene in Hänschendaale Rehe offjescheicht. Darnach machden se an Hange jejenewwer innenaan zun Kärchenholze hen. Jetz jiwwet hier beschtimmet noch mehr Wild in dän Varbuschungen", tat se drofflosschwatze.

So äh jahrelank unbewärtschaftetes Fäldschtigcke mussdn se bewältche, um an dän mächtchen Kärschbahm ranzegommen. Schone vor 60 Jahrn ware sehre hoch un dazemal, alläne frei an Bärchranne stehend, met seinar gleichmäßchen Rundgrone gilometarweit sichtbar jewäsn. Liesa hädde liewent jerne ewwern steil abfallnden Bärchhank nunger offs Dorf jegugckt, wie se das als Kindt odar off Besuch bein Fäldblumensuchen jedan hadde. 's war leidar nich mehr mechlich.

Ungerhalb von lanken Siedbärche hadde in dr Bärchjasse ehr Eldarnhaus jeschtann. Vor fast 50 Jahrn worde da ah ehre Hochzeit jefeiart. Statt dr Middaachsbause graxälde de Juchend von dr Hochzeitsjesellschaft dän Bärch naan. Ungern Kärschbahme varschnaufdn se in sei Schaddn un gugcktn darbei in de Färne ewwer Hiejel un Dälar, Nachbardärfar, de Kreisstadt bis hen zun Gyffheisardenkmal an Horrizonde.

De Kinger schpeltn ungerdessen Fange, jachdardn rum un gullardn sich in gurzen Grase dr jemähjeten Weese.

Aus dän Kingern von damals sinn inzwischen Omas un Opas jeworn, so wies Liesa schon lange is. Off ehrn Bärche unger dr Vochelkärsche fiehlde sich Oma Liesa wedder junk un gligcklich wie in ehrer Kindhät, wo se de schwarzroten, sießen Vochelkärschen un von dän bärnschtänfarwenen Kärschbahmharze jenascht hadde. Varmutlich war se von dän Nadurkläwer farr immar an de ohle Hämat „varharzt" (jekläwet) worn.

Dr 100 Jahre ohle Kärschbahm is in Liesan ehrn Auchen e schtandhafdes Nadurdenkmal. An dr Weddarseite von Bärche isse schone zahlreichen Schtärmen un Unwäddarn ausjesetzt jewäsn. E Blitzschlaach had vor Jahrn ähn von dän drei digcken Hauptäsdn rungerjebrochn un dief in de Ärdn neinjerammält. De schmugcke Bahmgrone is dadorch futsch, awer de Vochelkärschbahmururgroßmuddar hat ähne schtitzende Astkrigcke jekricht. Umringet un irjendwie beschitzt wärd se ungerdessen noch darzu von ehrn klähn un großn wildn Kingern, die met andarn Wildlingen medarhoch an Bärchhange abwärts wachsen. Von Dorfe sieht mer deshalleb nur noch ähne Hand voll Heisar an Bärche jejenewwer.

Metdn Auchen jehend, wies dr Indjanerhäuptlink Tokei-ihto in Liesan ehrn Lieblinkskingerbuche emfohln hadde, schluchen de bäden Hämatfreinde de Richdunk zun Audo ein. Dadarbei worde wie närrsch fodegrafiert, un zwar de Vochelkärschbähme, blassblaue Hunneveilchen, Räsde dr Bahmbliede sewie vor alln de Landschaft metdn joldjelwen Rapsfäldarn. De Ostarhasn hieldn sich varschtegckt un hobbäldn nich ins Bild nein.

In Audo jinks nich etwa dän Wäch zerigcke, näh, nur vorwärts de Bärchhänge nunger ins Daal. Liesan warsch nich so ähnerlei, weiels männechemal rächt schteil war. Ins kroße Weesenloch newen dän Schtogckholze warn se vor Jahrn mal ze viert offen Omaschleddn nach vorne in hochen Schnee abjekippt. Alle rutschdn off Dennin, Liesa von hingene off de drei Kinger droff. Denni krehlde wie an' Schbieße, 's war zun Gligcke nur dr Schregck jewäsn. Das alles jab

Liesa von sich, um ehre Anschpannunk ze ewwerspeeln. Ungene atmede se erschdemal dorch.

An Wächesranne stand e bedaachtr Mann, scheddelte sei Kopp un sahte: „Kinger, Kinger, was machdar farr Dingar met dän teiarn Schledden?"

„Hannz, mei Märcedes is je e jefeddartar Schledden met sicharn Bremmesen un jenanu richtch farr uns ohle Kinger."

Hannz war dr 90-jähriche, noch ziemlich ristche Cosänk. „Hannz, ich fahre mein Besuch schnälle in de Stadt, darnach fahrich dich häme."

De rundumme zefreedene Liesa worde an Hodälle abjesetzt. Als Erschtes hadse aus Angest vor offjehugcktn Holzebegcken jeduscht. Ausjeschtregckt offen Bedde isse hingerhär gurz einjenigckt.

Se fand sich wedder off ehrn Bärche unger dr wunnarscheenen Voochelkärschbraut met e weißen, dufdend'n Bliedenschleiar, in dän de Bien' un Hummäln nur so summedn. Drummerum schtolzierdn in lanksamen Reijen de Kindäls. Ehre Bewäjungen, ungerbrochen von Jeräkele annen Bahmschtamme naan, wordn immar schnällar un wildar. Pletzlich hadde 's Wildlinksballett de lachendn Kingerjesichdar von Cornin, Betran, Siegrun, Bärndin, Franken, Dennin, Rosin, Claudin un Holgin.

De Jungens flippdn bohle aus, kläddartn off dän abjeschtorwenen Ästn rum immar hehar in de varlogckende Grone. 's knagckde vardächtch in Astjewärre. Liesa wollde warnent rufe: „Nää, nich doch!" Se krichde käh Wordt raus un worde, nach Luft japsend, zun Gligcke wach.

Leichde offjewiehlt had se dän Draum als e Wink metdn Zaunfahle odar Armahnunk varschtann, ehr jeplantes Kinger-Hämatsaachen-Jeschichden-Buch endlich fortzesetzen un ins Rähne ze schreiwen. Zesammen met Illustrationen solls emal dän Ditäl draache: Met Oma Liesa in Hämatzauwer ungerwäjenz.

Alfred Müller
Der neie Kessel mit Schlangenzuch

Harr Aujust Köhler woar kee jebirticher Beesedauer. Er wurre hier erscht oanssässich nachdähme hier in Ort de Witwe Schulzen jeheiroatet hodde. Die sellewe fiehrt im Ort a kleen Loaden. Ewwer de Injangstiere woar a ziehmlich großes Schild oangebracht. Da woar zu lesen: „KOLONIALWARENHANDLUNG", das stammte noch aus Kaisers Zeiten. Mit den kleen Loaden konnte mer lähm, awwer reich wurre mer nich dermit. Awwer ihr Mann Aujust verdiente je sei jutes Jeld als Polier uffen Bau uff Montoasche. Es Auskommn woar so jesichert. Um Loaden kimmerte sich niche, er woar je ooch de Woche joar nich heeme. So hielte denn Ordnung in Haus, Hoff un Joarten.

So hodde denn ooch in Waschhause uffen Hoff oan de Feierung von Waschkessel anne Verännerung fachmännisch vorjenomm'n. Er hat a Kessel mit Schlangenzuch jemauert. Das hodde den Vorteel, dass die Flamme ringsum den Kessel bis hok oan Rand zingelte. Bein Wäschewaschen woars ausprowiert worn, das Wasser woar vill eher heess jeworn. Alles hodde funksjoniert. Er freite sich nu schon lange uffs Schlachten in Spätharwest, der Fleescher sollte man staun'n wie trapp das Wasser heess un kochend ward. Von den besonneren Kessel, das hodde lengst in Dorfe de Runde gemacht, boale jeder wusste dervon. Unn Harr Köhler woar a Heppchen stolz da drewwer!

In de zweete Hällefte November 1934 woars mah weller so weit. A sellewer jefittertes 3-Zentner-Schwein sollte geschlacht wern. De Vorbereitungen woarn soweit alle jetroffen. Es woar Brauch, dass am Schlachtetaare oan späten Nammetaak frisches Schlachtejut im Loaden verkooft wurre. Dorum wurre uffen schmoalen Fusswäch a schwarzes Brett hinjestellt, mit Kreide woar druff geschremm: „Am 24.11., ab 17.00 Uhr zu verkaufen: Frisches Wellfleisch und Kopffleisch, Frische Wurst aus dem Kessel, Gehacktes, Wurstsuppe gratis".

Wer das so las, der erzähltes jleich weiter, unn alle, dies heerten, erinnerten sich, ach das iss je dort, wu der besonnere, neie Kessel in Waschhaus iss. Drei jreessere Jungens aussen Dorfe woar das ooch zu Jeheer jekomm'n. Frieh woars schonn Pausenjespräch in de Schule. Nach de Schule troafen se sich wie abgemacht oan de Schingerkiede. Sie setzten sich in Reihe uff anne Mauer unn jeder dachte oanjestrenget nach, wie se woll Harrn Köhler a tichtichen Schawwernack spieln konnten. Eenich warnse sich, das nich mehr vill Zeit blebb, denn oan nächsten Taak beizeiten werd je schon jeschlachtet. Nach langen Griewln rief Neiwerts Karrel: „Ich weess, wasmer machen kenn'n, mir lähn den anne Jloasscheibe ohm uffen Schornsteen, da kann doch der Rooch nich abziehn." Alle dreie freiten sich ewwer den juten Jedanken. Sie moalten sich so aus, was das woll for anne Ewwerraschung ward. „Wu kreimer denn nu jleich anne Scheiwe her?", soate Woartmanns Helmut. „Na von doa dremme", entjechente Binnewald, der Dritte in Bunde, unn wies mitten Zeichefinger in Richtung Tischler Paul Franz. Karrel woar sofort bereit, bein Tischler zu jehn, um Nachfrache zu hoaln wäjen anne Scheiwe. Karrel soate freindlich zum Tischler: „Juten Tach Harr Franz, mei Voater hat jestern aus Versähn in Hiehnerstall anne Scheiwe kapput jemacht un ..." Der Tischler unnerbroachen in seine Rede unn soate: „Der woar woll weller besoffen?" Verläjen soate denn Karrel, dasses jestern nich so schlimm woar. „Ich jlowe, da hawwich geroade was Passendes doa, das kann ich soweso nich mehr brauchen, wenns zu groß iss, machste mitten Glasschneider anne Ecke ab." Karrel meente noch, dasses vielleicht passen kennte. Er soate: „Was krien de denn doadervor?" „Nischt", sprach der Tischler, „awwer maches hallwäche orndlich, dass de Hiehner nich abhaun, oller der Fuchs ringelanget." Die zwee annern Jungens freiten sich, wie Karrel mit de Scheiwe koam, unn der jrinste zufrieden. Na das woar soweit gelungen, wie awwer nu weiter? Irjendwie hoadde Karrel nu de janze Verantwortung ewwernomm unn soate: „Jetzt isses noch helle, mir missen woarten, bisses dunkel iss. Mir treffen uns um achte bei Zickenrichters oan de Ecke, de Scheiwwe bringe ich mit." Alle dreie woarn pinktlich zur Stelle. Sie schlichen bei Postmillers vorbei unn woarn boale oan Köhlersch Joartenzaun. Hier wurren drei Zaunslatten entfarnt, unn schon woarn se uffen Joartenwäk, der uff's Haus zufihrte. Helmut vorne-weck blebb pletzlich stehn unn soate leise: „Mensch, doa brennt je noch Licht uffen Hoffe, der kroamt je woll immer noch rum!" Nu postierten sie sich so, dass se sähn konnten, wenn's Licht ausjeknipst werd. Das dauerte unn dauerte, de Jungens in de Woartestellung fingen langsam oan zu friern. Endlich woar's Licht aus. Da hieses noch a Weilechen woarten, bis alles stille iss. Jetzt jing's ewwer de Hoffmau-er, die nich sehre hok woar. Sofort wurren se jewoahr, dass de Letter, fors tote Schwein jedacht, schon oan Waschhause oanjestellt woar. Besser konntes nich klappen. Zu zweet hinnernanner jing's die poar Sprossen nuff uffs Flachdach von Waschhause. Helmut hielt sicher de Jloasscheiwe in de Hand unn lähte se uff de Effnung von Schornsteen. Binnewald reichte noch a hallewen Mauersteen hin, der koam denn ohm druff, wäjens de sichere Laare. Der Roochabzuch woar zu! Vorsichtich unn nich ewwerhastet koamen die zwee'e de Letter runner unn verschwanden unbemarkt ins Dunkle. Sie woarn froh, dass alles so scheene jeklappt hodde unn freiten sich uff die Ewwerraschung bei Köhlersch am nächsten Morjen.

Oan nächsten Morjen woar Harr Köhler schon frieh um finfe uffjestann. Wasser woar am Oahmd zuvor jenung in Kessel jekomm'n. Ooch de Feierung woar schon vorbereitet, Papier, dinnes Holz, a bisschen dickeres Holz, unn om druff laachen schon a poar Kolnsteene. Jrindlicher konnte mer nich vorjesorcht ham. So brauchte es Feier bloß noch anzustecken. Das machte denn ooch, das Papier loderte los, das dinne Holz prasselte los. Das im Moment Wichtichste woar jetan – dachte, unn jing erstmah rin in de Stuwwe, um noch a poar Happen zu essen. Nach anne Vertelstunne machte sich weller ins Waschhaus um nachen Feier zu gucken unn was uffzulähn. Mit Erschrecken bemarkte, dass sei Feier jor nich oanjebrennt woar. Trapp machte nu nochemoah Feier, das Papier loderte weller los. Er ließ de Ofentiere uff, um nu das Feier zu beobachten. Das Feier wollte nich brenn'n, zum Deiwel, es wollte nich in Jang kommn. Er steckte fast in Kopp ins Feierloch unn pustete kräftich nach Leiweskräften. Da koam anne schwarze Wolke raus, dasse erschrocken zurikke wich. Inzwischen woar ooch der Kwalm in Waschhause, dasse de Waschhaustiere uffmachen musste. Noch immer hoffte, dasses Feier irjenwie in Jang kimmt. Es woar doch ausprowiert worn bein Waschen. Er woar verzweifelt, der Jedanke, dass der Fleescher boale kimmt unn ke heeses Wasser doa iss, das wollte sich joar nich erscht vorstelln. Er traute sich joar nich, uff de Uhr zu gucken. Nee sonne Blamoasche! Doa klingelstes doch schon, er hodde janz vergessen, de Hofftiere uff zu schließen. Das isse, der Hausschlächter, was soll denn man nu wern, dachte. Der Fleescher Dannenbergs Paul woar's tatsächlich, er soate: „Worum haste denn noch nich uffgeschlossen?" Frisch unn forsch troate in unn jing uffen Hoff. „Juten Morjen erscht mah, Aujust!", riefe laut unn schnallte sei Koppelzeich mitten

Keecher ab. Doaderbei guckte Aujusten im Lichtschein ins Jesichte. Arschrocken unn erstaunt soate: „Wie siehst du denn aus, du bist je janz scharz in Jesichte, unn was ist de das foor a Kwalm hier." Aujust soate kummerfull: „Mensch, was ich heite frieh schon mitgemacht hawwe, das kammer joar nich beschreim, ich kann machen, was ich will, das Feier will nich richtich brenn'n, der Kwalm kimmt ungere raus."

Der Fleescher schobb den runden Holzdeckel a bisschen beiseite unn hielt de Finger ins Wasser unn soate arschrocken: „Das Wasser iss je nich moah lauwarm, wann sollte doa das Schwein abgebrieht wern, nu haste wie se alle erzähln a Kessel mit Schlangenzuch jebaut, oller wie das heesst, deine Bauereie hat joar nischt injebracht, da wards heite Mitternacht, ehmer fartich wern, doa kann ich je nochemah heeme jehn derweile." Währnd sich Aujust rechtfartichen wollte, dass seine Fraue voriche Woche gewaschen unn doa alles funksjoniert hat, woar Paul der Fleescher schon die poar Sprossen von de Letter hok uffs Flachdach jemacht, um nachen Schornsteen zu gucken. Bloß nach a kurzen Moment riefe entsetzt vom ohm runner: „Hier läht je ooch ohmn druff anne Jloasscheiwe unn o noch a Mauersteen druff, da kann kee Feier brenn'n, wenns kee Zuch hat." Arjerlich noahme die Scheiwe mit zwee Finger in de Hand unn schleiderte die in weiten Boochen ins Dunkel oan de Joartenmauer, dasses laut klirrte. Paul koam runner von de Letter unn soate zu Aujust: „Da hat dich eener a tichtichen Schawwernack jespielt. Das verjisste nie!"

De Frau Köhler in de Stuwwe woar uffjeschreckt, wie se das Klirrn uffen Hoffe heerte. Sie dachte, jetzt isses soweit, das Schwein ward geschlachtet, jetzt brauchen se mich. Sie koam trapp raus mitte Peterwandscherze unn a Teppertopp, anne Schissel unnern Arme unn a Kwerrel in de Hand. Es dauerte a Weilechen bis se begriff, was doa los iss, worum alles ins Stocken jeroaten woar. Sie schimpte denn wer weess wie ewwer so vill Jemeenheet. Immer noch in große Uffrächung rief Aujust sehre laut: „Das krie'e ich raus, wer das woar, der kann sich uff was gefasst machen, da kannste dich druff verloasen!"

Paul, der Fleescher, schon a bisschen ruhicher jeworn, soate enerjisch: „Doa bring man liewer das Feir in Jang, das mer recht boale heeses Wasser zum Brieh'n hamm." Denn so lange musstense nu noch woarten. Awwer is Feier koam jetzt mit a Tempo in Jang, dasses

vor Aujusten anne kleene Genuchtuung wurre. „Jetzt funksjonierts!",
riefe erleichtert.

Nach anne jute Stunne wurre nu endlich das Schwein mit a Strick
oan rechten Hinnerbeen aussen Stalle jeholt unn jeschlachtet. Nach-
dähms gestochen woar, koam de Mutter Köhlern zum Zuche, die
musste nu das Blut in Teppertopp uffangen unn tichtich kwerreln.
Boale wurre nu das tote Schwein in Trooch, in die große Holzwan-
ne nin bugsiert. Der Fleescher kippte Schwapp for Schwapp das nu
kochendheese Wasser erschtmah uff die eene Seite von nu läbloßen
Tier. Kurze Zeit später wurren de Borschten mit anne Glocke abje-
kratzt. Die fielen denn in de heese Briehe. Jetzt nu koam die annere
Seite droan. Hinnerhär wurres denn noch jeputzt, das heesst mit a
scharfen Messer mit große Klinge de stehn jebemmnen Borschten
abrasiert. Nu koam es uff de Letter mit de Bauchseite nach vorne
oan de Wand jestellt. Wie denn de Innereien raus woarn, kam de
Frau Köhler mit de Schnapsflasche unn schenkte die zwee Männer
jeden een in. Paul, der Fleescher, soate: „Een trinkich mit, awwer das
warsch denn ooch, unn Bier willich oh nich hamm." Nanu! „Das woar
awwer bein oaln Schröder Alwert janz annersch, der hat je bis vor-
iches Joahr bei uns jeschlachtet, awwer mir woarn ähmdt mit den
nich mehr zufrieden", soate Aujust. „Der wollte ooch immer weller
noch a Schnaps." Paul soate druff: „Ich bin je o nich deroale Alwart,
bei mich muss alles a bisschen flott un orndlich zujehn. Da misster
eich schonn a bisschen bewächen."

So jechen hallew ellwe koam der Fleeschbeschauer Richard Ilgen-
stein, das woar je nu der Schwiechersohn von Köhlersch, der wohnte
bloß zwee Heiser dernehm. Der konnte mit seine Unnersuchung nu
doch oanfangen, er befand alles in Ordnung, es konnte weiter seinen
Loof nähm. Er soate: „Heite machichs moah forn sonst!" Er blebb
denn doa unn half nu tichtich mit. Natierlich woare ooch sehre ar-
jerlich ewwer die Ausverschämtheet uffen Waschhausdache. Boale
koam ooch noch de Frau Edith Ilgenstein, mit de kleene Ursel oan de
Hand. Die unnerstitzte denn ihre Mutter, die sich ewwer alles, was
uffen Dache passiert woar, sehre uffgerächt hodde. De kleene Ursel
ließ sich nich lange sähn, das tote Schwein uff de Letter hodde se de
Sprache verschloan.

A jewisser Rickstand mitte Arweeten lies sich je nu nich uffholn.
Paul hieltse awwer alle in Schach. Boale brauchte das oder jenes,

so riefe denn: „Salz", denn weller: „Fefer, Meiroahn, Inweckjläser, hatter noch Daerme?" Der Tarmin fors frische Schlachtjut in Loaden ließ sich nich hoaln. Das woar abzusähn. Vor de Loadentiere standen schon de Kunden noch vor finfe, die so de Erschten sinn wollten. Das woar je nu sehre peinlich. De Frau Köhler soate enn: „Mir sinn heite noch nich so weit, es iss was derzwischen jekomm'n, kommt alle morjen frieh ab um achte." Es koamen awwer immer neie Leite unn wollten schon was hamm. Mutter Köhler un Tochter Edith wechselten sich im Loaden ab, um das Durchenanner Harre zu wern. Schliesslich koamen de Erschten, die bloß Wurschtsuppe hamm wollten. Doa koam Aujust unn soate: „Doa macht eiren Loaden endlich zu, macht a Zettel oan de Tiere: ‚Geschlossen, morgen ab 8.00 Uhr jeeffnet." So machten se das denn, unn es woar Ruhe. Nu woar je och noch moah anne Verzeejerung injetreten unn neie Unruhe entstann.

De Kochwurscht woar nu in Kessel, jetzt woar de Bratwurscht droane, so vill wurre das nich, weil iss meeste Jehacktes ja verkooft wern sollte. Der Hausschlächter Paul woar a bisschen knurrich geworn unn soate jar nischt mehr. Er brachte nu alles zu a juten Enne, was noch zu tune woar. So späte woars bei keen jeworn, derbei hodde den Ruf, von alle Fleescher zuerscht fartich zu sinn. Uffen Ahmd um siehm jab's denn das lengest fälliche Abschlussessen. A scheener Broaten woar's, den hatten sich allemann ooch verdient. For seine Arweet kassierte Paul 3,50 RM, mehr jab's doamoals niche.

Das Stickchen Wäk bis heeme hatte anne janze Weile immer weller mitten Kopp jeschittelt, de letzten Meter bis oan de Hofftiere bei sich finge uff de Straße laut zu lachen oan. Das hielt oan, bisse bei seine Fraue Justchen in de Stuwwe troat. Er soate: „Nee, was ich heite erläwet hawwe, das muss ich dich erzähln. Zum Schlusse lachtense alle beeede doadrewwer. Er noahm sich die Zeit, das Notizbuch in de Hand zu nähm, unn vermarkte sei Verdienst. Unn das Heftchen hodde bis zu sein Tode jut uffgehomm. Es ekzistiert heite noch. Am nächsten Taare joab's denn ab um achte die uffen schwarzen Brett oanjekinnichte Ware. Die woar je nu immer noch frisch jenung. Die noch Wurschtsuppe hamm wollten, mussten ins Waschhaus jehn, Harr Köhler verteelte die direkt aussen Kessel in de mitjebrachten Teppe unn Kann'n. Ella Hinsdorf woar jleich mit a Wasseremmer jekomm. „Na das jeht doch nich so", soate Aujust zu se. Sie verteidichte sich unn erklärte: „Justaf unn ich, mir sin schon zwee'e, denn hammer siehm Kinner, das sinn nein Personen, sinn se doch man nich so!" Aujust machte denn in Emmer jut halleb vull unn bemarkte, dass annere oh noch Wurschtsuppe hamm wolln. Boale warse ooch schließlich alle.

Nach de Schule koam der kleene Walter Dannerberg mitten Handwaren unn holte die sauwer jemachte Wurschtmaschine, den Fleeschwolf, fors nächste Schlachten ab. Der durfte sich denn de Schweineborschten mitnähm, die e uff de kleene Schwanzbude hinnern Dorfe brachte. Er kriechte doavor 30 Fenniche, das woar a Jrund, sich sehre zu freien, er wolltes sich spoarn.

Köhlersch Schlachtefest woar nu Dorfgespräch jeworn. Alles mutmaßte, wer woll der oller die Täter uffen Waschhausdache gewest sinn. Der Schawwernack woar je woll ooch kee Spoaß mehr! Rausejekomm'n isses nie. De drei Jungens hodden sich mit Handschlach geschorn, uff Lähmszeit Stillschweichen zu bewoahrn. Unn nu nach so vill Joahrzähnten läwet keener mehr von die drei.

Die Geschichte beruht auf Erinnerungen von Walter Dannenberg, geboren 1926, wohnhaft in Halle, der Sohn vom „Fleescher" Paul Dannenberg. Der Genannte ist immer noch sehr mit seinem Heimatort Beesedau verbunden. Hier wurde er geboren und verlebte seine Kindheit und die Jugendjahre. Die drei fröhlichen bösen Jungen von einst erlebten bald als Soldaten die grausame Zeit des Krieges: Karl fiel 1941 in Russland, Helmut verlor ein Bein, nur Binnewald kam unversehrt zurück.

Alfred Müller
De Hoasenjacht in Beesedau anno 1938

Boale iss Hoasenjacht. Anne ganze Masse Jungens aussen Dorfe standen jejen Oahmd bei Bauer Ernst in großen Hofftore, doa zogs nich so sehre Enne Oktower. Thema woar eenzich unn alleene de Hoasenjacht, die alle Joahre so um die Zeit gemacht wurre. „Iss denn nu oan Sonntak Hoasenjacht?", rief der kleene Jorges Richard in de Runde.

Schulzen Fritze soate wichtich un laut: „Dissen Sonntag iss doch Kerche, doa iss denn nie Hoasenjacht. Doarum iss de Jacht erscht oan 2. Sonntach, am 11. November." Er wusstes ähmt jenau, das leeste bei de Jungens sofort Freide aus. Bejeistert wurre druff los erzeelt, was mer so oanzieht unn wenns denn manechmah schon koalt iss, wie es Schuhwerk am besten sin sollte. Vor allen wollten sich alle a dicken Knippel besorchen, der jeheerte woll unbedingt derzu. De Bejeisterung dauerte oan, bis se alle bei sich heeme woarn.

Uff den greessten Bauernjehefte in Dorfe wurre schon lange jeplant, doa musste vill bedacht wärn. Das lag nu in de Hänne der Geschwister Friedrich un Hedwig Ernst, die ja de Eichner von Herrenhause woarn. De Jacht in Dorfe woar schon lange ihr Priwweläk.

De Jächer mussten alle verstännicht wärn, denn musste je ooch der Bescheed intreffen, das se o werklich kommn. Acht bis zehn Jächer mussten schon sinn. Alle Jespannfihrer, annere Beschäftichte unn Dienstmächens mussten ooch frieh zeitich da sinn.

De Jächer mussten mit de Kutschen zu die eenzelnen Rewiere jefoahrn wärn unn de Treiwer mit de Ackerwaarens uff de Stellplätze.

Der wichtichste Mann derbei bei de janze Jacht woar je nu Karl Scherf aus Beesen. Der woar leidenschaftlicher unn bejeisterter Jächer. Der woar schon lange derbei unn kannte sich ooch in alle Jachtrewiere in janzen Umfeld aus. Seine Order mussten von alle befolcht wärn. Bisses nu so weit woar, ließ sich der ofte genung bei Ernsts uffen Hoffe sähn, wäjen anne orndliche Vorbereitung.

Hiemners Harmann, bei Ernsts uffen Hoffe als jute Seele unn zuverlässich oanerkannt, wirkte denn immer so wie a Schirrmeester beis Milletär. Er woar forn janzen Ackerwaren-Fuhrpark unn for de Kutschen verantwortlich, so ooch forde Jespannfihrer unn de Kutscher.

Oan zweeten Sonntak in November um neine woarn de Jächer un de Treiwer uffen Hoffe bei Ernsts bestellt. Hiemners Mupchen, in oal Harmann se Sohn, hodde schon zeitich jenug das große Hofftor uffgemacht. Das dauerte joar nich lange, da koamn schon de erschten junken Treiwer. Boale kam ooch Scherfs Karrel, natierlich brachte sei Hund mit.

Ernsts Fritzchen stand schon mit de jeschullerte Flinte, mit Ga-
maschen ewwer de Hosenbeene uff de Treppe vorn Herrnhause unn
lies Harrn Scherf in seine Besorjungen, in die er sich jleich jestarzt
hodde, jewährn. Kanter Schuhmann kamp ooch mit sein Hund, de
Flinte uffen Buckel. Er gukte sich umme, wie'e Dannebergs Waltern
sak, soate: „Du bist heite wieder mein Hundejunge." Schon hodde
de Leine mitsamt den Hund in Jewahrsam. Als Nächster erschien
der von jroß unn kleen geferchtete Feldhieter Harr Ostermeier von
Ritterjute in Pobbels. Alle kannten den bloßs als Seppel, weile von
Bayern stammte. Alles gukte uff den seine beriehmte Bichse uff de
Schuller, a janz modernes Ding. Seine Flinte hodde nämlich bloß een
Loof awwer mit Machazin mit 5 Patron'n. Eener von de Jungens tu-
schelte, doch zu heeren: „Oh, anne Flinte wie Old Schetterhand!"

Zwee Zoahnärzte aus Bernburch woarn mitten Auto gekomm,
es woar a janz neier Opel Olympia. Der Zahnarzt Schaper von Oals-
lemm hodde sich ooch injestellt. A Verwandter von Hausharrn, Kurt
Ernst aus Beesen, fehlte kee Joahr bei de Jacht. Der Feldhieter von
Ritterjut in Kustrene, Alex Franz aus Beesedau, jeheerte zu de Jacht-
gesellschft ooch mit derzu. Zuletzt kamp der Ferschter von Pletzke
mit Hund. De Jächer woarn nu alle doa, de bestellten Treiwer hod-
den sich alle injefunn.

Alle Jächer unn Treiwer stellten sich im Halbkrees uff, unn der
Jachtleiter erjriff das Wort. Harr Scherf sproach zuerscht zu de Jun-
gens. Er moahnte se zur Ruhe unn sprach: „Hier darf nich rumjeal-
wert wern, sonne Jacht iss anne arnste unn ooch jefährliche Sache.
Schulzen Fritze, du bist oalt genug, du bist vor die Jungens verant-
wortlich unn teeltse vor jeden Treim ewwer je janze Fläche in!" Uff
den kleensten Treiwer wurre uffmarksam unn soate: „Wie oalt bis du
denne?"

Der Kleene antwortete: „Ich bin schon 10 Joahre oalt unn jehe in
de vierte Klasse. Ich heesse Dieter Apitz!" Harr Scharf wellerholte
frachend: „Apitz? Was for a Apitz, der Schnopel oller Kochmann?"

Der Oanjesprochene antwortete laut: „Mei Voater iss Richard
Apitz."

„Also der Schnopel, das wollt ich wissen", lachte Karrel Scherf jut
gelaunt los. So a Spoaß oan friehen Morjen. Alles lachte!

Nu wandte sich mit arnsten Jesichte de Jächer zu: „Sie machen je
alle nich es erschte Moah mit, awwer greeste Sicherheit unn Vorsicht

isses Wichtichste bei de Jacht! Ich winsche uns alle anne erfolchrei-
che Jacht – unn dass mich nischt passiert!"

Harr Scherf weiter: „Wir hamm wie alle Joahre 5 Treim hier in de
Beesedauer Flur, die Jrenzen zu die anneren Jachtrewiere, Beesen,
Pobbels, Kustrene unn Bewitz wern nich ewwerschritten, das darf
uns nischt oanjehn!"

Das erschte Treim jeht jleich hinnern Dorfe los, Ecke Schingerkie-
de – den Strängenjrahm lang bis Zoll Beesedau, Blickrichtung Osten
Windmiehle. De Stroaße hok zu de Miehle iss de linke Begrenzung,
rechte Begrenzung iss der Verloof des Jrahms bis Zoll.

Die Treiwer schwärm nach links unn rechts aus in a Abstand, dass
de janze Breete vons Treim besetzt iss. Zum Schluss wird doa a Kes-
seltreim draus, das uffgescheichte Wild darf links unn rechts nich
ausweichen. Es wird de Jächer sozusoan vor de Flinten jetremm.
De Jächer wern jleich mit de Kutschen hok oan de Landstroaße je-
foahrn, soweit nu de Oanweisungen von Harrn Scherf. Karrel Scherf
holte erschtmah tief Luft unn saate nu janz laut: „Meine Harrn Jä-
cher, ich mache noch moah druff uffmerksam, dass nich in den Kes-
sel, ins Treim jeschossen wärn darf, uff jleicher Hehe beim Schitzen
wird jeschossen. Die Jacht, das erschte Treim bejinnt, wenn ich ohm
uff de Stroaße mit a weissen Tuch das Zeechen jäwe. Was ich hier
gesoat hawwe, jilt ooch for die annern Treim nachher!"

Er rief nochemoah janz laut: „Hamse das alle verstann?!"

„Los jehts!", riefe recht kreftich. Schulzen Fritze machte sich
jleich mit seine Treiwer uffen Wäk, das Stickchen zu Fusse. De Jä-
cher sprangen uff de Kutschen, die fünf Hunne durften o mitfoahrn.
Die fünf injeteelten Hunnejungens fuhrn mitten Beite-Ackerwaaren,
mit Mupchen in de Schosskelle, los. Im Nuh woar da janze Uffjebot
unnerwäks.

Karl Scherf postierte nu de Schitzen de Stroaße lang, links unn
rechts von sich je vier Schitzen, er selber als Schitze blebb in de Mit-
te. Die Hunnejungens mussten alle in de Nähe von de Jächer bleim
un Uffstellung nähm. Fritze Schulze hodde den janzen Jrahm oan
Ortsrand Beesedau mit 25 Treiwer in Abstand besetzt. Doa winkte
doch Harr Scherf schon mit sei weisses Tuch ohm uff de Stroaße. Das
woar das Zeechen, uff das alle Treiwer woarteten. Die marschierten
nu mitten Knippel in de Hand los. Boale sprangen de erschten Hoa-
sen hok un sausten dervon. Jetzt wurre Krach jemacht, denn zuricke

durftense nich loofen. Die links unn rechts loofenden Treiwer mussten sich nu a bisschen rascher bewächen, dass de Hoasen nich seitlich ausweichen kenn unn das Janze am Enne a Kessel ward. Anne janze Menge Hoasen liefen so trapp, wie se konnten, uff de Stroaße druff los. De junken Treiwer sausten lautstark hinnerhär. Unn schon krachtes unn ballertes los. Jetroffene Tiere koppkekelten, ewwerschlun sich in vollen Loof.

Manche kwälten sich noch ewwer de Landstroaße, sofort lähten uff Zuruff von ihre Jächer de Hunnejungens de Hunne los, unn die stärzten hinnerhär. Die brachten de Jachtbeite im Maul bei de Jächer. Hin un weller heerte mer de Jungens rufen: „Der iss oanjekrepelt!", so manches jetroffene Tier krichte denn a sachten Schlag mitten Knippel hinnern Kopp, dasses Enne schneller intrat.

Das Schießen woar nu awwer ooch injestellt. Bein Seppel hodde es am meesten jeknallt, der konnte fünfmah schießen, ehe weller a Machazin infiehrte. Die annern Jächer hodden alle bloß Doppelloofflinten unn konnten bloß zweemoah abdricken.

Jetzt mussten nu de Treiwer flink de jeschossnen Hoasen insammeln. Meehr wie zwee'e konnten je Jungens nich schleppen, doa musste denn efter losjemacht wern. De erläten Hoasen wurrn am Breitewaaren nellerjelät. Dort stand Mupchen mit a jrossen Messer in de Hand, er noahm jeden eenzelnen Hoasen in de Hand. Er durchstach jeweils een Hinterloof oan unneren Enne un steckte das annere Been durch de Schnitt. So jelangeten denn de Hoasen uffgehenget oan de Beene uff anne kräftiche Stange. War de Stange full, koamse uffen Ackerwaaren. De Stangen lachen denn links unn rechts ewwer de Waarenplanken. De Jungens woarn immer noch in Jange un sie rissen sich jarne das Schwanzenne, de Blume, als Trofäe ab, wenn sich denn jrade unbeobacht fiehlten. Das jeheerte alle Joahre derzu.

De Jächer stann nu zusamm. Nach ihre Erzählungen hättens je woll vill mehr geschossene Hoasen jähm missen. 26 Hoasen woarn awwer a sehre scheene Erjäbnis bein 1. Treim.

Der kleene Jorches Richard, brachte de letzten zwee Hoasen oanjeschleppt, wischte sich in Schweß von de Starne. Dort stand der Jachtleiter, voller Freide soate der jingste Treiwer: „Harr Stummel, wievill Hoasen wärn de das sinn?" Harr Scherf geriet außer sich, woar doch das sei Spitznoame, dene nich herrn konnte. Scherf rief lautstark: „Pass uff, de Rotzjunge, wenn ich dich a poar kläwe, ich bin for dich Harr Scherf, merke dich das!"

De rumstehenden Jächer lachten nu awwer unn de Jungens schmunzelten. Ja, dachte woll so mannecher, so kanns komm'n. Denn frieh hodde Karrel Scherf in Beesedau uffen Hoffe mit de Beesedauer Spitznoamn sein Spoaß jetremm.

Der Seppel unn Karl Scherf hodden de meesten Hoasen geschossen. Ernst Fritzchen unn Kurt Ernst von Beesen hodden woll weller keen so jrossen Erfolch. Der kleene Richard awwer wusste immer noch niche, worumme sonne Schimpe jekricht hodde. De Freide woarn verjangen. De Jungens erklärten das nu nochemah, seine Antwort woar: „Wuher soll ich de das wissen, das der Stummel Scherf heest!"

Doa meldete sich denn doch Ernst Fritzchen unn soate: „Sehn wir doch zu, dass wir weiterkommen, wir haben noch vier Treiben vor uns."

Das zweete Treim woar bloß a Stickchen dernähm. Awwer Uffstellung wurre direkt oan de friehere Zollstatsjon Beesedau jenommn. Jachtgebiet war nu rechts von de Landstroaße nach Bewitz. De Jächer fuhrn in Feldwäk nach Bewitz mitte Kutschen un postierten sich in Schitzenkette oan den Schienstrang von de Kleenboahn Oalslemm-Bewitz. Dreischarfs Lutsch fuhr de Jungens uffen Ackerwaaren uff de Landstroaße lang. Doaderbei wurre so alle 30 Meter a Treiwer in Foahrn abjesetzt.

Karrel Scherf noahm weller Uffstellung zwischen seine Jächer un stellte sich derbei uffs Jleisbette von de Schien. Doa ware jut zu sähn unn winkte jleich mit sein weißes Tuch. Das zweete Treim noahm sein Oanfang. De Treiwer bewächten sich nach vorne unn boale sprangen de Hoasen aus ihre Kuln uffen Acker. Doa woarn in Treim a poar Strauch- unn Buschinseln. Durch den Krach der Treiwer sprangen doch allerhand Hoasen raus, a poar Rehe machten hinnerhär. Rebhiener un Fasoan flohn in de Luft. Rehe durften je keene jeschossen wärn. Awwer de Hoasen sausten alle in anne lang jestreckte oale Kiesjruwe nin un suchten Schutz unn Versteck im dichten Gebisch. De Jungens woarn boale in Loofschritt dort oanjekomm'n unn stirmten mit a mächtichen Krach den Hang lang nunner. De Hoasen sahn zu, dasse uffen Hang jejenewwer lang hok koamn. Awwer alles Wild bewächte sich nu uff de Schitzenkette zu. Wie uff Kommando ballertes los unn anne janze Masse Hoasen wurrn nellerjestreckt. De oale Kiesjruwe hodde sich uffs Neie als Joldjruwe bei de Jacht erwiesen. De Jachtbeite woarn immerhin 19 Hoasen, 6 Karnickel unn een Fasoahn.

So wie se alle jekomm'n woarn, so setzte sich der Jachttross weller in Richtung Zoll in Bewächung. Am Zoll wurre abgesessen, hier wurre nu anne Pause jemacht. Schliesslich woar hier je das Jasthaus „Zur Preussischen Krone". In de Jaststuwwe durften nur de Jächer rin. Die annern Männer krichten draussen a Jlas Bier unn de Jungens anne Fassbrause. Der Wirt woar doamals noch Harr Tschauner.

Wie se denn draussen so alle rumstann'n, koam doch a Dienstmächen von Ernst's mit a Fahrrad jeschomm. A großer Handkorb hing oan de Lenkstange. De Treiwer erwoarteten neijierich das Mächen. „Was brengest du denne?" Mit lauter Stimme rief sie: „Ich bringe eich was zu essen!"

Jeder von de Treiwer krichte anne Doppelbemme. Mit jroßen Appetieht verzehrten de Jungens ihre Bemmn. De Hunnejungens alwerten abseits a bisschen mit de Hunne rum, de Hunne schielten uff ihre Uffpasser, die mit ihrn Friehstick noch nich fartich woarn. Dannebergs Walter schmiss sein Hund a Bissen hin, doa koam doch der Hund von Ferschter von Pletzke futterneidisch oanjesprungen. Walter erhobb drohend sein Knippel unn holte aus. Doa muss der Pletzker Hund jedacht ham, er soll Schmisse krien unn wollte ausreissen. Awwer de Leine woar nich so lang, unn der Hund sauste nu im Kreise rum unn umwickelte Waltern seine Beene. Zum Schlusse zerrte der Hund nochemoah oan die kurz jeworne Leine. Plumps, doa lag Walter in anne große Fitze, unn koam joar nich weller hok. A lautes Jelächter setzte inn, alle kamse oanjeloofen. Nee so a Spoaß! Walter koam weller uff de Beene, alles woar heil bein, awwer wer weeß wie dreckich woare nu. Er konnte schoweller lachen unn soate: „Das muss Justchen reene machen!", unn meente dermit seine Mutter.

De Jächer hodden in de Kneipe uff ihren Jachterfolch oanjestossen unn das a poarmoah, sie roffen sehre laut derbei: „Weidmannsheil!" A bisschen Jächerlatein wurre ooch erzeelt. Awwer nu bot Ernsts Fritzchen doch Einhalt unn moahnte oan, de Jacht forzusetzen. Wie se draussen rauskamen, woarnse bei juter Stimmung.

Karrel Scherf bemarkte jleich, das doa draussen was vorgefalln sin muss, beguckte Waltern seine Klamotten unn soate: „Was woar hier los, hat ihr eich jeschloan, oller was?" Lutsch Fritze machte denn de Auskunft, was los woar. Karrel wurre nich jleich jescheit draus, weil immer weller losjelacht wurre. Koppschittelnd soate denn: „Eich kammer werklich nich moah finf Minuten alleene loassen!"

Karrel Scherf erleiterte nu vor de versammelte Jachtgesellschaft, wies bein dritten Treim weiterjeht. Es musste je weller a Kessel wärn. So wurrn denn de Hoasen weller vor de Flinten jejocht. Es klappte wie vorgesähn. Es wurrn 15 Hoasen von de Treiwer unn de Hunne roanjeschleppt. Die Hoasen passten jeroade uff anne neie Stange.

De junken Treiwer hodden nu jleich am sellewen Wäk Uffstellung zu nähm, jetzt solltes bein vierten Treim in Richtung Beesener Park jehn. Das woar nu a janz scheenes großes Sticke. De Jächer gelangeten denn oan de Parkmauer lang uff ihrn Stellplatz. De Treiwer hodden nu ooch de Flanken besetzt.

Karrel Scherf winkte schon janz forsch wie so a Singnalist uffen Schiffe. Unn schon jing nu schon das vierte Treim los.

De Hoasen flitzten mit große Springe ewwern Acker, de Flankenbildung zeichte Wirkung, entwischen nach rechts oller links woar fast unmeeglich. De Jächer hodden sich uffen Fuhrwäk a bisschen hinner de Beeme versteckt unn koamen boale zum Schuss. Diesmoal warns bloß 13 Hoasen als Jachtbeite. De Jungens fanden sich a bisschen abjekämft zusammen. Apitz Dieter, der in de Nähe von Ernst Fritzchen jekomm woar, berichtete, dass der hinner a Hoasen, dene nich jetroffen hat, hinnerhär jerufen hat: „Lasst ihn laufen, es ist eine Häsin!" Die's heerten, fandens lustich, awwer lachen konnte oh keener drewwer.

De Mittachszeit woar längest vorbei. Das finfte unn letzte Treim sollte oan de Reihe komm'n. Bei de Treiwer mussten zwee Kolon'n jebildt wern. Die älleren Jungens unn Bengels mussten von Ortsrand Kustrena de Hoasen ewwer a langes Sticke bis nach Beesedau treim. Die jingeren unn kleeneren Treiwer mussten von Flussloof von de Soale das Wild ewwern nahen Soaledeich von 1776 treim, rin in Kessel. De Treibjacht bejann awwer vorzeitich bei de großen Jungens. A bisschen später jochte de zweete Kolonne das Wild ewwer den hohen Damm in Kessel rin. Die postierten Jächer oan den Kirschwäk von Beesedau zur Soalefähre blebb noch Zeit. Die Strecke von Kustrene bis nach Beesedau jing fast in Dauerloof vonstattten. De Treiwer gerieten tichtich ins Schwitzen. Das uffjescheichte Wild, de Hoasen sausten jradezu uff de Schitzenkette los. Nu jing awwer boale de Ballereie los, unn es woar am Enne nochemoah a scheener Erfolch for de Jächer. Die schon abjehetzten Treiwer mussten noch tichtich de erlächten Hoasen roanschleppen. 25 Hoasen woarn nu noch derzujekommn.

Jächer unn Treiwer blickten nu mit Stolz unn Jenuchtuung uff die Fuhre mit Hoasen. Zusammn woarn das insjesamt 89 Hoasen. Der Ackerwaaren mit de Beite klapperte boale uffen Koppsteenflaster ins Dorf rin. De Hoasen uff de Stangen woarn nochemah in Bewächung jeroaten unn schittelten mit de Keppe.

De Jächer verzichteten uff ihre Kutschen unn liefen stolz hinnerhär, jefolcht von de abjekämften Treiwer. Das ganze Jefolche troaf nu uffen Hoff bei Ernst's inn.

Jetzt jab's Lohn for die mieden Triewer, de Hunnejungens kriechten eene Mark unn de Treiwer fuffzich Fennche. Awwer a scheenes Erläbnis war's doche.

De Jächer woarn nu von Fr. Ernst injeloaden worn zu ann gemeinsamen Abschlussessen in „Grienen Salon" des Herrenhauses. De Jungens jingen eichene Wäche.

Wie es dunkel woar, trafen sich Schulzen Werner un Jorches Richard, die hodden alle beede noch was Wichtiches zu besorchen. Alle beede hodden sich a erlächten Hoasen in Flutjrahm an Wächesrand versteckt. Das woar weit aussenanner. Richard fand sein Hoasen boale.

Awwer in Stockfinstern nu die Stelle zu finn, wo Werner sei Hoase iss, woar joar nich eenfach. Anne hallewe Stunne hat de Suche bestimmt jedauert, endlich fiehlte Werner mit de Finger das Fell von Hoasen. Nu hodden alle beede ihrn Hoasen.

Jetzt schlichen sich heeme, boale trenntense sich. Werner woar boale oan de Haustiere. De Eltern sassen oan Tische unn aßen Oamtbrot. Werner koam wie so Siecher in de Stowwe jeschossen unn rief: „Guckt moah, was ich hier hawwe, wir ham Nachjacht jemacht, das jiwwet a scheen Braten!"

Der Vater, Walter Schulze, sprang von Stuhl hok unn rief enerjisch: „Den bringeste sofort bei Ernst, dort geheerte hin, awwer sofort!"

Werner traute seine Ohrn niche, er soate: „Ich brenge den nich hin!" Jetzt mischte sich de Mutter in unn soate: „Walter, denke doch moah nach, das kannste doch nich verlangen, doa kommer doch recht erscht ins Jerede. Das erfährt denn is janze Dorf, unn mir wern verlacht!" Der Voater protestierte nochemoah tichtich, unn rief denn errächt: „Ich jedenfalls esse doadervon keen Happen!"

Der Voater hat werklich nischt dervon jejessen. Uff seinen Wunsch hatte Kartoffeln unn Jrehm (Grieben) jejessen. Ob's noch annere Nachjachten jejähm hat, iss nich bekannt jeworn.

Werner Nake
Fetz

Sonndag isses, un de Sonne scheent. Meestens jehn dann meine Eltern mit mir schbpaziern. Dadruff freie ich mich schon. Aha, es wird wirklich was. „Los jeht's", sahte mein Baba, „de Saale lang." An dr Saale is es immer dufte. Uff dr Ziechelwiese gammer de Fondäne schbrudeln sehn, wemmer Jlick hat. Denn gommt's Riveufer. Hier loofen e Haufen Leite, jradeso wie in dr jroßen Ulrichstraße. Uf dr Saale is och mächtijer Betrieb, Gähne un Damber jede Menge. Von Damber winken mache rieber, ich winke denn zerick. Das macht Schbaß.

Am Ende dr Saale-Bromenade sähn mer schon de Burg Jiebichenschteen. Ich mechte jerne ruff. Diesmal sin de Eltern jnädch, un mir graxeln hoch. Ich gönnte da om schdundenlang de Aussicht jenießen. Mr gann jar nich alles uffzählen; von dr Bergschenke bis zun Zoo. Un in de Ferne jibts och noch viel ze sähn. Zun Abschluss jehn mer noch riwwer in „Grug zum jrünen Granze". Dort gibbe ich mir meine Limonade runger. Mein Baba jenießt sein Helles un meine Mama ihr Schälchen Heeses, wie se so saht. 's war werglich ä scheener Dag. Amds im Bette jing mr alles noch emal durch'n Gobb.

De Stadt hat je noch viel, viel ze bieten. Zun Beischbiel de Galgenberche odern Bestalozzibark. An liebsten von allen is mir de Heede. Wer sich vornehm ausquetschen will, saht „Stadtwald" oder „Heide" derzu. De Endstatzjon dr Straßenbahn an Huberdusblatz wird och „Heide" jenannt. Manche, die mit dr Bahn bis hierher jefahrn sin, loofen nich jerne, un gehrn jlei in „Waldgader" ein. Die verbassen so viel, was mir denn sähn un erlem gönnen. Schon de Luft is was janz anneres als dr Stadtmief. Mir jefällt das Jezwitscher dr Singvegel janz besondersch. Mein Baba weeß von vielen de Namen. Mir jeniecht schon das scheene Vogelgonzert. Daderfür mechtj jerne wissen, wie das Graut an Wegrand heeßt. Das wees nu meine Mama janz jenau. Alles mergen gann ich mir awwer nich.

Wejen de vielen Wurzeln is mei Baba sehr besorcht um mich un saht, ich solle uffbassen. Gaum hadder ausjeschbrochen, lieche ich uff dr Näse. Ich gomme zwar jlei widder hoch, awwer mei rechtes Gnie tat mächtj weh. Trotzdem jammere ich nich rum wie e gleenes Gind, sondern beiße de Zähne zesammen. Als ich mirn Schaden angucke, sehe ich ne bludiche Schramme. Es is nich weider schlimm, doch ohne ze humbeln jeht's nich.

Jetzt sin de Flanzen an Wege jar nich mehr so wichtj. Doch im Wald jibt's immer Iberraschungen. Blötzlich flitzt e Eichhernchen vor uns iwwern Weg un bringt sich an e Boomstamm in Sicherheet. Hintern Stamme glettert's hoch un guckt ma links un ema rechts ze uns, ob mir noch da sin. E sichern hohen Ast nutzt es, um uns in aller Ruhe neujierich ze beäugeln. Dann warn mer ihm wohl ze langweilich un es verschwannt in dr Grone. Schade, das Schbielchen hätte noch dauern gönnen.

De Richtung stimmte, wir steierten „Gnolls Hitte" an. Dicht am Wald und uff dr annern Straßenseite is das hibsche Gartenlogal. Hier reitze mich de Limonade iwwerhaubt nich. Ich stirmte jlei zun Schbielblatz. Dr is ne Wucht mit sein Garussels, Schaugeln un so. Ich gonnte mich gar nich drennen. Nur mit Jewalt holten mich meine Eltern von dort weg.

In dr Heede jibt's noch viel mehr scheene Ziele, wohin mer wandern gann. Zun Beischbiel en Aussichtsdurm uffn Golgdurmberch. Dr Weg bis hoch is geene Freide, doch wenn mer's jeschafft hat, is es herrlich. Es verlohnt sich, e Ferngieker mitzenehmen. Jerne mechte ich mal in Lintbusch. Doch bis dahin is e wieder Weg. Es soll dort seltene Jewächse jem. Dadrum will ich mich nechstens ausfihrlicher gimmern. Enne Garte von de Heede hawwich mir schon besorcht, dass ich mich noch besser zerechtfinden gann.

Nur immer Freizeit jibt's nich. Da is noch de Schule. Viele sachen verächtlich Penne derzu. Doch das is mir ze doof. Ich jebe mir viel Miehe, alles ze begreifen und ze lernen. Manchma isses richtj schbannend, ze hern, was es Wunderbares in der Welt jibt. Von allen Schulfächern is mir nadierlich Schbort de Nummer eens. Bloß mit dr Mathe hawwich mich jezankt. Wer sich solchen Wirrwarr wohl ausjeheckt hat. Mit de Zahlen ze jonglieren is jroße Schufterei. Am Ende schaffe ich's denn mit Ach un Grach. Das liejt dadran, dass ich jut schielen gann uffs Heft von mei Nachbarn. Ich schreibe sorchfältig in mei Heft, was sich mei Nachbar ausjedifdelt hat. Die Medode hat bisher immer jut jeglabbt.

Mit allen Schülern in meiner Glasse verstehe ich mich bestens. Doch am meisten mit Rudi. Rudi is mein Freind. Mir sin viel zesamm beim Schbielen un so. Er macht jeden Quadsch mit un nimmt och nich jlei was ibel. In dr scheenen Jahreszeit jehn mr oft ins Nordbad. De Abgihlung tut denn jut. Ich mache jerne von Schbrungbrett e Gebbert ins Maium. Mit Rudi zesamm dauche ich oft un lange. Fer schbäder winsche ich mir ne Daucherausristung un denn ab dermit in de Siedsee. Was mr da alles sehn gann, is wie in Märchen. Neilich wollte ich widder mit Rudi ins Nordbad. Meine Eltern hadden leider was dajejen. Se meenten, swäre ze galt un mir gennten uns e Schnubben holn. Mir zwee sahn das janz annersch. Awwer meine Eltern warn wie vernagelt. Sonst sin se doch nich so. Bloß em diesma nich, un mir mussten ze Hause bleim.

Unse Schulglasse hatte vor zwee Wochen Wanderdach. Ze Essen un ze Drinken sollten mir von ze Hause mitbringen. Das wurde in Rucksack verstaut. Meine Mama stobbte noch firorchlich e Rejengeeb rein. Mit'n Bus fuhrn mer bis zum Hermannseck. Von hier aus jing's rin in den Ziechelrodaer Forscht. Swar beinahe so wie in dr Heede. Am Anfang war e Jeheje mit eenheemischen Dieren. Derbei warn och weiße Rehe. Die sollen Albinos heeßen, wurden mir uffjeglärt. Als mir e janzes Stick von Weg hinter uns jelassen hatten, machten mer ne Rast und verdilchten, was in Rucksack ze schnabulieren steckte. Orndlich jestärkt jing's weiter. Mir wanderten un wanderten, bis mer mergten, dass mer uns verloofen hatten. Raus gam zen Schluss de doppelte Strecke. Ich un die annern och waren fix un fertj. Ze Hause anjegommen, rin ins Bette un weg warch.

In dr Woche jehn meine Eltern kläjen. Sie sind froh drieber, dass se Arbeet ham. Nur oft stöhn se, weil's so anstrengend is. Mein Baba muss derfir sorjen, dass in seiner Abteilung alles jut leeft. Er muss viel Ibberstunden machen. Als wenn's nich so schon jenug wäre. Vorjestern hat doch irjend so e Droddel was verbumfildelt, un se mussten noch ema von vorne anfangen. Es soll wohl janz gurz vorn Dermin jewesen sin. Also noch mehr Ibberstunden. Mein Baba is völlich erledicht. Es Jute derbei is, er bringt e scheenen Fench Jeld heeme. Meine Mama hat's in ihrn Biro nich janz so schwer, meent dr Baba, se wirde ne ruhje Gugel schiem. Na, so einfach hatses nich. Se muss ihre Jedanken zesammennehm, damit se geen Fehler macht. Letztens hat ihr Boss ne Anjelechenheet verbummelt un ihr de Schuld in de Schuhe jeschom. Da war se stinksauer. E Chef gann sich sowas em erlom.

Was ich ma wern will, weeß ich noch nich so jenau. Ich muss es jedenfalls jerne dun un es muss och was einbringen. Vielleicht is Maschinenbauer das Richtje. Sowas Dolles zesammenbasteln wäre bestimmt nich schlecht. Oder Järtner stell ich mir interessant vor. Sam oder Flanzen in de Erde bringen, orndlich flejen un denn ernten. Oder was jibt's noch? Na ja, ma sehn, bis dahin is noch viel Zeit.

Lutz Schneider
Dar Unnerschied

Nu war doch meie Nichte, wie se noch kleen war, janz farrikt nahs Angln. Kaum war se zu Besuch: „Onkel Lutz, jehn mer Angln?"

Nu, was wollte mer machen, in'n Varein war se nich, also ab, nah'n Forellnzerkus! Daes nu inne Woche war, hattn mar ville Platz. Außar uns war bloß noch eener da, un der saß forne an'n Steech. Awwer der meckarte de janze Zeit rumher. Hatte wo noch jar nischt jefangen. Mehnte so, die ham wo nischt rinnjesetz un berschwehrn werte sich un was weeß ich alles.

Der kannte de Angelei awwer wo och nur vons Heernsaren oder von sohn Forellnzerkus, wo mar nah Kilo bezahlt un de Viecher ehn balle von alleene in de Tasche hüppm: Hatte vill zu dicke Schnur droff un Wasserkureln, wie 'n Appel so jroß!

Mir hattn jenfalls off Mittach jenuch, jehar so sieme, achte, un wollten uns nu heeme machen. Un wie mar an Steech komm, meckart der Kerrel uns och noch voll: „'kemm von sonstn wo her un fang een hier de Füsche weck", oder wase jesaht hat. Da zuckt meie kleene Nichte mite Schultarn un mehnt: „Un de Moral von de Jeschicht: Angln kann mer oder nicht!"

Ich hawwe de Kleene ins Auto jesetzt, mein Kram in'n Kofferraum un ab. Ich glowe, wenn ich den noch „Petri Heil" jewünscht hätte, der hätte uns was hinnerherjeschmissen.

Lutz Schneider
De Zeit

Meie Schwestar wohnt'n Sticke draußn, uffn Dorfe. Da musste 'n janzes Enne fahrn, um die Kleene in'n Kinnerjartn zu bring. Un da war nu, an den Wech, den se jen Tach lang sinn, anne olle Scheine. Das war so ne janz ohle Hitte, 's Dach war hinn, de Mauern fingn an zu breckl, awwer 's war de Eile drann: Denkmalschutz! Das heeßt: Abruppen daarf mers nich, muss von alleene umfalln. Weckreimn darf mers denne.

Na, jenfalls werd die Kleene doch den een frieh fraren: „Pappa, wer hattn das Haus kaputjemacht?"

Un Micha, also was dar Mann von meine Schwestar is, saht janz wahrheitsjemeeß: „Die Zeit." Damit jab sich die Kleene och zu Friedn.

Nu war awwer die Straße inne nächstn Wochen jesparrt, da hamse wo de Schlachlechar zujemacht. Un wie se denn willer offn war un die wedder da lang nahn Kinnerjartn fahrn, war de Scheine janz hinniewar: Dar Jiewel war naußjefalln un es Dach lach och schonn halb drinne.

Da mehnt doch die Kleene: „Pappa, guck ma, de Zeit iss schon fast ferrich!"

Lutz Schneider
Arziehung

Meie kleene Nichte war so fimwe oher sechse, da stand se ma mit ihre Muttar, also was meie Schwestar is, in'n Lahn. Vor se och anne junge Muttar, awwer die hat jewo ihr Kleenes janz modderne erzohren, so nah den Motto: Kriejen tuste alles, bloß blähken musste laut jenuch!

Das hat mar denn och jemerkt. „Mamma ich will Bommomms hamm!" – „Nee, haste jenuch Darheeme!" – „MÄÄHHH!"

So jink das de janze Zeit, ma wolltes das eene, ma das annerre, un wennses nich krichte, denn krähtes 'n halm Lahn zusamm, bises doch hatte. Un wie se anne Kasse stehn, anglt der Wanst doch nah de Battrien riwwer. „Nein!" – „BÄÄHH!"

Un was wird doch meie kleene Nichte machen? Die kuckt ihre Muttar an, un mehnt, mitn Jesicht wien Professer anner Dorfschule: „Ne Mutti, Kinner sinn das Erjebnis dar Arziehung ihrar Eltarn!"

Meie Schwestar dachte erscht, die schmoort der Kleenen eene, awwer das hat se sich varkniffen, wie nischt hatte se bezahlt un ihr Kram, samt den Werjel, jeraapt un iss naus. Un hat sich oh nie willer blickn laaßn.

Jürgen Schönfeld
Dor Ijel

Mitten in's Dorf, in ann scheen jroßen Jarten, hinner so ann habvorfallnes Haus, da wohnt sojar noch eener drinne, da hotte sich anne Ijelfamilie inkwartiert.

Se hotten wejen de Vorwarlosung von's Jrundstick alles, was mor so zum Läm brauchte, un anne scheene Wohnung unnern olln Bretterhoofen hotten se och. Se war warm, de Heele, unn vor so anne Ijelfamilie och recht jemitlich.

Schnecken, Wirmer unn anneres fressbares Viezeichs jab's in Iwwerfluss. Obst un Jemiese och, brauchten se awer nich, fressen de Biester nich oder janz selten, wenn se denn ma jar nischt anneres finn kennten unn nischt mehr zu's fressen hamm.

Weil de Ijelmutter späte in's Jahr erscht ann Vorehrer jefunn hotte, kam dor Ijelnahwuchs, das heest die kleen Ijel, och erscht off de Welt, als de Äppel off'n Boom schonn baale reef warn. Dor Ijelvater machte sich beizeiten aus'n Schtob, unn de Ijelmutter musste janz alleene mit de Wänster klarkomm. Als nu des erschte Loob schonn von de Beeme runnerkam, warn de Kleen jerade ma so halbwichsich.

Een scheen Tares, janz pletzlich, kam och de Mutter nich mehr heeme. Vieleicht wurre se von ann Auto iwwerfahrn off de anjrenzende Straße oder se iss inn irjent ann Wasserloch jefalln unn nich willer rausjekomm. Passiert ja so offte. Wer weeß, jedenfalls kam se nich willer un de Kinner mussten allene zurechte komm. Weil se nu keener mehr vorsorchte unn nischt mehr zu fressen busorcht wurre, warn de kleen Ijel unneranner sich nich mehr eenich, so rannten se allemann ausnanner. Jeder jink von Stunne ann seine eejene Wäje.

Max, nenn morn eenfach so, dor kräftichste von alle unn schon mit's Jewicht, um iwwer dän lanken Winter zu komm, der nu sich baale ankindichte, war in dän scheen Jarten als Eenzijer noch da. Wo denn die annern abjeblimm sinn, wer weeß. Max baute sich anne scheene Heele aus Plastetiten, Jras unn Loob unner ann jroßen Holzhoofen. De Temperatur jink nämlich schon lanksam, awwer jen Tach ann bischen mehr runner unn er kloppte schon jewaltich ann de Tire, dor Winter. So war das janze fressbare Viehzeich, was immer in Hille unn Fille da war, schonn in de Erde vorschwunn. Unnjemitlich wurres unn Schnee kam och schon manchma ann bisschen anjefloren. Da war dor natierliche Winterschlaf anjesacht. Speck vorn Winter hotte Max schonn off de Rippen, war ja bei's Fressen nich so mäklich wie de annern von seine Ijeljeschwister. Dor Winter war jetzt da, unn dauerte unn dauerte. Max schlief janz feste un treemte so manchma vor sich hin, von's Fressen un so. So janz nembei kam och ma in seine Treeme das Weibliche vor. Er kunnte awwer nischt so richtich mit anfangn, es hotten ja keener uffjekleert. War ja keener da. Mutter vorstorm unn dor Vater zeitich wek, anne neie Frau jesucht oder wie och immer.

Dor Winter war awwer irjent wann ma vorbei. Als de Sonne schon willer mehr Kraft hotte unn willer heeher stand kam's Friejahr. De Temperaturen kletterten tachsiwwer schon janz beachtlich in de Heehe. Max kam jetzt efter aus seine Heele raus, unn schnuppete in de laue Luft, denn so richtich kuken kenn ja die kleen Biesters nich, wie mor so wees. Als denn de Schnecken un Wirmer och da warn, die mor als Ijel vorspeisen kunnte, war dor Mittachstisch vor Max willer reichlich jedeckt. Dor Stachelpelz wurre immer voller – voller Flehe. Awwer sein Jewicht machte Fortschritte. Jetzt jinks dän Halbwichsijen willer so richtich jut, awwer jetzt fieln och seine Treeme von sein Winterschlaf willer in. Wäjens Weibliche un so machte sich jetzt Max so seine Jedanken unn jriewelte na. Es hotten je keener uffjekleert so mit's Weibliche unn alles drum unn dran. Awwer er musstes eenfach ma ausprowiern unn so machte sich los, um sein Jlick zu vorsuchen. Jelei un de Ecke hotte janz was Passendes jefunn, meente Max. Er rannte los un sprank droff. Awwer anstatt sowas Ijelijes wie eh sich des so vorjeschtellt hotte, war's bloß dor olle Hoffbäsen, der irjentwann ma umjefalln war. Pech jehabt, willer ma. Mor hotten ja ooch nich uffjekleet.

Das Friejahr, de Sonne un de Werme brachten seine Jefiele offen Hehepunkt. Ann paar Tare später lak da so ann scheenes schwarzes Wäsen in de Sonne. Es buwächte sich nich, war awwer jut anzusähn. De Stacheln warn so akkurat unn jeleichmäßich. Se lak ja so inlahnd da. Max hotte sonn Jeruch inn de Nase, där dor Kleene eenfach nich deiten kunnte. Richen denn de Ijelweiwer so?

Er hotte Anloof jenomm, rannte sol unn sprank off se. Willer Pech jehabt, da lak bloß ann jroße schwarze Schuhbirschte unn stank firchterlich na Schuhkräme. Muss woll eener wegjeschmissen hamm. Willer nischt mit's Vorjniejen. Awwer man hotten ja och nich uffjekleert, denn alles was Borschten hotte oder Stacheln muss ja nich irjetwie ann Ijelweib sinn. So ville hotte schon jelernt, janz allene un ohne fremdes Zutun.

Jetzt war's schon Ende Mai, unn er hotte noch immer keen Jlick mit de Ijelweiwer, der arme Max. Wenichstens een Weib mechte ma hamm un wenn'se och so kleen is un janz vorworjet, macht och nischt, dachte sich Max un trottete janz traurich so lank hin. Da,

janz pletzlich vor seine Ijelnase sonn runder schwarzer Stachel-
hoofen. Baale wäre noch driwwerjefalln. De Frahre war, iss des nu
anner Ijelfrau, sonne scheene, oder bloß anne olle wekjeschmissene
Klobirschte? Er schnupperte unn schnupperte, richtich kuken kenn
ja de Ijel iwwerhaupt nich. (Se kenn eenfach keen Auto arkenn unn
wärn ja deswäjen off de Straße immer breetjefahrn.)

Er hotte Jlick, es roch na Ijel, na Ijelweib sojar, dachte sich Max,
nich na das annere. Nischt wie ran unn prowieren. Man hotten ja
nich uffjekleert. Dor Stachelhoofen weerte sich unn weerte sich, Max
blieb dran, unn irjendwann na Stunn hotte Max dann Jlick un dor
Stachelhoofen, dor weibliche, jab off.

Jetzt wusste nu Max, wie's jeht, denn dor stachlije Hofen war kee-
ne Birschte, sondern anne jut jebaute Ijelfrau unn alles jink dann
wie von selwer. Nu endlich ware offjekleert, von janz alleene unn de
Wintertreeme iwwers Weibliche un so warn doch noch in Arfillunk
jejangn.

Na de Bejäjnunk mit's annere Jeschlecht machte sich Max janz
flott aus'n Schtob. Er war ja nu offn Jeschmak jekomm unn suchte
weiter na annere Ijelweiwer, wie's sein Vater in's vorije Jahr och schon
jemacht hotte. Jetzt wusste Max Buscheet. Jetzt ware nu endlich uff-
jekleert. De janze Jeschichte misste nu willer von vorne anfangen.
Das heeßt, Ijelvater vorschwunn, sich anne annere jesucht, Mutter
unn de Kinner allene jelaasen.

Unn wenn denn de Mutter och noch vorunjlickt off de nahe lie-
jende Straße? Wer soll de Ijelkinner uffkleern? Wir wolln's doch nich
hoffen, dass es noch ma so kimmt.

Jürgen Schönfeld
Dor Vorelbährboom

In unse Straße in Terten, off de annere Seite, wo frieher noch keene
Heiser warn, stann Sauerkirschbeeme. Se hotten ihre juten Zeiten
schonn hinner sich, unn ville Zacken warn trocken odder abjebro-
chen. De Kerschen, die paar, die droffhingn, warn sehre kleen, awwer

so was von siees. Meestens awwer hotten wir Kinner se schonn runnerjeholt, wenn se noch nich janz reef warn. De besten Frichte janz ohm in de Krone, die holten sich meestens de Stare.

Awwer in so jewisse Abschtenne stann zwischen de Kirschbeeme Vorebährbeeme. In unse Straße warn's so vier Schtick. Heite weeß mor, es warn Äwereschen, Edeläwereschen sojar. Awwer frieher warn's ähm vor uns Kinner Vorelbährbeeme. In's Friejahr bliehten se scheen weiß, unn inn Spätsommer warn denn jroße Bindel mit de knallroten Bährn drann. Willer warn de Veejel ran, iwwerwijent de Stare unn hotten de scheen roten Frichte jefressen. De meesten awwer hotten se runnerjeschmissen, die wurrn von de Autos off de Straße breetjefahrn.

Een scheen Tares hotten wir als Kinner ma dän Innfall, mor miste doch ma de Vorelbährn kosten, villeicht schmecken die jar nich so schlecht, denn de Veejel fressen se ja ooch. Hockklettern war nich so schwer, warn ja schonn jenuch Näjel unn Bauklammern injeschlaren von uns. De Vorelbährn warn inn Jeschmack eejentlich nich so, wie mor sich das so vorjeschtellt hotte. Mählich warn se, mor musste de Kerne unn ooch de Bliete willer ausspucken, awwer se schmeckten jar nich so iwel mit de Zeit. Wir hamm alle janz jemitlich off'n Boom jesessen, unn irjentwann kam off de Straße de Frau Warenblass von Sandbarch mit's Rad vorbeijefahrn. Se iss abjeschtiejen unn fing jelei ferchterlich an mit's Schimpen, als se uns da ohm sitzen sak. De Vorelbährn sinn jiftich, ihr wäret eich alle vorjiften, ich wäres jelei eire Eltern sahn. Denn isse weiter mit's Rad, de olle Petze.

Awwer irjentwann war's denn doch jenuch unn wir sinn willer runner von Boom. Eejentlich schmeckten se ooch nich so richtich. Mittlorweile war's denn schonn na sechse unn alle sinn heeme zu's Ahmbrot. Ich wurre, na däm ich de Tire zujemacht hotte, jelei jefraht: „Haste heite nahmittach Vorelbährn jejessen?"

Ich sahte erscht ma: „Nee."

„De Frau Warenblass war hier unn hotte jesaht, ihr habt off'n Boom jesessn unn jede Menge Vorelbährn jejessen."

Ich meente: „Kann nich sinn, eejentlich nur jekostet, se schmecken iwwerhaupt nich."

Awwer mein Vater hotte schonn mit Doktor Klier, unsen Hausarzt dazuma, telefoniert, unn der meent: „Eijentlich sind Vogelbeeren nicht giftig, aber man weiß ja nie, wie viel das Kind davon zu sich ge-

nommen hat, und um welche Art der Vogelbeeren es sich in diesem
Falle handele. Egel ob giftig oder nicht, ich würde dem Kind erst ein-
mal Rinzinusöl verabreichen, da kann man nichts verkehrt machen."

Ich hotte mich so off's Ahmbrot jefreit, es war Freitach unn da
jab's frieher bei uns heeme Fleeschsalat unn Jehacktes, awwer vor
mich jab's heite ahmd efters mit'n jroßen Leffel Rizinuseel. Ich haw-
wes notjedrungn hinnergeworjet, ich musste, obwohl manchesmal
das ferchterliche Eel immer willer na ohm raus wollte. Mor kunnte
ja ooch nich so zeitich schterm als Kind, ann so paar Vorelbährn.
Irjentwann in de Nacht hotte denn das Rizinuseel Wirkung jezeicht
unn ich kunnte willer weiterlähm.

Awwer jetzt kimmt noch ann Nachtrach von de Jeschichte. Irjent-
wann wurre dor Vorelbährboom abjesächt, weil'e zu olt jeworrn war.
De Säje wurre anjesetzt, de Motorsäje, unn dor Vorelbährboom sollte
schterm, awwer er hotte sich noch ma offjebeemt, weil wir als Kin-
ner so ville Näjel unn Daht, wäjens hockklettern injeschlan hotten.
De Kette von de Säje wurre zweema ausjetauscht, awwer denn isse
doch umjefalln, dor scheene Vorelbährboom.

Jürgen Schönfeld
Mit's Rad na de Friensfahrt

In de fuffzer Jahre von's vorichtijes Jahrhunnert war jedes Jahr in
Sommer de Friensfahrt. Das war ann Uffräjer jedesma for alle, ob nu
junk odder olt. Och for uns Kinner in de Schule jab's die paar Wochen
nischt anneres, nich ma Fußball war jefracht. In de Klasse hing anne
jroße Wandzeitunk mit de Strecke unn mit de janzen Fahrer, man-
chesma sojar mit Bilder von de Siejer.

Alle warn se jespannt, wer denn woll de nächste Etappe jewinn
wirre. Frieher zu die Zeit war ja das Farnsähn noch nich so in Mode
unn alle, ob nu de Kinner oder de Arwachsnen, klemmten sich mit's
Ohr an's Radio. Ville kunnten sich das mit ejenen Oren ankuken, wie
se vorbeijerauscht sinn de Rennfahor, weil se an de Strecke wohn
taten.

Zu unsen alln Arjer sinn se doch nie durch unse Stadt jefahrn. Wäjen de schlechten Straßen, manchesma Koppschteenflaster unn de Straßenbahnschien, soll woll ooch ann Umwech von een Ziel na's annere jewäsen sinn, wurre so dazuma vormutet. Awwer keener hotte's so richtich jewusst. Een Trost vor uns Kinner war, wenn se na Barlin jefahrn oder von Barlin jekomm sinn, mussten se de Farnvorkehrsstraße fahrn unn die jink durch Jeräfenhainchen. For uns war ja das nich so weit, da kunnte mor schon ma mit's Rad hin, um sich das anzukuken. De Fahrerei war also nich das Probläm, awwer de Zeit, ich meene de Tareszeit, wo die denn da vorbeijefahrn sinn. Se mussten ja ann späten Nahmittach an ihr Ziel sinn. In Jeräfenhainchen warn se meestens um de Mittachszeit, unn da warn wir arm Kinner mit unsen Lehrer beschäfticht, der uns irjentwas beibringn wollte.

Unn so iss denn ann Schultach abjelofen, enn de Friensfahror na Barlin durch Jeafenhainchen jekomm sinn. Frieh um achte in de erschte Stunne war schonn anne jewisse Unruhe zu schpiern. Wer fracht, ob wir nich heite ma zwee odder, wird zwar knapp, eene Stunne ma zeitijer jehn kenn. Eejentlich ann sinnloses Unnerfagn, de letzten zwee Stunn warn bei Harrn Ludwich, unn der hotte for sonne Späße, wie er sich ausdrickte, keen Vorschtendnis. So war's denn och, dableim bis Schulschluss. Oh da wird de Zeit sehre knapp bis mor an de Strecke sinn. Nah's Klingel raus unn heeme. Mittachbrot musste ausfalln. Mor kunnte off'n Rickwech irjentwo ann Wirschchen koofen unn anne rote Brause dorzu trinken. In finf Minuten treffen mor uns an Kinnerjarten unn denn schnell los. Dor kirzeste Wech durch'n Busch wurre jenomm, unn schonn warm mor in Rajeboom, ann kleenes Nest so off de Helfte von de Strecke. Dor Erschte klachte schon iwwer de Luftnot in sein Hinnerad unn jab off. Nu jing's off'n Radwech ziejich vorwarts, awwer bei zwee machte de Kette ann Satz unn iss abjesprungn. Fahrt man weiter, wir holn eich schon willer in.

Mor muss dorzusaren, frieher hotten wir Kinner doch nich so jute Räder wie heite. Meestens selber zusammjebaut oder wenn dor Vater ann neijes sich jeleistet hotte, wurre najerickt. Eener hotte sojar Jangschaltung drann, der war zu beneien.

De Zeit machte Jalopp, awwer Jeräfenhainchen war schon zu sähn. In so kurze Zeit sinn mor woll die knapp 30 Kilometer noch nie jefahrn hamm mor uns jejenseitich jelowet. De Leite stann noch ann Straßenrand, also iss noch nischt vorpasst.

De Räder wurrn schnell hinjeschmissen, unn wir hamm uns mit injereit. Awwer off de Straße war nischt zu sähn, keene Rennfahror. Wir hamm bustimmt Jelick unn hamm noch nischt vorpasst. Des wäre denn das erschte Ma, das mor janzenjar de Spitzenjeruppe noch sähn täten. Awwer de erschten Leite drehten sich schon um unn maulten. Wer weeß, wann denn de Letzten hier ufftauchen. Die erschten Fahror sitzen schon in Barlin bei's Ahmbrot unn wir stehn uns hier de Beene in Bauch. Jetzt war nu klar, keene Spitzenjruppe wirre hier vorbeikomm, nee wir wern woll bloß noch de Bummelanten unn dän Lumpensammlor zu Jesicht kriejen.

Unn da kam se denn och, de Allerletzten. Eener in Jerin, eener in Rosa unn der annere in Blau sinn an uns janz jemächlich vorbeijefahrn. Wir hamm awwer jeklatscht unn jejuwelt, als wär's de Spitzenjruppe. Nu kam denn ooch noch Lumpensammlor unn de janze Vorstellung war zu Ende.

Na ja wir hamm se jesähn, de Friensfahrt dies Jahr. Wenn och nich alles unn alle, awwer wir warn dorbei, hamm mor uns alle jetrestet. Wir missen ja heeme nich saren, das mor willer ma zu späte jekomm sinn.

Nächstes Jahr, das selbe Spiel nochma, awwer villeicht hat da irjent een Lehrer ann Innsähn unn wir komm zwee Stunn zeitijer an de Rennstrecke.

Margarete Strübing
Kinner, Kinner

Das is je nu schon anne janze Weile her, wie mer noch Kinner waorn. Na'n 2. Weltkriech war alles knapp. Mei'n Nam harrich von meine Mutter, de Kleddasche von'ne jroße Schwester, un mein Bruder hat mich seine Schuhe verarwet. Awwer das war dunnemals in alle Familien so.

Jespielt hammer uff de Straoße, Compjuter un so neimodsches

Spielzeich jaob's je dunnemals noch nich. Mer hann uns oh ohne Uhr pinktlich jetroffen. Das war meerschtenteels anne janze Rotte Kora. Autos jaob's oh noch nich so ville wie heite. Mennijens Mao kam och an Handwa'n odder an Bauer mit sein Furwa'n. Nu da machtn mer denn Platz.

Alle Straoßen harrn Jossen. Da kippten de Leite ihr'n Manschemmer aus mit's Abwasch- odder Wischwasser, odder was sonst noch fortmusste. In die Briehe schwamm'n denn och de Häckelmänner rum. Mer warn je noch kleen un brauchten uns nich so weit runner zu bicken. Anjefasst hammer se nich, awwer mit an Strohhalm bis na'n nächsten Julli jelett. War'e denn verschwunn, loffn mer zuricke un suchtn uns inne Josse an neien. 's jab ja jenung da dervon!

In'n Winter hammer mit de Puppen odder mit'n Kooflaon jespielt. Wenn Schnee laak, jung's mitt'n Schlittn naus, wenn mer denn een hatte'n. Oh anne Puppenstowwe harre nich jeder, awwer uf de Napperschaft jaob's Kinner, die das hatten. Da kunn mer denn mitspieln.

In'n Sommer waorn mer ville draußen. Da hammer denn mit'n Ball aone hoke Wand Fangen jespielt. D's Knippn war oh scheene. Uff den Platz um de Kirche rum, das saoht awwer bei uns keener, das is nämlich immer schon der Nickel jewesn, machtn mer mit unse kleen'n Hänne an Loch an die Stelle, wo der Wech vo'n Bleechfleck mit Kantensteene abjetrennt war. In an aol Stoffbeitel hammer unsen Schatz, de bunten Tonkurel mit uns rumjetraon. Viere oder finnewe warn mer meerschtenteels aone en son Loch, wu an Hallebkreis drumrum jemalt war, dass keener zu dichte ans Knipploch kam. Denn wurre de Reihenfolje festejelät un wievielle jeder ins Spiel brengen wolle. Vorher hammer awwer mit de flache Hand de Äre jerade jekloppt un de kleen'n Steene beiseite jeschuppt. So kunnen de Knippkureln jeradewechs ins Loch jekullert wärn.

Denn hammer noch „Fischer, wellije Farwe" jespielt. Uff ene Straoßenseite stann so 8 bis 10 Kinner. Die das jeroffen han. Uff de annere Seite stand der Fischer. Der saore denn anne Farbe. Jeder kukte bei sich na, ob'e an Kleed, anne Scharze, odder an Strump anharre mit die Farbe un denn wurre uff de annere Seite jelofn. Der Enzelne kam denn rewwer un kukte, ob's oh stimmn taot. Wer die Farbe nich harre un nich trapp jenuch rewwerkam, wurre jefangn un musste ausscheidn.

Die annere Jeschichte junk so: „Schiffer, wie hok steht das Wasser?" Der eene, der der Schiffer war, sare denn anne Zahl. Denn jreehltn die annern: „Wie kommer darüüber?" Der luß sich denn was infalln: mit hopsn, odder humpel odder rickwarts odder uff alle viere. Wer nich trapp jenunk uff die annere Straoßenseite war, wurre jeschnappt un musste aussetzen.

Denn kam'n so langsam de Hulahupp-Reefen uff. Ene vonne Straoße harre een aus Hartjumi. Dir Vater arwetete in anne Plastebude. Das Mächen hat den Reefen awwer nich ofte verborjet. Das war mich awwer zu dumm, ich wollte sellewer son Ding han. Meine Mutter ihr Ausklopper war wie jemacht daodorzu. Den hawwe ich denn außenander jepotert un die been Enn mit Binnfan zusammjeknippert. Das junk och un war ville leichter, wie der aus Hartjumi. Später krichte ich denn een'n von Westen. Der harre sechs bunte Teele, die mer innanner stechen musste. Das war anne jroße Freede. Na jrade wurr's mich awwer langweilich. Ich nahm die Teele wedder ausenanner, stoppte an paar Arwessen odder Bohn nin, schobb alles wedder zusamm und denn jung's awwer erscht richtich los. Denn konnt ich mit den Reefen oh noch mit Hiftschwung klappern!

Mit's Kreisel hammer oh ville Spaoß jehat, uffen Spielplatz odder enfach de Straoße ruff un runner. De Kreiselpeitsche musste stabil sin. Ohm war anne Karwe rinjeschnippert, wu der Faden festejeknippert war. Binnfan machte sich nich so jut, denn der franste baole aus, wenn vorne keen Knutten jemacht war. Am besten warn an Paor ausrangschierte Schniersenkel, die warn breeter un nich so storre un machten sich besser. Entwedder der Kreisel wurre zwischen zwee Steene jestochen odder uffen Platz in'n Sand jedrickt. Mannije von uns han das Band um Kreisel jewickelt un von ohm in Bewejung jesetzt. Denn musstn se trapp hinerher lofn un draonschlaon, dass der Kreisel weitertanzte. Das kunne jeder machen, wie'e wolle.

Ofte hammer oh in an hoken Steentritt jespielt, meerschtenteels Schule. Da holten mer denn noch anne Hitsche, odder an aol Hocker von zu Hause un an paor aole Kissen odder Decken. Mannejesma hatten mer oh en Puppenwa'n mit. Zu's Spiel sinn mer ofte vor lauter Kram jar nich jekomm. Langsam wurre es denn oh finster un das janze Jelumpe musste je oh wedder mit rin. Aber scheene war's doch.

$\mathcal{A}$utorinnen und Autoren

Gerlinde Barthel, Zörbig
Paul Behrendt, Lutherstadt Wittenberg/Halle (Saale)
Gerhard Bochnig, Giersleben
Günther Böckelmann, Aken
Claudia Brack, Lutherstadt Eisleben
Rolf Brink, Gröna
Rainer Brösigke, Köthen
Klaus Büchel, Pölsfeld
Marlies Flemming, Aken
Klaus Foth, Lutherstadt Eisleben
Heidrun Franke, Zerbst
Walter Gillich (†), Dessau-Roßlau
Brigitte Hanke, Dessau-Roßlau
Otto Hildebrandt (†), Gräfenhainichen
Gisela Hutschenreuther, Lutherstadt Eisleben
Jürgen Jankofsky, Leuna
Gerda Klose (†), Dessau-Roßlau
Rosemarie Krüger, Dabrun
Erhard Leberecht, Farnstedt
Christa Lorenz, Nienburg
Karsten R. Lückemeyer, Dessau-Roßlau
Barbara Mann, Halle (Saale)/Lutherstadt Eisleben
Fritz Matthei, Aken
Reinhilde Meyerhöfer, Osterhausen
Ella Minx, Berlin/Pölsfeld)
Alfred Müller, Könnern/Beesedau
Werner Nake, Halle (Saale)
Siegfried Schenner, Wulfen
Bettina Schirmer, Halle (Saale)
Reinhold Schmidt (†), Dessau-Roßlau
Lutz Schneider, Dessau-Roßlau
Jürgen Schönfeld, Dessau-Roßlau
Hans Seidel, Engen/Erdeborn
Jürgen Seydewitz, Halle (Saale)

Gertrud und Georg Sopart, Thurau
Bernhard Spring, Halle (Saale)
Rita Stahl, Dessau-Roßlau
Hans Steinbach, Bernburg
Margarete Strübing, Aken
Olaf Thäder, Bernburg
Ilse Thiemicke, Dessau-Roßlau
Harald Wieschke, Plötzkau
Christian Zschieschang, Lutherstadt Wittenberg

us dem Programm des Mitteldeutschen Verlags

Gustav Matz
Hallsch forrn Ahnfeenger
Kleines Wörterbuch der hallischen
Mundart
Illustrationen von Gustav Matz

96 S., Br.
ISBN 978-3-95462-587-1

Auch wenn heute kaum noch jemand durchgängig in hallischer Mundart redet, haben sich doch viele Begriffe in der Alltagssprache erhalten. Das illustrierte Kleine Wörterbuch soll Einheimischen wie Auswärtigen Hilfe beim Verstehen dieser lokalen Mundart anbieten, den Sprachschatz des Hallischen bewahren helfen, zur Weiterbeschäftigung mit dem Thema anregen – und zudem den Leser beim Blättern zum Schmunzeln bewegen.

www.mitteldeutscherverlag.de

Manfred Lemmer
Der Saalaffe
Sagen aus Halle und Umgebung
Mit Illustrationen von Lutz Bolldorf

144 S., Br.
ISBN 978-3-95462-586-4

Die Saalestadt Halle und ihre Umgebung sind reich an Sagen und Legenden. 1989 veröffentlichte der hallische Germanist Prof. Dr. Manfred Lemmer erstmals eine Auswahl von 87 Geschichten, die bis heute nichts von ihrem Zauber eingebüßt haben. In ihnen tauchen Nixen und Hexen, Kobolde und der Teufel auf, dazu bekannte Gestalten wie Kardinal Albrecht, Ludwig der Springer oder Till Eulenspiegel. Ein Lesevergnügen für Jung und Alt.

www.mitteldeutscherverlag.de

Gefördert durch das Land Sachsen-Anhalt.

Umschlagfoto: Blick zur Kirche des ehemaligen Benediktinerinnenklosters Zscheiplitz
oberhalb der Unstrut (Foto: Kurt Fricke)

Redaktion: Dr. Saskia Luther, Martina Laue

Bibliografische Information der Deutschen Nationalbibliothek
Die Deutsche Nationalbibliothek registriert diese Publikation in der Deutschen Nati-
onalbibliografie; detaillierte bibliografische Daten im Internet unter http://d-nb.de.

2016
© mdv Mitteldeutscher Verlag GmbH, Halle (Saale)
www.mitteldeutscherverlag.de

Gesamtherstellung: Mitteldeutscher Verlag, Halle (Saale)

ISBN 978-3-95462-647-2

Printed in the EU